W0217613

Maryam Heidari Ahwazi

IM SCHATTEN DES SCHLEIERS

Mein Kampf für ein Leben in Freiheit.
Wie ich Folter und Verfolgung
im Iran entkam

lübbe

MIX
Papier aus verantwortungsvollen Quellen
FSC® C014496

Dieser Titel ist auch als E-Book erschienen.

Personen, Namen und Ereignisse in diesem Buch wurden aus Gründen des Persönlichkeitsrechts verfremdet. Diese Verfremdungen ergeben in der Summe jedoch eine wahrhafte Schilderung von Maryams Leben. Darum geht es ihr – und um den Schutz der noch im Iran lebenden Menschen und ihren Familien, denen ansonsten Verfolgung, Gefängnis und Hinrichtung drohen würde.

Titelillustration: © Vadmary/iStockphoto
Umschlaggestaltung: Christin Wilhelm, www.grafic4u.de
Satz: hanseatenSatz-bremen, Bremen
Gesetzt aus der Adobe Caslon Pro
Druck und Verarbeitung: GGP Media GmbH, Pößneck

Printed in Germany
ISBN 978-3-404-61032-7

4 6 8 7 5

Sie finden uns im Internet unter
luebbe.de
Bitte beachten Sie auch: lesejury.de

Vorwort

Ich bin Maryam Heidari Ahwazi. Ich bin eine Araberin aus der Stadt Ahwaz (*Achwas*) im Iran. Ich bin eine Frau, Tochter und Mutter. Ich bin von Beruf Kosmetikerin, Stylistin sagt man hier – im Iran habe ich erfolgreich einen Schönheitssalon geführt. Ich war durch meine Familie eine Muslima und wurde im Herzen eine Christin. Deshalb kam ich im Iran ins Gefängnis und wurde gefoltert. Ich bin auch einer jener Flüchtlinge, die über das Mittelmeer nach Europa gekommen sind – die vielen Bilder von den überfüllten Booten, auf einem dieser Todesgefährte saß ich mit meinem Sohn, meiner Nichte und meiner Mutter. Jetzt bin ich eine Sprachschülerin in Duisburg. Ich bin so vieles, dass ich es manchmal gar nicht glauben kann, wie dies alles in ein halbes Leben passen soll.

In diesem Buch erzähle ich meine Geschichte. Ich stehe zu ihr und nenne meinen Namen, denn heute lebe ich in Deutschland und bin in Sicherheit.

Im Iran können konvertierte Christen ihren Glauben nur im Geheimen leben, sie gelten als Abtrünnige – so habe ich es am eigenen Leib erfahren. Unzählige Gläubige haben deshalb ihre Heimat verlassen.

Ungerechtigkeiten und Unterdrückung habe ich jedoch nicht erst durch meinen christlichen Glauben zu spüren bekommen. Ich bin in der Hauptstadt der Provinz Khuzestan geboren. Wir Ahwazi-Araber, die dem arabisch-sunnitischen Islam nahestehen, werden im persisch-schiitischen Iran als Minderheit brutal unterdrückt. Meine Familie und ich wurden polizeilich beobachtet, drangsaliert, und unser Leben wurde bedroht und noch Schlimmeres.

Es mag sein, dass Christen ein Gerichtsverfahren bekommen – wenn diese auch nur lächerliche Scharia-Possen darstellen –, aber Ahwazi bekommen nicht einmal diese. Für sie gibt es Massenhinrichtungen und anonyme Grabfelder, die regelmäßig zu Bauland erklärt werden.

Zurzeit steht die Region um die Hauptstadt Ahwaz auf der Schwelle zu einem bewaffneten Aufstand gegen das mehrheitlich persische Regime. Ich darf, wenn ich den Widerstand und die Menschen, die dafür kämpfen, nicht gefährden will, ihr Tun und ihr Sprechen nicht dokumentieren. Im Iran werden Menschen ohne Gerichtsverfahren gehängt.

Besonders die Situation in Ahwaz ist außer Kontrolle. Niemand weiß, was dort in der nächsten Zeit geschehen wird.

Mein Glaube jedoch lässt nicht zu, die Hoffnung aufzugeben.

Und ich bin unendlich dankbar dafür, dass ich als Christin unter Christen Zuflucht gefunden habe und mich in meinem Glauben nicht mehr verstecken muss.

Das Kreuz an meiner Kette zeige ich mit Freude.

Darunter in meinem Herzen trage ich die Bilder aus meiner Heimat, die mich nie verlassen werden – die dunklen ebenso wie die hellen. Sie alle gehören zu mir und meinem Leben, von dem ich nun erzähle.

Maryam Heidari Ahwazi im September 2018

I Kindheit und Jugend in Ahwaz

1. Eine Geschichte, die Jesus erzählt

In der Hand, die noch etwas zittert, halte ich meinen Schutzstatus. Es ist eine kleine Chipkarte, genannt *Aufenthaltstitel.* Ein Foto von mir und mein Name darauf: *Maryam Heidari Ahwazi* – von Deutschland geschützt, weil ich im Iran als Christin verfolgt werde.

Sie liegt vor mir auf dem Tisch. Getrocknet sind die Tränen, die darauf gefallen sind. Wenn ich die Karte betrachte, dann denke ich, wie glücklich ich bin.

Ich sitze mit Herrn Martin, wie ich unseren Paten nenne, an unserem Tisch in der Diele. Meine Nichte Faezeh kommt aus ihrem Zimmer. Auch sie weint, als ich ihr die Karte zeige und sie umarme. Und Herr Martin sitzt dabei und findet keine passenden Worte.

»Entschuldigung«, sage ich leise.

»Kein Problem«, sagt er.

»Es war so schwer, es war eine so lange Zeit.«

»Ich verstehe«, sagt er.

Aber er versteht nicht. Er kann nicht verstehen. Niemand kann verstehen, der nicht meinen Weg gegangen ist.

Meinen Weg, der mich zur Staatsfeindin gemacht hat. Der mich von meinem Mann getrennt hat. Der mich ins Gefängnis gebracht hat.

Meinen Weg, der mich zur Flucht über das Meer gezwungen hat. Der mich nach Deutschland geführt hat – nach Duisburg, in eine Wohnung für Flüchtlinge, im elften Stock – so hoch oben, dass ich nicht wage, aus dem Fenster nach unten zu schauen.

Niemand kann verstehen, der nicht meinen Weg gegangen ist.

Als ich Herrn Martin ansehe – so deutsch, so ungläubig –, da traue ich mich nicht zu sagen, was ich denke.

Ich will ihm sagen, dass Jesus mich auf diesen Weg geführt hat. Dass er bei mir gewesen ist. Dass er mein Schutz war, wichtiger als ein Aufenthaltstitel.

Und ich will sagen, dass mein Weg nun auch seine Geschichte ist. Und dass ich immer geglaubt habe, Jesus werde mir jemanden schicken, der diese Geschichte erzählt – jemanden, der es den Menschen erzählt, die mich aufgenommen haben. In der Sprache meiner neuen Heimat.

Und dann traue ich mich, es zu sagen.

»Du meinst, ich soll deine Geschichte erzählen?«, fragt er. »Du meinst, Jesus hat mich zu dir geschickt, weil er weiß, dass du Hilfe beim Schreiben brauchst?«

Ich nicke. Jesus hatte mir Hilfe geschickt. Nicht anders war es.

»Maryam, ein Roman – das ist richtig viel Arbeit!«

Es ist kein Roman. Es ist das, was mir passiert ist. Er wird verstehen, wenn ich darüber spreche.

Er schaut grimmig vor sich hin. Wenn Deutsche nachdenken, dann schauen sie grimmig.

Ich erkläre es ihm. Meine Geschichte kann ich nicht aufschreiben. Aber ich spreche genug Deutsch, um sie zu erzählen.

Faezeh holt Tee und Gebäck.

»Das wird viel Arbeit«, sagt er endlich. »Für mich, für uns alle.«

»Mein Deutschkurs beginnt in drei Monaten. Bis dahin habe ich Zeit«, sage ich.

»Was ist mit dir, Faezeh?«, fragt er. »Du sprichst am besten Deutsch in eurer Familie.«

»Ich habe auch Zeit«, sagt meine Nichte. »Mein Studienkolleg endet bald. Dann bin ich ein halbes Jahr lang Gaststudentin.«

»Jesus hat mich ausgesucht, meinst du?«, fragt der Deutsche und schaut mich fragend an.

»Herr Martin, sie glaubt wirklich daran«, sagt Faezeh, bevor ich antworten kann. »Vor zwei Jahren – bei deinem ersten Besuch hat sie mir gesagt, dass Jesus dich geschickt hat, damit du ihre Geschichte aufschreibst.«

Es war beschlossen, als wir zu dritt darüber lachen mussten.

2. Eine Ahwazi-Familie

Die Geschichte einer Iranerin kann nur erzählt werden, wenn der Leser weiß, zu welcher Minderheit des Iran sie gehört. Dabei macht es keinen Unterschied, ob sie eine Christin ist oder nicht. Jeder Mensch im Iran gehört zu einer Minderheit. Selbst die Perser und alle, die ihnen zugerechnet werden, machen im Iran kaum mehr als die Hälfte der Bevölkerung aus. Der Iran besteht aus Minderheiten – den Persern selbst, den Kurden, den Belutschen, den Turkmenen und den Ahwazi-Arabern.

Meine Familie nun gehört zu den Ahwazi – den Arabern, die im Süden des Iran wohnen. Wie alle Minderheiten bewahren wir unsere Kultur. Im Verborgenen tragen wir unsere traditionelle Kleidung, nennen uns bei unseren verbotenen Namen, sprechen unsere verbotene arabische Sprache.

Alle Minderheiten erheben Anspruch auf ihr angestammtes Gebiet. Den Ahwazi aber begegnet der Staat mit besonderer Härte, denn unter ihrem Stammesgebiet liegen fast die gesamten Erdgas- und Ölvorräte des Iran. Um dieses Gebiet ist der iranisch-irakische Krieg geführt worden mit mehr als einer Million Toten. Würden die Ahwazi die Gebiete zurückerhalten, die ihnen gehören – der Iran wäre nach drei Monaten zahlungsunfähig!

Jede und jeder Ahwazi ist also vom Tag der Geburt an der Überwachung durch die Islamische Republik und ihren polizeilichen Maßnahmen ausgeliefert. Dies war auch mir vorgezeichnet. Es ist aber nicht so, dass ich eine Christin wurde, weil ich eine

Ahwazi bin. Das Leben als Christin bedeutete für mich eine weitere Unterdrückung. Es war eine Art von Leben, das ich kannte, mit dem ich als Ahwazi aufgewachsen war. Und deshalb will ich zunächst berichten, was es heißt, eine Ahwazi zu sein.

Unsere Familie ist eine liberale Familie. In Deutschland würde man sagen, wir sind eine gebildete Familie. In unserem Haus gab es Wände mit Büchern. Es gibt keinen Bekannten meiner Eltern, der nicht begeistert liest und diskutiert. Auch Buchhändler waren darunter. Was dazu führte, dass unser Haus mehrmals von der Sicherheitspolizei nach verbotenen Veröffentlichungen durchsucht wurde.

Unser Interesse an geistigen Dingen war das eine. Das andere war, dass sich bei uns Frauen und Männer als gleichwertig ansahen. Es gab keinen Unterschied. Und als Khomeini den Frauen die Unterordnung gebot – da gab es in unserer Familie keinen Mann, der sich über seine Frau gestellt hätte. Wir Frauen führten so ein doppeltes Leben. Was uns im Haus gestattet war, war in der Öffentlichkeit eine Gefahr für uns.

Es gab niemanden in unserer Familie und unter unseren Freunden, der nicht ein doppeltes Leben führt. In der Islamischen Republik bekamen die Männer mehr Rechte als die Frauen, den Ahwazi als Minderheit – den Männern und den Frauen – wurden jedoch alle Rechte genommen.

Ich erinnere mich an den Besuch eines Mannes bei uns. Ich bin ein Mädchen von zwölf Jahren und freue mich, dass eine Hochzeit gefeiert wird. Der Mann gibt meinen Brüdern die Hand und streichelt mir über das Haar. Die Hochzeit seines ältesten Sohnes soll gefeiert werden. Ich bekomme ein schönes Kleid und suche mit meiner Mutter einen kleinen Ohrring aus, den ich tragen werde. Der Mann ist ein Ahwazi. Er und seine Söhne feiern die Hochzeit in einem arabischen Gewand. Am Tag der Hochzeit werden er und seine drei Söhne verhaftet. Sein damals vierzehnjähriger Sohn wird als Letzter freigelassen. Er verbringt vier Jahre in einem iranischen Gefängnis, ehe er zu seiner Familie nach Europa ausreisen darf. Sein Verbrechen war das Tragen arabischer Festkleidung – eine Tradition, die älter als eintausend Jahre ist.

Bevor ich anfing zu erzählen, wurde ich von Herrn Martin gefragt, ob ich wirklich als Autorin genannt werden möchte. Ob wirklich »Maryam Heidari Ahwazi« auf dem Buch stehen solle. Ob zumindest der Namensteil »Ahwazi« nicht verzichtbar sei.

Nach der Veröffentlichung werde es kein Zurück geben. Dann werde die Autorin Lesungen halten, Interviews geben und Messen besuchen müssen.

»Mein Name soll auf dem Buch stehen«, sagte ich. »Ich bin eine Ahwazi und eine Frau, die sich vom Islam abgewandt hat. Ich hatte im Iran den Mut, dazu zu stehen. Es gibt keinen Grund, ihn in Deutschland zu verlieren.«

Die Ahwazi seien auch in Europa nicht sicher, gab er zu bedenken. Kürzlich sei ein Vertreter der Ahwazi auf offener Straße in Den Haag erschossen worden. Das Opfer – Ahmad Mola Nissi – sei ein Mann, den ich persönlich gekannt habe.

»Ja«, sagte ich. »Ich kannte diesen Mann – und der Attentäter war ein iranischer Agent –, aber ich werde meinen Namen nicht ändern. Es gibt keinen in unserer Familie, der sich versteckt. Auch ich werde mich nicht verstecken!«

3. Ein studierter Mann

Mein Vater war ein Mensch, den ich gern beobachtete. Mit ihm will ich anfangen zu erzählen.

Wenn er mit seinem kleinen Motorrad von der Schule nach Hause kam, dann durfte ich hinter ihm sitzen. Und wenn ich eine Freundin sah, dann winkte ich. Er gab mir eine Hand, wenn ich vom Motorrad stieg.

»Wie einer Dame helfe ich dir aus dem Sattel«, sagte er.

Das war sehr vornehm, fand ich.

»Ich reite auf deinem Motorrad wie auf einem Pferd«, sagte ich.

Wir machten Besuche, bei denen ich seine Begrüßung war.

»Das ist Maryam, meine Tochter«, sagte er.

Mein Vater war ein großer Mann mit schwarzen Haaren – so dicht, dass sie bei der Fahrt nicht hoch flogen. Er war sehr dünn. Und er aß sehr langsam. Sein Benehmen war so, wie ich es in den Filmen sah.

Sein bester Freund war dick und klein. Er redete, wenn er aß. Und er aß, wenn er redete. Ich fand, das war nicht vornehm. Er aß wie ein Pirat.

»Er ist so klug, dass er sogar Bücher geschrieben hat«, sagte mein Vater zu mir.

Piratenbücher, dachte ich.

Mein Vater hatte eine Brille, aber es war mit der Brille wie bei seinem Essen. Er hatte Hunger, aber aß sehr langsam, damit niemand sah, dass er Hunger hatte. Er trug seine Brille nicht, damit niemand sah, dass er sie brauchte.

Meine Freundinnen sagten, dass mein Vater stechende Augen habe. Er könne damit aufgeblasene Dinge zum Platzen bringen.

»Nein«, sagte ich. »Er hat vornehme Augen. Weil er ein Lehrer ist.«

Die Väter meiner Freundinnen waren Händler für Radios, sie waren Arbeiter in der Ölindustrie, oder sie waren Elektriker. Mein Vater aber war ein studierter Mann. So sagte er auch selbst über sich.

Meine Mutter sagte: »In seiner Familie gibt es keinen, der studiert hat. Zu wem sollte er aufschauen? Er konnte nur zu sich selbst aufschauen. In seiner Familie ist er als studierter Mann ganz allein.«

Wenn er zu Freunden ging, dann ließ mein Vater meine Hand los, als müsse ich nun zu mir selbst hochschauen. Obwohl der dicke Mann, der Bücher schrieb, sein Freund war, umarmte er ihn nicht. Alle Freunde umarmten den dicken Mann und klopften auf seinen Rücken. Nur mein Vater stand sehr unbeweglich neben dem lackierten Schrank mit den goldenen Schließfächern.

Mit seinen Freunden sprach mein Vater sehr langsam, sehr vorsichtig, als könne jedes Wort auf den Boden fallen und zerbrechen. So trug er seine Rede umher, und manchmal schloss er seine Augen dabei.

Und er fragte jeden, den er kannte, was seine Meinung zu etwas war. Er war sehr interessiert zu wissen, was die Leute dachten. Und sie achteten auf seine Rede, weil er sehr viele Meinungen gehört hatte.

»Zuhören ist so wichtig wie reden«, sagte er, wenn er lange geschwiegen hatte.

Meine Mutter erzählte mir, dass seine Eltern auseinandergegangen waren, als er sehr klein gewesen war. Und sein Onkel, bei dem er blieb, konnte ihn nicht lieben wie einen richtigen Sohn.

So beobachtete ich ihn. Und ich fand, er war ein sehr guter Vater zu uns. Sogar als Lehrer hätte ich ihn gemocht – vielleicht nicht am ersten Tag, aber bestimmt nach ein paar Wochen.

Als er mich einmal mit seinem Moped in die Schule gefahren hatte, saßen wir auf einer Bank und warteten, weil das Tor noch geschlossen war. Da erzählte er mir, dass er am Schulanfang als kleiner Junge kein Heft für die Schule hatte. Niemand hatte daran gedacht, ihm Dinge für die Schule zu kaufen. Da ist er zu einem Markt gegangen und hat das Packpapier aufgesammelt, das auf dem Boden lag. Zu Hause hat er es geschnitten und auf dem Teppich gepresst, sodass er am nächsten Morgen ein Heft hatte wie die anderen Kinder.

»Zehn Jahre war ich alt, als ich kein Heft hatte, und ich denke immer noch daran, obwohl ich ein Lehrer bin und ein Vater von drei Kindern«, sagte er.

4. Eine andere Zeit

Als ich ein Mädchen von zehn Jahren war, hat mein Vater mir viele Dinge erzählt, die ich nicht in der Schule gelernt habe.

»Maryam«, sagte er, »es war eine andere Zeit damals.«

Da meine beiden Brüder einige Jahre älter sind als ich, wollte ich alles wissen, was ich verpasst hatte, als es mich noch nicht gab.

»Ich erzähle dir, was du nicht weitererzählen darfst.«

So begann er immer, und ich nickte eifrig.

»Die Menschen haben den Schah geliebt, auch wenn du heute andere Dinge in der Schule lernst.«

»Die Lehrerin hat uns erzählt, dass er viele gläubige Menschen eingesperrt hat.«

»Ach«, sagte mein Vater, »das muss sie erzählen. Und es war sein Sohn, der die Menschen eingesperrt hat. Sein Vater war ein starker Mann aus sich heraus. Er hatte eine große Macht.«

Mein Vater sammelte alte Zeitungen in seinem Zimmer. Dorthin gingen wir, um über den Schah zu sprechen.

Er zeigte mir Bilder, wie der Schah auf seinem Thron saß. Um ihn herum standen viele Menschen, die auf seine erhobene Hand schauten.

»Er hat die Perser regiert wie eine Familie. Er war ein Vater für uns. Die Minderheiten hatten Rechte, die Religionen hatten Freiheiten. Wir hatten es gut bei ihm. Er hat uns genug Geld gegeben. Wir konnten Reisen machen. Er hat vielen Leuten viele Geschenke gemacht.«

Dann redete er von Namen, die ich noch nicht gehört hatte. Er redete von Dingen, die abgekürzte Namen hatten, und von Jahreszahlen.

»War es eine schöne Zeit für dich?«, fragte ich.

»Für uns alle«, erwiderte mein Vater, »war es vor allem eine gerechte Zeit. Die Dinge hatten ihre Ordnung. Hinter allem stand der Schah mit seiner Macht. Er war wie ein großer Vater für sein Volk.«

»Er hat einen prächtigen Anzug an«, sagte ich. Weiß war er, mit goldenen Schultern und vielen Orden. Und er war ein kräftiger und großer Mann für mich.

»Es war vor allem eine freie Zeit«, sprach mein Vater weiter. »Jeder Mensch konnte seinen Weg gehen, wenn es ein anständiger Weg war. Aber wenn der Schah Ja gesagt hat, dann war es Ja für alle. Und wenn er Nein gesagt hat, dann war es Nein für alle.«

Mein Vater hatte viele Fotos, eine ganze Sammlung von Schah-Bildern.

Auf einem Bild erkannte ich plötzlich meinen Vater. Er saß hinter einem leeren Schreibtisch. Neben ihm eine Fahne, hinter ihm das Bild des Schahs.

»Du trägst deine Brille?«, fragte ich.

»Das Foto wurde aufgenommen, als der Schah uns in Ahwaz besucht hat. Er war in unserer Schule.«

»Die Lehrerin hat gesagt, er ist geflohen. ›Feige geflohen‹, hat sie gesagt.«

»Das war sein Sohn – Mohammad Reza Pahlavi. Dieser Schah war schwach. Er konnte nicht entscheiden. Die Leute um ihn herum waren schlecht.«

»Sie hat gesagt, dass die Zellen der Gefängnisse voll waren von Menschen.«

Mein Vater nickte. »Er hatte keine innere Macht, dieser Schah.«

Also hat die Lehrerin die Wahrheit gesagt, dachte ich.

Es gab keine Bilder von diesem anderen Schah. Mein Vater hatte nichts über den Sohn des Schahs gesammelt.

5. Eine Frau, die keine Angst kennt

Manche Dinge über meinen Vater musste ich bei meiner Mutter erfragen. Das Erzählen ist wie ein Zusammenlegen von Teilen. Er war ruhig in seinem Leben mit uns, aber manchmal sah ich, wie er aus dem Schlaf in seinem Sessel aufschreckte und sich umsah, wie aus einem bösen Traum erwacht.

Meine Mutter jedoch ist wie ein Teil von mir. Wenn ich von ihr erzähle, dann erzähle ich auch von mir. Nicht anders.

Sie sprach nicht viel von ihrem eigenen Vater. Es war wohl so, dass sie sich erinnern musste, um von ihrem Vater erzählen zu können.

Auch meine Mutter hatte studiert. Auch sie war eine Lehrerin.

Aber sie erzählte, dass niemand sie in ihrer Familie für ihr Studium schief ansah. Ihr Vater war Angestellter in der Ölindustrie, die damals unter Kontrolle der Engländer und Amerikaner war. Er sprach Englisch und war gut ausgebildet. Er blickte über die Grenzen von Persien hinaus, und er verdiente gut.

In ihrer Familie war meine Mutter auch nicht die Einzige, die studiert hatte. Ihre Brüder waren beide Ingenieure. Der Vater hat alle Kinder studieren lassen.

Die Familie gehörte schnell zur persischen Mittelschicht. Sie waren dort, wo Persien blühte.

Viele Ahwazi arbeiteten in der Ölindustrie. Es war ihr Land. Sie wohnten dort und fanden dort Arbeit. In der persischen Mittelschicht gab es eine Mittelschicht der Ahwazi.

Das alles weiß ich jetzt – damals wusste ich nichts von diesen Dingen. Alle Menschen, die ich kannte, waren Ahwazi. Für mich waren Perser und Ahwazi eins. Natürlich war auch der Schah ein Ahwazi. Wie hätte es anders sein können?

Meine Mutter sagte mir, dass mein Vater ein ängstlicher Mensch sei, ein wenig zumindest. Ich schaute ihn an und fragte mich, wie seine wenige Angst wohl aussah. Nur wenn er aus dem Schlaf hochschreckte, sah ich sie.

Meine Mutter sagte: »Er versteckt etwas in sich. Es ist nicht einfach, in sein Inneres zu schauen.«

Meine Mutter ist eine Frau, die keine Angst kennt. Sie wäre überall stark gewesen, nicht nur als Lehrerin. Vielleicht hätte sie sogar in der Ölindustrie für die Amerikaner arbeiten können.

Als wir auf der Flucht waren, als wir über die Berge gelaufen sind, da sind wir keiner Frau in ihrem Alter begegnet. Sie lief in ihren weißen Schuhen, die ihr ein Orthopäde für die Reise gefertigt hatte, wie ein junges Mädchen. Kurze, entschlossene Schritte.

Aber zwischen den Bergen des Balkans und unserem Haus in Ahwaz passierten viele Dinge und müssen noch erzählt werden.

Sie hat spät geheiratet. Sehr spät für die Zeit damals.

»Warum sollte ich heiraten?«, fragte sie mich. »Ich wollte studieren, ich wollte arbeiten. Ich wollte ein Leben führen wie mein Vater und meine Brüder.«

»Aber dann hast du doch geheiratet ...«

»Ja, als dein Vater kam. Ich war 24 Jahre, er war 27 Jahre alt. Wir waren beide Lehrer«, sagte sie.

Sie sprach nicht gern über solche Sachen.

Meine Mutter war streng mit uns Kindern.

»Ich bin ein Vater und eine Mutter«, sagte sie, »aber das verstehst du nicht. Frag nicht. Iss dein Essen, und kau nicht auf dem Löffel, bitte!«

Wenn ich etwas von meinem Vater wissen wollte, dann sagte er oft: »Frag deine Mutter.«

Danach las er wieder oder schlief, als sei er der Teil von einem Sessel.

Und meine Mutter rief mich, weil ich die Schuhe nicht ordentlich hingestellt hatte.

Sie sagte: »Wenn ich sehe, wie du deine Füße bewegst, dann

verstehe ich, dass du deine Schuhe nicht ordentlich hinstellen kannst.«

Meine Mutter war wirklich streng, und sie war immer eine Lehrerin.

6. Eine helle Zeit

Am liebsten hörte ich meine Mutter erzählen, wie frei die Frauen unter dem Schah waren. Unvorstellbar anders sei die Zeit gewesen. Unvorstellbar schön und unvorstellbar frei. Eine einzige Helle sei überall gewesen.

Ich fragte mich: Wie konnte es sein, dass die Frauen sich nicht schwarz kleiden mussten? Wie durfte es sein, dass sich erwachsene Frauen so zeigten wie die jungen Männer?

Dann holte meine Mutter ein altes Album aus dem Schrank hervor und öffnete es vorsichtig vor meinen Augen. Wir sahen Mädchen, die in bunten Kleidern durch die Straßen liefen. Wir sahen Mädchen mit jungen Männern an der Hand. Frauen, die sich von Männern umarmen ließen. Frauen, die im offenen Wagen mit offenem Haar fuhren. Frauen am Strand. Frauen, die tanzten. Sogar Frauen, die Sängerinnen waren und vor vielen Menschen auftraten.

Immer wieder ermahnte mich meine Mutter, ich dürfe niemandem etwas von diesem Album erzählen. Nicht einmal meinem Vater dürfe ich davon erzählen, denn es sei gefährlich, solche Fotos im Haus zu haben.

Ungläubig stellte ich fest, dass die Frauen sich damals kleideten wie junge Mädchen. Sie trugen Schmuck im Haar, sie liefen auf Turnschuhen, sie trugen leichte Kleider, wenn es heiß war, sie zeigten ihre Haare wie Kunstwerke. Manche Haare waren aufgetürmt über dem Kopf, andere fielen lang herunter, dass sie sogar das Kleid bedeckten. Und es gab Frauen, die ihre Haare abgeschnitten hatten wie meine Freundin Bita.

Sie sahen alle wie die Schauspielerinnen aus, die ich aus den Filmen kannte. Zuerst dachte ich, meine Mutter habe die Fotos aus den Filmen genommen, die mein Vater manchmal für mich abspielte. Aber sie zeigte mir die Häuser, die Straßen, die Parks, die große Moschee, die ich kannte. Sogar dort zeigten sich die Frauen und hatten keine Angst, wenn sie fotografiert wurden. Neben Frauen im schwarzen Tschador, einem langen schwarzen Umhang, standen sie in kurzen und langen Kleidern und lachten.

»Warum haben manche Frauen diese Kleider in allen möglichen Farben an?«, fragte ich.

»Deine Mutter hat sich auch so gekleidet. Jede Frau hat sich so gekleidet. Wir haben uns nichts dabei gedacht.«

»Und die Frauen im Tschador – was haben sie gesagt?«

»Nichts – wir haben sie nicht gefragt.«

»Waren diese Frauen in den bunten Kleidern denn nicht verheiratet?«

»Doch – sie waren verheiratet.«

»Aber was haben ihre Männer gesagt?«

»Die Männer waren stolz, wenn sie schöne Frauen hatten, die sie zeigen konnten.«

»War mein Vater auch stolz auf dich?«, fragte ich.

»Ich glaube«, sagte sie und wurde rot, wie ich es an ihr nicht kannte.

Dann sah sie mich streng an, und ich wusste, dass sie das Album wieder verstecken würde.

Und ich wusste, dass es zu den Dingen gehört, die unser Haus nicht verlassen durften. Wie die Dinge, die mein Vater mit seinen Freunden redete. Wie die Bücher, die sich in anderen Büchern versteckten. Wie die Sender, die er mir über Satellit suchte, um mir Filme zu zeigen, über die ich mit meinen Freundinnen nicht reden durfte.

7. Eine dunkle Zeit

»Sprich mit ihr nicht nur über die helle Zeit – sprich auch über die dunkle Zeit«, sagte mein Vater leise zu meiner Mutter. »Erzähl ihr, wie alles gekommen ist.«

Und das tat meine Mutter. Und fing immer dort an, wovon sie am liebsten erzählte.

»Für die Frauen war es eine gute Zeit. Ich habe einen Rock getragen, so … knapp über dem Knöchel. Und meine Haare waren wie die Haare der Farah Diba. Sie war die Frau des Schahs. Hier über dem Kopf waren sie aufgetürmt, alle Haare. Wir haben Kleider getragen, die uns gefielen. Es gab keine Verbote für die Frauen.«

Dann überlegte sie kurz, während mein Vater die Decke in den Sessel legte.

»Ja, wie fing alles an …? Ich weiß noch, dass ich schwanger war mit dir, Maryam. Und dass alles eine große Freude war. Allah hat geschaut und mir ein Kind geschenkt, so dachte ich. Und ich habe mich nicht um die großen Demonstrationen in Teheran gekümmert. Das war weit weg von unserer Stadt und noch weiter weg von mir. Als Lehrerin dachte ich, dass mich diese Dinge nicht betreffen würden. Die Kinder lernten und waren brav. Die Zeit, in der sie demonstrieren würden, war so weit weg von ihnen und von mir. So dachte ich.

Aber auch in unserer Stadt gab es irgendwann Demonstrationen. Und wir Lehrer wurden von der Behörde dorthin geschickt. Ich weiß noch, dass es eine Demonstration am Nachmittag gab, eine am nächsten Morgen. Ich bin am Nachmittag gegangen und habe am Morgen auf die Kinder in der Schule aufgepasst.

Wir haben große Schilder in der Schule gemalt. Auf den Schildern war das Gesicht von Khomeini zu sehen. Wir haben mit den Kindern Sprechchöre geübt. Die Fenster des Klassenraumes waren geöffnet, und sie haben gerufen:

*»Wenn das Böse geht
Wird ein Engel kommen!*

*Wenn der Schah geht
Wird Khomeini kommen!«*

In der Schule haben die Kinder gerufen, so laut, dass alle Nachbarn es gehört haben, die auf dem Großen Platz standen. Mit einem Mal waren wir Lehrer gegen den Schah, und die dunkle Zeit war gekommen. Und wenn sie kommt, Maryam, gibt es niemanden, der dich fragt, ob du sie gewollt hast. Sie ist einfach da, die dunkle Zeit.

Wir Lehrerinnen waren zu Schülerinnen geworden. In den Pausen saßen wir und lasen im Koran. Es gab keine Lehrerin, die nicht mit einem Mal eine Gläubige geworden war. Das war das Wichtigste geworden – die Religion. Aber auch die anderen Fächer mussten wir neu lernen. In allem veränderten sich die Schulbücher. Selbst in den Mathebüchern gab es andere Bilder. Die dunkle Zeit – es war, als habe es nichts vor ihr gegeben.«

8. Der Exodus

»Und was haben die Kinder dazu gesagt?«, fragte ich.

»Ach«, sagte meine Mutter, »ich glaube, den Kindern war es egal, was sie im Unterricht lernen mussten und welche Bücher sie bekamen. Für sie war es schlimm, dass sie sahen, wie ihre Klassenkameraden und Freundinnen verschwanden. Stell dir vor, deine Freundin wäre plötzlich weg. Sie käme nicht mehr in die Schule. Deine Lehrerin würde auch nicht wissen, was los ist. Du würdest am Haus der Familie vorbeigehen, und es wäre leer. Ein Schild würde dort stehen, wo sie gewohnt hat, darauf die Worte: ›Ein Käufer wird gesucht.‹ Ein paar Möbel der Familie stehen auf der Straße. Die Nachbarinnen sagen nichts, und alle Eltern schweigen.

So war es, wenn eine Familie den Iran verließ und niemand darüber sprechen durfte. Und es waren viele, die das Land verlassen haben, als der Schah geflohen ist! Wenn ein Geschäft geschlossen war, standen die Leute schweigend davor und gingen weiter. Ärzte verließen das Land, und in ihren Praxen wussten die Helferinnen nicht, dass sie gegangen waren. Lehrer gingen fort und mussten durch Studentinnen ersetzt werden. Manch eine Lehrerin wurde durch eine junge Frau ersetzt, die sehr fromm war, aber nicht studiert hatte. Wer sie ausgesucht hatte – wir wussten es nicht und fragten nicht. Diese neuen Lehrerinnen waren sehr religiös, und wir trauten uns nicht, vor ihnen offen zu reden.«

»Stell dir vor«, sagte meine Mutter, »du hättest deine Arbeit über die Schmetterlinge mit einer Freundin zusammen geschrieben. Ihr wollt sie der Klasse vorstellen an einem Morgen, aber deine Freundin kommt nicht. Nicht einmal ein leerer Stuhl ist dort, wo sie saß. Drei andere Kinder fehlen auch. Zwei Bänke wurden am Morgen einfach hinausgetragen. Und wenn du nach deiner Freundin fragst, weil sie lesen soll, was ihr vorbereitet habt, dann schaut die Lehrerin dich nur schweigend an.«

»Aber wusste sie denn nicht, dass sie gehen würde? Sie hätte es mir sagen können. Dann hätte ich unseren Text allein vorgelesen.«

»Manchmal wussten die Kinder, dass sie fortgehen werden. Ich weiß noch, wie ein Junge seine Bücher auf mein Pult legte und ich ganz erschreckt war. Manche Kinder weinten in der Pause. Manche machten ihren Freundinnen Geschenke und fragten, wie schwer es sei, eine schwere Sprache zu lernen. Aber viele Kinder sind überrascht worden, weil ihre Eltern kein Risiko eingehen wollten. Dann sind sie geweckt worden in der Nacht. Denn nicht jedes Kind ist so verschwiegen wie du, Maryam«, sagte sie. Als meine Mutter das sagte, war ich sehr stolz auf mich.

»Und warum seid ihr nicht gegangen?«, fragte ich.

Nach einer Weile erst antwortete sie: »Dein Vater sagte, dass wir warten müssen.«

»Auf wen?«, fragte ich.

»Auf den Schah«, sagte meine Mutter. »Aber der Schah kam nicht.«

9. Ahwazi sein

Schon als junges Mädchen unterschied ich mich von den anderen Mädchen in meiner Klasse. Ich hatte Freundinnen, aber keine von ihnen wollte zu mir nach Hause kommen. Ich durfte sie besuchen, aber es gab niemals einen Besuch von ihnen in unserem Haus. Die Eltern der Mädchen sagten es mir nicht, aber sie wollten keinen Umgang mit meiner Familie haben. Sie fürchteten beim Betreten unseres Haus, von der Polizei beobachtet zu werden.

Für mich war unser Haus ein Haus wie jedes andere in der Gegend. Es war groß, verfügte über zwei Etagen und einen großen Garten mit zwei prächtigen Dattelbäumen. Wir konnten uns das leisten, weil Lehrer im Iran gut bezahlt werden – Khomeini hat aus dem Fehler des Schahs gelernt, der auf das Militär gesetzt hatte und die Unterstützung in den Schulen verlor.

Ich war an Durchsuchungen in unserem Haus gewöhnt. Ich konnte mir auch gar nicht vorstellen, dass es Häuser gab, die nicht beobachtet und kontrolliert wurden. Wenn die Polizisten kamen, stellte ich mich zu meiner Mutter an die Wand und verhielt mich still. Ich durfte die Männer, die kamen, nicht anschauen. So hatte es mir meine Mutter erklärt. »Wenn sie deinen Vater mitnehmen, bleib ruhig«, hatte sie gesagt. »Er kommt wieder. Sie stellen ihm nur ein paar Fragen.«

Wenn ich meiner Freundin von einer Durchsuchung erzählte, dann fragte sie: »Was hat dein Vater getan, dass die Polizei zu euch kommt?« Ich wusste nicht, was er getan hatte. »Nichts«, sagte ich darum. »Sie stellen ihm Fragen.« Wenn sie eine gute Freundin war, dann schüttelte sie den Kopf. Oder fragte vielleicht: »Wenn sie ihm Fragen stellen wollen – warum rufen sie ihn nicht an?« Aber ich wusste es ja nicht. Und wenn ich dann fragte: »Habt ihr keine Hausdurchsuchung?«, dann sagte sie: »Nein, niemals. Bei uns ruft die Polizei nicht einmal an.«

Bei uns aber rief die Polizei an. Wenn ich das Telefon abnahm, dann war niemand auf der Gegenseite, der antwortete. Achmed, mein Bruder, hatte mir erklärt, dass die Nummer, die ich auf dem Display sah, eine Nummer der Polizei war.

»Warum sagen sie nichts?«, fragte ich ihn. »Ich höre sie atmen.«

»Sie wollen uns Angst machen«, erklärte Achmed. »Aber wir haben keine Angst.«

Nein, wir hatten keine Angst.

Manchmal, wenn mein Vater am Abend nicht nach Hause kam, dann hatte meine Mutter Angst, aber meine Brüder hatten niemals Angst. Achmed war zehn Jahre älter als ich, Tiam fünf.

Ich erzählte meinen Freundinnen, dass niemand von uns sich fürchte. Selbst als ich zehn Jahre alt war, stellte ich keine Fragen. Ich dachte mir, dass die Hausdurchsuchungen, die auf dem Gehweg wartenden Polizeiautos und die stummen Telefonanrufer zu unserem Haus gehörten wie die beiden Dattelbäume.

Einmal wurde in unserer Straße ein Mann verhaftet. Mehrere Polizeiautos kamen vor sein Haus und sperrten die Straße. Die Polizisten liefen aus den Wagen und brachen die Tür seines Hauses auf. Wir Mädchen kamen gerade von der Schule und liefen in einen Garten, wo wir sahen, wie der Mann mit gesenktem Kopf in den Wagen geschoben wurde. Wir hörten, wie seine Frau verzweifelt schrie. Wir sahen das Mädchen, das wir kannten, wie sie hinter ihrem Vater herlief und ihn festhalten wollte. Und wir sahen, wie eine Polizistin sie zur Seite stieß. Wir kannten das Mädchen. Wir wussten nicht ihren Namen, aber sie ging in eine Klasse über uns.

Ich erzählte meinem Vater, was wir beobachtet hatten.

»Weißt du, warum die Polizei ihren Vater geholt hat?«, fragte ich.

»Weil er ein Ahwazi ist«, erwiderte mein Vater ernst. »In ihren Augen ist das ein Verbrechen.«

10. Ein freies Mädchen

In unserer Familie war ich ein Nachkömmling. Meine beiden älteren Brüder hatten andere Interessen als ich. Sie hatten Freunde, die nicht aus unserer Straße waren. Und sie durften schon mit den Männern reden.

In unserem Haus war ich ein freies Mädchen. Da meine Eltern beide als Lehrer arbeiteten, hatten wir Hilfe im Haus. Ich war kein Mädchen, das auf kleine Geschwister aufpassen musste. Wir waren nicht so arm, dass ich meiner Mutter beim Kochen, Waschen und Putzen helfen musste. Alle Mädchen in unserer Straße lasen Bücher, sahen Filme, besuchten sich und verbrachten viel Zeit miteinander.

Wenn wir das Haus betraten, waren wir frei. Es zählte nicht, was draußen war. Ich sah, wie wenig es meiner Mutter gefiel, wenn sie den schwarzen Umhang – den Tschador – über den Kopf legen musste, um zur Schule zu gehen. Ich beobachtete sie im Spiegel, wie sie ärgerlich ihr Bild anschaute. Aber sie war die Lehrerin eines islamischen Staates. Sie musste ein Vorbild sein für ihre Mädchen. Sie trug eine Gummihaube, damit nicht eine Haarsträhne zu sehen war.

Manchmal nahm sie mich mit zu ihrer Schule. Dann sah ich die Mädchen, die aussahen wie die Lehrerinnen. Alle trugen lange dunkle Mäntel und dunkle Kopftücher, Hidschabs, die ihre Haare bedeckten und über die Schulter fielen. Sie sahen so gleich aus wie die kleinen schwarzen Figuren auf dem Spielbrett meines Vaters.

Nur ihre Schuhe waren verschieden. Jedes Mädchen trug andere Schuhe. Ich hatte nicht gedacht, dass es so viele verschiedene Schuhe gibt.

»Wie kannst du deine Schülerinnen unterscheiden?«, fragte ich.

»Vor Allah sind wir alle gleich«, sagte meine Mutter und sah mich schweigend an.

Auch in unserer Klasse trugen wir einen Mantel und das islamische Kopftuch. Aber ich fand unsere Schulkleidung sehr schick. Wir hatten einen Mantel in hellem Rot, der an den Rändern dunkel abgesetzt war. Unser weißer Hidschab passte gut zu unseren schwarzen Haaren, und unsere Schuhe waren ebenfalls alle weiß, weil es gut aussah.

Meine Eltern waren Schiiten, aber sie gingen nicht in die Moschee. Mein Vater ging nur selten dorthin, wenn ihn seine Freunde abholten. Meine Mutter ging mit den Schulmädchen zur Moschee, aber niemals allein. Sie kannte die Religion nur aus der Schule.

In jedem Zimmer in unserem Haus lag ein Koran. Er lag direkt auf dem Tisch und musste dort liegen bleiben, weil die Polizisten, die in unser Haus kamen, danach fragten. Sogar in meinem Zimmer lag der Koran für die Polizei. Mein Vater hatte jedoch noch viele andere schöne Bücher, die ich lieber las als den Koran. Aber ich kannte Mädchen, die darin lasen. Sie lasen darin, weil ihre Eltern fromm waren und nur dieses Buch besaßen.

11. Eine Zeit wie ein einziges großes Fest

Die Gemeinschaft der Religionen – über dieses Thema sprach meine Mutter am liebsten mit mir. Wenn sie in der letzten Schulstunde Religion unterrichtet hatte, dann wollte sie danach die falschen Worte aus ihrem Herzen vertreiben. Sie wollte mir sagen, was sie ihren Schulkindern nicht sagen durfte. Vielleicht hatte sie die richtigen Worte in Gedanken aufbewahrt, während sie die falschen Worte vor den Kindern aussprach.

»In Persien gab es immer viele Religionen, weil es ein Land der Ethnien ist. Unsere Nachbarn waren Armenier. Wir nennen sie Nazarener. Assyrer gab es. Sie sind Christen von Syrien. Wir hatten Nachbarn, die Juden – Jahudi – waren, und Kurden. Es gab so viele Religionen. Es gab Menschen, die das Feuer anbeteten. Es waren viele, viele Religionen!

Und die Nachbarn haben sich geholfen, sie haben Respekt voreinander gehabt. Sie unterhielten sich nicht über die Religion. Sie interessierten sich für die Arbeit und für alltägliche Fragen. Nur die alten Männer sprachen über Religion. Im Café, wo sie saßen. Mit Lachen und in Freundschaft.

Wenn du als ein Fremder gekommen wärest, hättest du nicht erkennen können, welcher Religion jemand angehört. Die Menschen waren normal gekleidet. Wie in Europa konntest du nicht sehen, was sie in ihrem Kopf glaubten.

Der Name meines Vaters war Jesus, der Name meines Onkels war Moses, und wieder ein anderer Onkel hieß Ali. Und das war egal. Aber heutzutage darfst du im Iran nicht ›Jesus‹ heißen. Arabische, christliche, jüdische Namen – alle sind jetzt verboten.«

»Haben die Nachbarn auch untereinander geheiratet?«, fragte ich, weil eines meiner liebsten Bücher ein Buch über Hochzeitskleider war.

»Warum nicht, Maryam? Wir haben einen Onkel, der eine Perserin geheiratet hat. Und sie hat einen Vater, der auch eine andere Frau geheiratet hat. Wir hatten einen Nachbarn, einen Armenier, der hat eine Araberin geheiratet. Das war völlig normal. Niemand hat sich etwas dabei gedacht. Sie waren Nachbarn, sie haben sich gekannt. Manchmal hat jemand, der reich war, eine Frau geheiratet, die auch reich war. Bei den Armeniern war das so, manche von ihnen hatten viel Geld – da war es gut, innerhalb einer armenischen Familie zu heiraten!

Kein Gott hat sie getraut. Sie sind zu einem Amt gegangen – zu einem Standesamt. Unter dem Schah konntest du in einem Formular ausfüllen, ob du Christ warst oder Jude oder Zoroastrier oder Muslim. Dort haben der Mann und die Frau dann einen Ehevertrag unterschrieben. Und alle Verwandten sind mitgegangen und haben gefeiert. Wir hatten eine große Feier, als dein Vater und ich geheiratet haben. Sehr viele Verwandte sind gekommen, aber kein Imam.

Wir fragten nicht, welchen Glauben die Menschen haben. Es war nicht wichtig in unserem Leben. Wir haben uns für die Dinge interessiert wie die Menschen in anderen Ländern auch: für die Familie, die Nachbarn, fürs Essen und für die Gesundheit. Und es galt auch, dass der Schah keinen Streit über die Religionen wollte.

Wir haben die Feste zusammen gefeiert, alle Feste der Juden, der Christen, der Muslime. Wir haben Ramadan gefeiert, Weihnachten, Nouruz – das kurdische Frühlingsfest – und für alle zusammen das neue persische Jahr.«

»So viele Feste … Habt ihr sie alle gefeiert?«

»Ja«, sagte meine Mutter. »Es war eine Zeit wie ein einziges großes Fest!«

12. Als ich vierzehn Jahre alt war

Als ich vierzehn Jahre alt war, begann mein Bruder Tiam sein Studium. Wir waren alle sehr stolz auf ihn, und ich war sehr stolz auf mich, denn alle meine Freundinnen kannten meinen Bruder und sprachen von ihm.

Tiam wollte Ingenieur werden. Ich selbst hatte noch keinen Beruf vor Augen, den ich einmal ausüben wollte. Beim Abendessen unterhielt ich mich mit meinen Eltern darüber.

»Ich kann auf keinen Fall Ingenieurin werden. Da denken alle, mir fällt kein eigener Beruf ein.«

»Du hast doch noch viel Zeit«, sagte mein Vater.

»Werde doch eine Lehrerin«, schlug meine Mutter vor.

»Dann denken alle meine Freundinnen, ich werde Lehrerin, weil meine Eltern Lehrer sind«, sagte ich.

»Geh erst mal auf die Highschool«, riet mein Vater.

»Dort sprechen die Lehrer dann mit dir darüber«, schloss meine Mutter.

Als ich vierzehn Jahre alt war, kam mein Bruder Tiam ins Gefängnis.

Auf meinem Handy erhielt ich einen Anruf.

»Er hat ein rotes Buch in seinem Zimmer«, sagte die Stimme. »Sag deiner Mutter, sie soll es verschwinden lassen. Sofort!«

Meine Mutter war noch nicht zu Hause. Ich rannte nach oben, wo meine Brüder mit ihren Frauen ihre Zimmer hatten. Tiam war seit wenigen Monaten mit Kiana verheiratet, Achmed und Seta waren sogar schon Eltern. Aber es war keiner von ihnen da. Ich rannte in den Garten. Auch hier war niemand. Ich rannte auf die Straße, endlich sah ich, wie sich das Auto meiner Mutter näherte.

Ich beherrschte mich. Ich war nur ein Mädchen, das sich freute, ihre Mutter zu sehen. Ein Mädchen, das aus lauter Übermut in ihr Auto stieg, um mit ihr durch das Tor zum Haus zu fahren.

»Es hat jemand angerufen«, flüsterte ich ihr zu. »Eine Stimme hat gesagt, wir müssen sein rotes Buch verschwinden lassen.«

Ich sah, wie meine Mutter bleich wurde. Einen kurzen Augenblick schloss sie die Augen, dann war sie wieder eine starke Frau geworden.

»Wir fahren jetzt zum Haus und lassen das Tor auf. Jeder soll uns sehen können. Ruf Kiana an, sie soll sofort nach Hause kommen. Warte auf sie. Ich gehe schon vor.«

Wir fuhren im Schritttempo in die Einfahrt. Meine Mutter stieg aus und ging langsam zum Haus. Im Auto waren noch Einkaufstüten, ich stellte sie neben das Auto. Dann nahm ich mein Handy und rief Kiana an.

»Komm nach Hause«, sagte ich zu ihr. »Mutter sagt, du sollst kommen!«

Kiana legte auf, während ich tat, als würde ich weiter mit ihr reden.

Als sie kurz darauf eintraf, winkte ich ihr fröhlich zu. Ich nahm die Einkaufstüten, und wir schlenderten zum Haus.

Nachdem wir eingetreten waren, rief meine Mutter uns von oben zu sich. Kiana rannte sofort die Treppen hinauf. Sie wusste, wo das Buch war. Sie lief damit zur Toilette und zog die Seiten in Bündeln aus dem Buchrücken. Meine Mutter und ich rissen Seite für Seite in kleine Stücke, und gemeinsam spülten wir die Fetzen in der Toilette herunter. Bis nichts mehr davon im Wasser lag.

Nur der rote Einband war jetzt noch da. Wir wussten nicht, wohin wir ihn tun sollten. Wir konnten ihn nicht in Stücke reißen, dafür war er zu dick. Und in der Küche brannte kein Feuer.

Wir wollten gerade in den Garten laufen, um ihn zu vergraben, da hörten wir Stimmen von draußen. Als wir an der Treppe standen, wurde die Haustür aufgebrochen. Wir liefen ins Wohnzimmer, Kiana schob den leeren Buchdeckel unter einen Stapel Papier.

Meine Mutter stellte sich vor mich.

Vier Polizisten verteilten sich im Haus und durchsuchten alle Räume. Kiana und meine Mutter wurden von einer Polizistin zur Wand gezerrt und mit dem Gesicht daran gedrückt. Dann wurden sie am ganzen Leib abgetastet. Sogar in die Haare fassten sie meiner Schwägerin.

»Sie ist seine Frau«, sagte ein Polizist und warf Kianas Ausweis auf den Boden.

Ein Polizist musste oben auf der Treppe sein.

»Wo ist das Buch?«, brüllte er von dort durchs Haus. Dann kam er herunter zu uns, zog seine Waffe und richtete sie auf uns. »Wo?«

»Hier ist es! Es war unter den Papieren!«, rief die Polizistin. »Aber keine Seiten drin! Leer!«

Weil sie wütend war, stieß sie Kiana mit einem heftigen Tritt gegen den niedrigen Tisch im Raum. Kiana stürzte mit einem Schrei zu Boden.

»Lassen Sie die Frau!«, rief meine Mutter. »Sehen sie nicht, dass sie schwanger ist?«

Als ich vierzehn Jahre alt war, verlor die Frau meines Bruders ihr Kind.

13. Jemand, der dir dankbar ist

»Wir werden zusammen gehen«, sagte meine Mutter. »Du und ich.«

Kiana lag im Krankenhaus. In einem großen Zimmer mit anderen Frauen. Sie sah schrecklich aus. Ihre sonst so schöne helle Haut war nun bleich.

Meine Mutter nahm auf einem Stuhl an ihrem Bett Platz.

»Setz dich auch zu ihr, Maryam«, sagte sie. »Nimm ihre Hand.«

So saßen wir bei ihr. Kiana schaute zur Decke, voller Trauer um ihr Kind.

Ich streichelte vorsichtig ihre Hand. Eine Kanüle war dort mit Pflaster befestigt.

Sie wandte ihr Gesicht ab.

Ich sah, wie meine Mutter ihr vorsichtig über die Wangen wischte. Sie zitterte, auch ihr ging es schlecht.

»Maryam und ich werden Tiam morgen besuchen«, sagte sie.

»Wisst ihr, wo er ist?«, fragte Kiana.

»Ja, sie haben uns benachrichtigt. Das ist ein gutes Zeichen.«

»Ja, es ist gut, wenn wir wissen, wo er ist.«

»Er wird dich abholen, wenn du hier entlassen wirst.«

»Sagt ihm nichts von …«

»Nein, das werden wir nicht«, versprach meine Mutter und tupfte Kiana immer wieder die Tränen aus dem Gesicht.

Es war so schrecklich, was passiert war. Ich würde immer daran denken müssen. Warum hatte ich den roten Einband nicht an mich genommen? Wenn die Polizistin mich gestoßen hätte – mir wäre nichts passiert.

Kiana sah mich an, als habe sie in meinen Gedanken gelesen.

»Maryam, du kannst stolz auf dich sein«, sagte sie. »Du warst sehr tapfer.«

»Nicht so richtig«, sagte ich.

»Du bist ein junges Mädchen«, sagte sie.

»Er ist mein Bruder«, sagte ich.

Kiana und meine Mutter sahen mich schweigend an.

»Werden sie Tiam etwas antun?«, fragte ich leise.

»Nein«, sagte meine Mutter. »Sie werden ihn verhören. Dann werden sie ihn freilassen.«

Kiana stimmte ihr mit einem schwachen Nicken zu.

Ich wusste nicht, ob ich ihnen glauben konnte.

»Werden sie die Polizistin bestrafen?«, fragte ich.

»Sie werden nicht einmal schreiben, dass Kiana gestürzt ist.«

»Ich hoffe, die Polizistin wird niemals vergessen können, was sie getan hat!«, sagte ich.

Eine Schwester kam in das Zimmer.

»Was ist es so still hier?«, rief sie. »Schlafen schon alle?«

Sie stieß mit dem Stationswagen im Vorbeigehen gegen die Betten der Kranken.

»Geht's uns gut?«, fragte sie so laut, dass man es sicher auch noch in den Nebenzimmern hören konnte.

Sie nannte meine Schwägerin bei ihrem Vornamen. Dann ging sie und öffnete das Fenster. Dort unterhielt sie sich mit einem Gärtner.

»Wer war die Stimme, die mit mir am Handy gesprochen hat?«, fragte ich leise.

»Das war jemand, der uns helfen wollte«, flüsterte meine Mutter.

14. *Die Kinder in diesem Alter*

Um meinen Bruder Tiam im Gefängnis zu besuchen, mussten wir an den Rand der Stadt fahren. Auf einem umzäunten Parkplatz stellten wir das Auto ab. Jetzt ging es für Besucher nur zu Fuß weiter. In der Nähe sahen wir zwei Wachtürme. Wir liefen hinter einer Gruppe von vielleicht zwanzig Frauen an einer endlosen Mauer entlang. Auf der anderen Straßenseite waren Ladenlokale, Cafés und ein kleiner freier Platz. Die Leute auf der anderen Seite beachteten uns nicht.

Dann kam ein Tor. Ich habe dieses Tor später wiedererkannt. In einer anderen Zeit, in einem anderen Land. Menschen in Deutschland haben mir Bilder davon gezeigt. Und ich habe es erkannt.

Wir mussten lange vor dem Tor warten, bis ein Wachmann die Besucherinnen nacheinander hineinrief. Endlich sah er in unsere Gesichter und sagte: »Mitkommen!«

Wir folgten dem Wachmann durch die langen Gänge. Die Wände waren kahl. Nirgendwo war ein Bild oder ein Fenster. Wir gingen durch Innenhöfe ohne Schatten. Ich sah hoch zu dem Stacheldraht. Ich sah Wärter, Männer in grünen Kitteln und Polizisten. Wir hörten Befehle, das Schlagen von Türen, schwere Motoren. Und wenn es einen Moment still war, hörten wir unsere eigenen Schritte.

In dem großen Gebäude, das wir nun betraten, hing an jeder Wand ein Bild von Khomeini.

»Geht hier rein!«, befahl der Wärter und zeigte auf eine Tür.

Wir standen vor einem Schreibtisch. Eine Vollzugsbeamtin im Alter meiner Mutter saß dahinter. Dem Anschein nach hätte sie auch eine von Mutters Freundinnen sein können. Sie sah uns freundlich an.

»Ihre Ausweise bitte«, sagte sie.

Sie las darin und verglich sie mit ihrer Liste.

»Sie sind Lehrerin?«, fragte die Frau.

Meine Mutter nannte den Namen ihrer Schule.

»Wir haben Ihren Sohn verhaftet, weil er sich einer … Gruppe angeschlossen hat.«

»Ich weiß davon nichts«, sagte meine Mutter. »Er ist ein guter Junge.«

»Gute Jungen sind sie alle«, erwiderte die Frau, ohne von ihren Akten aufzublicken.

»Wie lange werden Sie ihn hierbehalten?«

»Wir verhören ihn«, war die Antwort. »Sie bekommen Nachricht.«

Von der Wand starrte Khomeini auf uns herunter.

»Als Lehrerin – konnten Sie Ihren Sohn nicht besser erziehen?«, fragte die Vollzugsbeamtin jetzt.

Meine Mutter schwieg.

»Und Ihre Tochter – soll sie mit?«

»Sie will ihren Bruder sehen«, antwortete meine Mutter.

Die Frau schaute mich an.

»Ich hoffe, du merkst dir, was mit Menschen geschieht, die unsere Gesetze brechen«, sagte die Beamtin.

»Eine Polizistin hat die Frau meines Bruders getreten, sodass sie …« Schnell hielt mir meine Mutter den Mund zu.

»Hier steht nichts von solch einem Vorfall«, sagte die Frau, und ihre Augen verengten sich.

»Meine Tochter redet Unsinn.« Meine Mutter hielt mir immer noch den Mund zu.

Jetzt schaute die Frau wieder freundlich.

»Deine Mutter ist vernünftiger als du«, sagte sie. »Ich habe auch eine Tochter – so alt wie du.«

»Die Kinder sind in diesem Alter manchmal vorlaut«, sagte meine Mutter.

Die Frau nickte. »Ja, das sind sie.«

Langsam nahm meine Mutter die Hand von meinem Mund.

»Ich wollte auch Lehrerin werden«, erzählte die Vollzugsbeamtin. »Aber es gab keine Stelle für mich in unserem Bezirk. Als die Anstalt fertig war, habe ich mich beworben.«

»Mein Mann ist auch Lehrer«, sagte meine Mutter.

»Wartet draußen«, sagte die Frau, ihre Stimme klang müde. »Ihr werdet aufgerufen. Bevor ihr ihn sprechen könnt, werdet ihr noch durchsucht.«

15. Ein Platz, um zu sprechen

Wie die Frau im Büro angekündigt hatte, wurden wir von Wärterinnen durchsucht. Alle Kleider mussten wir ausziehen vor ihnen. Sogar in unsere Haare fassten sie.

»Willst du nicht hier warten?«, fragte mich eine Wärterin.

»Nein«, sagte ich. »Er ist mein Bruder.«

»Du bist viel zu jung, so etwas zu sehen«, sagte sie. »Aber wie ihr wollt …«

In einer Gruppe von acht Frauen folgten wir einer Wärterin.

Wir wurden in einen Raum mit einer langen Reihe Sitzplätze entlang einer Wand gebracht, an jedem Platz war ein rundes Sichtfenster in der Wand. Die Scheiben waren trübe und zerkratzt. Über jedem Platz hing ein Mikrofon. Ein Telefonhörer lag jeweils auf dem schmalen Pult.

Die Wärterin erklärte uns die Vorschriften.

»Es wird nur über Dinge geredet, die nichts mit dem Fall zu tun haben. Wir hören mit und können das Gespräch sofort beenden.«

Eine Frau begann zu weinen.

»Machen Sie es den Gefangenen nicht schwer«, sagte die Wärterin mit einem Blick auf die Weinende.

Dann sagte sie uns die Nummer für unseren Platz.

Mein Bruder Tiam saß in einem braunen Kittel hinter dem Glas. Er führte sein Gesicht an die Scheibe und lächelte, als er mich sah.

»Maryam, ich freue mich, dass du mitgekommen bist«, sagte er.

Ich versuchte zu lächeln. Er war bleich, und seine Augen, die mich freundlich anblickten, bewegten sich unruhig.

Meine Mutter sagte nichts. Sie sah ihn nur an.

»Es geht mir gut, Mutter«, sagte Tiam. »Schau nicht so. Es ist okay.«

Meine Mutter nickte.

»Wie geht es Kia?«, fragte er.

»Kiana geht es gut«, sagte Mutter. »Sie macht sich große Sorgen um dich.«

Mein Bruder schwieg. Er konnte in den Augen meiner Mutter sehen, dass etwas passiert war.

»Ist sie verhaftet worden?«

»Nein, niemand von uns ist verhaftet worden.«

»Was ist mit Kia?«, fragte mein Bruder. »Was ist mit ihr?«

»Es ist nichts«, sagte meine Mutter. »Es ist alles gut.«

Ich saß unruhig auf meinem Stuhl.

»Wie geht es in der Schule?«, fragte mein Bruder mich und sah auf das Mikrofon über uns.

»Es geht gut«, sagte ich. »Wir bekommen Noten, die für die Highschool wichtig sind.«

Mein Bruder sah mich schweigend an.

»Meine Freundin Bita ist gestolpert«, log ich. »Jetzt ist sie im Krankenhaus. Ich habe sie gestern besucht.«

»Kenne ich deine Freundin Bita?«

»Ja, du kennst sie. Sie ist schwanger. Erinnerst du dich an sie?«

»Ja, ich erinnere mich. Aber es geht ihr gut?«

»Ja«, sagte ich. »Die Ärzte sagen, es ist alles gut.«

»Ihre Schwangerschaft?«

»Alles gut«, sagte ich. Ich wollte Tiam zu verstehen geben, dass er sich keine Sorgen machen musste.

Er aber versuchte, die Wahrheit in meinem Gesicht zu lesen. Mein Blick blieb fest.

»Dein Vater spricht mit einem Anwalt«, sagte meine Mutter zu Tiam. »Deswegen konnte er nicht kommen.«

»Sie sagen, ich brauche keinen Anwalt.«

»Es ist besser, wenn du einen Anwalt hast.«

»Ja, besorgt einen Anwalt. Es kann nicht schaden.«

»Behandeln sie dich anständig?«, wollte meine Mutter wissen.

»Sie stellen Fragen«, erwiderte mein Bruder Tiam kurz. »Manchmal verbinden sie mir die Augen, aber sonst nichts.«

Ein Wärter trat von hinten an ihn heran.

»Genug jetzt«, sagte er. »Die Zeit ist vorbei.«

Zwei Wochen später wurde Tiam aus dem Gefängnis entlassen. Wir feierten ein Fest für ihn. Aber es war ein trauriges Fest.

16. Die Highschool

Im Sommer kam ich auf die Highschool. Ich war froh, dass meine Freundin Bita mit mir auf dieselbe Schule ging. Alle Mädchen in der alten Schule hatten davon erfahren, was mit meinem Bruder Tiam passiert war. Es gab Mädchen, die sich abwandten, wenn sie mich sahen. Es gab Mädchen, die so taten, als gäbe es mich nicht. Es gab Mädchen, die Angst hatten, in meine Nähe zu kommen. Ich hatte eine Freundin, die redete jeden Tag mit mir ein paar Worte weniger, als habe sie sich einen Plan gemacht. Auch die Lehrerinnen behandelten mich anders als früher.

Nur meine Freundin Bita hielt zu mir. So saß ich nicht allein, wenn wir eine Gruppenarbeit machten. Alle Mädchen saßen zu dritt oder zu viert – wir blieben zu zweit. Aber es war nicht wichtig, und wir waren sogar stolz auf unsere Freundschaft. Zumindest Bita verhielt sich so. Während die anderen Mädchen sich leise in Gruppen zusammenfanden, rief sie laut: »Ich arbeite mit Maryam!«

Und dann betrachtete sie die ganze Zeit die anderen Mädchen, sodass ich die Arbeit allein machen musste.

»Wir bekommen nur eine schlechte Note, weil sie uns nicht mögen«, presste sie heraus.

Und einen Moment lang dachte ich, sie würde das Papier unserer Arbeit zerreißen wollen.

»So wie du möchte ich auch sein«, sagte sie dann aber bloß.

»Warum?«, wollte ich wissen.

»Weil sie alle auf dich schauen. Siehst du nicht ihre Blicke?«

Ja, ich sah die Blicke, aber sie meinten es nicht gut mit mir. Sie sahen auf mich und auf meine Familie. Sie waren wie Schatten über uns, die ich nicht bemerkt hatte.

»Und wenn ich sie anschaue, dann schauen sie weg!«, rief Bita laut.

Bita hatte drei ältere Brüder und eine ältere Schwester. Sie war die Jüngste in der Familie. Die Schwester war bereits verheiratet. Ihre Familie war frommer als meine. Ich glaube, ihre Familie war arm, denn sie hat mich nie zu sich eingeladen.

Das war meine Freundin Bita, mit der ich auf die neue Schule ging. Wir waren auch gemeinsam unsere Schulkleidung kaufen gegangen. Bita hatte dabei sehr auf das Geld geachtet. Ich kaufte neue Schuhe dazu, aber Bita sagte, ihre alten Schuhe seien gut genug.

Uns gefiel die Schulkleidung nicht.

»Müssen wir diese Kleidung wirklich kaufen?«, fragten wir.

»Es steht auf dem Zettel«, sagte die Verkäuferin. »Sie muss euch nicht gefallen.«

Was sie damit meinte, wussten wir nicht. Unsere alte Schulkleidung hatte uns sehr gefallen. Sie war hell und sehr mädchenhaft gewesen.

Diese Kleidung war ganz anders. Sie war in einem grünlichen Grau. Und der Hidschab – dieselbe Farbe, derselbe Stoff.

»Das ist eben für ältere Mädchen«, erklärte die Verkäuferin.

»Ist okay«, sagte Bita und schaute sich im Spiegel an, als sehe sie nicht ein trauriges Grüngrau, sondern etwas anderes.

»Kann ich sie umtauschen, wenn sie meinen Eltern nicht gefällt?«, fragte ich.

»Sie muss deinen Eltern nicht gefallen«, antwortete die Verkäuferin und schüttelte den Kopf über mich.

Dann suchte ich mir Schuhe aus, die weiß waren. Mit blauen Streifen und roten Bändern.

»Eigentlich sollten die Schuhe ja zu der Uniform passen ...«, belehrte mich die Verkäuferin.

»Eigentlich?«, fragte ich.

»Kauf sie!«, rief Bita. »Sie sehen toll aus!«

17. Verordnungen und Verbote

Die neue Schule war viel größer als unsere alte. Selbstverständlich waren auch die Mädchen größer. Und aus diesem Grund hatten sie wohl auch den Zaun um das Gebäude höher gebaut. Den Eingang zur Schule bildete ein richtiges schweres Tor. Davor standen Lehrerinnen, die uns mit Blicken absuchten. So etwas hatte es an unserer alten Schule nicht gegeben. Ich wusste nicht, was sie suchten. Aber ich bemerkte, dass sie auf meine Schuhe schauten. Als wir an ihnen vorbeigingen, riefen sie ein Mädchen zu sich.

»Was suchen sie?«, fragte ich Bita.

Sie wusste es auch nicht.

In unserem Klassenraum stand schon unsere neue Lehrerin. Sie trug einen Tschador in der Farbe unserer Schule.

Vor dem Unterricht mussten wir uns aufstellen. Einige Mädchen hatten sich bereits gesetzt und erhoben sich schnell. Ein Mädchen bekam den Koran in die Hand und musste Verse daraus vorlesen. Währenddessen standen wir still und hielten die Hände am Körper. Dann durften wir uns setzen.

Das Gesicht der Lehrerin war völlig ungeschminkt. Sie besaß auffallend dicke Augenbrauen und hatte einen Frauenbart, den wir sogar von dort sehen konnten, wo wir saßen.

»Verteilt euch auf die Plätze, Mädchen!«, rief sie.

Als wir saßen und still wurden, ging sie langsam durch unsere Reihe und betrachtete uns.

»Du, Mädchen, ich kann dein Haar sehen. Versteck es bitte!«, sagte sie zu einer Schülerin.

Dann ging sie weiter und sah uns ins Gesicht.

Als sie zu mir kam, fragte sie: »Hast du dir die Augenbrauen gezupft?«

»Nein«, sagte Bita, »das macht sie nicht.«

Sie bekam von der Lehrerin einen sehr bösen Blick. »Habe ich dich gefragt?«

»Sie wachsen so«, antwortete ich.

»Das Zupfen der Augenbrauen ist verboten«, sagte sie an die Klasse gewandt. »Es ist unislamisch.«

»Zeig mir deine Tasche!«, forderte sie nun ein anderes Mädchen auf.

Das Mädchen öffnete die Tasche.

Die Lehrerin holte ein Buch hervor.

»Was ist das?«

»Es ist ein Roman. Ich lese ihn im Bus.«

»Private Bücher sind verboten«, sagte die Lehrerin streng. »Wir haben eine Bibliothek. Wenn ihr im Bus lesen wollt, leiht euch dort Bücher aus.«

»Religiöse Bücher«, flüsterte ein Mädchen vor uns.

Die Lehrerin ging weiter.

»Zeig deine Hände«, sagte sie zum nächsten Mädchen.

»Du hast künstliche Fingernägel«, sagte sie.

Das Mädchen nickte.

»Geh auf die Toilette und entferne sie.«

Das Mädchen stolperte aus der Klasse.

»Deine Lippen glänzen«, sagte sie zu einem anderen Mädchen. »Wisch das ab!« Sie reichte ihr einen schon einmal benutzten Lappen.

»Wir haben hier eine strenge Kleiderordnung und ein völliges Verbot von Kosmetik. Haltet euch daran. Ab morgen werdet ihr vorn am Tor kontrolliert.«

Sie sah sich um, ob es Widerworte gab.

»Ich möchte vor allem nicht sehen, dass eine von euch ihr Haar zeigt. Was der Prophet verboten hat, ist auch hier verboten!«

Sie zog ihre Augenbrauen zusammen, um uns finster anzusehen.

»Was ist das für eine Schultasche?«, fragte sie ein Mädchen in der hinteren Reihe.

Das Mädchen wusste nicht, was es sagen sollte.

»Bring morgen eine andere Tasche mit. Eine, die nicht lackiert ist. Wir sind hier in einer Schule, nicht auf einer Hochzeit!«

Das Mädchen stellte die Tasche unter den Tisch. Ich sah, dass die Tasche ganz neu gekauft und nicht billig gewesen war.

»Wer hat ein Handy dabei?«

Zwei Mädchen meldeten sich.

»Bringt sie nach vorn und legt sie auf das Pult. Handys sind verboten!«

Als wir in die Pause gingen, sagte ich zu Bita: »Ich bin nur froh, dass sie mich hier nicht kennen, puuh.«

»Sie wissen alles«, sagte Bita wie im Spaß.

18. Die Basidschi

Am nächsten Tag wurden wir am Tor kontrolliert. Fast alle neuen Schülerinnen mussten ihre Taschen zeigen, und auch ihr Äußeres wurde begutachtet. Die Namen mehrerer Mädchen wurden aufgeschrieben. Die Lehrerinnen am Tor schauten wieder auf meine Schuhe, aber sie ließen mich passieren.

In der Mitte der Stunde ertönte das Pausenzeichen. Erstaunt sahen wir auf.

Dann folgte eine Durchsage: »Maryam Heidari Ahwazi, bitte ins Büro der Basidschi kommen!«

»Wer von euch ist diese Maryam?«, fragte die Lehrerin streng.

Ich erhob mich und ging nach vorn. Verächtlich sah sie an mir herunter.

»Dann geh mal«, sagte sie.

Alle Mädchen wussten, wer die Basidschi waren. Sie waren berüchtigt. Die Basidschi waren eine Art freiwillige Hilfspolizei. Sie halfen der Islamischen Republik zu kontrollieren, ob ihre strengen Regeln auch umgesetzt wurden. Oft bespitzelten diese Religionswächter die Bürger auch, manchmal wurden sie sogar als Schlägertrupps eingesetzt. Sie waren von Khomeini gegründet worden und bestanden aus seinen fanatischsten Gefolgsleuten. Basidschi gab es in jedem Alter, sogar Kinder gehörten dazu – Basidschi fielen auf, weil sie sich selbst an die strengen Regeln nicht hielten. Ich hatte nicht gewusst, dass es sie auch an unserer Schule gab. Und ich wusste auch nicht, wo ihr Büro war.

Eine ältere Schülerin auf dem Gang zeigte mir den Weg.

»Neu an der Schule?«, fragte sie.

Ich nickte.

»Das ging ja schnell«, sagte sie und lachte. »Zwei Tage hier und du musst schon zu den Basidschi – nicht schlecht!«

In dem Büro saßen zwei Lehrerinnen. Eine von ihnen erhob sich und verließ den Raum, als sie mich sah.

Die andere Lehrerin war stark geschminkt, obwohl sie gekleidet war wie eine Lehrerin.

Sie zeigte auf einen Stuhl vor ihrem Pult. An ihren Fingern glänzten künstliche Nägel.

Das Büro war groß, mit weiten Fenstern und vielen Bildern von Städten an den Wänden.

Es war freundlich ausgestattet. Hier zu arbeiten musste schön sein.

Ich sah die Lehrerin an – die Lehrerin sah mich an. Ich sagte nichts – sie sagte nichts.

»Ich möchte mit dir gelegentlich ein freundliches Gespräch führen«, begann sie dann.

Ich sah in ihre geschminkten Augen. Lidschatten und Wimperntusche.

»Über gewisse Dinge, wenn du es magst.«

Ich antwortete nichts.

»Dies und das«, sagte sie. »Du kannst selbst entscheiden, über was wir reden.«

In ihrem Raum hing kein Bild der islamischen Führer.

»Du willst doch sicherlich studieren, wenn du mit der Schule fertig bist?«

Ich nickte vorsichtig

»Dann«, sagte sie, »sprich mit mir.«

Sie roch wie ein Feld von Blumen.

19. Ein schwieriges Alter

Ich erzählte meiner Mutter von der Lehrerin, die zu den Basidschi gehörte. »Sie war stark geschminkt«, sagte ich.

»Das bedeutet nichts. Das ist nur, was du von ihr siehst. Wie sie wirklich ist, weißt du nicht. Vielleicht ist sie eine gläubige Muslima, vielleicht nicht. Es ist nicht ihre Aufgabe, etwas zu glauben.«

»Diese Schule ist schrecklich«, sagte ich.

Meine Mutter setzte sich neben mich.

»Diese Frau, von der du sprichst – ich versteh sie ein wenig.«

Meine Mutter redete wie eine Basidschi-Frau.

»Wenn du dich mit ihnen anlegst, dann werden sie dir große Steine in den Weg legen.«

»Soll ich meinen Bruder verraten?«

»Nein, nein«, sagte meine Mutter schnell.

»Diese Frau passt sich an. Am Anfang der dunklen Zeit hatten wir Hoffnung, dass alles schnell vorbeigeht, dass die alte Zeit wiederkommt, dass der Schah wiederkommt. Hoffnung, dass die Leute enttäuscht sind von Khomeini, der so viel versprochen hat.«

»Aber dann?«, fragte ich.

»Dann mussten wir zurechtkommen. Die Leute, die aus dem Iran weggegangen sind – sie mussten sich nicht anpassen. Aber wir – die wir geblieben sind, wir mussten überleben.«

»Diese Basidschi-Frau – du sagst, sie will nur überleben?«

»Ich kenne sie nicht«, sagte meine Mutter. »Aber ich bin auch Lehrerin. Ich muss Dinge sagen und tun, die ...«

Ich wollte nichts davon hören. Am liebsten wäre ich aufgestanden.

»Wenn ein Kind zu mir kommt und mir etwas erzählt, dann muss ich es weitergeben.«

»Warum? Niemand zwingt dich!«

»Es könnte sein, dass sie mir eine Falle stellen. Es könnte sein, dass sie sehen wollen, ob ich meine Pflicht erfülle.«

»Deshalb gibst du weiter, was das Kind dir über seine Eltern verraten hat?«

Meine Mutter schwieg.

20. Mohammed ist nicht mein Prophet

In der nächsten Woche gefielen der Lehrerin am Tor meine Schuhe nicht.

»Diese Schuhe sind ein Zierrat. Und damit sind sie unislamisch!«

Sie notierte sich meinen Namen auf einer Liste. Währenddessen durchsuchte eine ältere Schülerin meine Tasche.

In der Stunde verlas unsere Lehrerin vier Namen. Darunter war mein Name, aber nicht der von Bita. Sie sah mich an, als müsse sie sich dafür entschuldigen.

»Diese Mädchen gehen jetzt in das Basidschi-Büro. Maryam weiß, wo es ist. Nicht wahr, Maryam?«

Die Mädchen folgten mir in den Gang. Ich war nicht mehr allein.

»Was haben sie bei dir gesagt?«, fragte ein Mädchen. Sie war die beste Schülerin in Geografie.

»Meine Schuhe sind unislamisch«, sagte ich.

»Zeig mal.«

Ich hob meine Schuhe hoch.

»Wechsle doch die Bänder aus. Dunkelgrüne Bänder gefallen ihnen bestimmt.« Ihre Augen lachten.

Bei ihr wusste jedes Mädchen, was sie getan hatte.

Sie hatte im Religionsunterricht gesagt: »Mohammed ist nicht mein Prophet. Mein Prophet ist Zarathustra.«

Die Lehrerin sagte kein Wort. Sie diktierte uns einen Text.

»Lernt ihn – auswendig«, sagte sie. »Ich habe genug von euch für heute!«

Nun war die Schülerin berühmt. Selbst die größeren Schülerinnen sprachen von ihr.

Im Basidschi-Büro saßen diesmal zwei Schülerinnen und eine Lehrerin.

Die geschminkte Lehrerin war nicht dort.

Wir mussten uns auf eine Bank setzen und wurden der Reihe nach aufgerufen.

»Ich habe Verpflichtungserklärungen für euch vorbereitet«, sagte die Lehrerin.

»Abandocht, du hast beim Gebet Grimassen geschnitten. Was ist mit dir?«

»Es hat im Gesicht gejuckt.«

Die Lehrerin legte ihr ein Papier auf den Tisch.

»Unterschreibe hier, dass du keine Grimassen mehr beim Gebet schneiden wirst.«

»Banu, du hast deine Hausaufgaben abgeschrieben. Unterschreibe hier, dass es nicht wieder vorkommt!«

»Maryam, deine Schuhe sind unislamisch. Unterschreibe hier, dass du mit ihnen nicht mehr zur Schule kommen wirst.«

»Zu dir, Mehsar. Du hast im Religionsunterricht gesagt, dass Mohammed nicht dein Prophet ist.«

»Weil es stimmt«, antwortete Mehsar.

Die beiden Basidschi-Schülerinnen machten große Augen. Scheinbar hatten sie noch nicht von Mehsar gehört.

»Ohne eine Religionsnote wirst du am Ende des Schuljahres von der Schule gehen müssen. Auch das stimmt. Willst du das?«

Mehsar schwieg.

»Dann sage so einen Unsinn nicht mehr«, sagte die Lehrerin. »So bekommst du eine Religionsnote, und alles ist gut. Unterschreib hier.«

Als wir wieder draußen waren, war Mehsar sehr betrübt.

»Ich habe unterschrieben«, murmelte sie traurig.

»Du musst auch nicht an Chemie glauben«, versuchte Abandocht sie zu trösten. »Lerne es einfach!«

Mehsar nickte dankbar.

21. Inseln wie treibende Schiffe

Meine Mutter kam in mein Zimmer, als ich gerade vor dem Spiegel stand. Sie setzte sich auf mein Bett und versank dort in Gedanken. Erst als ich sie ansprach, rührte sie sich wieder und sah mich an.

»Kann ich dir etwas bringen?«, fragte sie.

Ich schüttelte den Kopf und setzte mich zu ihr.

»Ich will dir etwas erzählen«, sagte sie da.

Sie war traurig. Heute war sie keine Lehrerin, das spürte ich.

»Khomeini – er war wie diese geschminkte Frau. Am Anfang macht sie dir Versprechungen. Sie gibt dir Vergünstigungen, um dich auf ihre Seite zu ziehen. So war es mit Khomeini auch. Er hat den Leuten den Strom, das Wasser und die Heizung umsonst gegeben. Als niemand mehr dafür zu zahlen brauchte, waren die Leute glücklich. Sie sagten, dass Khomeini gerecht ist. Und sie sagten, dass der Schah ihnen Geld abgenommen hat, obwohl sie doch arm sind und für ihre Kinder sorgen müssen.

Das war aber nur für wenige Monate. Obwohl Khomeini Gesetze dagegen erlassen hatte, mussten sie wieder bezahlen. Wenn sie nicht bezahlt haben, ist ihnen der Strom und das Wasser abgestellt worden und auch die Heizung. Das war eine Anweisung der Stadt. Und wenn sie gesagt haben: ›Wisst ihr nicht, was Khomeini uns versprochen hat?‹, dann ist die Polizei gekommen und hat sie eingesperrt.

Und Khomeini hat ihnen höhere Löhne gegeben, und die Menschen haben sich für ihr Schicksal bedankt. Sie sind in die Moscheen gegangen und haben ihm gedankt. Aber die Preise sind gestiegen, und das Leben war nicht besser als unter dem Schah, und die Gebete waren umsonst.«

Meine Mutter rutschte näher zu mir heran.

»Maryam, was ich sagen will … ich bin geblieben. Am Anfang habe ich mir keine Gedanken gemacht. Die Frauen mussten kein Kopftuch tragen. Sie hatten gegen den Schah gekämpft. Die frommen Frauen, aber auch die politischen Frauen. Und so war auch eine Hoffnung in mir. Aber es wurde nur gut für die Männer, für uns Frauen viel schlechter. Viele verloren ihre Arbeit, wenn sie die Arbeit von Männern machten. In den Ämtern waren irgendwann nur noch wenige Frauen. Sie hatten keine Rechte mehr, und viele Plätze waren ihnen verboten. Für alles brauchten Frauen fortan die schriftliche Zustimmung ihres Mannes.

Aber – wenn ich gewollt hätte – dein Vater hätte mir ein Ausreisepapier gegeben, auch für euch Kinder. Ja, er hat es einmal gesagt. Es gab diese Papiere. Er wäre nachgekommen. Warum bin ich nicht gegangen? Ich kann es ehrlich nicht sagen. Es war wie in einem schrecklichen Traum. Unsere Stadt war bunt und schön gewesen. Überall die Schilder mit der Sonne des Schahs und seinem Löwen. Über jedem Geschäft hingen diese Schilder. Dann wurden sie entfernt. Überall eine leere Stelle. Wie in einer fremden Stadt gingen wir umher. Überall leere Stellen wie von einem bunten Kleid, von den Motten zerfressen.

Und dann kamen die Verbote von allem. Musik und Auftritte von Sängern: verboten. Der Tanz und die Lokale: verboten. Cafés: geschlossen. Nur das Theater blieb geöffnet, weil die Schauspielerinnen im Tschador auftraten. Wenn die Frauen von der Arbeit kamen, mussten sie sofort nach Hause fahren. Warum sollten sie gesehen werden? Mussten sie nicht kochen für ihre Männer?«

Sie seufzte und senkte den Blick, bevor sie weitersprach.

»Und wir Lehrerinnen mussten darüber wachen, dass die Verbote eingehalten wurden. Und wenn eine von uns ein wenig nachgab, dann gab die andere ein wenig mehr nach. Und am Ende waren wir die Stimmen Khomeinis – so nannten die Leute uns.«

Sie legte ihre Hand auf mein Knie und schloss: »Wer nicht geflohen war, der blieb, und er erwachte nicht aus dem bösen Traum.«

Ich spürte ihre Hand. Die Hand, die ihre Hand gewesen war in einem langen und harten Leben.

»Aber hast du denn die Hoffnung ganz verloren?«, fragte ich.

Sie bemerkte, dass ich sie im Spiegel angeschaut hatte.

»Die Hoffnung verloren?«, wiederholte sie, als habe ich sie geweckt. »Ich habe einen Traum. Er versteckt sich tief in diesem bösen Traum, der mein Leben ist. Er hält sich dort verborgen. Ich kann ihn nicht rufen. Er kommt, wenn ich es nicht will.«

»Ein Traum, Mutter?«

»In dem Traum fliehe ich mit dir und deinen Brüdern. Wir sind einen schwarzen Berg gegen die aufgehende Sonne hochgegangen und schauen hinunter. Im glänzenden Meer sehen wir Inseln wie ankernde Schiffe. Und ich habe ein Glücksgefühl, dass wir frei sind.«

22. Ein Legespiel

Der Religionsunterricht war von allen Fächern das schwierigste Fach für mich, dabei galt es als das wichtigste! Khomeini hatte ein Verbot ausgesprochen. Khamenei hatte daraus andere Verbote abgeleitet. Wie auch Hakim, aber er war Iraker. Fragen stellen durften wir nicht. So viele Fragen hätten wir gehabt, aber es war ein Legespiel. Und immer sah ich in die stechenden Augen dieser Ajatollahs. Sie hingen an der Wand und beobachteten uns mit bösen Blicken.

Am Ende der Stunde gab die Lehrerin einige Sätze auf, die wir auswendig lernen mussten, um sie am Anfang der nächsten Stunde vortragen zu können.

Als Kind hatte ich viele religiöse Filme gesehen, wenn meine Brüder Kassetten geliehen oder gekauft hatten. Davon gab es viele im Iran. Es gab Zeichentrickfilme über die Propheten der Juden und der Christen, die auch die Propheten des Islam sind. Es gab Filme über Moses, über Jakob, über Maria und viele andere. So dachte ich, dass wir über sie sprechen würden. Aber es gab nur Vorschriften und Verbote, die diese religiösen Männer in Teheran aufgestellt hatten. Wie sollten wir darüber sprechen? Sie waren nur dazu da, um gelernt und befolgt zu werden.

Die Lehrerin sagte: »Ihr besucht die Schule, um Regeln zu lernen. Ihr seid keine Mädchen mehr, sondern junge Frauen. Unsere Highschool wird euch zu Muslima machen, nach den Lehren des Koran und unserer religiösen Führer – gepriesen seien sie. Eine gute Muslima ist der Stolz ihrer Eltern, der Schmuck ihres Mannes und ein Vorbild ihrer Kinder!«

Sie redeten und redeten. Und nur die bärtigen Männer an der Wand hörten ihnen zu.

»Diese Religion kann ich nicht lernen«, sagte ich zu meiner Mutter. »So viele Namen – Khomeini, Sistani und Hakim … Ich kann sie mir nicht wirklich merken, weil ich ihre Worte nicht verstehe. Sie sind wie kleine Figuren, die ich aufstellen muss. Sie fallen um, wenn ich mich bewege.«

»So schwer ist es nicht, Maryam. Ich habe es auch gelernt.«

»Es ist nicht richtig, dass die religiösen Mädchen gelobt werden. Für sie ist die Religion doch einfach – für mich aber ist es unmöglich!«

Meine Mutter sah mich an: »Sprich mit niemandem über deine Gedanken. Sie finden: Wer die Religion nicht versteht, der zweifelt. Und wer Zweifel hat, der ist ungläubig. Und wer ein Ungläubiger ist … Stell dir vor, die Kinder der religiösen Eltern erzählen zu Hause, dass du – das Kind eines Lehrers und einer Lehrerin – die Religion nicht verstehst.«

»Mach dir keine Sorgen, Mutter. Heute lerne ich, was Khamenei über den heiligen Bund der Ehe gesagt hat: ›Die erste Hälfte der Ehe ist die Religion. Die zweite Hälfte ist die Gottesfurcht!‹ Und dann weiter: ›Der Mann trägt die Verantwortung. Die Frau ist eine Blume.‹ Und der letzte Satz ist: ›Wenn die Verantwortung und die Blume auf der Waagschale liegen, sind sie –.‹ Diese drei Sätze hat die Religionslehrerin an die Tafel geschrieben. Aber es hat zum Schulschluss geläutet, bevor sie den dritten Satz fertig hatte.«

Am Ende des Jahres gab es eine Prüfung in Religion. Jedes Jahr eine Prüfung. Es war wie ein Stapel: Religion I, Religion II und Religion III. Wer nicht gut genug gelernt hatte, der konnte sich verbessern, wenn er für arme Leute eine Spende mitbrachte. Am

Ende des Jahres kamen die Dinge, die wir mitgebracht hatten, in eine große Box. Die Lehrerin schrieb genau auf, wer was in die Box getan hatte. Meine Mutter gab mir immer Geld mit. Aber das Geld schrieb die Lehrerin nicht auf.

23. Sechzehn Punkte für sittliches Betragen

Am Ende des ersten Jahres in der Highschool bekamen wir auch eine Note für sittliches Betragen.

Vor den Ferien wurde nicht nur am Tor, sondern auch in der Klasse kontrolliert. Jetzt wurden wir besonders streng geprüft. In der Pause begannen die Kontrollen für die zehn Mädchen, die bereits aufgefallen waren.

»Die anderen Mädchen brauchen sich um ihre Note keine Sorgen zu machen«, sagte die Lehrerin.

Glücklich verließen die Mädchen den Klassenraum, denn die Note zählte wie die Religionsnote und jede andere Note auch.

Wir übrigen Mädchen mussten zuerst unsere Taschen komplett auf einem Tisch entleeren. Auch Bita war darunter, weil sie ihre Haare mit einer kleinen Klammer hochgesteckt hatte. Dabei waren ihre Haare kurz. Es war reiner Unsinn von ihr, so in die Schule zu kommen. Dann wurden noch ihre Nägel inspiziert, weil sie zu lang und gefeilt waren.

»Meine Mutter hat sie gemacht«, sagte Bita. »Sie ist sehr religiös.«

»Nun gut«, sagte die Lehrerin. »Du kannst zu den anderen Mädchen nach draußen gehen. Es ist alles in Ordnung. Sag deiner Mutter Bescheid, dass die Nägel zu lang sind.«

Ich glaube, Bita war ein wenig enttäuscht, dass sie schon in die Pause gehen musste.

Wir anderen mussten eine nach der anderen unsere komplette Bekleidung zeigen. Bei einem Mädchen wurde festgestellt, dass ihre Hose zu eng am Körper anlag. Dafür bekam sie einen Punkt abgezogen.

Bei einem anderen Mädchen war der Schal zu kurz. Er bedeckte den Hals, aber nicht die Brust.

»Es ist der Schal meiner Schwester«, sagte das Mädchen. »Meine Mutter sagt, wir haben nicht genug Geld, um für jedes Kind einen eigenen Schal zu kaufen.«

Die Lehrerin sah in ihre Liste und nickte.

»Ist gut, auch du kannst gehen«, sagte sie.

Ein Mädchen hatte hohe Absätze an seinen Schuhen. Am Tor hatte es niemand bemerkt. Außerdem trug sie einen modischen weißen Gürtel mit Schmuck unter ihrer Schulkleidung. Sie hatte ihn ihren Freundinnen gezeigt, und nun musste sie ihn auch der Lehrerin zeigen. Sie bekam einen Punkt abgezogen.

Ein anderes Mädchen hatte sich einen Fingernagel lackiert. Um ihre Freundinnen zu fragen, wie sie die Farbe finden. Den lackierten Nagel hatte sie in der Faust versteckt. Nun aber musste sie die Hand öffnen und alle Fingernägel zeigen. Die Lehrerin streifte ihr Hemd hoch, sodass sie den ganzen Arm sehen konnte. Auf der Innenseite des Unterarms trug das Mädchen eine Tätowierung.

»Was ist das für ein Zeichen?«

Das Mädchen sagte nichts.

»Ich möchte deine Eltern sprechen«, sagte die Lehrerin. »Du bist eine Woche lang von der Schule suspendiert.«

Danach wurde das Mädchen vor mir durchsucht, aber die Lehrerin fand nichts. Dann sah sie auf die Liste und erinnerte sich.

»Du hast nicht am Freitagsgebet teilgenommen«, sagte sie.

»Ich musste auf meinen Bruder aufpassen.«

»Immer am Freitag?«

»Weil meine Mutter dann –«, begann das Mädchen seine Verteidigung.

»Du bist ermahnt worden«, unterbrach die Lehrerin sie.

»Ja, von den Basidschi.«

»Was nutzt es uns, wenn du dich an die Regeln hältst, aber nicht zum Freitagsgebet gehst?«

Sie notierte sich etwas.

Bei mir hatte sie nichts gefunden. Ich hatte die Schuhe von einem Schuhmacher färben lassen. Es gab nichts mehr an mir auszusetzen.

»Bei dir, Maryam – du bekommst sechzehn Punkte, was für das Kind eines Lehrers und einer Lehrerin eine Schande ist. Melde dich im Büro der Basidschi. Die Lehrerin will mit dir sprechen.«

24. Eine Mitgliedskarte der Basidschi

Draußen vor der Tür wartete Bita auf mich.

»Ich muss zu den Basidschi«, sagte ich. »Geh ohne mich nach Hause.«

»Ich komme mit dir zu den Basidschi«, sagte sie.

»Dann musst du draußen warten.«

»Mach ich, klar«, sagte sie und nickte heftig.

Während wir gingen, fragte sie mich zu den Basidschi aus.

»Ich darf nicht über das Gespräch reden«, antwortete ich ihr.

Sie sah mich mit großen Augen an. Ich hatte einen großen Eindruck auf sie gemacht.

»Ich habe von meinen Eltern gehört, dass bei euch im Haus eine Razzia war«, sagte sie.

»Das ist sehr übertrieben«, sagte ich.

»Was ist daran übertrieben?«

Ich schwieg und dachte, dass es ihre Eltern nichts anging, was bei uns im Haus passierte.

Zwei Schülerinnen warteten vor dem Basidschi-Büro auf mich.

»Was willst du?«, fragten sie Bita.

»Warten will ich«, sagte sie und sah ihnen ohne Angst ins Gesicht. »Ich bin ihre Freundin.«

Die Schülerinnen gaben uns zu verstehen, dass ich ins Büro gehen sollte, während Bita draußen warten musste.

»Draußen steht ihre Freundin«, sagte eine Schülerin, als sie mit mir eingetreten war.

Die Lehrerin sah kurz auf, dann las sie wieder in ihren Akten. Schließlich sah sie mich an. Ich überlegte, ob sie mich mochte. Ausgeschlossen war es nicht, denn sie musste sich nicht an die Regeln halten. Vielleicht gab es keine Regeln für sie.

»Das da draußen ist deine Freundin?«, fragte sie, weiterlesend.

»Ja, wir waren schon Freundinnen in der alten Schule.«

»Wie lange schon?«

»Erst später … Sie war die Einzige, die zur mir gehalten hat, als sie meinen Bruder –« Ich hielt inne. Warum fragte sie mich das? Ich wollte nicht reden. Nicht über mich, nicht über Freundinnen.

Nun blickte die Lehrerin auf.

Sie lächelte, als hätte sie einen kleinen Sieg errungen.

»Siehst du«, sagte sie. »Wir führen ein Gespräch. Über Freundinnen, Dinge, über die du sprechen willst, über dies und das. Stell dir einfach vor, ich sei eine Freundin – wie das Mädchen draußen.«

Ich sah sie an. Sie kannte meine Entscheidung schon.

»Wenn du fragen willst, dann frage. Es ist nicht meine Aufgabe, dir Angst zu machen.«

»Ja, ich habe eine Frage.«

Alle drei sahen überrascht auf.

»Warum wollen Sie mich?«, fragte ich. »Niemand würde über seinen eigenen Bruder aussagen!«

»Da wäre ich mir nicht so sicher«, sagte sie und lächelte nur mit den Augen.

»Aber ich will deine Frage beantworten«, sagte sie und schickte die beiden Mädchen raus.

Dann lehnte sie sich zurück und sah mich an.

»Du bist mir sympathisch«, sagte sie. »Nur deshalb sage ich dir, warum ich dich ausgesucht habe.«

Aber sie musste erst nachdenken.

»Du unterscheidest dich von den anderen Mädchen«, fuhr sie schließlich fort, langsam ihre Worte suchend. »Ja, eigentlich ist es nur das. Mit Mädchen, die sich nicht unterscheiden, kann ich nichts anfangen. Es gibt zu viele von ihnen.«

»Es ist nicht, weil ich eine Ahwazi bin?« Ich glaubte ihr kein Wort.

»Zum Teil ist es das«, gab sie zu. »Ich säße nicht hier, wenn ich übersehen würde, dass du eine Ahwazi bist –«

Sie zeigte auf die geschlossene Tür.

»Deine Freundin ist keine Ahwazi?«, fragte sie.

»Nein.« Daran war nichts Schlechtes, eher etwas Gutes.

»Aber sie hat zu dir gehalten. Es hat sie nicht interessiert, was die anderen über dich denken?«

Ich schüttelte den Kopf. Ich hatte sogar den Eindruck, dass Bita meine Freundin sein wollte, weil ich eine Außenseiterin war.

»Siehst du, Maryam. So eine können wir gebrauchen.«

»Bita?«

»Schick sie rein und warte draußen«, sagte sie, mit den Augen lächelnd.

25. Bita wird eine Basidschi

Während ich draußen saß, war mein Kopf leer. Etwas an dieser Lehrerin machte mich traurig. Ich wusste nicht genau, was es war. Auch sie war anders. Was sie in mir sah, das galt auch für sie. Und obwohl sie mir vielleicht ähnlich war, hatte sie sich doch anders entschieden. Und ich glaube, es war leicht für sie gewesen. Und ich glaube, in keinem Moment bereute sie es. Und wirklich – sie meinte es auf ihre Weise gut, wenn sie mich zu den Basidschi holen wollte. Es war ihre Art von Fürsorge. Das machte mich traurig.

Währenddessen wartete ich auf Bita, weil die Lehrerin es von mir verlangt hatte. Unterschied sich Bita auch von den anderen Mädchen? Ich wusste nicht genau, was die Lehrerin meinte, aber sicherlich – Bita unterschied sich von den Mädchen. Sie war nicht so wie ich. Ganz anders war sie. Etwas in ihr war lose. Wie ein Teilchen in einer Maschine, das sich gelöst hatte. Die anderen bemerkten es, sie selbst nicht. Am Ende würde das Teilchen die Maschine zerstören. Und wenn eine Frau etwas von Maschinen verstand …

So saß ich draußen und machte mir Gedanken, die umherirrten. Das Schuljahr würde bald zu Ende sein. So viel in meinem Leben war geschehen. Ich würde nicht studieren dürfen. Etwas anderes musste ich mir suchen. Bald würde ich eine Akte haben wie mein Bruder.

Als Bita aus dem Raum kam, hielt sie einen Antrag in der Hand.

»Das hättest du nicht gedacht!«, rief sie triumphierend. »Ich werde eine Basidschi!«

»Toll«, sagte ich.

»Ich weiß, du magst sie nicht«, sagte Bita. »Aber wir bleiben Freundinnen – auf jeden Fall!«

»War die Frau nett zu dir?«

»Sie war super! Sie hat mich direkt gemocht.«

Als ich mich umdrehte, sah ich kurz das Gesicht der Lehrerin in der Tür.

»Natürlich kann jede Schülerin einen Antrag stellen – jede! Aber sie nehmen nicht jede, hat sie gesagt. Von unserer Klasse bin ich die Erste, die sie ausgewählt haben.«

»Weißt du denn, was sie von dir wollen?«, fragte ich vorsichtig.

»Wusstest du, dass du mit diesem Papier zu speziellen Geschäften gehen kannst, um einzukaufen? Also Geschäfte, wo es Sachen gibt, die es sonst nicht gibt!«

»Nein, das haben sie mir nicht gesagt.«

»Siehst du, Maryam, es war dumm von dir, ihren Antrag abzulehnen!«

Bita dachte nur daran, was sie von den Basidschi bekommen würde.

»Weißt du, was ich als Erstes mache?« Bita schaute mich genau an, ob ich genug überlegte.

»Ich nehme meine Mutter mit in ein solches Geschäft«, sagte sie. »Dann kann sie sich aussuchen, was sie möchte.«

»Sie wird stolz auf dich sein.«

»Ich bin so froh, dass wir noch Freundinnen sind!« Tatsächlich – sie umarmte mich und beinahe wären wir auf der Treppe gestürzt.

»Weißt du – keiner in meiner Familie hat jemals studiert. In deiner Familie – ich weiß das von der Frau – haben viele studiert, nicht nur dein Bruder. Aber bei uns niemand. Ich werde studieren, und sie werden so stolz auf mich sein.«

Und ich werde nicht studieren, dachte ich. Und sie werden stolz auf mich sein, weil ich mich so entschieden habe.

Bita rannte immer ein Stück und wartete, dass ich sie einholte.

»Ich kann nicht warten, es meiner Mutter zu erzählen!«, rief sie. »Ich sterbe, wenn du weiter so langsam gehst. Maryam, beeile dich!«

26. Durch uns werden sie zu Dieben

Meine beiden Brüder wurden geboren, als der Schah noch im Iran regierte. Ich bin ein Kind Khomeinis, wie sie manchmal sagen. Anders als mein Bruder Tiam durfte Achmed, der Älteste von uns, nicht studieren, obwohl seine Noten gut genug waren. Er darf auch nicht in sicherheitsrelevanten Bereichen arbeiten. Dazu zählt vor allem die Ölindustrie, die ein sehr großer Arbeitgeber in Ahwaz ist. Achmed und seine Frau Seta haben eine kleine Tochter, Faezeh, meine Nichte. Sie wohnen wie Tiam und seine Frau in der oberen Etage unseres großen Hauses. Das kommt oft bei uns vor, dass die erwachsenen Kinder mit ihren Eltern in einem Haus leben – als Großfamilie.

Als ich eines Tages nach Hause kam, warteten meine Mutter und mein Bruder Tiam auf mich.

»Sie haben Achmed abgeholt«, sagte Tiam. »Bei der Arbeit. Seta ist auch gerade nach Hause gekommen. Sie ist oben.«

»Es waren Polizisten«, sagte meine Mutter. »Das ist gut.«

Polizisten erledigten die Aufgaben für den Sicherheitsdienst. Schickten sie nicht ihre eigenen Leute, dann war es ein gutes Zeichen, sagte man.

»Ich gehe hoch zu Seta«, beschloss meine Mutter. »Sie will zur Polizei fahren, aber es ist besser, sie wartet hier.«

»Was machen sie mit Achmed?«, fragte ich ängstlich.

»Sie bringen ihn zur Wache, um ihn zu verhören.«

»Dann kommt er heute noch zurück?«

»Bestimmt kommt er heute zurück«, sagte meine Mutter und verschwand nach oben.

So saß ich allein mit meinem Bruder Tiam im großen Wohnraum. Als seine Frau Kiana hinzukam, fragte sie mich, wie es in der Schule gewesen war.

»Ich musste wieder zu den Basidschi«, erzählte ich. »Sie haben gesagt, sie können etwas tun, damit meine Noten besser werden.«

»Ja, das können sie«, sagte mein Bruder. »Für die Regierung sind sie wichtig.«

»Ich habe gesagt, dass ich nicht bei ihnen eintrete. Ich glaube, jetzt wissen sie es.«

Tiam und Kiana schauten sich kurz an, schwiegen aber.

»Deshalb werde ich wohl nicht studieren können«, sagte ich.

»Du findest einen Weg«, meinte Kiana. »Dein Vater hat auch einen Weg gefunden.«

»Ja, ich finde einen Weg«, sagte ich.

Tiam und Kiana nickten, aber sie sahen traurig aus.

Ich dachte darüber nach, dass ich es in unserer Familie nur erlebt hatte, dass andere über uns bestimmten. Ständig gab es etwas, das einem von uns von anderen angetan wurde.

»Was wollen sie von uns?«, fragte ich aufgebracht. »Sind wir eine Gefahr für sie? Ist Vater eine Gefahr für sie – oder ich? Oder Achmed?«

»Nein, das sind wir nicht«, sagte mein Bruder. »Wir sind ja keine Volksmujahedin. Keine Terroristen. Die Kurden kämpfen mit Gewalt – wir nicht.«

»Ja, aber warum dürfen sie mir verbieten zu studieren?«

Mein Bruder nickte seiner Frau zu. Sie sollte es mir erklären. Ihr Vater war ein hoher Vertreter der Ahwazi. Unter dem Schah war er im Parlament gewesen.

»Mein Vater sagt: ›Sie stören sich daran, dass wir da sind. Wenn wir weg sind, gehört dieses Land ihnen.‹ So sagt er.«

»Sie wollen uns das Leben schwer machen. Die Bauern in Ahwaz sollen ihr Land verlassen. Deshalb werden die Stauseen gebaut. Und die Leute in der Stadt sollen den Iran verlassen«, ergänzte mein Bruder. »Deshalb die Verhaftungen, die Verhöre. Deshalb die Verbote und die Bevormundung.«

So hatte ich Achmed noch nicht sprechen gehört. Mit einem Mal verstand ich, dass uns diese Dinge geschahen, weil wir jemand waren. Niemand, der ein Nichts war, hatte etwas von ihnen zu befürchten.

»Wir fordern sie heraus, weil es uns gibt«, sagte Kiana.

»Solange wir hier sind, sind sie Diebe«, sagte mein Bruder.

»Wir finden einen Weg für dich«, sagte Kiana.

27. Ein anderer Bus

Wie jeden Morgen traf ich mich auch am nächsten Tag mit Bita an der Bushaltestelle.

»Morgen werde ich einen früheren Bus nehmen müssen«, sagte Bita. »Es ist wegen der Basidschi. Sie haben mich eingeteilt.«

»Ja«, sagte ich, »kein Problem.«

»Meine Mutter hat sich sehr gefreut. Du kannst dir nicht vorstellen – sie hat alle Nachbarinnen zu sich gerufen. Und ich musste mich auf einen Stuhl stellen. Die Frauen haben gepfiffen und geklatscht.«

Bita stellte ihr Füße so, dass ich ihre neuen Schuhe sehen konnte.

»Maryam, freue dich doch mal für mich! Bei euch studieren sie alle, aber bei uns bin ich die Erste, die studieren wird!«

»Ich darf nur studieren, wenn ich zu den Basidschi gehe.«

»Und warum tust du es nicht? Die Frau war nett zu dir. Ich habe gesehen, wie nett sie zu dir war. Was willst du noch?«

»Ich muss nicht studieren. Mein Vater durfte auch nicht studieren.«

»Selbst schuld, wenn du nicht zu uns kommst.«

Aus ›die Basidschi‹ war ›wir‹ geworden.

Während der Fahrt mit dem Bus sah ich aus dem Fenster.

Am ersten Morgen ohne Bita traf ich Mehsar im Bus, das Mädchen, dessen Prophet nicht Mohammed war, obwohl es auf dem Schulgelände nicht mehr den Namen »Zarathustra« aussprechen durfte. »Sieh mal, da ist Bita«, sagte Mehsar und zeigte auf zum Schultor, wo die Basidschi die Ankömmlinge kontrollierten. »Was macht sie bei den Basidschi?«

Bita hatte uns wohl auch gesehen. Sie wischte sich ein Grinsen mit der Hand aus dem Gesicht.

»Sie wird es dir sagen«, versicherte ich Mehsar.

Als wir kurz darauf zum Tor kamen, schob sich Bita nach vorn, obwohl sie die kleinste der Schülerinnengruppe war.

»Ihr könnt durchgehen«, sagte sie zu Mehsar und mir. »Euch kenne ich.«

»Was macht sie bei denen?«, fragte Mehsar mich, als wir weitergegangen waren.

»Sie ist jetzt eine von ihnen«, antwortete ich und sah mich um. Und tatsächlich – auch Bita schaute uns nach, wie triumphierend.

»Bei den ...?«, fragte Mehsar, ohne das Wort auszusprechen.

An diesem Morgen musste Bita vor der Klasse die Verse aus der Sure vorlesen. Das war ihr unangenehm. Die Lehrerin stand dicht neben ihr.

Bevor sie las, rückte sie ein Stück von der Lehrerin ab.

Wir anderen standen still an unseren Tischen da und beobachteten Bita, wie sie von Wort zu Wort stolperte.

Als Bita fertig war, sagte die Lehrerin zu ihr: »Setz du dich bitte ab jetzt hierhin.« Sie zeigte auf die Bank ganz vorn.

»Warum?«, fragte Bita.

»Warum?« Die Lehrerin glaubte nicht, dass sie richtig gehört hatte.

»Ich möchte dort nicht sitzen«, sagte Bita und sah ihr fest in die Augen.

Wir standen immer noch und warteten gespannt, welchen Tadel sie sich einfangen würde.

Die Lehrerin erwiderte erst Bitas Blick, dann senkte sie die Augen.

»Setze dich dorthin, wo du gesessen hast«, sagte sie schließlich.

Bita hatte gewonnen! Die Lehrerin hatte Angst vor ihr bekommen.

Als sie neben mir saß, flüsterte sie: »Die soll bloß vorsichtig sein!«

Mehsar und ich hatten es gehört. Und die Lehrerin, die uns beobachtete, konnte sich denken, was sie gesagt hatte.

28. Die Jungen im Park

Die Mädchenschule war von einer hohen Mauer umgeben, damit kein Mann und kein Junge uns sehen konnte. In der Nähe gab es nämlich auch eine Schule für Jungen. Und es gab einen Park. Dort am Rand stand den ganzen Tag ein Wagen der Sittenpolizei. Der Aufenthalt im Park war uns Mädchen nämlich streng verboten. Das passte zu den übrigen Vorschriften für Frauen: Jede Frau, die von der Arbeit kam oder für ihre Familie eingekauft hatte, musste unverzüglich das Haus aufsuchen. Gleiches galt für uns Mädchen. Wir durften zur Schule gehen, wir durften aus der Schule kommen, aber ein Aufenthalt im Park war nicht gestattet.

Wir ärgerten uns darüber! Wir hassten es genauso wie den Umstand, dass wir so hässlich gekleidet waren. Mit unserem dunklen Umhang und dem passenden Hidschab auf dem Kopf. Aber einen Vorteil hatte die Kleidung, unsere Gesichter waren von dem langen Kopftuch so eingerahmt, dass nicht einmal die Lehrerinnen ihre Schülerinnen richtig unterscheiden konnten. Für die Frauen der Sittenpolizei musste erst recht eine wie die andere aussehen.

Wir waren inzwischen auch keine Highschool-Anfängerinnen mehr und wurden mutiger. Trotz Verbot gingen wir hin und wieder durch den Park, immer so als seien wir auf dem Weg zu einem anderen Ort. Wir nahmen auf den Wegen zwischen den Grünflächen einen geschäftigen Schritt an.

Die Jungen auf den Bänken beobachteten uns dann jedes Mal. Sie saßen oft im Park und konnten sich unterhalten, ohne dass sie jemand gefragt hätte, was sie dort zu suchen hatten. Sie konnten schauen und gesehen werden. Sie konnten die Schuhe tragen, die sie tragen wollten. Sie konnten zusammen herumsitzen und die Mädchen beobachten, die all ihren Mut brauchten, um den Park auch nur zu durchqueren.

Die Schule der Jungen war auch nicht von einer hohen Mauer umgeben. Niemand fühlte sich beim Anblick der Jungen in seiner religiösen Inbrunst gestört. Warum war es ihnen gestattet, Hemden zu tragen, die den nackten Arm zeigten? Was war an meinem Arm, dass ich ihn nicht zeigen durfte? Was war an Mehsars Arm? Wir sahen die Jungen an und wünschten uns, selbst Jungen zu sein. Wir hätten uns die Haare abgeschnitten – selbstverständlich! Der Unterschied zwischen uns und den Jungen – nur die Haare waren es!

Die Jungen zupften sich die Augenbrauen – das konnten wir sehen. Die Jungen hatten Gel in ihren Haaren. Sie trugen Gürtel mit Perlenzierrat. Sie kicherten wie Mädchen. Und sie umarmten sich. Es fehlte nur, sie hätten sich die Fingernägel lackiert.

Warum durften wir nicht wie Jungen sein, wenn die Jungen sich wie Mädchen kleiden durften? Einer von ihnen sah uns an, und wir sahen, dass er sich einen feinen Lidschatten aufgemalt hatte. So sagte Mehsar. Es war uns unvorstellbar, dass die Lehrer diese Dinge übersahen. Obwohl wir sie nicht beachteten, sahen wir, dass die Jungen sich hübsch gemacht hatten wie Mädchen. So als wollten sie sich einen Spaß mit uns machen. Seht her – wir dürfen, was ihr nicht dürft!, zeigten sie uns damit. Wo hatten die Lehrer ihre Augen? Gab es keine Basidschi an ihrer Schule?

Die Jungen hatten ein so herrlich freies Leben! Allein um ihnen dabei zuzusehen, kamen wir in den Park. Manchmal saßen Männer bei ihnen. Eine Frau hätte sich mit uns Mädchen nicht gezeigt. Meine Mutter hätte es nicht gewagt, mit mir auf einer Bank zu sitzen. Einfach so – auf einer Bank. In einem Park.

29. Ein Teller mit Gebäck

Einige Mädchen der Schule hatten Brüder oder Cousins auf der Schule der Jungen. Mit ihnen durften sie sich treffen und im Park sitzen. Dann ging eine Polizistin hin und überprüfte die Papiere. Und wenn die Verwandtschaft belegt war, durften die Mädchen bei den Jungen sitzen bleiben. Kein Mädchen hätte sich getraut, dort mit einem Jungen zu sitzen, der vielleicht nur der Freund ihres Bruders oder Cousins war.

Weil Bita immer noch eine Freundin war, gingen wir auch schon mal mit ihr durch den Park. Etwas an ihr verunsicherte die Jungen. Sie ging nicht wie ein Mädchen, das sich nichts traute. Vielleicht hatte sie größere Brüder, vielleicht war ihr Vater ein Mullah – die Jungen wussten es nicht zu sagen. Etwas war mit ihr. Sie hielt sich im Park auf, als sei nichts darin verboten. Und sie wollte ihnen nicht gefallen.

»Dürfen die Jungen hier sitzen?«, fragte sie mich eines Tages so laut, dass die Jungen es hören konnten. »Haben sie keinen Unterricht?«

Mehsar, ich und die Jungen waren still vor Überraschung.

»Kommt«, sagte Bita lachend. »Wir gehen in das Café.«

Am Ende des Parks gab es ein Café, ein wunderschöner, aber verbotener Ort, der uns vielleicht auch deshalb magisch anzog. Dort saßen auch oft die Polizistinnen und beobachteten das Geschehen im Park.

»Wir ins Café?«, fragte Mehsar.

»Ja – ich und ihr«, sagte Bita. »Es ist langweilig, nur durch den Park zu gehen.«

Die Jungen sahen sie an, als könnten sie nicht glauben, dass dieses Mädchen etwas anderes war als eine Einbildung.

Als wir das Café betraten, saßen dort zwei Polizistinnen und sahen uns an. Von allen Tischen wählte Bita den Tisch neben ihnen.

Wir bestellten unseren Tee und verzichteten auf Gebäck. Dann warteten Mehsar und ich, was geschehen würde.

Bita sah zu den Polizistinnen hinüber und schaute so, als überlege sie etwas. Dann rückte mit dem Stuhl ein wenig zu ihnen. »Sind Sie im Dienst?«, fragte sie.

Erstaunt unterbrachen die Polizistinnen ihr Gespräch.

Sie trugen einen schwarzen Tschador, aber darunter trugen sie eine Uniform. Sie gaben sich keine Mühe, die Uniform zu verstecken.

»Sind Sie im Dienst?«, fragte Bita noch einmal.

»Wir machen Pause«, sagte eine von ihnen. Sie war schlank und besaß ein schmales Gesicht mit scharfen Konturen.

»Was muss ich machen, um in Ihre Einheit zu kommen?«, fragte Bita.

Die Polizistinnen sahen sich an, dann schauten sie Bita an. Sie waren wohl nicht gewöhnt, im Dienst Antworten geben zu müssen.

Aber Bita war etwas Besonderes – das bemerkten sie.

»Du musst zuerst eine Polizistin werden. Jedenfalls ist das nicht schlecht.«

»Und du musst sehr gute Noten in Religion und Sittsamkeit haben«, sagte ihre Kollegin. »Du bist doch eine Schülerin?«

»Ja, ich bin eine von den Basidschi«, sagte Bita und lächelte stolz.

»Auf jeden Fall ist eine Mitgliedskarte gut. Wir waren alle bei den Basidschi.«

Weil sie eine Basidschi war, unterhielt sich Bita mit ihnen, als sei sie eine von ihnen.

Und sie bestellten für Bita einen Teller mit Gebäck, den sie mit uns teilte.

»Natürlich«, sagte die Polizistin, »deine Freundinnen sollen sich auch etwas davon nehmen.«

Als sie aufstanden, ging Bita mit ihnen zu dem Polizeiauto. Dort baute sie sich auf und schaut dahin, wo die Jungen saßen.

Mehsar sah mich an und schob wortlos den Teller mit Gebäck von uns weg.

30. Ein Duft wie ein Almosen

Mehsar und ich verbrachten auch im nächsten Schuljahr viel Zeit miteinander. Immer wenn wir gemeinsam durch die Straßen schlenderten, schauten wir uns die Frauen genau an. Viele hatten ihren Hidschab eher nachlässig um den Kopf gebunden. Es war eine Kunst, ihn so zu binden, dass er bei jedem Windstoß beinahe davonwehte, um ihn dann mit kunstvoll lackierten Händen halten zu müssen. Immer kämpften diese Frauen damit, ihr Haar nicht zu zeigen. Und zeigten es doch bei jeder Gelegenheit. Oft war ihr Hidschab hell, damit das schwarze Haar – weniger als eine Locke – in die Augen der Vorbeigehenden sprang wie ein schwarzer Blitz.

Wir Mädchen setzten die Haarkappe nun erst auf, wenn wir das Schultor sahen. Vorher hatten wir sie in der Tasche versteckt.

Leider war unser Hidschab von trister Farbe. Wohl deshalb besuchten wir gern die Geschäfte, in denen die feinen und hellen Hidschab-Stoffe angeboten wurden. Wir sahen den Frauen zu, die mit den Händen darüberstrichen und sie gegen das Licht hielten. Wir sahen, wie sie vor dem Spiegel standen und den Kopf bewegten. Wir sahen, wie sie vor dem kreisenden Ventilator die Leichtigkeit der Stoffe testeten. Wir sahen, wie sie miteinander vertraulich waren.

Mit Mehsar ging ich in den Geschäften umher, als seien wir keine Schülerinnen. Wir wählten aus und schauten. Aber es war für die Verkäufer nicht schwer zu erkennen, dass wir noch zur Schule gingen. Anders als die Frauen hatten wir kein Make-up, unsere Augenbrauen waren buschig gewachsen, und unsere Fingernägel glänzten nicht in den schönsten Farben. Obwohl sie wussten, wer wir waren, ließen sie uns in den Auslagen herumstöbern. Einmal jedoch kaufte ich einen neuen Hidschab – natürlich in der Farbe unserer Schule, aber er war viel leichter und fühlte sich an, als schwebe er auf den Haaren.

An einem Nachmittag folgten wir einer Frau, die in ihr Handy sprach und sich nicht die Mühe gab, ihren Hidschab zu richten, der von ihrem Haar gerutscht war. Sie verschwand in einem Schönheitssalon. Von außen waren alle Scheiben trüb, und auch der Eingang war mit einem Vorhang zugehängt, der hinter ihr herunterfiel, nachdem sie eingetreten war. Aber wir hatten einen Blick hineinwerfen können: Die lange Reihe der Stühle, die Spiegel, die Werkzeuge in den Händen der Mädchen, die hellen Stoffe, die sanften Farben. Und wir hatten die Düfte gerochen. Der Vorhang hatte sie uns zugeweht wie ein Almosen.

Auf der Straße warteten wir auf unseren Bus, wie betäubt. Da sahen wir eine Frau laufen – eine der schönen Frauen aus den Geschäften. Sie hielt den Hidschab am Kopf gefasst und rannte, weil zwei Polizistinnen sie verfolgten. Auf die Straße konnte die Frau nicht laufen. Dort, wo wir nun standen, wurde sie von den Polizistinnen festgehalten. Sie wehrte sich heftig und protestierte laut, dass sie keine Diebin sei, nichts als eine verheiratete Frau, die einkaufen gegangen sei.

»Du zeigst dein Haar, wie es nicht erlaubt ist!«, rief die Polizistin.

»Ich trage den Hidschab – seht ihr nicht! Was wollt ihr noch!?«

»Du trägst ihn gegen die Sitte!«

Doch die Frau kämpfte mit den Polizistinnen, und andere Frauen umringten sie und begannen, mit den Polizistinnen zu streiten und zu schieben und zu stoßen.

Als ein Polizeiauto auf der Straße stoppte, konnte die Frau sich plötzlich losreißen und zwischen den anderen Frauen hindurchschlüpfen. Die Polizistinnen konnten ihr nicht folgen, weil die Lücke sich hinter ihr geschlossen hatte.

Voller Wut sahen sich die Beamtinnen um, aber keine der Frauen war beteiligt gewesen.

Am Ende sahen sie sogar uns Mädchen wütend an, aber wir hatten nur auf unseren Bus gewartet. Und ich sagte es ihnen. Und Mehsar sagte es ihnen auch.

Als wir in den Bus einstiegen – hinten, dort wo die Frauen zu sitzen hatten –, waren wir in seltsamer Stimmung. Es war nicht nur das Einkaufen, das uns gefallen hatte. Es war etwas anderes, das uns gefallen hatte. Keine der Frauen, die mit uns eingestiegen waren, sagte ein Wort. Aber in ihren Augen war etwas, das sonst nur selten darin lag.

31. Sie wollen nicht teilen

Ein neues Schuljahr hatte begonnen, und ich verliebte mich in einen Jungen.

Er hatte tiefschwarze kurze Haare, die ein wenig glänzten. Vielleicht war es die Sonne, vielleicht ein wenig Gel, vielleicht beides. Er saß in der Mitte zwischen den anderen Jungen auf der Lehne der Bank. Er sah in den Park, als denke er über etwas nach. Wenn die anderen Jungen lachten, war er ernst. Wenn die anderen Jungen umherliefen, blieb er sitzen. Ich hatte ihn im Bus gesehen. Da hatte er in einem Buch gelesen. Während sich die anderen Jungen von den Sitzen stoßen wollten, saß er und las.

Mehsar und ich durchquerten jeden Tag den Park, weil er auf unserem Weg zur Haltestelle lag. Als wir an diesem Tag nebeneinanderher durch die Anlage gingen, erzählte mir Mehsar, dass ihr Cousin bei ihnen zu Hause gewesen sei. Er glaubte an den Propheten, den sie nicht nennen durfte. Sie sagte, dass er nun die Schule beendet habe, aber nicht Medizin studieren dürfe. Für ihn würde es einen Studienplatz in Logistik geben. Wenn er den Platz nicht annehme, gebe es keinen anderen, hätten seine Lehrer gesagt. Und er könne froh sein, dass er nicht in einem Café arbeiten müsse. Dabei sei er sehr klug und sehr ehrgeizig, sagte Mehsar.

Als ich sie ansah, wurde sie rot.

»Stell dir mal vor, Maryam: Die Lehrer haben ihm gesagt, er solle seinen Glauben wechseln. Dann könne er Medizin studieren.

Sie könnten keine Ärzte gebrauchen, die den falschen Glauben haben.«

Ich war so verblüfft, dass ich gar nichts sagen konnte.

»Maryam, was meinst du? Er kann doch nicht seinen Glauben wechseln! Sein Glaube ist der Glaube der Perser. Dieser Glaube hat jeden Glauben an den einen Gott begründet. Als Letzte sind die Muslime nach Persien gekommen. Wenn es einen falschen Glauben gib, dann ist es der des Islam. Was sind die fünfzehn Jahre Khomeini gegen die Jahrtausende der Perser?« Sie flüsterte die Sätze. »Solche Worte können mich ins Gefängnis bringen, hat mein Vater gesagt.«

Ich sah, dass Mehsar schrecklich aufgewühlt war.

Und ich erzählte ihr leise von den Verhören und den Durchsuchungen in unserem Haus. Sie wusste nichts Genaues davon. Sie kannte mich nur, wie ich in der Schule war.

»Auch mein Bruder Tiam kann nicht studieren, was er will. Und Achmed durfte gar nicht studieren.«

»Haben sie deinem Bruder Tiam auch ein Angebot gemacht?«, fragte Mehsar leise.

Ich musste lachen. »Wir sind Ahwazi. Was sollen sie ihm anbieten?«

»Natürlich«, sagte Mehsar und tippte sich an die Stirn.

Ich sprach nicht darüber, was mir die Basidschi-Frau angeboten hatte. Ich wusste nicht, was daran Geheimnis war und was Gefahr.

Aber ich erzählte Mehsar leise, was meiner Schwägerin Kiana bei der Hausdurchsuchung damals passiert war.

»Warum tun sie das?«, fragte Mehsar und umarmte mich.

Wir standen am Rand des Parks und schauten uns um, ob wir beobachtet wurden.

»Mein Bruder sagt, sie wollen uns nicht im Land haben, weil sie es uns gestohlen haben.«

Mehsar hatte schöne helle Haut, und jetzt sah ich plötzlich Kiana vor mir. Sie hatten ebenso helle Haut, sah fast ein bisschen europäisch aus. Und für einen Augenblick sah ich Mehsar in einem Krankenzimmer liegen. Bleich und elend.

»Ich habe meinen Vater auch gefragt, warum sie meinen Cousin nicht studieren lassen. Er hat gesagt: ›Ihre Religion ist eine von vielen in Persien. Das können sie nicht ertragen.‹«

»Siehst du«, sagte ich, »sie wollen das Land nicht teilen – sie wollen die Religion nicht teilen. Sie wollen nichts teilen.«

Wir gingen ausnahmsweise noch eine Runde durch den Park. Vorbei an dem Jungen mit dem glänzenden schwarzen Haar. Und ich hatte mich tatsächlich verliebt.

32. Ein Mädchen, das nichts wert ist

In der ersten Unterrichtsstunde des nächsten Tages sagte die Lehrerin: »Steh auf, Maryam.«

Als ich stand, sagte sie: »Komm nach vorn!«

Als ich vorn stand, sah sie mich schweigend an. Alle Schülerinnen sahen mich schweigend an.

»Geh zum Büro«, sagte sie. »Allein! Sie weiß, wo es ist!«, fügte sie streng hinzu, als Bita aufstehen wollte.

In dem Büro der Basidschi saßen die Lehrerin und ein Mädchen, das ich nicht kannte.

Die Lehrerin sah mich ernst an. Auch sie sah schweigend an mir herunter.

»Du gehst oft in den Park?«, fragte sie schließlich.

»Es ist mein Weg zum Bus«, erklärte ich.

»Du gehst also auf direktem Wege zum Bus? Nicht einmal durch den Park und wieder zurück.«

Ich sah das Mädchen an, das bei ihr saß. Sie hatte fein gezupfte Augenbrauen. Ihre Lippen glänzten von einem Lipgloss. Wenn es keine Verbote für sie gab, dann war sie eine Basidschi, wusste ich.

»Ich hätte gern eine Antwort«, sagte die Lehrerin.

»Ich gehe manchmal im Park umher.«

»Und zu welchem Zweck?«

»Um zu schauen.«

»Um zu schauen oder um gesehen zu werden?«

Ich sah an mir herunter. Sollte ich ihr sagen, dass wir Mädchen alle gleich aussahen. Was gab es da zu sehen?

»Um zu schauen.«

»Mit oder ohne Haube für das Haar? Antworte!«

»Mit Haube«, sagte ich.

»Du hast zweimal gelogen!«, rief das Mädchen.

»Wir haben einen Zeugen«, sagte die Lehrerin.

»Meinen Bruder!«, rief das Mädchen.

Die Lehrerin hob die Hand, um sie zu beruhigen.

»Es wird gesagt, dass du dich unsittlich gezeigt hast«, sagte sie. »Mit deinem Haar.«

»Unsittlich?«

»Unsittlich!«, rief das Mädchen. »Meinem Bruder gezeigt!«

Ich hätte es mir denken können, dass mich einer der Jungen verraten würde.

»Welcher ist es?«, fragte ich.

Sie sahen sich an – die Lehrerin und die Schülerin.

Dann nickte die Lehrerin.

»Mein Bruder ist ein Koranschüler«, sagte das Mädchen. »Er hat tiefschwarzes Haar wie ich.« Bei diesen Worten fasste sie sich an den Hidschab, und eine schwarz glänzende Strähne blitzte hervor.

Die Lehrerin machte sich Notizen.

»Und er ist nicht so dumm wie seine Freunde«, sagte die Schülerin. »Ein sittliches Mädchen kann er von einem Mädchen unterscheiden, das nichts wert ist!«

Ich sah auf die glänzenden Lippen dieser Basidschi.

»Du darfst eine Woche lang nicht zur Schule gehen«, sagte die Lehrerin.

Ich nickte und nahm den Zettel von ihr.

»Und du wirst nicht mehr durch diesen Park gehen.«

Ich war in einen Jungen verliebt. Er hatte tiefschwarzes Haar, das in der Sonne glänzte.

33. Ana wie Anahita

»Eigentlich heiße ich Anahita, aber alle nennen mich Ana«, sagte meine Mitschülerin am Telefon. Ich saß bei meiner Mutter im Wohnzimmer und nahm ein Gespräch für mich entgegen.

»Hallo, Ana«, sagte ich. »Klar, ich kenne dich. Du sitzt ganz vorn.«

»Ja, aber auf meinem Platz sitzt ab heute Bita. Weil sie eine Aktivistin ist. Und ich sitze jetzt neben dir.«

»In Ordnung«, sagte ich.

»Und ich soll dir die Hausaufgaben bringen, weil du diese Woche nicht mehr zur Schule darfst«, sagte sie. »Ich kann zu dir kommen, wenn du willst.«

»Warte«, sagte ich schnell. »Ich komme lieber zu dir.«

»Gut«, sagte Ana und gab mir ihre Adresse.

Ana wohnte gar nicht so weit von mir entfernt. Auf dem Weg zu ihr, dachte ich an sie. Wenn es ein Mädchen gab, das Probleme mit den Basidschi hatte, dann war sie es. Nur auf eine andere Art als ich. Sie war keine Ahwazi – das wusste ich. Zuerst hatte ich sie für eine Basidschi gehalten, weil sie sich schminkte und frech zu den Lehrerinnen war. Deshalb war ich vorsichtig mit ihr gewesen. Alle wussten, dass Bita eine Basidschi war, aber wir wussten nicht, wer von uns Schülerinnen noch mit ihnen sprach.

Ana war sehr hübsch. Ich hatte schon oft gesehen, wie die Lehrerinnen ihr dichtes Haar angefasst hatten, weil sie prüfen wollten, ob sie ein Spray benutzt hatte.

Nach ein paar Straßen lief ich nun ein Stück am Fluss entlang, dann wieder eine kleine Straße.

Dort standen schöne Häuser, und sie waren hoch. Ich sah die breiten Dächer über dem Zaun. Meine Eltern waren zwar nicht arm, aber hier wohnten sicher keine Lehrer.

Mir kam eine Frau entgegen, die sich von zwei Mädchen ihren Einkauf tragen ließ. In zwei modischen Papiertüten, die wie kleine Kunstwerke waren.

Als ich sie nach dem Haus von Ana fragte, ließ sie eins der Mädchen antworten. Mit einer Handbewegung schickte mich das Mädchen die Straße hinunter.

Eins war mir jetzt klar: Ana war wirklich keine Basidschi!

Eines der größten Häuser war das von Anas Familie.

Ich bedankte mich bei dem Mädchen. Sie schwenkte ihre Einkaufstüte und ging weiter.

Als ich an der Eingangstür klingelte, öffnete ein Mädchen, das aussah wie das auf der Straße. Erst dachte ich, es habe sich einen Spaß erlaubt und sei um den Zaun herumgelaufen – so ähnlich waren sich die beiden.

»Ich möchte zu Anahita«, sagte ich.

»Ich weiß«, sagte das Hausmädchen. »Komm, ich bringe dich zu ihr.«

Aber da kam Ana uns schon entgegen. Sie hatte ein Zimmer so groß wie unser Wohnzimmer. Ein wunderschönes Zimmer mit einem Blick auf Blumen, die zu ihrem Fenster emporwuchsen.

»Wohnst du hier allein?«, fragte ich sehr beeindruckt.

»In dem Zimmer wohne ich allein – natürlich!« Sie musste lachen.

»In dem Haus, meine ich.«

»Nein, mit meiner Mutter und meinem Vater. Meine Brüder haben eigene Häuser. Aber du hast recht, meistens ist niemand da außer mir, den Hausmädchen und den Köchinnen.«

In Anas Zimmer hingen Bilder von ihr. Mit ihrem Vater. Mit ihrer Mutter. Mit beiden. Mit den beiden Brüdern.

»Warum sollte ich nicht zu dir kommen?«, fragte sie.

»Weil unser Haus von der Polizei überwacht wird«, antwortete ich. »Es ist gefährlich für dich. Zeig dich dort nicht.«

Ana sah mich an, als amüsiere sie der Gedanke, dass etwas für sie gefährlich sein könne.

34. Schränke – weiß und endlos

Ana fragte nicht, warum unser Haus überwacht wurde. Sie war kein neugieriges Mädchen. Wenn sie an etwas kein Interesse hatte, dann war es so. Und zwar vollständig.

Ich hatte meinen Hidschab und meinen Anzug abgelegt. Beide trugen wir Jeans. Ihr T-Shirt war ärmellos, wie ich es im Fernsehen gesehen hatte. Eine Jeans, wie Ana sie trug, hatte ich noch in keinem Geschäft gesehen.

Sie war wirklich ein schönes Mädchen. Wie das Bild von einem schönen Mädchen. Ihre Haare waren voll und glänzten. Ich konnte die Lehrerinnen verstehen, die nicht glauben wollten, dass ihr Haar von Natur aus so dick gewachsen war. Ihre Augenbrauen hatte sie gezupft. Sie zeigten wie zwei kunstvoll geschwungene Ausrufezeichen auf die Augen, die sie ein wenig geschlossen hielt.

Ana fiel auf. Sie war anders, nein, sie war besonders, und sie war schöner als alle anderen Mädchen.

Das war Ana, und sie wurde meine beste Freundin – ab diesem Tag.

»Willst du so zur Schule gehen?«, fragte ich sie und zeigte auf ihre Augenbrauen.

»Meine Mutter hat mich in einen Schönheitssalon mitgenommen«, sagte sie, als sei das eine Antwort auf meine Frage.

»Hast du die Hausaufgaben für mich?«, fragte ich.

»Ich werde ab jetzt gepflegt zur Schule gehen«, sagte Ana, als erwarte sie, dass die Schule sich ändern müsse, nicht sie.

Sie sagte »gepflegt«. Das Wort war so neu für mich wie ihre Jeans. Es war, als habe Ana eine Tür geöffnet.

»Komm«, sagte sie. »Ich zeige dir etwas.«

Sie nahm meine Hand und zog mich zum Fenster. Ich dachte, sie wollte mir den wunderschönen Garten zeigen. Die Blumen, die, nur um Ana zu erblicken, so hochgewachsen waren. Aber sie zeigte auf eine Lücke zwischen den Bäumen.

»Siehst du ihn – den Fluss?«, fragte sie.

Ich sah angestrengt hinaus und glaubte, ihn entdeckt zu haben. Zwischen den Zweigen glänzte eine handgroße Schale Wasser.

»Dorthin gehen wir gleich«, sagte sie.

»Wir dürfen nicht …«

Sie legte einen Finger auf die Lippe.

»Wie sind deine Eltern?«, fragte sie. »Liberal oder religiös?«

»Sie gehen nicht zur Moschee.«

»Ich wusste es gleich«, sagte Ana. »Als du gekommen bist, wusste ich es.«

Ich sah sie fragend an.

»Niemand wäre gekommen. Kein Mädchen hätte von seinen Eltern die Erlaubnis bekommen.«

Ich hatte meiner Mutter gesagt, dass ich zu Ana wegen der Hausaufgaben gehen würde. Sie hatte gewusst, wer Ana war, und nichts gesagt.

»Du hast keine Freundin?«, fragte ich.

Ana strich sich über die Arme, so als wäre ihr plötzlich kalt.

Statt auf meine Frage zu antworten, sagte sie: »Ich habe die Schränke voller Kleider, die ich nicht tragen darf. Meine Mutter sagt: ›Kind, wann willst du diese Kleider alle tragen?‹«

»Weißt du, dass auch zu mir keines der Mädchen kommt«, sagte ich leise und schaute auf die Schränke – weiß und endlos, wie niemals geöffnet. »Weil sie Angst haben. Sie haben Angst.«

»Die Lehrerin hat gefragt, wer dir die Hausaufgaben bringen will. Sie hat mich nicht ausgesucht – ich habe mich gemeldet.«

Ana strich sich noch einmal über die Arme, so als wolle sie den Schauder vertreiben.

»Maryam, ich habe eine Idee: Statt Hausaufgaben zu machen, werden wir Freundinnen – eine ganze Woche lang machen wir Dinge zusammen!?«

»Gut«, sagte ich. »Abgemacht: Vergessen wir die Hausaufgaben.«

»Ich zeige dir meine Kleider«, sagte sie und sprang auf.

35. Ein Mädchen, das wie eine Perserin aussieht

Der Fluss lag dort, wo ich ihn zwischen den Bäumen gesehen hatte. Wir liefen auf seinen Rand zu. Der Weg dort war unbefestigt. Ein Weg wie mit einem eigenen Kopf, manchmal in der Hitze glühend, manchmal Schatten spendend. Ins Ungewisse führend. Jederzeit bereit, an sein Ende zu kommen.

»Ich habe gehört, am Fluss ist oft Polizei«, sagte ich vorsichtig.

»Dort ist seltener Polizei, als gesagt wird«, sagte Ana und lockerte ihren Hidschab. »Ich denke, bei dir steht die Polizei ständig vor dem Haus?«

»Nicht ständig.«

»Warum kommen sie denn zu euch?«

»Weil sie denken, dass meine Familie politische Ahwazi sind.«

Ana sah mich erstaunt an. »Du siehst wie eine Perserin aus! Ich hätte dich nicht für eine Araberin gehalten!«

Sie hatte recht. Nicht selten zeigten sich die Menschen erstaunt über mein Aussehen, als sei es ein Glück, eine Ahwazi zu sein, die wie eine Perserin anmutete.

»Das war nicht herablassend gemeint«, sagte Ana.

»Was macht deine Familie?«, fragte ich Ana. »Als deine Freundin muss ich das wissen.«

Wir gingen den Weg entlang. Niemand kam uns entgegen.

»Als deine Freundin sage ich es dir. Mein Vater arbeitet bei der Oil Company.«

»So viel Geld verdient man da?«, fragte ich erstaunt. »Euer Haus ist sehr groß.«

»Meine Mutter –«, sagte Ana. »Sie kommt aus einer reichen Familie.«

Ich dachte über das Haus nach und die vielen Kleider und die langen Schränke, die Köchinnen, die Hausmädchen.

»Bist du manchmal traurig?«, fragte ich sie.

»Warum sollte ich? Worüber?«

Traurigkeit, die wie eine Schwester war, kannte sie nicht. Ich glaubte es ihr sofort.

»Warte!« Ana hielt mich an der Schulter. »Gleich kommen wir an einen Park. Ich muss dir jetzt eine Frage stellen.«

»Hast du einen Freund?« Sie sah mir aufmerksam in die Augen.

»Ich? Nein! Natürlich nicht!«

»Warum nicht?«

Ich sah sie an und schwieg. Der Gedanke war unvorstellbar! Meine Eltern hätten es niemals erlaubt!

»Einen Lover wenigstens?«

Wie kam sie auf die Idee? Hatte sie selbst einen »Lover«, wie sie es nannte?

»Sie behaupten nämlich, du bist eine Woche aus der Schule weggeschickt worden, weil du einen Freund hast.«

»Ach, das meinst du – nein, mir ist der Hidschab im Park verrutscht.«

Es war leicht zu erklären.

»Verrutscht … der Hidschab?«

»Und ein Junge hat es gemeldet. Ein Koranschüler!«

»Was für ein Pech – ausgerechnet ein Koranschüler.«

»Ja, es war Pech.«

»Für ein Mädchen, das wie eine Perserin aussieht, kannst du sehr schlecht lügen«, sagte Ana und lachte.

36. Die Tochter eines Mullahs

Am Anfang der Woche versammelte sich die ganze Schule zum Fahnenappell. Alle Klassen mussten sich aufstellen. Ein Mädchen der Basidschi aus der höchsten Klasse las Verse aus dem Koran. Danach wurde die Nationalhymne gesungen. Wir standen stramm und sahen in den gleichgültigen Himmel.

Ana hatte mir die Augenbrauen gezupft, und alle Mädchen hatten es gesehen.

»Dein Problem, nicht mein Problem«, hatte Bita gesagt. »Ich verrate dich nicht, aber wenn du dich so zeigst, kann ich nichts machen.«

Sie war immer noch eine halbe Freundin. Eigentlich war sie keine richtige Basidschi. Sie hatte noch kein Mädchen für den Islam begeistert.

»Sie sehen schick aus, deine Augenbrauen. Wie nennt man das in Anahitas Kreisen – ausdrucksvoll?«, fragte Bita.

»Gepflegt«, verbesserte ich sie.

»Bita, komm endlich zur Fahne!«, rief die Basidschi-Lehrerin ungeduldig herüber.

Es wurde die Fahne gehisst. Bita zog sie mit einem anderen Mädchen hoch.

In der Klasse wurden wir noch einmal kontrolliert.

Wenn Ana natürliche Augenbrauen hatte, dann hatte auch ich natürliche Augenbrauen.

Die Lehrerin sah uns an und überlegte, ob sie uns tadeln sollte. Wir waren schon so oft bei den Basidschi gewesen. Vielleicht verzichtete sie deshalb darauf. Am Ende würde es auf sie zurückfallen, wenn ihre Schülerinnen undiszipliniert waren.

Stolz auf unsere natürlichen Augenbrauen setzten wir uns auf unseren Platz.

Ein Mädchen musste ein englisches Modemagazin abgeben, das die Lehrerin in ihrer Schultasche gefunden hatte. Ein anderes Mädchen hatte sich die Ohren gelocht. Bei einem dritten fand sie eine türkische Musikkassette. Das Mädchen sagte, sie habe sich die Kassette geliehen. Gehört habe sie die Musik noch nicht. Vielleicht sei es religiöse Musik, sie wisse es nicht. Die beiden ersten Mädchen waren eingetragen und verwarnt worden. Das dritte wurde mit seiner Kassette zu den Basidschi geschickt.

»Sie werden feststellen, ob es religiöse Musik ist oder nicht«, sagte die Lehrerin und sah uns streng an, weil sie Lachen in der Klasse gehört hatte.

»Bita möchte etwas zu euch sagen«, verkündete sie, als das Mädchen fort war und alle ruhig waren.

Bita erhob sich. Wir kannten sie und wussten alle, dass sie nicht gern vor der Klasse sprach. Deswegen waren wir sehr still. Niemand bewegte sich, nicht einmal die Lehrerin.

Es dauerte einige Zeit, bis sie zu reden begann. Schon im ersten Satz verlor Bita den Faden. Ohne das Ende des ersten Satzes zu suchen, ging sie zum zweiten Satz über. Wir hatten Mitleid mit ihr. Beim dritten Satz wurden wir ungeduldig.

Nicht lang und sie hörte mit ihrer Rede auf und hob ihre Mitgliedskarte hoch und sagte: »Jede kann eintreten, die – wenn sie will!«

»Bravo, Bita!«, sagte die Lehrerin. »Ich finde, wir sollten anerkennen, dass du dich sehr bemüht hast.«

Dann hielt sie selbst die Rede, die Bita hätte halten sollen. Sie sprach von einem Staat, der seine Mädchen und Jungen braucht. Sie sprach von stolzen Fahnen, die für uns wehen, von dem Islam, der uns nicht nur zum Gebet ruft, und von Khomeini, der auf seine

Erben schaut. Erst als Bita ihre Augen verdrehte, hörte sie auf zu reden und sah sie böse an.

Dann wandte die Lehrerin sich der Klasse zu.

»Sira, hast du nicht Lust, bei den Basidschi mitzumachen?«

Sira war eines der frommen Mädchen. Ein Mädchen, das nicht zu uns gehörte. Von allen frommen Mädchen war sie die Hübscheste. Sie war klein und hatte Augen, die wie Feuer brannten. Sie war ein stilles Mädchen.

»Dein Vater wäre sehr stolz auf dich«, sagte die Lehrerin. »Die Tochter eines Mullahs – eigentlich ist es selbstverständlich, dass sie zu den Basidschi geht.«

»Ich habe sie bereits gefragt«, sagte Bita. »Sie hat Nein gesagt.«

»Habe ich dich gefragt, Bita?«, sagte die Lehrerin streng. »Sira, was denkst du?«

Aber Sira schüttelte ganz leicht den Kopf. Damit hatte sie erneut abgelehnt, zu den Aktivistinnen zu gehen.

37. Ein Zettel

Die erste Stunde des Tages verbrachten Ana und ich damit, die anderen Schülerinnen anzuschauen – unsere »natürlichen« Augenbrauen reckend. In der zweiten Stunde legte Ana ein mit Parfüm getränktes Tüchlein unter ihrem Tisch aus. Es roch nach frisch Gebackenem in unserer Reihe, wie ich fand, aber Ana meinte, es sei ein Blumenduft. Von einer Blume, die im Iran nicht sehr bekannt sei. Eine Schülerin musste vor Lachen husten. Eine amerikanische Blume sei es. Vielleicht. Ana schob das Tüchlein unter den freien Tisch neben ihr. Jedenfalls war der Duft intensiv.

Die Lehrerin hatte aufgemerkt. Während die Schülerinnen schrieben oder sich über ihre Hefte beugten, war sie durch die Reihen gegangen. Bei uns blieb sie kurz stehen, aber dann ging sie weiter zu Sira und stoppte.

»Zeig mir, was du unter der Hand versteckst, Sira«, sagte die Lehrerin.

Sira bewegte ihre Hand nicht. Sie presste die Hand auf den Tisch. Wir sahen ihre Anstrengung, als wolle sie etwas mit dieser Hand zerdrücken.

Die Lehrerin fasst den Arm von Sira und hob ihn. Ein Zettel kam unter Siras Hand zum Vorschein. Die Lehrerin nahm ihn und hielt ihn in die Höhe, damit wir ihn alle sehen konnten.

»Ich habe ihn!«, sagte sie triumphierend. »Ich wusste doch, dass du etwas versteckst, Sira! Steh auf!«

Sie selbst ging nach vorn.

Wir sahen, dass etwas mit diesem Zettel war. Wir hatten Mitleid mit Sira, die es abgelehnt hatte, eine Basidschi zu werden, obwohl ihr Vater ein Mullah war.

»Soll ich den Zettel laut vorlesen?«, fragte die Lehrerin Sira, die klein und elend an ihrem Platz stand.

»Nein«, sagte Sira leise.

»Wir werden sehen …«, sagte sie und las für sich, was dort geschrieben stand.

Dann sagte sie nichts mehr. Es war, als müsse sie Luft holen. Schließlich warf sie Sira einen Blick zu, als sei sie vernichtet.

»Was ist los?«, flüsterte Ana.

Da sagte die Lehrerin: »Sira, ich werde diesen Brief nicht vorlesen. Aber ich werde deinen Vater anrufen und ihn unterrichten.«

Weil sie den Zettel an sich nahm und wieder in ihr Buch sah, dachten wir, der Unterricht würde fortgesetzt.

Aber Sira rief, als sei sie außer sich: »Bitte, bitte, bitte – tun Sie das nicht! Bitte, rufen Sie meinen Vater nicht an. Bitte, nicht anrufen!«

Die Lehrerin hatte nur kurz aufgeschaut, dann sagte sie: »Beruhige dich, Sira. Wir wollen jetzt weiter mit dem Unterricht fortfahren.«

»Nein, nein, nein! Bitte, bitte – tun Sie das nicht!«, rief Sira, immer noch außer sich.

»Deinen Vater zu unterrichten ist meine Pflicht, Sira.«

Als sie wieder in ihr Buch sah, lief Sira nach vorn. Sie schluchzte heftig. Dort nahm sie tränenüberströmt die Hand der Lehrerin auf und küsste sie mehrmals.

»Bitte, tun Sie das nicht!«

Als die Lehrerin ihr die Hand entzog, warf sich Sira auf den Boden und küsste ihre Füße.

Die Lehrerin schaute entsetzt nach unten. Als sie ihre Beherrschung wiedergewonnen hatte, sagte sie zu Bita: »Bringe Sira auf ihren Platz!«

Bita kümmerte sich um Sira. Sie legte den Arm um ihre Schulter und wartete. Leise sprach sie mit ihr.

»Ich hätte das nicht von dir gedacht!«, sagte die Lehrerin zu der vor ihr knienden Sira.

»Komm, Sira«, sagte Bita leise.

Sira wurde von ihr behutsam zu ihrem Platz geführt.

Wir sahen, dass ihr Gesicht nass von Tränen war.

Und im nächsten Moment begann sie auch schon wieder zu schluchzen und war nicht zu beruhigen.

»Was für ein Auftritt – so etwas habe ich noch nicht erlebt!«, sagte die Lehrerin wie zu sich selbst.

Ana und ich wollten nach der Schule mit Sira sprechen, aber sie war so schnell wie nie verschwunden.

»Lass uns Sira morgen früh im Schulbus ansprechen«, schlug ich Ana vor.

38. »Er …«

Am nächsten Morgen traf ich mich mit Ana an meiner Bushaltestelle. So hatten wir es verabredet. Ich fuhr immer dann mit dem Bus, wenn meine Mutter selbst zur Schule musste. Ana jedoch wurde jeden Morgen von einem Hausmädchen mit dem Auto gebracht, sie war noch nie mit dem Schulbus gefahren und hatte nicht einmal ein Ticket. Als der Bus kam, stiegen wir ein. Weil die Sitzplätze für die Frauen hinten im Bus alle besetzt waren, mussten wir stehen.

Ana war empört. »Vorn sind doch noch Sitze frei!«

»Ja«, sagte ich, »dort sitzen aber die Männer.«

Für einen kurzen Augenblick wurden Anas Lippen schmal und bleich.

»Da steht Sira mit einer Freundin«, sagte ich leise. »Wir passen sie ab.«

Wir stiegen aus und zogen Sira und das andere Mädchen wieder aus dem Bus, in den sie gerade eingestiegen waren.

»Wie nehmen den nächsten Bus«, sagte ich zu ihnen. »Dieser Bus ist voll.«

Wie ich es mit Ana besprochen hatte, nahm ich Sira zur Seite. Und Ana sprach mit dem anderen Mädchen.

»Was willst du von mir?«, fragte Sira.

»Du siehst schrecklich aus«, sagte ich und umarmte sie. Ich spürte, dass sie wieder weinte.

»Was stand auf dem Zettel?«, fragte ich nun leise, während ich sie im Arm hielt.

»Er …«, flüsterte sie und schluchzte dann noch lauter.

»Gut, mehr brauche ich nicht zu wissen.«

»Warum musst du das wissen?«, wisperte Sira unter Tränen.

»Es ist gut, dass ich es weiß.«

Und ich drückte sie noch einmal fest wie eine Freundin.

Wir nahmen den nächsten Bus und zwängten uns mit Gewalt

zwischen die Schülerinnen, die alle diesen letzten Bus zur Schule genommen hatten.

Diesmal wurden wir nicht kontrolliert. Es war, als habe die ganze Schule – das Gebäude, die Lehrerinnen und alles Personal – nur auf Sira gewartet. Ich traute mich kaum einzuatmen, so eine tiefe Traurigkeit lag in der Luft.

Wir gingen getrennt in den Klassenraum. Die Lehrerin hatte sich wohl vorgenommen, etwas zu sagen, und pochte auf den Tisch, als alle saßen. Aber dann blickte sie Sira an und schwieg. Einen kurzen Augenblick dachten wir, auch sie müsse jetzt weinen.

Ana stieß mich an. Und ich stieß Ana an.

Vielleicht hatte die Lehrerin doch Mitgefühl. Vielleicht war sie keine kalte Maschine.

Sie setzte sich auf ihren Platz und senkte den Kopf. Nicht anders als Sira saß sie da und konnte ihren Schmerz nicht fassen. Nicht in Worte, nicht in das Herz, das zu klein dafür war. Und wir waren so still, wie wir noch nie still gewesen waren. Eine Schul-Ewigkeit lang.

»Lest den Text auf Seite Ihr-wisst-schon«, murmelte sie leise.

Wir holten unsere Bücher heraus, und jede von uns starrte auf einen anderen Text.

Am Ende der Stunde sagte die Lehrerin: »Ana und Maryam sollen zu den Basidschi gehen. Bita geht mit Sira zum Schulpsychologen.«

39. Ein rechter Weg, eine rechte Zeit

Die Lehrerin, die heute bei den Basidschi zuständig war, empfing uns. Sie war voll geschminkt und trug nicht einmal eine Haarkappe, obwohl sie bei der Arbeit sicherlich auch mit männlichen Kollegen zusammentraf.

Sie betrachtete unsere »natürlichen« Augenbrauen. Wir betrachteten ihre »natürlichen« Augenbrauen. Sie war sichtlich amüsiert, wie wir unsere gezupften Augenbrauen gegenseitig betrachteten.

Sie legte uns eine Erklärung vor, dass wir das Zupfen der Augenbrauen unterlassen würden. Wir unterschrieben. Wir hatten schließlich »natürliche« Augenbrauen. Ein Zupfen war unnötig.

Dann legte sie uns eine Erklärung vor, dass wir das Freitagsgebet besuchen werden. Ich hatte es viermal verpasst. Ana war noch kein einziges Mal dort gewesen. Nur Kreuze waren bei ihr vermerkt – kein einziges Häkchen.

Wir unterschrieben auch diese Erklärung.

Dann lehnte sich die Lehrerin zurück. Mit keinem Blick würdigte sie unsere Unterschriften. Ging es ihr nicht darum?

»Ein bedauerliches … Vorkommnis hat sich in eurer Klasse ereignet.«

Sie sah uns an. Prüfend.

»Dieses Mädchen Sira hat einen Zettel erhalten … Eine gute Schülerin ist sie. Bedauerlicherweise hatte sie abgelehnt, eine Basidschi zu werden. Ihr Vater ist Mullah – warum lehnt sie ab? Was geht in ihrem Kopf vor? Wisst ihr das?«

Nein, wir wussten es nicht.

»Dabei ist sie gläubig«, sagte ich. »Sie tut nicht nur so.«

Die Lehrerin schien zu überlegen, ob ich an eine bestimmte Person dachte oder sogar an mehrere. Ob ich unverschämt genug war.

»Wie auch immer«, sagte sie dann. »Wäre sie eine Basidschi gewesen – wir hätten den Zettel natürlich verschwinden lassen, aber jetzt ist es zu spät. Sehr ärgerlich!«

Dann überlegte sie und fügte hinzu: »Sehr tragisch!«

Sie fasste erst Ana, dann mich ins Auge.

»Der Vater will das Mädchen – das er für ehrlos hält – verheiraten. Er will sie an einen Mann verheiraten, den er bereits abgelehnt hatte, weil dieser Mann bereits zweimal verheiratet ist. Beide Ehefrauen sind schon wegen leichterer Verletzungen bei der Polizei vorstellig geworden. Sie wurden natürlich ermahnt, sich ihrem Mann unterzuordnen.«

Die Lehrerin sagte, was sie sagen musste, aber sie meinte es nicht. Das sahen wir in ihren Augen.

»Diesen Mann soll Sira heiraten, gewissermaßen als Strafe …«

»Warum erzähle ich euch das eigentlich?« Sie betrachtete die Wand hinter uns, als stehe dort die Antwort geschrieben.

Ana sah mich an. Kurz blitzten ihre Augen auf.

»Seid ihr jetzt Freundinnen?«, fragte die Lehrerin schließlich.

Wir nickten.

»Es war zu erwarten«, sagte sie. »Zu erwarten.«

Sie machte uns ein Zeichen, dass wir gehen konnten.

»Es gibt für alles einen rechten Weg«, hörten wir sie in unseren Rücken sagen. »Es gibt für alles eine rechte Zeit.«

40. Eine Tochter, die nicht vermisst wird

In dieser Nacht verschwand Sira aus ihrem Elternhaus. In dieser Nacht schlief ich bei Ana in ihrem Elternhaus, das so viele Zimmer hatte. Es gab so viele Gestalten in der Nacht. Wer hätte sagen können, ob sie Männer oder Frauen waren? Wer hätte die Zahl nennen können, wie sie gehen und kommen? Es gab so viele Busse in dieser Nacht, so viele Taxis, es gab so viele Wege. Wer das Glück suchte, der fand einen Weg. Wer die Liebe suchte, der fand einen Weg.

Am nächsten Morgen bedienten uns zwei Hausmädchen. Irgendwann kam Anas Mutter dazu und sagte: »Eine Freundin von Ana sitzt bei uns.« Ihre Feststellung war auch eine Begrüßung.

Ana hatte nicht über mich gesprochen. Und die Mutter fragte mich nicht aus. Es genügte, dass ich eine Freundin war. Das war Anas Sache, mit wem sie sich befreundete.

Dann verschwand die Mutter wieder im Haus. Ich wusste nicht – vielleicht gab es einen zweiten Frühstücksraum. Das Haus war so groß wie ein kleines Hotel.

»Meinst du, Sira wird glücklich?«, fragte Ana.

»Meinst du?«, fragte ich zurück.

Wir wussten es nicht.

»Es muss furchtbar schön sein, in der Nacht neben jemandem zu sitzen, der deine Hand hält. Wie schön muss das sein, Maryam!«

Anas Augen glänzten. »Er flüstert dir ins Ohr, dass er dich liebt. Gibt es etwas Schöneres!?«

Ana hatte recht, es war sehr romantisch. Wer diesen Bus bestieg, würde vor Herzklopfen nicht schlafen können. Diese Nacht, die so warm war und mit den Lichtern um sich geworfen hatte, als sei ihr alles durcheinandergeraten.

»Gibt es etwas Schöneres als einen Morgen nach dieser Nacht? Wenn du denkst, du hast geträumt – aber du hast nicht geträumt!«

Ich glaube, in diesem Moment hatte sich Ana etwas in den Kopf gesetzt.

Eines der Mädchen, das uns bedient hatte, fuhr uns zur Schule. Ich glaube, sie war eine Afghanin. Sie fuhr vorsichtig und drängelte nicht. Ich beobachtete sie im Spiegel, wie sie sich Mühe gab, auf alles zu achten.

Ana sah aus dem Fenster und träumte.

Das Mädchen setzte uns vor dem Schultor ab.

Nicht vor dem Schultor, hatte ich noch gedacht, aber da war es bereits zu spät gewesen.

Nun war ich in den Augen der Mitschülerinnen mit Ana und ihrem Leben ohne Bus und Fußwege verbunden.

Eines der frommen Mädchen erzählte uns, dass die Männer in der Moschee geredet hatten, ein Mullah habe seine Tochter aus der Familie verstoßen. Sie habe einen unsittlichen Lebenswandel geführt. Er habe auf eine Vermisstenanzeige verzichtet, weil eine

Tochter, die es nicht gab, nicht zu vermissen sei. So hätten die Männer in der Moschee geredet. Ihr Vater habe es ihr am Morgen erzählt. Als Erstes, bevor er den Tee getrunken habe. So erzählte das fromme Mädchen uns.

In der Klasse stand eine neue Lehrerin.

Sie sah uns aufmerksam an, als wir in den Klassenraum kamen. Offenbar war über uns gesprochen worden.

Auf Siras Platz hatte eine neue Mitschülerin Platz genommen. Sie saß dort fröhlich und neugierig auf das Neue, als habe es Sira nie gegeben.

Die neue Lehrerin stellte sich vor. Sie schrieb ihren Namen mit Kreide an die Tafel.

Es war so, als habe ein neues Schuljahr angefangen, dabei ging das Schuljahr gerade zu Ende. Es gab weder Sira noch unsere alte Lehrerin.

Ana träumte immer noch. Sie hatte wenig Schlaf bekommen. Die Nacht war aufregender gewesen als sieben Tage. Ich stieß sie an.

»Ich schlafe nicht – ich träume ein bisschen«, flüsterte sie und lächelte glücklich.

Sira blieb verschwunden. Sie hatte sich in Luft aufgelöst. Und niemand erinnerte sich an sie. Wie traurig das war.

41. Neben sich die Angst

Ana hatte sich verändert. Etwas hatte sie verändert, etwas, das wie aus der Luft zu ihr wehte. Und es war bei ihr geblieben. Die Ferien hatten es nicht auslöschen können. Als wir unser letztes Jahr an der Highschool begannen, war sie eine andere Ana geworden. Ein Traum begleitete sie. Ich kannte ihn nicht, aber er stand zwischen uns. Wie eine dritte Person.

Im Schulbus hatte ich sofort die Gerüchte gehört. Der Junge, mit dem Sira geflohen war – er war in den Ferien zurückgekehrt. Was immer er auf seinen Zettel geschrieben hatte – es galt in seinen Augen nicht mehr. Ich hörte seine Schwester, wie sie redete. Die Nacht war vergessen. Es war nur ein Schatten gewesen, der mit Sira geflohen war. Wir hatten einen Sitzplatz im Bus für einen Schatten gekauft. Niemand hatte dort gesessen – nur ein Mädchen, das verzweifelt war. Neben sich die Angst.

Die Schwester des Jungen sprach laut.

»Er ist ein anständiger Junge. Als er gehört hat, dass sein Vater vor Kummer krank geworden ist – da ist er sofort umgekehrt. Wie ein guter Sohn es tut!«

Sie schaute mich an.

»Wie überrascht wir alle waren, als wir sein Bett leer fanden!«, rief sie, als wolle sie den Zweifel übertönen.

»Aber er hat die ganze Zeit Kontakt gehalten. Wir wussten immer, wo er war. Und er hat nicht einen Augenblick vergessen, wer seine Familie ist!«

Und dann flüsterte sie mit ihren Freundinnen und wandte mir den Rücken zu.

Vor der Schule wartete ich nahe der drei Parkplätze, die für die wenigen Mädchen eingerichtet worden waren, die mit dem Auto gebracht wurden.

»Wir können dich morgen abholen, wenn du möchtest!«, rief Ana, als sie mich sah.

Ich sagte nichts, weil sie mir das Angebot schon mehrmals gemacht hatte.

Als sie mich umarmte, flüsterte ich: »Er ist zurück – der Freund von Sira!«

Ich merkte, wie sie erschrak.

»Und Sira?«

»Nicht zurück.«

Die Lehrerin begrüßte uns, als freue sie sich.

Sie erwähnte, dass unsere Erscheinung bei der Kontrolle nicht zu beanstanden gewesen sei. Mit einer Ausnahme.

»Was nutzt alle Frömmigkeit«, rief sie, »wenn die Erscheinung nicht dazu passt!«

Als Schülerin ist sie bestimmt eine Basidschi gewesen – vom ersten Tag an, dachte ich.

»Aber ich gebe die Hoffnung auch bei Ana nicht auf!«, rief sie.

Ana sah sie für ihre Hoffnung nicht einmal an.

Sie war in ihren Gedanken weit weg. Sie hatte mich wieder ausgeschlossen. Was sie dachte, machte sie mit sich aus.

»Wir müssen den Unterrichtsstoff heute etwas kürzen«, erklärte die Lehrerin. »Ihr werdet später eine Unterweisung haben. Fragt mich nicht: Ich weiß auch nicht, worum es geht.«

Aber niemand hätte daran gedacht, sie zu fragen. Niemand.

Das neue Schuljahr hatte schlechter begonnen, als ich es mir vorgestellt hatte.

»Ich will Sira sprechen! Wir müssen die Schwester fragen, wo sie ist«, flüsterte Ana, als wir in die erste Pause gingen.

42. Die Natur der Frau

Die Schwester des Jungen hatte uns nur böse angesehen, aber nicht verraten, wo Sira steckte.

Die angekündigte Unterweisung gab uns die Lehrerin der Basidschi. Weil sie da war, stand auch Bita vorn neben ihr und schaute uns an.

»Ich ... Wir möchten euch fragen, wer in diesem Schuljahr zu den Aktivistinnen kommen will.«

Das Mädchen, das auf Siras Platz gesetzt worden war, meldete sich. Und ein anderes Mädchen meldete sich auch noch. So standen sie vorn zu dritt. Und ich sah, wie erleichtert Bita war, dass sie nicht mehr allein war.

»Gut«, sagte die Lehrerin. »Drei oder vier Mädchen pro Klasse reichen völlig aus.«

»Wären alle Mädchen Aktivistinnen, wäre es keine Auszeichnung mehr«, sagte sie lächelnd. »Denn eine Auszeichnung soll es sein, unserem Staat zu dienen.«

Ein viertes Mädchen meldete sich und wurde nach vorn gerufen. Bita sah mich strahlend an. Wenn es mich nicht täuschte, hatte sie ein wenig Lidschatten aufgetragen.

»In dieser Klasse, im letzten Jahr, gab es einen bedauerlichen Zwischenfall. Eure Mitschülerin Sira ist ausgerissen. Von zu Hause. Aus dem Schoße ihrer Familie. Aus der Obhut ihres Vaters.«

Die vier Basidschi nickten.

Die Lehrerin überlegte wohl, ob sie den Jungen erwähnen sollte, tat es aber nicht.

»Allein auszureißen – was für ein Handeln gegen die Natur der Frau! Dabei – wir hatten diesem Mädchen sogar angeboten, eine Basidschi zu werden. Nein – sie hat sich dagegen entschieden!«

Die Lehrerin sah sich schweigend in der Klasse um.

»Dieses Mädchen hat gegen ihren Vater aufbegehrt – der ein frommer Mann ist! Wie kann sie ihrem Ehemann später gehorchen und seine Ehre bewahren? Wie kann sie seine Familie ehren? Die Grundlage von all diesem, was eine Muslima auszeichnet, ist doch, dass sie ihrem Vater zu gehorchen weiß.«

Die Lehrerin atmete hörbar ein, so als hätte sie ihre Rede gehalten, ohne Luft zu holen.

»Ich bin sicher, niemand von euch hat ihr geholfen. Nein, das kann ich mir nicht vorstellen. Wer diesem Mädchen hilft, der handelt gegen seine eigenen Eltern und seinen zukünftigen Ehemann – gewiss!«

Einige Mädchen sahen Ana und mich an. Es gab offenbar Gerüchte über Schülerinnen, die Sira bei ihrer Flucht unterstützt hatten.

Bita winkte ein fünftes Mädchen, das sich gemeldet hatte, zu den Basidschi nach vorn.

Hinter dem Rücken der Lehrerin deutete sie mir ein Siegeszeichen an.

»Wer weiß denn, wie es diesen Ausreißerinnen ergeht?«, fragte die Lehrerin. »Ihr habt doch sicherlich darüber miteinander gesprochen.«

Ein Mädchen meldete sich: »Sie haben kein Geld und müssen eine niedere Arbeit annehmen.«

Die Lehrerin nickte. »Ist das alles?«

»Manche von ihnen leben auf der Straße, weil sie keine Wohnung haben.«

»Jeder Mann sieht sie als ehrlos an.«

»Weil sie verzweifelt sind, nehmen sie Drogen.«

»Und sie bekommen schreckliche Krankheiten.«

»Wovon?«, fragte die Lehrerin.

Niemand von uns wollte das Schreckliche in Worte fassen.

»Sie verkaufen ihren Körper«, sagte die Lehrerin. »Sie bieten Sex gegen Geld an.«

Wir schwiegen gemeinsam mit ihr.

Dann sagte die Lehrerin: »Ist es nicht schrecklich? Sira ist völlig auf sich allein gestellt. Niemand wird ihr Hilfe anbieten – niemand! Was hat sie nur getan!?«

Als wir in die letzte Pause gingen, war auch Ana niedergedrückt. Sie hatte ihren Mut verloren, genau wie ich.

Neben mir sagte ein Mädchen leise: »Oh, ich muss dringend zur Toilette. Ich hoffe, sie stehen dort nicht wieder Schlange.« Sie nickte mir zu.

Ich folgte dem Mädchen. Als ich neben ihr ging, sagte sie:

»Sira ruft deine Freundin heute um sechs Uhr an. Sag es ihr, sie soll auf den Anruf warten. – Und von mir weißt du das nicht – verstanden!?«

43. S-I-R-A

»Wir fahren zum Schönheitssalon«, sagte Ana zu dem afghanischen Mädchen am Steuer.

Muss Ana sich unbedingt vor dem Schulgebäude abholen lassen? Kann sie nicht in einem kleineren Auto kommen? Oder in einem Bus wie wir anderen Mädchen auch? Kann sie nicht wie eine normale Freundin sein?, dachte ich.

»Hast du gesehen, wie die Mädchen uns anschauen?«, fragte Ana.

Ich nickte. Und im Gegenteil zu ihr wusste ich auch, was sich hinter den Blicken verbarg. Schütteln hätte ich Ana müssen, damit sie Neid sah. Manche Mädchen hassten sie auch.

»Du kennst so etwas nicht«, sagte Ana, »aber ich lebe damit.«

»Warum fahren wir zum Salon?«, fragte ich, um auf anderes zu kommen.

»Weil meine Mutter dort ist. Ich will sie sehen«, sagte Ana, als könne sie ohne die Liebe ihrer Mutter den Tag nicht zu Ende bringen.

»Wie geht es ihr?«, fragte ich leise.

»Meiner Mutter geht es immer gut, wenn eine Kosmetikerin bei ihr ist!«

»Ich meine Sira – wie geht es ihr?«

Ana schwieg. Ich beobachtete ihre Lippen. Konnte Ana eigentlich traurig sein?

»Ich erledige das«, flüsterte sie. »Verlass dich drauf!«

Ich wusste nicht, was »das« war. Aber ich hoffte, es half Sira.

Anas Mutter saß in einem roten Lederstuhl und telefonierte, während sie sich die Fingernägel machen ließ. Dazu sprach sie mit ihrer Nachbarin und begrüßte Ana und mich.

»Hallo, Anahita!«, rief sie. »Wie schön, dich zu sehen. Wie heißt deine Freundin noch?«

»Maryam heißt sie immer noch«, sagte Ana leise.

»Was hast du gesagt, mein Schatz?«

»Nichts, Mutter.«

»Liebste, ich muss einen Augenblick unterbrechen«, sprach Anas Mutter in das Telefon. »Anahita möchte etwas von mir.«

Ana nahm ihr den Hörer ab und legte auf.

Ihre Mutter sah erstaunt auf, aber als sie bemerkte, dass Ana zornig war, ließ sie es geschehen.

»Mutter, hast du eine Freundin in Teheran?«

»Mehrere selbstverständlich. Es ist eine große Stadt.«

»Es geht um ein Mädchen.«

»Eine Freundin? Seit wann hast du so viele Freundinnen, Liebste? Das freut mich für dich.«

Sie streckte der Kosmetikerin die andere Hand hin.

»Nazgol ist eine Künstlerin«, sagte sie mit Blick auf die junge Frau, die sich über ihre Hand beugte. »Dabei ist sie ein Lehrmädchen.« Sie war anscheinend nicht viel älter als wir.

Ana ließ nicht locker. »Meine Freundin braucht eine Stelle in einem Haushalt, Mutter. Und bitte, keinen von deinen Freundinnen, die einen Mullah geheiratet haben!«

Anas Mutter zog die fein gezeichneten Augenbrauen hoch. Dann sprach sie sich einige Namen laut vor.

»Liberal soll der Haushalt sein?«, fragte sie.

Ana nickte. »Sie kann alles machen.«

Ihre Mutter wedelte den Lack an den Nägeln trocken. »Ach, Anahita, wenn ich mich für sie einsetze, dann braucht sie nichts zu tun.«

Ana sah ihre Mutter fest an und nahm den Hörer wieder hoch.

»Schatz, hol mein rotes Kalenderchen aus meiner Tasche. Ja, diese da. – Findest du es? – Ja, das ist es. – Schau nach unter ›Mitra‹. – Dann wählst du die Nummer und hältst mir den Hörer ans Ohr.«

Anas Mutter begrüßte Mitra sehr herzlich.

Sie wird eine gute Freundin sein, dachte ich.

»Du weißt, ich würde nicht um etwas bitten … du bist die Beste … ich weiß, dass ich alles von dir haben kann … es geht um ein Mädchen … ich weiß, Schatz … ich weiß, ich weiß … wie erträgst du das nur?«

»Heute Abend«, flüsterte Ana und ließ mich den Hörer halten.

»Ich bewundere dich so … das Mädchen, ach ja, das Mädchen – sie würde gern in deinem Haushalt unterkommen … sie ist eine Freundin von Anahita … kann sie nicht auf deine Kleine aufpassen? … natürlich … selbstverständlich … Anahita, wie heißt deine Freundin? – S-I-R-A … ja, ›R‹ wie in ›Rolex‹ … Großartig! Wunderbar! – wie die Kinder wachsen … du bist unvergleichlich – (helles Lachen) – … heute Abend kommen – ginge das? … kann sie … du bist ein Goldstück!«

Für den Rest des Gesprächs nahm Ana den Hörer wieder in die Hand. Ich schrieb mir die Adresse aus dem Büchlein ab und steckte es zurück. Die Handtasche besaß die Farbe des Nagellacks. Es gab keinen Unterschied.

Dieser Schönheitssalon war ein Zauberreich. Die Kosmetikerin war eine Fee. Und alles, was ich sah, war nicht der Iran. Mit Blicken saugte ich jedes Detail in mir auf.

44. Ein Traum wie ein Garten

Wir lagen in Anas Zimmer auf dem Bett. Der Tag hatte uns erschöpft, aber wir waren glücklich. Anas Fenster standen offen. Der Garten verschwand langsam im Dunkel des Abends, aber sein Duft war so stark, als wollte er sagen: Hier bin ich – in den Farben der Nacht. Schatten der Zweige griffen in unser Zimmer. Träume warteten, uns ansprechen zu können.

»Du hättest Sira am Telefon hören sollen, Maryam! Es war schrecklich und schön in einem. Sie hat geweint, aber vor Freude.«

Ich sah Ana neben mir zur Decke hochschauen.

»Sira war allein und ist in der Stadt umhergelaufen. Sie ist zu einer Stelle gegangen für Mädchen, die Hilfe brauchen. Ein Mullah hat ihr angeboten, ihr zu helfen. Aber er wollte, dass sie einem Freund mit Sex gefällig ist. ›Einen frommen Mann‹ nannte er ihn. Die Gebote des Propheten seien alle erfüllt. ›Der Mann ist ein Zakat, ein Spender, sehr großzügig‹, hat er gesagt. Und als sie rausgerannt ist, hat er ihr hinterhergerufen: ›Denk nicht, dass dir einer Glauben schenken wird – einer Hure, einer Ausreißerin!‹ Und dann ist sie gerannt und gerannt. Diese Stadt ist so groß, dass jede Hoffnung darin wie Staub ist.«

Anas Gestalt sah in der Abenddunkelheit aus wie ein Schatten.

»Heute ist sie zu der Freundin meiner Mutter gegangen. Morgen schicke ich ihr ein wenig Geld. Wir haben alles vereinbart!«

Du bist ein zorniger Mensch und ein guter Mensch, Ana, dachte ich.

»Stell dir vor, du bist allein in einer riesigen Stadt wie Teheran. Ein Mädchen wie Sira. Und überall verdorbene Männer, die nach dir greifen mit ihren schmutzigen Händen. Und die Stadt gehört ihnen. Sie sind die Ehrenwerten.«

Heute Nacht würde ich wohl schlechte Träume haben.

Der Garten mit seinen Geräuschen. Das Streichen der Zweige an der Hauswand. Das Murmeln eines Wasserspiels. Wie schön dieser Garten war – selbst unsichtbar war er voller Zauber! Er hat die schlechten Träume im Schlaf vertrieben.

»Wunderschön ist euer Garten! So eine Nacht habe ich noch nicht erlebt. Dein Garten hat mich verzaubert, Ana. Morgen werde ich ein Schmetterling sein und davonfliegen.«

»Der Garten ist der Traum meines Vaters. Er arbeitet beim Oil. Alles ist voller Schmutz und Gift dort. Ich verstehe ihn.«

Ich rieb meine Stirn, um zu klaren Gedanken zu kommen.

»Schau dir unsere Schule an, wie wir uns dort kleiden müssen – was wir dort lernen«, sagte Ana. »Unsere Schule ist das, was sich diese verdorbenen alten Männer ausgedacht haben, denen Sira begegnet ist. Unsere Schule ist wie das Oil – schmutzig und giftig.«

Aber unsere Schule war unsere Schule. Sie gefiel mir so wenig wie Ana. Sie machte uns krank, aber ich fand, sie war da. So da, dass es nicht zu ändern war.

»Und ich habe einen Traum, wie mein Vater seinen Garten hat – nicht anders!«

»Einen Traum wie einen Garten …«, wiederholte ich nachdenklich.

Die Worte von Ana waren so merkwürdig – ich hatte sie wohl geträumt.

45. Ich bin Ana – nicht Sira

Wir saßen am Frühstückstisch zusammen.

Anahita gab ihrer Mutter abwesende Antworten.

»Ihr habt doch geschlafen?«, fragte die Mutter mich. »Oder habt ihr euch die ganze Nacht unterhalten.«

»Nein«, sagte ich. »Wir haben geschlafen und geträumt. Und dann haben wir uns die Träume erzählt.«

»Ach, ihr jungen Mädchen ...«, sagte sie.

»Sie haben einen wunderschönen Garten«, sagte ich. »Es ist ein Nachtgarten.«

»Ich weiß, was du meinst«, sagte die Mutter. »Die Geräusche.«

»Gehen Sie oft in den Schönheitssalon?«, fragte ich.

»Ja, ich glaube. Warum fragst du?«

»Das Mädchen, die Kosmetikerin – sie haben gemeint, sie ist eine Künstlerin.«

»Ja, sie ist so jung. Sie wird bestimmt bald ihren eigenen Salon haben. Alles ist perfekt, was sie macht.«

Erst als wir im Auto saßen, war ich richtig wach. Ich beobachtete das Mädchen am Steuer, wie sie den Wagen durch den Verkehr lenkte. Wie aufmerksam sie war! Wie tüchtig sie war, ohne dass Ana es bemerkte! Sie war einfach eine gute Fahrerin. Warum bemerkte es niemand?

»Denk dir ein Leben in Freiheit, Maryam. Wäre es nicht wunderschön?«

Ich sah dem Mädchen beim Fahren zu und dachte an die Kosmetikerin. Es war ein stilles Leben.

»Du kannst dich zeigen, wie du bist. Die Jungen schauen dich an. Der Liebste von ihnen schaut dich an. Seine Blicke sind auf dir. Stell dir vor, Maryam. Wie schön!«

»Du träumst, Ana. Wach auf, wir fahren zur Schule!«

Aber Ana wollte nicht aufwachen.

»Stell dir vor, die Liebe ist überall. Sie braucht sich nicht vor alten Männern zu verstecken!«

»Wir sind im Iran – hör auf zu träumen, Ana!«

»Ich finde einen Weg«, sagte sie. »Es gibt einen Weg.«

»Und dann?«, fragte ich und schaute traurig aus dem Fenster, weil ich an Sira denken musste.

»Dann treffe ich mich mit ihm, den ich liebe.«

»Und dann?«

»Wie meinst du das?«, wollte sie wissen.

»Du erinnerst mich an Sira. Alles war so einfach für sie, und jetzt ist alles so schwer.«

Es hörte sich an wie ein kleiner Zettel, der nicht verschwand, als eine Lehrerin ihn entdeckte.

»Ich bin Ana, nicht Sira«, sagte Ana sehr entschlossen. »Ich will es so – sie wollte es nicht!«

Sie gab dem Mädchen ein Zeichen anzuhalten.

Heute wollten wir zu Fuß zur Schule weiterlaufen. Wie alle Mädchen.

46. Auf der Seite des Islam

Es war ein neues Jahr. In der Schule rief die Lehrerin jede von uns nach vorn, damit wir berichteten, was wir in den Ferien unternommen hatten.

Was hatten wir schon erlebt? Den Mädchen war der Aufenthalt im Freien verboten. Selbst wenn sie Verwandte besucht hatten, mussten sie im Haus bleiben.

Ich war mit Ana trotzdem durch die Stadt gegangen. Wir hatten uns in Läden umgeschaut. Wir hatten uns geschminkt und waren in die Einkaufszentren gegangen wie verheiratete Frauen. Manchmal hatte uns Anas Mutter begleitet. Oft waren wir allein gewesen. Einmal wurden wir kontrolliert, aber dann kam Anas Mutter dazu und hat dem Polizisten etwas in die Hand gedrückt.

Davon konnte ich natürlich nicht berichten, als ich von der Lehrerin nach vorn gerufen wurde. Und Ana erzählte ebenso nicht viel.

So ging es Mädchen für Mädchen. Von manchen wussten wir, dass sie sich mit Jungen getroffen hatten. Das war sehr aufregend gewesen. Ein Junge hatte ein eigenes kleines Haus von seinen Eltern bekommen und Freunde eingeladen. Und diese Freunde hatten ihre Schwestern eingeladen. Und sie hatten gefeiert, als lebten sie nicht im Iran. Angst hatten sie keine, denn die Polizei war von den Eltern bestochen worden und machte keine Kontrollen.

Ein Mädchen war mit ihren Eltern sogar in der Türkei gewesen und hatte Alkohol in einer Diskothek getrunken. Wie sie uns vertraulich erzählte. Und nun erinnerten sich auch die anderen Mädchen, dass sie auf der Party Alkohol getrunken hatten.

Alle Mädchen hatten sich schön gemacht. Da sie nicht zur Schule mussten, konnten sie sich am Anfang der Ferien die Nägel machen und die Augenbrauen zupfen.

Als sie nun vor der Klasse standen und berichten mussten – waren sie zu Hause gewesen und hatten ihrer Mutter bei der Hausarbeit geholfen.

»Jetzt werden die Basidschi euch erzählen, was sie erlebt haben«, kündigte die Lehrerin triumphierend an.

Und die Basidschi erwachten zum Leben und bewegten sich.

»Nun erzählt schon!«, forderte die Lehrerin sie auf.

»Wir sind zu einem Museum gefahren«, berichtete Bita.

»Welches Museum, Bita?«

»Es war das Museum, in dem unser Sieg über den Irak gefeiert wird.«

»Nun, ›gefeiert‹ ist nicht das richtige Wort. ›Gedacht‹ wäre angemessener.«

Bita nickte.

»Und wie hat es euch gefallen?«

»Gut«, sagte Bita.

Ein Mädchen sagte, es sei von dem Friedhof »bestürzt« gewesen. »Ergriffen«, korrigierte die Lehrerin. Das Mädchen war auch von den großen Bildern der Soldaten ergriffen gewesen. »Beeindruckt« hieß das.

Wieder ein anderes hatte sich mit einem »Zeugen« – also einem »Zeitzeugen« – unterhalten.

Ein viertes Mädchen fand den Souvenirshop ganz toll.

Und das fünfte Mädchen fand die Busfahrt am besten.

»So etwas könnt ihr erleben, wenn ihr euch aktiv auf die Seite des Islam stellt«, sagte die Lehrerin.

Die Klasse war ruhig. Auch die Basidschi sagten nichts. Es herrschte komplettes Schweigen. »Nachdenkliches Innehalten« wäre natürlich der bessere Ausdruck gewesen.

»Und wenn ihr euch für die falsche Seite entscheidet – wenn ihr euch gegen den Islam, gegen den Iran, gegen eure Familie, gegen euren eigenen Vater stellt – dann geht es euch so schlecht, wie es Sira ergangen ist«, fügte die Lehrerin noch hinzu.

Nun schwieg die Klasse bedrückt. Und »bedrückt« war das richtige Wort.

Jetzt meldete sich Ana.

»Ja, Ana.«

»Woher wissen Sie das?«

»Was, Ana?«

»Woher wissen Sie, dass es Sira schlecht geht?«

Die Lehrerin war sprachlos. Sie fand keine angemessene Antwort. Nicht einmal ein einzelnes angemessenes Wort fiel ihr ein.

»Hat sie sich bei Ihnen gemeldet?«, fragte Ana.

»Nein.« Die Lehrerin schüttelte den Kopf.

»Schade«, sagte Ana. »Ich dachte, Sie könnten uns etwas Neues von Sira berichten.«

47. Eine große Dummheit

In der Pause wurde ich öffentlich ausgerufen. Aus allen Lautsprechern dröhnte es: »Maryam Heidari Ahwazi, bitte zum Basidschi-Büro kommen.« Es gab niemanden, der mir nicht stumm nachschaute, als ich mich in Bewegung setzte. Es gab niemanden, der nicht froh war, nicht Maryam Heidari Ahwazi zu sein.

»Ich musste dich ausrufen lassen«, sagte die geschminkte Lehrerin.

Damit jeder weiß, wer ich bin – eine Ahwazi, dachte ich.

»Schließlich haben wir Basidschi keine Geheimnisse«, sagte die Lehrerin und rückte ein wenig näher an mich heran.

»Wie gefällt dir mein Lidschatten?«, fragte sie. »Berate mich bitte.«

Sie schien zu wissen, womit ich mich in den Ferien beschäftigt hatte.

»Maryam, deine Eltern sind beide Lehrer«, begann sie. »Willst du nicht auch Lehrerin werden?«

»Wenn ich dafür einen Bruder verraten muss, nein.«

»Maryam«, sagte die Basidschi sehr freundlich, »deine Eltern sind unter dem Schah Lehrer geworden. Sie haben selbstverständlich den Schah unterstützt. Und du unterstützt eben uns. Was ist daran falsch? Es wird nichts von dir verlangt, als dass du uns ein wenig anerkennst.«

Ich glaube, sie meinte wirklich freundlich, was sie sagte. Sie schob mir ein Döschen mit Lidschatten über den Tisch.

»Hier, das wird dir stehen«, sagte sie. »Nimmt deinen Augen ein wenig die Strenge.« Sie lächelte.

»Was ich sagen will, Maryam. Ob du für uns bist oder gegen uns – egal, welchen Weg du wählst –, du wirst am Ende jemandem wie mir gegenübersitzen. Also warum entscheidest du dich nicht gleich für uns. Ich könnte deinen Mitgliedsbeitrag sogar vordatieren. Und ich würde es tun.«

Es klang alles gut und einfach. Ich dachte an den Zettel, den Sira erhalten hatte.

»Selbst Bita wird studieren und Lehrerin werden. Ihr Bruder hat sich ein Studentenvisum für Europa verdient. Er ist ein wenig intelligenter als sie.«

Für Bita freute es mich wirklich. Und sie hatte sich nicht sehr geändert. Aber ich war eine Ahwazi – was für ein Unterschied!

»Sieh es mal so, Maryam. Was weißt du über deine Brüder, das wir nicht wissen? Glaubst du, wir denken, dass sie mit dir über diese Dinge sprechen? Was also solltest du uns verraten können? Wir sind nicht so dumm.«

Ich tauschte ihr Döschen Lidschatten gegen mein Schweigen.

»Was willst du nach der Highschool machen?«

»Vielleicht möchte ich in einem Schönheitssalon lernen.«

»In einem Schönheitssalon? – Ist es nicht schade um dich?«

»Warum? Ich mache Frauen hübsch. Ich bringe Freude in ihr Leben.«

Sie lächelte. »Mir brauchst du nicht zu erklären, dass so ein Salon die Seele aufhellt. Meinem bin ich geradezu verfallen!«

»Ein Salon für Aktivistinnen?«, fragte ich.

Sie lachte. »Du bist gut aufgelegt, Maryam. Das freut mich.«

48. Ein Salon, ein Zaubergarten

»Ich werde deine Freundin entführen«, sagte Anas Mutter.

Sie zog mich ins Auto und setzte sich ans Steuer.

»Du wolltest, dass ich dich mitnehme, also nehme ich dich mit«, sagte sie und startete den Motor.

Ich nickte mit großer Begeisterung. Ich hatte mich nicht mehr getraut, sie zu fragen.

»Warst du mal in einem Schönheitssalon in London oder New York.«

Natürlich nicht – wie könnte ich dort gewesen sein?

»Es ist ein Salon in einem Salon in einem Salon. Verstehst du? Alles ist Salon! Im Kleinen und im Großen! Die ganze Gesellschaft – alles ist ein Salon, gemacht für die Frauen.«

An einer Ampel war das Auto abrupt zum Stehen gekommen. Anas Mutter fuhr, wie sie sprach. Entschieden, rücksichtslos. So als gebe es keine anderen Autos.

»Und nun der Iran – was ist er?«, fragte sie, ohne eine Antwort von mir zu erwarten. »Der Iran verachtet seine Frauen!«

Ja, sie hatte wohl recht. Der Iran war ein Land, das seine Männer glücklich machte. Und seine Basidschi-Lehrerinnen.

»Ein Schönheitssalon im Iran ist nicht einfach ein Salon. Er ist etwas anderes. Er ist wie … ein See, in den wir eintauchen.« Sie machte eine wegwerfende Bewegung. Die Worte gefielen ihr nicht.

»Du weißt, was ich meine«, sagte sie.

»Ein Zaubergarten«, sagte ich.

»Ja«, sagte sie, »das ist schön, denn ein See hat keine Bewohner außer Fische. Aber ein Zaubergarten – er ist bewohnt von Wesen und von Träumen!«

»Und er ist umgeben von einer Mauer.«

»Eine Mauer aus trübem Glas. Schau nur!«

Sie parkte vor einem Geschäft, das geschlossen war. Als einziges. Sonst waren hier Schmuckläden, Geldwechsler, Teppichgeschäfte und Restaurants, die über mehrere Etage gingen. Es lag zwischen den bunten Fenstern wie ein Würfel aus blindem Glas, eingeschoben in eine Lücke der Häuserfront.

Sie klopfte an die Scheibe mit ihrem Schlüssel. Eine Tür tat sich für uns auf, und Anas Mutter entführte mich in ein Zauberreich der Düfte und Farben.

Ich stand in der Mitte des großen Raumes und wusste nicht, wie ich mich bewegen sollte. Ich war im Iran aufgewachsen und hatte in diesem Moment ein fremdes Land betreten.

»Setz dich auf einen Stuhl dort«, sagte Anas Mutter. »Ich habe dich entführt: Du bist meine Gefangene.«

49. Jesus ist die Liebe

Ana wollte mit mir zum Fluss gehen.

»Warum zum Fluss?«, fragte ich. »Und warum nach der Schule?«

»Du wirst sehen«, sagte sie.

»Lass uns gehen«, sagte sie.

Wenn meine Mutter mich fragte: »Warum bist du so oft bei Ana?«, dann sagte ich: »Es ist der Garten, aber eigentlich ist es der Fluss.«

Natürlich hatte meine Mutter recht, dass der Fluss von dort nicht sichtbar war. Aber sie hatte auch unrecht, weil ein Fluss nicht sichtbar sein muss. Er kann auch an einem Haus vorbeifließen, wenn man ihn gar nicht sieht. Und in der Nacht kam dieser Fluss ganz nah an das Haus heran. Dann war der Garten ein schwimmender Garten.

Der Blick auf den Fluss öffnete sich vor uns. Es war kein ausgewiesener Park, aber eine freie Fläche, auf der Bäume standen, allein für sich, manche zu zweit. Vielleicht war hier einmal ein großer Markt gewesen. Früher, in einer anderen Zeit. Vielleicht hatten hier Menschen am Ufer gestanden, um über den Fluss zu setzen. Hatten vielleicht auf eine Fähre gewartet oder Wasser geschöpft und Bündel wasserdicht geschnürt. Unsere Stadt war sehr alt. Sie hatte anderen Menschen gehört und wieder anderen, bevor sie uns gehörte.

Diese Stelle am Fluss nun war weitläufig und flach. Wir sahen Paare – Jungen und Mädchen –, die es nicht eilig hatten. Sie unterhielten sich und schauten nach den anderen Paaren. Die Mädchen trugen einen Hidschab – die Jungen trugen, was ihnen gefiel.

Ana ging mit mir zu einer Stelle, wo wir uns hinsetzen konnten. Sie befand sich abseits und bot einen guten Blick über alles.

»Bist du oft hier?«

»Manchmal allein, aber dann sitze ich nicht hier und schaue.«

»Wonach schauen wir, Ana?«

»Wir schauen auf den Fluss. Wir denken an die Liebenden, die hier einmal saßen. Lange vor uns.«

»Liebende?«

»Was glaubst du!? Gibt es einen schöneren Platz?«

So schwiegen wir und saßen. Und ich dachte an die Liebenden zu allen Zeiten, die sich hier eingefunden hatten. Hatten sie sich an der Hand halten dürfen – sich vielleicht sogar umarmen dürfen –, oder waren sie nebeneinandergegangen wie Brüder und Schwestern und Cousins und Cousinen? Waren sie glücklich gewesen? Hatten Verbote ihnen das Herz schwer gemacht, oder waren sie frei gewesen? – Von Heirat hatte ich eine Vorstellung, aber von Liebe nicht.

Hinter uns bemerkten wir eine Frau, die im Kreis ging. Dabei las sie in einem Buch und sprach Worte, die nur sie hören konnte. Eine merkwürdige Frau. Dabei trug sie leichte Kleidung und Sportschuhe, als bereitete sie sich darauf vor, Turnübungen zu machen. Wir beachteten sie nicht weiter, sondern konzentrierten uns auf den Fluss und die Paare, die dort gingen.

Auf einmal trat die Frau, die zu sich gesprochen hatte, hinter uns. Bevor wir uns umblicken konnten, sagte sie: »Jesus ist die Liebe. In ihm werdet ihr frei sein. Jesus ist das Schönste, das euch passieren kann!«

Wir hatten uns noch nicht nach ihr umgedreht, da ging sie bereits mit schnellen Schritten fort.

»Was war das?«, fragte Ana mich.

»Sie hat von Jesus gesprochen. Eine Christin ist sie, glaube ich.«

»Schau!«, rief Ana hinter vorgehaltener Hand.

»Wohin?«

»Schau, der Junge dort«, flüsterte sie. »Siehst du ihn? Das Mädchen auch?«

»Ja, ich glaube, ich kenne das Mädchen.«

Sie zog mich hoch, und wir gingen den beiden entgegen und an ihnen vorbei. Sie hatten Blicke gewechselt, Ana und der Junge.

Und das Mädchen hatte mich angeschaut. Es war ein Mädchen von unserer Schule.

Wir schlenderten weiter.

Als wir zu den Bäumen am Rand kamen, begegneten uns zwei Polizistinnen.

»Hört, Mädchen. Habt ihr eine Frau gesehen, die Bibeln verteilt?«

»Nein«, sagte Ana. »Eine Frau, die Bibeln verteilt, wäre uns aufgefallen.«

»Was macht ihr überhaupt hier?«, fragte ihre Kollegin misstrauisch.

Sie zeigte auf unsere Uniform. »Ihr seid Schülerinnen – das sehe ich.«

»Wir gehen nach Hause«, sagte Ana. »Ich wohne dort in der Straße.«

Die Polizistinnen nickten und gingen weiter, auf der Suche nach einer Frau, die Bibeln verteilte.

Auf dem Weg zurück zum Haus machte Ana mehrmals einen übermütigen Zwischenschritt.

50. Ich bin Ana – nicht Sira

Die Mädchen in unserer Klasse gingen auf verbotene Partys. Uns war eigentlich jeder Kontakt zum anderen Geschlecht verboten, wenn die Mädchen und die Jungen nicht miteinander verwandt waren. Waren sie dabei dann auch noch unter achtzehn Jahren alt, dann war es wirklich gefährlich. Eine Gefängnisstrafe konnte die Folge sein. Und konnten die Eltern den Mullah nicht bestechen, dann wurde sie auch vollstreckt.

Aber Iranerinnen fühlen sich von Verboten magisch angezogen. Eine Frau, die ein Hindernis sieht und ihm ausweicht, ist keine Iranerin. So heißt es, und es wird wohl wahr sein. Jedenfalls galt es für die Mädchen in unserer Klasse. Ohne Einschränkung. Und sie hatten Fotos gemacht.

Die Fotos gingen von Tasche zu Tasche. Und sie wurden unerklärlicherweise nicht gefunden. Die Aufgabe, die Taschen zu kontrollieren, hatte Bita für sich übernommen. Die Lehrerin schrieb nur in das Klassenbuch und ging durch die Reihen, um die Gesichter zu kontrollieren. Meist ließ sie ihre Brille vorn auf dem Pult liegen. Es gab wenig an uns auszusetzen. Und Bita stand vorn am Pult und schaute streng. Sie besaß nun eine Autorität, die unerklärlich war. Alle Mädchen waren bereit, ihren Anweisungen zu folgen.

Zum Anschauen verteilt wurden die Fotos nur außerhalb der Schule. Sie besaßen einen Wert, und die Mädchen wussten genau, wem sie vertrauen konnten. Es war kein Wort nötig, damit sie wieder in die Tasche zurückwanderten, in die sie gehörten. Jedes Mädchen in der Klasse hatte sie gesehen. Manche Mädchen hatten nur von ihnen gehört, aber sie hatten sie sich so lebendig vorgestellt, dass sie glaubten, sie gesehen zu haben. Die Fotos waren in den Köpfen wie Beweismittel. Über die Partys gab es nur Gerüchte, Halbgerüchte und unteilbare Geheimnisse.

Nicht einmal Bita wusste etwas. »Sorry«, sagte sie. »No idea.«

Weil Ana beschlossen hatte, dass sie ein ganz normales Mädchen war, gingen wir jetzt immer das letzte Stück zu Fuß zur Schule. Das afghanische Mädchen würde uns auch heute wieder ein paar Straßen vor der Schule aussteigen lassen. Ein seltsames Mädchen war sie für mich. So unbeweglich war ihr Gesicht. So stark war sie und so schwach zugleich. Eine Ahwazi im Iran zu sein war nicht leicht. Die afghanischen Flüchtlinge im Iran aber waren ohne Rechte. Nichts, worum sie kämpfen konnten. Oder alles, worum sie kämpfen mussten. War ich der Fahrerin ähnlich? War auch ich ein seltsames Mädchen für die Schülerinnen in meiner Klasse?

»Wir sind auf einer Party eingeladen«, sagte Ana neben mir auf der Rückbank.

Sie reichte mir ein Foto. Ich sah zwei Mädchen – ihre langen Haare, glänzend und endlos. Ihre Rücken – die vom Kleid freigegebenen Rücken, die nackte Haut, die Wellen der nackten Haut über der Hüfte. Und ich sah einen Jungen, der sie anstarrte. Mit einem Glas in der Hand. Ich hatte gehört, dass die Jungen Whiskey tranken.

Ich war vermutlich das einzige Mädchen, das noch kein Foto gesehen hatte. Ich starrte neben das Foto, damit Ana nicht bemerkte, dass ich es nicht anschauen konnte.

»Aber wir gehen nicht hin«, sagte Ana. »Nein, wir gehen nicht.«

Damit war es auch für mich beschlossen.

»Hat dich das Mädchen gegrüßt?«, fragte sie jetzt. »Das Mädchen mit seinem Bruder am Fluss?«

»Sie hat mich nur angeschaut. Aber ich meine, sie hat mich wiedererkannt.«

»Ja? Dann spricht sie dich sicher an.«

»Warum soll sie mich ansprechen?«, fragte ich.

»Warum nicht! Aber wenn du so guckst wie jetzt – dann wird sie nicht auf dich zukommen. Maryam, sei nett zu ihr!«

Ich schaute aus dem Fenster. Ich schaute aus dem traurigsten aller traurigen Fenster. Wenn niemand an Sira dachte – ich dachte an sie.

»Maryam, hörst du?« Ich hörte nicht, weil ich an Sira dachte. »Maryam, sie wird dich ansprechen. Ich bin sicher!«

»Und dann?« Ich war wütend auf Siras Vater – ich war wütend auf alle Männer, die ihre Töchter nicht liebten.

»Und dann?«, fragte Ana erstaunt.

Ich nickte. »Und dann?«

»Dann treffen wir uns mit ihr.«

»Und dann?«

»Wie meinst du das?«

Ana gab dem Mädchen am Steuer ein Zeichen, einen Parkplatz zu suchen.

»Und dann?«, wiederholte ich.

»Dann werde ich ihn sehen!«, rief Ana und hielt sich gleich die Hand vor den Mund.

Das Mädchen bemerkte es nicht, es war mit dem Einparken beschäftigt, und ich mit meiner Trauer.

»Und dann?« Ich wiederholte die Frage einfach immer wieder. Sollte sie denken, was sie wollte.

»Du musst nur nett zu dem Mädchen sein, Maryam. Ich bin Ana – nicht Sira!«

»Nur nett sein« hörte sich an wie ein kleiner Zettel mit einem gemalten Herzen darauf.

»Ich bin Ana, nicht Sira«, sagte Ana sehr entschlossen. »Ich will es so – Sira wollte es nur halb!«

51. Ein Freitagsgebet

An einem Freitag holte mich Ana ab, um mit mir zur Moschee zu fahren. Zum Gebet.

Meine Mutter war überrascht. »Ich denke, du gehst nicht mehr zur Moschee.«

»Ich fahre mit Ana.«

»Aah«, sagte meine Mutter, »das Mädchen mit dem Auto. Ich dachte, sie geht auch nicht zur Moschee.«

»Warum fahren wir zur Moschee?«, fragte ich Ana.

»Du wirst sehen« sagte sie und tippte mit dem Finger behutsam auf meine Nase.

Wenn sie so übermütig ist, dann fahren wir nicht dorthin, weil sie zu Allah gefunden hat, dachte ich bei mir.

Das afghanische Mädchen brachte uns zur Schule, wo man sich für den Gang zur Moschee traf.

Als wir durchs Schultor schritten, waren mal wieder alle Augen auf Ana gerichtet: Heute kam eine Schülerin, die nicht ein einziges Mal beim Freitagsgebet gewesen war.

Bita führte die Liste, auf der die anwesenden Mädchen vermerkt wurden.

»Hier steht, dass du noch nie mit uns zur Moschee gegangen bist«, sagte Bita und machte einen großen Haken.

»Es ist mein Weg«, sagte Ana fromm.

»Die Reihen der Gläubigen –«, sagte Bita und wusste nicht weiter. Also begnügte sie sich damit, ein nächstes Häkchen für das nächste Mädchen zu zeichnen.

»In jedem Fall ist es toll, dass ihr hier seid!«, rief sie uns hinterher.

Und so gingen wir mit den anderen Schülerinnen zur Moschee. Die Ordnung löste sich schnell auf.

Beim Betreten der Moschee verlor ich Ana aus den Augen. Als ich mich beim Ausziehen der Schuhe im Vorraum nach ihr umsah, blickte ich in die Augen des Mädchens, von dem sie gesprochen hatte. Das Mädchen vom Fluss. Die Schwester des Jungen vom Fluss.

Zusammen, als gebe es keine andere Möglichkeit, gingen wir in den Gebetsraum für die Frauen, vorbei an dem schwarzen Sichtschutz, der die religiöse Andacht der Männer vor dem Anblick der Frauen schützte.

Wir knieten auf dem Teppich vor den vier großen Lautsprechern, die die Stimme des Imams aus dem Gebetsraum der Männer übertrug. Vorn standen und verbeugten sich die Aktivistinnen.

Das Mädchen betrachtete mich von der Seite. Ich ärgerte mich über Ana, die mich in diese Situation gebracht hatte. Was war ich für sie, dass sie mich hierherlotste und mich dann mit diesem Mädchen allein ließ? Es war typisch für Ana, dass sie nicht abwarten konnte und alles selbst in die Hand nehmen musste.

Ich dachte an Sira, die so gläubig gewesen war. Warum durfte ein Mädchen, das schön und gläubig war, nicht beides sein? War es ihrem Vater schwer gefallen, sich zwischen ihr und den Worten seiner Religion zu entscheiden? Aus dem Grunde seines bösen Herzens musste er entschieden haben.

Das Mädchen berührte mich beim Niederknien, als wolle es mich aus meinen traurigen Gedanken holen.

Als wir unsere Schuhe wieder angezogen hatten, sagte das Mädchen: »Kommst du mit mir ins Café? Ich lade dich ein, Maryam.«

Ich nahm an, dabei kannte ich nicht einmal ihren Namen.

52. Das Mädchen vom Fluss

Irgendwie schaffte das Mädchen es, zwei freie Plätze für uns zu ergattern. Es waren fast alle Tische besetzt.

Sie erinnerte mich ein wenig an Ana. In ihrem Kopf war ein starker Wille.

Als der Tee kam, rührte sie viel Zucker in das Glas.

»Danke, ich nehme keinen Tee«, lehnte ich ab und rührte trotzdem im Glas.

»Wir kennen uns«, sagte sie, weil ich kein Gespräch beginnen wollte.

»Weißt du, was bei uns in der Klasse passiert ist?«, fragte ich sie.

»Ja, ich habe es gehört. Ihr macht Party.« Sie zwinkerte verschwörerisch.

»Nein, ein Mädchen ist ausgerissen«, sagte ich und rührte weiter im Tee.

Das Mädchen schwieg für einen Moment.

»Ich glaube, ich kenne dich vom Fluss«, sagte sie.

»Ja, kann sein«, sagte ich. »Einmal war ich dort.«

»Mit einer Freundin«, fuhr sie fort.

»Ja, mit meiner Freundin Ana.«

Und dann bat sie mich, von Ana zu erzählen.

»Sie geht mit mir in eine Klasse«, sagte ich. »Sie ist ein freies Mädchen – und eine sehr gute Freundin.«

»Mein Bruder ist auch nicht religiös«, sagte das Mädchen. »Mein Vater schon, aber mein Bruder ist anders.«

Ich erzählte, dass die Eltern von Ana sehr liberal und ihre Brüder bereits verheiratet sind und eigene Häuser haben.

Das Mädchen rührte in seinem Tee. Ich rührte in meinem Tee. Alle um uns herum rührten in ihrem Tee.

»Die Eltern haben ein eigenes Haus?«, fragte das Mädchen, als sei sie nur halb interessiert.

»Ein großes Haus«, sagte ich. »Ein riesiges Haus! Und einen Garten, wie du dir schöner keinen Garten ausdenken kannst.«

»Wir sind nicht reich«, sagte das Mädchen. »Aber mein Bruder ist klug. Er bekommt eine Zulassung zum Studium der Informatik.«

»Anas Vater arbeitet bei der Oil Company, aber das Haus hat ihre Mutter gekauft. Ihre Familie ist reich. Von ihr kommt das Geld.«

»Wenn mein Bruder studiert, wird er der Erste in der Familie sein, der studiert. Wir sind sehr stolz auf ihn. Mein Vater ist aber Angestellter bei der Stadt.«

»Ana hat ein eigenes Zimmer und ein eigenes Auto. Ich glaube, auch das afghanische Mädchen gehört ihr … gewissermaßen.«

»Ich denke, mein Bruder wird mit seinem Studium genug Geld verdienen können.«

»Willst du noch einen Tee trinken?«, fragte das Mädchen. »Ich heiße übrigens Sara.«

Ich lehnte den Tee dankend ab.

»Vielleicht hast du Lust, mich mal besuchen zu kommen«, schlug Sara vor.

»Ja, ich komme gern«, sagte ich.

»Du kannst eine Freundin mitbringen, wenn du willst.«

»Gerne, wenn ich darf – ja, dann bringe ich Ana mit«, sagte ich.

53. Ana ohne Mut

»Ist es richtig, mit dem Auto zu kommen?«, fragte Ana, als wir vor dem Haus des Jungen standen.

»Warum nicht?«

»Aber was wird er von mir denken?«

»Jeder an der Schule und an allen Schulen in der Nachbarschaft weiß, dass du das Mädchen bist, das ein eigenes Auto mit einer Fahrerin hat.«

»Wirklich?«, fragte Ana erschrocken. »Warum hast du mir nichts gesagt?«

Ich hatte es ihr gesagt, aber sie hatte nicht zugehört.

»Die Schulen in der Nachbarschaft?«

»Alle«, sagte ich.

»Wird er schlecht von mir denken?«

»Er hat uns eingeladen. Er denkt bestimmt nicht schlecht von dir.«

»Seine Schwester hat uns eingeladen.«

Eigentlich hatte sie mich eingeladen, und Ana durfte mitkommen, aber das sagte ich nicht.

»Es ist gut, dass wir nicht zum Salon gegangen sind. Sonst denkt er, ich sei ein schlechtes Mädchen.«

»Ja, das war eine gute Entscheidung.«

Die Familie des Jungen hatte ein eigenes Haus. Es war nicht groß, aber die Umgebung war ruhig.

Wir standen vor der Tür und schauten auf die Klingel, ich wartete, dass Ana sich ein Herz fasste.

»Soll ich wirklich?«, fragte Ana.

»Du musst nicht, aber ich gehe auf jeden Fall«, sagte ich.

Also klingelte ich und war froh, dass Ana nicht ohnmächtig wurde. An ihrer Stelle wäre ich jetzt ohnmächtig geworden. Oder ich wäre schon beim Einsteigen in das Auto ohnmächtig geworden. Ana war sehr tapfer, fand ich.

Sara öffnete uns. Sie umarmte mich herzlich wie eine Freundin. Sie begrüßte Ana so herzlich wie die Freundin einer Freundin.

Sie lud uns in das Wohnzimmer der Familie ein.

»Es ist schön, dass wir Gäste haben«, sagte sie. Dann stand sie auf und ging zu einer Tür.

Ana fasste meine Hand. Ihre Hand war kalt vor Schrecken.

»Maryam«, flüsterte sie, »ich hätte nicht kommen dürfen!«

Wir lauschten angestrengt, weil wir Schritte hörten. Dann öffnete sich die Tür, und Sara kam mit einer Frau in den Raum, die sie als ihre Mutter vorstellte. Die Frau stellte einen Teller mit Gebäck auf den Tisch und schenkte in kleine, sehr schöne Tassen den Tee aus.

»Das ist Maryam«, sagte sie zu ihrer Mutter. »Und das ihre Freundin Ana.«

Die Mutter sah Ana freundlich an. Sie wusste, warum wir gekommen waren. Ich war froh, dass sie das Spiel beendete.

Mit beiden Händen fasste sie Anas Hände.

»Du bist Ana«, sagte sie.

»Ja, ich bin Ana«, sagte ein Mädchen, das allen Mut verloren hatte.

Wir aßen Gebäck und tranken schweigend den Tee.

»Weiß dein Vater, dass du hier bist?«, fragte die Mutter, als sie den Tisch zwischen uns wieder abgeräumt hatte.

Ana schüttelte den Kopf.

»Das dachte ich mir«, sagte sie.

Ana senkte den Blick und sah sie nicht mehr an.

Saras Mutter sah mich schweigend an.

»Was sollen wir tun?«, fragte ich.

»Frage bitte um die Erlaubnis des Vaters«, sagte die Mutter.

»Ich?«

»Ja«, sagte sie. »Du.«

Als wir das Haus verlassen hatten, war ich froh, dass das Hausmädchen gleich in der Nähe geparkt und gewartet hatte. Ich glaube nicht, dass Ana weit hätte laufen können.

54. Jemand, den ich nicht kenne

Am nächsten Nachmittag empfingen mich Anas Eltern. Ich war sogar mit dem Auto abgeholt worden. Noch während der Fahrt schüttelte ich den Kopf darüber, dass ich mich in eine solche Situation gebracht hatte. Die Afghanin sah immer wieder in den Rückspiegel.

Die Klingel wurde von ihr gedrückt. Von ihr wurde ich in das Haus gebeten. Und ich nahm dort Platz, wo sie es mir zeigte. Ein anderes Hausmädchen brachte Gebäck und Tee, den sie in die Tassen einschenkte, die sicherlich sehr teuer gewesen waren. Während ich in den Tee schaute, fragte ich mich, wie ich in diese peinliche Situation kommen konnte, wo doch Ana sich in einen fremden Jungen verliebt hatte und nicht ich. Ich kannte nur einen Koranschüler. Und in den war ich gar nicht mehr verliebt, auch wenn er es von mir wohl noch dachte.

Als der Tee in den Tassen ein wenig abgekühlt war, kam Anas Vater in den Raum. Hinter ihm ging ihre Mutter.

»Du bist Maryam«, sagte er nicht unfreundlich. »Ich bin Anas Vater, wie du dir denken kannst.«

Die Mutter setzte sich schweigend neben ihren Mann auf ihren Platz. Sie würde nichts sagen. Das sah ich in ihren Augen.

»So«, sagte der Mann, »worum geht es?«

Und wir wussten, dass er wusste, worum es ging. Als ob er mich empfangen hätte, wenn es nicht um Ana gegangen wäre! In allem teilte er mir mit, dass ich mich in eine lächerliche Situation gebracht hatte. Aber das wusste ich selbst. Ich war nicht einmal achtzehn Jahre alt, und er war ein massiger Mann. Sogar graue Haare hatte er bereits.

»Ich möchte, dass sie jemanden kennenlernen«, sagte ich, nachdem ich meinen Mut gefunden hatte.

Anas Mutter nickte kaum merklich. Wie ich mich verhielt, gefiel ihr.

»Warum soll ich jemanden kennenlernen, den ich nicht kenne?«, fragte er.

Ich musste ein wenig über das nachdenken, was er gesagt hatte. Wollte er mir eine Rätselaufgabe stellen?

»Weil Sie ihn nicht kennen, wäre es schön, wenn Sie ihn kennenlernen würden.«

»Wir drehen uns im Kreis, junge Dame«, sagte er.

»Es ist der Wunsch von jemandem, den Sie kennen.«

»Und wer ist diese Person?«

»Es ist Ihre Tochter Anahita«, sagte ich und war nun da, wo ich sein wollte.

»Meine Tochter Anahita – natürlich.«

»… und Anahita möchte, dass Sie jemanden kennenlernen.«

»Und warum soll ich diesen jemand kennenlernen, den meine Tochter Ana kennt? Sie kennt so viele Mädchen – da wäre mein Tag bald sehr ausgefüllt.«

»Es ist ein junger Mann«, antwortete ich.

»Umso weniger möchte ich ihn kennenlernen«, sagte er. Unter der Freundlichkeit sah ich entschiedene Ablehnung. Seine Lippen wurden schmal. So wie ich es bei Ana kannte, wenn sie wütend wurde.

»Können wir nicht trotzdem ein Treffen vereinbaren?«

»Natürlich können wir das«, sagte er freundlich. »Wir müssen nicht länger reden.«

»Wo sollen wir uns mit dem jungen Mann treffen?«, fragte ich ihn. »Wir können uns in dem Café an unserer Schule treffen. Etwas anderes kenne ich nicht. Ich dachte, Sie –«

»Schlag eine Zeit vor!«

Ich überlegte. »Treffen wir uns morgen um zwei Uhr dort. Dann ist die Schule aus. Ich glaube, der junge Mann wird auch Zeit haben.«

»Wer wird dabei sein?«

»Ich und Farid – so heißt der junge Mann.«

»Du und Farid – niemand sonst!«

Anas Vater stand auf, nickte mir kurz zu und ging aus dem Raum.

55. *Dieses Mal und nie, nie wieder*

»Was soll ich tun?«, hatte Ana gefragt, als wir vor dem Café standen. Deutlich vor der vereinbarten Zeit.

»Bevor ich ihn deinem Vater nicht vorgestellt habe, darfst du ihn nicht sehen«, sagte ich. »Du darfst nicht einmal seinen Namen kennen.«

Es war ein Spaß, und sie wusste es.

»Was soll ich tun?«, fragte Ana noch einmal. Sie war willenlos. Ich musste alles für sie entscheiden.

»Lass dich in der Stadt umherfahren«, schlug ich vor.

»Und dann bin ich so aufgeregt, dass ich alle paar Minuten hier sein muss. Ich kenne mich!«

»Komm alle fünfzehn Minuten hierher. Wenn das Treffen vorbei ist, stellen wir uns dorthin.«

Ich zeigte ihr einen Platz, wo die Busse hielten.

»Wenn wir dort nicht stehen, fährst du wieder weg.«

»Wenn ich nicht komme, bin ich vor Aufregung gestorben«, sagte sie. »Dann sag ihm – ich hätte ihn so gerne kennengelernt!«

Ana holte tief, sehr tief Luft.

»Ich werde mich nie wieder verlieben. Dieses Mal und nie, nie wieder!«

Weil ich nicht mit Farid verwandt war, hätte ich nicht mit ihm an einem Tisch sitzen dürfen. Also hatte mir seine Schwester ihren Ausweis geliehen. Die Fotos für die Ausweise wurden immer mit Hidschab und Haartuch aufgenommen. Das war sehr praktisch, denn wenn sich Mädchen auch nur ein wenig ähnlich sahen, waren die Fotos ununterscheidbar.

So saß ich neben meinem angeblichen Bruder Farid im Café und hoffte, dass ich den Ausweis nicht vorzeigen musste, wenn Anas Vater bei uns saß.

Farid war etwas älter als Ana.

Als wir einen Soldaten sahen, sagte er: »Ich muss bald zum Militär – schrecklich!«

Ich wollte nicht daran denken, dass ich es Ana würde sagen müssen.

Wir bekamen unseren zweiten Tee hingestellt.

»Ich zahle«, sagte Farid.

»Ich bin deine Schwester«, sagte ich. »Ich zahle für mich.«

»Ich zahle immer für meine Schwester.« Er schnippte mit dem Finger meinen Einwand weg.

»Ana ist sehr nett«, sagte ich. »Sie ist eine sehr gute Freundin.«

»Ich hoffe, ihr Vater ist auch nett. Ich weiß nicht, was ich sagen soll.«

»Ich kann das Gespräch zu Beginn führen«, schlug ich vor.

»Es ist schon zwei Uhr«, sagte Farid.

»Wir müssen warten.«

»Bist du sicher, dass er kommt?«

»Er hat es gesagt.«

»Weiß er denn, in welchem Café wir uns treffen wollen?«

»Ja, er kennt das Café.«

Wir warteten eine halbe Stunde lang.

»Er kommt nicht«, sagte Farid.

»Er kommt nicht«, sagte ich.

Draußen warteten wir auf Ana und ihren Wagen. Wie sollte ich ihr sagen, dass ihr Vater nicht gekommen war?

Nach fünf Minuten tauchte der Wagen mit Ana auf und stoppte, als sie uns gesehen hatte.

»Er ist nicht gekommen, Ana«, sagte ich, als sie das Fenster heruntergelassen hatte.

Farid sah sie an und schüttelte den Kopf.

Ana ließ das Mädchen am Steuer aussteigen und nahm sich den Schlüssel, bevor sie selbst den Wagen verließ.

Sie sah Farid an, wie sie ihn nicht hätte anschauen dürfen.

»Fang!«, sagte sie zu ihm und warf ihm den Autoschlüssel über das Wagendach zu. »Hol mich morgen von der Schule ab!«

Sie schenkte dem Jungen, von dem sie nicht einmal den Namen wissen durfte, ihr Auto.

56. Was für ein Tag!

Am nächsten Morgen stand Ana hinten im Bus. Einen Sitzplatz hatte sie nicht bekommen. Zwischen all den einfachen Frauen und Mädchen stand sie da wie eine Erscheinung. »Wie schön du heute bist, Ana« flüsterte ich ihr zu. »Dabei gehen wir nur zur Schule.«

»Wer weiß …«, sagte sie leise.

Die Frauen schauten nach mir. Gehörte ich zu diesem schönen Mädchen, oder war ich allein?

Endlich wurde ein Platz für uns frei.

»Warum ist dein Vater nicht gekommen?«, fragte ich Ana.

»Er hat gesagt, es sei deine Idee gewesen. Du wolltest dich mit ihm treffen, er wollte sich nicht mit dir treffen.«

»Und was sagt deine Mutter?«

»Sie schweigt und wartet.«

»Und dein Auto?«

»Es kommt und holt mich ab.«

»Wollen wir es hoffen«, sagte ich und sah sie nicht an.

»Hoffen – darüber sind wir hinaus«, sagte Ana.

So war es zwischen uns. Wir redeten, aber ich wusste nicht, wovon sie redete. Ich stellte nicht einmal die Frage, was sie nun tun würde, nachdem ihr Vater den jungen Mann abgelehnt hatte. Es war alles so verwirrend, dass ich keine Ordnung in meine Gedanken bringen konnte.

Sie war so schön wie der Morgen. Und er würde kommen, der Junge, dem sie die Augen geraubt hatte.

Ana hatte einen Plan, aber ich fragte nicht danach.

An diesem Morgen fand Bita bei der Taschenkontrolle die Fotos der anderen Mädchen. Anas Erscheinung, die wenig islamisch war, wurde nicht einmal bemerkt.

Die Namen der vier Mädchen wurden auf Zetteln notiert, dann wurden die Fotos auf der Rückseite beschriftet.

Da Bita die Fotos hochhielt, konnten wir sehen, dass es die Fotos waren, die wir kannten.

Mädchen mit Kleidern, die nicht im Iran zu kaufen waren. Mädchen, die sich küssten. Jungen, die zuschauten, mit Gläsern in der Hand. Mädchen, die auf einem Sofa liegend rauchten. Mädchen, die sich kleine Pillen auf ihre Hand gelegt hatten. Mädchen, die auf dem Boden saßen. Mädchen, deren Beine dabei nicht einmal bedeckt waren. Und Haare und Haare – was diese Mädchen für Haare hatten! Ich hätte es nicht für möglich gehalten.

Am Ende des Schultages wurde Bita von einigen Mädchen bedrängt.

»Was wollt ihr?«, fragte sie. »Ich bin eine Basidschi. Es ist meine Aufgabe, die Taschen zu durchsuchen.«

»Warum hast du früher nichts gefunden?«, fragte ein Mädchen.

»Wir dachten, du gehörst zu uns«, sagte ein anderes Mädchen.

»Diese Mädchen haben noch ganz andere Probleme«, sagte Bita. »Und sie wissen es.«

»Was ist los?«, fragten einige. »Sag uns, was du weißt!«

»Das werdet ihr sehen«, entgegnete Bita. »Jedenfalls riskiere ich nicht mein Studium für –«

Sie unterbrach sich, weil sie Anas Wagen gesehen hatte. Und weil sie gesehen hatte, dass ein Junge ihn fuhr. Bita hatte einen schnellen Blick für manche Dinge.

Als sie schaute, schauten auch wir.

Nur Ana hatte den Wagen vor Bita entdeckt und war an den Rand der Straße getreten.

Farid war um den Wagen herumgegangen und hatte Ana die Tür geöffnet. Sie stieg in das Auto ein, warf uns einen Blick zu und fuhr mit ihrem Freund davon. Mitten im Iran. Unter den Augen Khameneis, dessen Konterfei groß an einer Wand hing und ihr ungläubig nachschaute.

»Was war das?«, fragte Bita. »Habt ihr gesehen, was ich gesehen habe?«

Die Mädchen nickten halb im Zweifel mit sich. Was Bita gesehen hatte, hatten sie auch gesehen.

»Was für ein Tag!« Bita schüttelte sich.

57. Ein unislamischer Beruf

Weil es auf dem Rückweg lag, besuchte ich meine Mutter in der Schule, sie unterrichtete die Mädchen einer Primary School. In der Zeit vor den Ferien hatte sie lange Arbeitstage in der Schule, die sie mit zusätzlichen Schreibarbeiten und Gesprächen mit Kolleginnen verbringen musste. Sie kam daher meist erst spät nach Hause. Also besuchte ich sie nach Schulschluss nun des Öfteren und saß dann bei ihr. Fast war ich schon ein wenig bekannt bei ihren Kolleginnen.

Die meisten der Schulmädchen waren bereits abgeholt worden. Einzelne rannten noch durch die Gänge. Das stille Warten hatten sie noch nicht gelernt. Sie rannten und lachten, als gebe es keinen schöneren Ort als eine Schule. Ihre weißen Hidschabs sahen aus wie Blütenblätter, die von Luftstößen umhergewirbelt wurden. Ihre hellroten Kleider waren wie kleine Hände, die sie einfangen wollten. Und von überall her hörte man ihre hellen Stimmen.

Meine Mutter saß in ihrem Raum und hatte einen Stapel von kleinen Heften vor sich liegen. Zwei Kolleginnen saßen bei ihr, nur die ältere kannte ich.

»Hallo, Maryam«, sagte sie. »Wann wird eine Lehrerin aus dir wie deine Mutter?«

Meine Mutter warf mir einen zweifelnden Blick zu.

»Das ist noch nicht entschieden«, sagte ich. »Vielleicht werde ich eine Lehrerin, vielleicht etwas anderes.«

»Gibt es etwas Schöneres, als eine Lehrerin zu sein?«, fragte sie.

Dann erhob sie sich und ging gut gelaunt in ihre Klasse.

»Ein paar Kinder lernen ein Instrument bei ihr«, sagte meine Mutter.

Die andere Kollegin sah kritisch auf meine Augenbrauen. Ein wenig Lidschatten hatte ich aufgetragen, sehr wenig. Den Lidschatten, den ich von der Basidschi-Lehrerin bekommen hatte.

»Vielleicht werde ich in einem Schönheitssalon arbeiten«, sagte ich.

Sie sah mich verächtlich unter buschigen Augenbrauen an. Ihr Bild von mir, dass ich ein schlechtes Mädchen war, hatte sich bestätigt.

»Das ist ein unislamischer Beruf«, sagte sie voller Überzeugung. »Eine Frau, die sich für ihren Mann schön machen will, braucht nicht in einen Salon zu gehen!«

Meine Mutter bedachte mich mit einem mahnenden Blick.

»Wenn es ein besonderer Tag für ihren Mann ist – warum soll sie nicht in einen Salon gehen?«

Die Kollegin sah mich zweifelnd an. Ich hatte das Richtige gesagt. Aber war es auch das, was ich dachte?

»Ein junges Mädchen muss heiraten und Kinder bekommen. Das ist seine Bestimmung. Der Islam ist da eindeutig«, belehrte mich die Kollegin streng.

»Ich bin fertig mit meiner Arbeit«, sagte meine Mutter. »Komm, Maryam, lass uns gehen.«

Die Kollegin wandte sich ab. Ihr Misstrauen hatte sich bestätigt. Es gab einen guten Grund, dass meine Mutter das Gespräch kurz halten wollte.

Wir gingen auf den Parkplatz zu ihrem Auto. Mutter startete den Wagen nicht.

»Ein Schönheitssalon?«, fragte sie. »Sind deine Noten so schlecht?«

Die Noten für Religion und sittliches Betragen waren nicht besser geworden. Die Basidschi-Lehrerin hatte ihr Wort gehalten. Mitleid gab es nicht.

»Wie dein älterer Bruder – er hat nie darüber gesprochen, was sie ihm angeboten haben«, sagte meine Mutter traurig. »Der eine studiert, der andere darf nicht studieren. Und nun du …«

»Ich werde die Schule verlassen müssen«, sagte ich. »Aber ich bin nicht traurig.«

Ich hatte nichts – sie hatte alles: einen Beruf, einen Ort – Blütenblätter und Stimmen. Ich hatte nichts. Aber ich war nicht traurig.

»Welche Pläne hat denn deine Freundin Ana?«, fragte meine Mutter.

»Ich weiß nicht. Sie spricht nur über jetzige Dinge.«

Das war die Wahrheit. An Gesprächen über die Zukunft hatte Ana kein Interesse.

»Will sie nicht heiraten?«

Was wäre darauf die richtige Antwort gewesen?

»Ihre Mutter geht in teure Schönheitssalons, hast du gesagt. Wusstest du, dass dort Ehen arrangiert werden? Die Mutter sucht sicherlich bereits einen jungen Mann für Ana.«

Eigentlich war ich selbst im Geschäft der Heiratsvermittlung tätig. Für Ana. Meine Mutter machte sich eine falsche Vorstellung von den Schwierigkeiten.

»Sie ist doch ein hübsches Mädchen, oder?«

Ja, wenn sie nicht »hübsch« gewesen wäre – sie hätte nicht auf einer eigenen Wahl bestanden. Sie hätte nicht ihre beste Freundin als Heiratsvermittlerin eingespannt. Diese beste Freundin hätte ein normales Leben führen können, ohne einen Berg von Peinlichkeiten. Und diese beste Freundin hätte gewusst, wie ausgeht, was sie angefangen hat.

»Und was ist mit dir, Maryam? Willst du nicht, dass dein Vater sich bei seinen Freunden umhört?«

»Mutter, ich möchte wirklich eine Kosmetikerin werden!«

»Ich meine es nur gut«, sagte meine Mutter lachend. »Ich wollte dich nicht erschrecken.«

58. Ein Schulverweis

Ich war sehr erfreut, Ana auf dem Schulweg zu treffen.

»Wo warst du?«, fragte ich.

»Zu Hause«, antwortete sie und sah mich an wie die Königin eines Rätselreiches.

Ja, die Liebe hatte sich nicht von ihr abgewandt. Ana war wie eine, die etwas in Besitz genommen hatte.

»Komm zu mir heute«, sagte sie leise. »Übernachte bei mir.«

Sie fasste meine Hand. So gingen wir zur Schule.

»Ihr werdet sehen«, sagte Bita laut, die sich wenige Schritte vor uns befand.

»Was werden wir sehen?«, fragte ein Mädchen, das ebenfalls in der Nähe ging.

»Wenn sogar die Basidschi durchsucht werden, dann ist es ernst«, meinte Bita und zeigte auf das Schultor.

»Aber sie haben uns doch gestern durchsucht«, sagte das Mädchen.

»Die ganze Schule wird auf den Kopf gestellt. Es geht nicht darum, etwas zu finden. Es ist eine Anordnung.«

Vor dem Tor befand sich eine lange Schlange. Die erste Stunde würden wir auf jeden Fall verpassen.

»Sie haben schon die Mädchen, die sie wollen«, sagte Bita.

»Aus unserer Klasse?«

»Was denkst du? – Natürlich!«

»Wegen der Fotos?«

»Es ist etwas passiert«, sagte Bita geheimnisvoll.

»Bitte, bitte, liebe Bita, sage uns, was passiert ist!« Ein kleiner Chor von leisen Stimmen umgab Bita.

»Die Party ist aufgeflogen. Es war alles wie immer. Die Location war sicher. Die Polizei war von den Eltern – sagen wir mal – ›vorbereitet‹ worden. Alles war abgesichert.«

»Und was ist passiert?«, flüsterte der Chor. »Bitte, Bita!«

»Tabletten«, sagte Bita und öffnete ihre geschlossene Hand. »Der Junge hatte Tabletten und Whiskey konsumiert und wohl auch noch ein paar Hausmittel eingeworfen. Und dann ist er kollabiert.«

Der Chor war verstummt.

»Und sie mussten die Ambulanz rufen.«

»Natürlich, Bita – das mussten sie!«

»Und die Ambulanz hat die Polizei angerufen –«

»Ja, so muss es sein«, flüsterte der Chor.

»Leider war es die Polizei der Zentrale, die … ›unvorbereitet‹ war. Und sie sind mit ein paar Wagen gekommen.«

»Oh, Erhabener, hilf ihnen!«

»Es wurde alles konfisziert: Whiskey, Gras, Tabletten, ausländische Videos – alles. Und es wurden alle abgeführt: minderjährige Mädchen ohne ihre Brüder, Brüder ohne ihre Schwestern. Und eine ganze Fotosammlung ging in den Besitz der Polizei. Ich konnte einen Blick darauf werfen – als Basidschi, ihr versteht?«

»Ja, wir verstehen, Bita. Haram – es war haram! Absolut verboten!«

Bita lachte so laut auf, dass die Lehrerinnen nach uns sahen.

»Wenn es *nur* haram gewesen wäre«, flüsterte Bita, »dann wäre die Chemielehrerin nicht in Ohnmacht gefallen. Sie hatte Glück, dass ich neben ihr stand.«

Wir wurden alle sehr gründlich durchsucht. Unsere Körper wurden abgetastet – vom Hals bis zu den Füßen. Die Kleider wurden Schicht für Schicht kontrolliert. Sie zogen uns die Kappen ab und griffen sogar in die Haare. Die Schultaschen wurden durchwühlt. Jede Kleinigkeit wurde hochgehalten und geschüttelt. Ein Mädchen musste seine Schuhe ausziehen, ein anderes Mädchen seine Unterarme zeigen.

Niemand wusste, was sie suchten. Und sie fanden auch nichts.

Danach mussten wir uns auf dem Hof versammeln. Eine Reihe nach der anderen füllte sich mit Schülerinnen, die aufgeregt, aber sehr leise miteinander redeten. Vorn standen vier Mädchen, die nicht miteinander sprachen. Niemand hatte gesehen, dass sie durchsucht worden waren. Sie hatten dort gestanden, ehe das Schultor geöffnet worden war. Sie standen dort, als seien sie vom gestrigen Tag übrig geblieben. Regungslos.

Nachdem die letzte Schülerin am Schultor kontrolliert worden war, wurde es geschlossen. Neben die vier Mädchen stellte sich die Direktorin auf, dann in einer Reihe alle Lehrerinnen.

In der Straße – irgendwo an ihrem Ende – begann eine leise

Musik zu spielen. Sie schlängelte sich am Schultor entlang und glitt zwischen den Stäben des Tores hindurch zu uns. Und verschwand. Stille breitete sich aus. Ein geräuschloser Wind berührte die lange Reihe der Schuluniformen.

Dann begann die Direktorin ihre Rede:

»Liebe Schülerinnen, aus einem skandalösen Anlass haben wir euch zusammenrufen müssen.« Ihre Stimme war scharf wie das Schwert einer Heerführerin. »Wir haben eine Meldung der Sittenpolizei bekommen. Deshalb sahen wir uns veranlasst, eine besonders gründliche Inspektion am Schultor durchzuführen. Denn vor zwei Tagen hat eine Feier stattgefunden, die ich als äußerst unislamisch bezeichnen möchte.«

Sie zeigte auf die vier Schülerinnen.

»Vier Schülerinnen unserer Schule haben an dieser Feier – ich will es lieber ›Zusammenkunft‹ nennen – teilgenommen. Sie entsprach in nichts den Geboten des Islam. Sie entsprach in nichts dem, was wir an dieser Schule lehren. Es wurde … Alkohol getrunken. Aber ich will euch die Details dieser Zusammenkunft ersparen. Die Mädchen waren schamlos angezogen und haben sich äußerst schamlos verhalten.«

Die Direktorin hielt vier Akten in die Höhe wie vier Siegel des Schicksals.

»Sofort war die Sittenpolizei zur Stelle. Denke niemand, dass eine solche Schamlosigkeit ihren Augen entgehe. Alarmiert von der örtlichen Polizei kam auch die Zentralpolizei mit Mannschaftswagen und hat die Jungen und Mädchen eingesammelt, um sie einzusperren. Sie erwartet selbstverständlich ein Verfahren. Und da unsere Schule stolz ist, den Bildungsauftrag unserer Republik erfüllen zu dürfen, sind diese Mädchen mit sofortiger Wirkung von der Schule ausgeschlossen.«

Ganz nah – vom anderen Ende der Straße her kommend – tanzte eine zweite Musik heran. Unverkennbar persisch schlich sie sich durch das Gitter. Mit einer Handbewegung versuchte die Direktorin, sie zu verscheuchen. Als sei es ein Zeichen, lösten sich die Reihen der Schülerinnen auf.

»Werden sie von der Polizei angeklagt?«, wurde Bita gefragt.

Erst sah sie sich um, ob nicht eine Lehrerin in der Nähe stand, dann sagte sie: »Nein, die Eltern haben Geld. Es hat sich schon geklärt: Der Imam wird sich um sie kümmern.«

59. Für eine lange Reise

In der Nacht schlief ich bei Ana.

Sie stellte mir sonderbare Fragen, die ich nicht beantworten konnte. Vielleicht wollte sie nicht mit mir über Farid reden – vielleicht wusste sie selbst nicht, was sie getan hatte.

»Kennst du das Spiel ›Was nehme ich auf eine Insel mit‹?«

Natürlich kannte ich es.

»Lass es uns anders spielen. Lass uns ›Was nehme ich auf eine lange Reise mit‹ spielen.«

»Im Ernst – eine Reise?«

»Im Spielernst, eine sehr lange, sehr weite Reise, ja.«

»Geld nehme ich mit. Adressen von Leuten, die ich kenne. Kleidung, meine Zeugnisse, Pässe. Und Taschen zum Tragen.«

»Du musst aber auch Dinge hierlassen, Maryam. Vergiss das nicht.«

»Ich nehme Erinnerungen mit. Vielleicht Fotos. Das meiste in meinem Kopf.«

»Darum geht es in dem Spiel«, sagte Ana sehr leise. »Darum geht es.«

Wir lagen auf unseren Betten. Aus dem Haus kam ein wenig Licht in den Raum. Der Garten im Wind hinter den Fenstern jedoch war nichts als schwarzer Hintergrundklang. Wir sahen zur Decke und hörten unsere Stimmen.

»Was ich in den Erinnerungen mitnehme?«

Ana schwieg, weil sie das Spiel schon begonnen hatte.

»Ich würde meine Familie mitnehmen«, sagte ich. »Wenn ich sie hierlassen muss.«

»Ja, sie kann nicht mitkommen.«

»Unser Haus würde ich mitnehmen, euren Garten. In der Erinnerung.«

»Ja, den Garten«, sagte Ana leise. »Und den Fluss.«

»Die Stellen, wo die Stadt aufhört. Wo es so schön ist, dass du nie wieder weggehen möchtest.«

Ana schwieg. Also spielte ich das Spiel allein weiter.

»Wenn mich die Reise weit wegführt, nehme ich den ganzen Iran in meine Erinnerung.«

»Den ganzen Iran – alles?«

»Nein, Ana – die Mullahs, die Hidschabs, die Polizei, die Schulen –, das lasse ich alles hier.«

»Was bleibt dann?«, fragte sie leise.

»Viel bleibt – das ist nicht der Iran. Die Sprache nehme ich mit. Die Nacht – hörst du? – ist voller Stimmen. Die Stimmen werden immer persisch sprechen. Es wird keine andere Nacht geben wie diese. In einer anderen Sprache? Unmöglich!«

»Ja, ich verstehe«, sagte Ana.

Wenn das Spiel sie traurig machte – warum spielte sie es?

»Die Bilder von den Frauen des Iran würde ich mitnehmen. Mütter, junge Frauen, die Schülerinnen der Highschool – ihren Mut, ihren Stolz, ihre Augen. Ja – die Augen würde ich in der Erinnerung mitnehmen. Nichts dürfen sie vor den Männern zeigen, aber ihre Augen leuchten dorthin, wo der Iran dunkel ist.«

Ana seufzte schwer.

»Die Sonne am Morgen, wenn sie den Tau von den Blüten streicht. Und den Abend, wenn er die Stadt einhüllt – wie in eine rot gesäumte Decke. All das würde ich in mir mitnehmen.«

Hörte Anna mir noch zu?

»Auch die Sterne ...« – Ich war ein wenig schläfrig geworden. – »Ausgegossen unzählig über iranische Nächte.«

Und ich hatte vergessen zu fragen, warum wir nicht die Seiten gewechselt hatten – warum sie es war, die eine Reise machte, und nicht ich.

Draußen hielt ein Auto an.

»Höre, Maryam, ich fliehe«, sagte Ana. »Ich kann so wenig mitnehmen! Pass auf diese Dinge für mich auf. Wirst du?«

»Du tust was?«

Aber Ana stand neben meinem Bett. Sie zog die Decke über meinen Körper und küsste mich auf die Stirn.

»Pass gut darauf auf – versprichst du es?«

Ich sah sie zwei Taschen nehmen und war wie gefesselt durch ihren Kuss, durch ihre Worte.

Ich sah sie eine Tür öffnen.

Ich sah ihre Hand, einen letzten Gruß.

Dann fiel die Tür zu.

Ich habe Ana nie wieder gesehen.

II Mein erster Schönheitssalon

60. Eine Neueröffnung

Sechs Monate nach Verlassen der Highschool eröffnete ich im Haus meiner Eltern einen Schönheitssalon – es gab den Bereich für die Behandlungen in einem großen Zimmer und nebenan noch einen kleinen Raum als Büro. Zuvor hatte ich ein halbes Jahr lang in einer Berufsschule an Modellköpfen die grundlegenden Fertigkeiten als Kosmetikerin und Friseurin erworben. Die meisten Mädchen meiner Klasse lernten noch weiter, es gab wenige, die sich wie ich bereits jetzt selbstständig machten. In der Stadt durften wir zwar keinen Salon eröffnen, aber außerhalb des Zentrums wurde eine Genehmigung erteilt – wenn der Mullah für das Vorhaben gewonnen werden konnte. So war es nun. Und da ich im Haus meiner Eltern keine Mietkosten aufbringen musste, hatte ich bis auf den Kauf von ein paar Stühlen und Spiegeln keine großen Ausgaben. Ein Anfang war gemacht.

Die Freundinnen, die meine Mutter angesprochen hatte, brachten zur Eröffnung kleine Geschenke mit, aber sie ließen sich nicht frisieren. Nicht einmal die Nägel ließen sie sich lackieren. Vielleicht lag es daran, dass sie Lehrerinnen waren, oder es lag daran, dass sie wussten, dass ich nur sechs Monate gelernt hatte. Was sie nicht wissen konnten – ich war ehrgeizig und hatte viel gelernt. Ich war die Beste in meiner Klasse gewesen. Meine Ausbilderinnen hatten mir sogar Mut gemacht, mich selbstständig zu machen.

Mein Vater war der Einzige, der sich frisieren lassen wollte, aber Herrenhaarschnitte hatte ich nicht gelernt. Außerdem kam er, weil er Mitleid mit mir hatte.

»Oh, wärst du doch Lehrerin geworden!«, sagte er.

Meine Mutter hatte ihm all die Jahre nie erzählt, dass ich bei den Basidschi nicht unterschrieben hatte.

»Die Kundinnen werden kommen. Ich muss nur warten«, sagte ich und lächelte ihn an.

Am Tag nach der Eröffnung besuchte mich Bita, wollte sich aber auch nicht die Haare schneiden lassen. Immerhin war sie da und setzte sich in meinen Salon, der ihr gefiel. »Es ist schön hell hier und farblich sehr ansprechend alles«, sagte sie. Meine Mutter brachte Tee, weil sie dachte, ich hätte eine erste Kundin. Bita bekam, weil sie eine Schulfreundin war, Gebäck und einen Teller frischer Datteln dazu gereicht.

»Sie sind frisch gepflückt. Sie kommen aus unserem Garten«, sagte meine Mutter.

Bita aß anerkennend unsere Datteln. In ihren Augen hätte ich wohl besser ein Geschäft mit Datteln und Früchten eröffnen sollen.

»Ich komme nur zu Besuch«, sagte sie. »Ich muss auf meine islamische Erscheinung achten. Wir sind im vierten Schuljahr – da kommt es auf jeden Punkt an.«

»Ich kann dir die Nägel lackieren oder die Augenbrauen nachzupfen.«

Sie schüttelte energisch den Kopf.

Ich konnte sie nicht zwingen, meine Kundin zu werden. Sie aß mit großem Appetit weiter Datteln und unterhielt sich mit mir über alle möglichen Dinge. Es war fast wie in einem richtigen Friseursalon.

Ich fragte sie irgendwann nach den vier Mädchen, die der Schule verwiesen worden waren.

»Zwei sind zurückgekommen. Eine andere besucht jetzt eine

private Schule. Und die Vierte hat geheiratet. Wir haben die Fotos gesehen. Wunderschön – in einem weißen Wagen ist sie gefahren.«

Ich erfuhr, dass das Mädchen im Saal der größten Moschee unserer Stadt Hochzeit gefeiert hatte und dass eine sehr bekannte Band aufgetreten war.

»Und hast du etwas von Ana gehört?«, fragte Bita schließlich, und ihre Augen blitzten neugierig auf.

Das ist der Grund für ihr Kommen, dachte ich.

»Ich habe keinen Kontakt zu ihr«, sagte ich betrübt.

Nichts hatte ich von Ana gehört.

»Warum meldet sie sich nicht bei dir?«, fragte Bita. »Haben ihr die Eltern einen Kontakt mit dir untersagt?«

Ich wusste es nicht. Aber warum sollten sie?

»Hast du nicht damals …?«, fragte Bita.

»Was habe ich?«

»Die Mädchen sagen, du hättest Ana mit dem jungen Mann bekannt gemacht – sagen sie.«

»Mit Farid?«

Bita lutschte schweigend an einem Dattelkern.

61. Ein eigener Kopf

Meine erste Kundin hätte Anas Mutter sein können. Sie kam am Ende der Eröffnungswoche. Da sie vorher sogar telefonisch nach einem Termin gefragt hatte, wartete ich bereits auf sie.

Sie betrat meinen Salon so gepflegt, als sei sie gerade aus einem Salon in der Stadt gekommen. Das afghanische Hausmädchen, das sie begleitete, setzte sich still auf einen Stuhl. Es hatte mich nicht begrüßt, als gebe ihr niemand das Recht dazu.

Anas Mutter schaute sich sehr genau um. Sie betrat auch das kleine Büro. Wie eine Inspektorin kam sie mir vor. Auch Anas Mutter war allem Anschein nach nicht als Kundin gekommen.

»Lange nicht gesehen, Maryam«, begann sie das Gespräch. »Lange nicht.«

»Ich habe eine Ausbildung gemacht«, erzählte ich ihr. »Seit einer Woche bin ich selbstständig.«

»Ich weiß«, sagte sie. »Ich weiß viel über dich. Es interessiert mich.« Sie nahm meine Arbeitsinstrumente hoch, sie schaute sich die Marken an, die ich gekauft hatte.

»Ordentlich«, sagte sie. »Sehr ordentlich.«

»Ich kann Sie gern frisieren oder etwas anderes machen«, schlug ich vor.

»Du fragst nicht nach Ana?«, wunderte sie sich.

»Ich habe keinen Kontakt zu ihr.«

»Nun, deshalb könntest du ja fragen.«

»Ich habe gedacht, Sie haben ihr den Kontakt zu mir vielleicht untersagt.«

»Warum sollten wir?«

Sie sagte »wir«. Sie sprach also auch für ihren Mann.

Ich entgegnete nichts.

»In der Nacht, als Ana geflohen ist – da hast du doch bei uns übernachtet, richtig?«

Ich nickte.

»Warum bist du mit ihr verschwunden? Hat sie dich mitgenommen?«

»Nein, nein. Ich bin selbst gegangen. Ganz früh am Morgen. Ich war entsetzlich traurig. Verstehen Sie das nicht?«

Sie überlegte kurz. »Ganz verstehe ich es nicht, nein.«

Ich wurde in meinem eigenen Salon verhört. So fühlte sich dieses Gespräch für mich an.

Anas Mutter setzte sich nun vor einen Spiegel und betrachtete mich, wie ich in ihrem Rücken stand.

»Mein Mann hatte einen jungen Mann ausgesucht – du hattest einen jungen Mann ausgesucht. Wir müssen wohl akzeptieren, wie sie sich entschieden hat, nicht wahr?«

»Ich weiß nicht«, sagte ich.

Sollte ich Ana verraten? Sollte ich sagen, dass Ana sich Farid ausgesucht hatte?

»Wusstest du, dass sie Goldstücke besaß?«

»Nein, sie hat nicht davon gesprochen!« Ich war sehr erstaunt.

»Hast du dir keine Gedanken gemacht?«, fragte Anas Mutter.

Diesmal kam meine Mutter nicht, um Datteln und Tee zu bringen.

»Also, hast du dir denn wirklich gar keine Gedanken gemacht?«, fragte Anas Mutter noch einmal.

Warum sollte ich mir Gedanken über Anas Flucht machen? Es war alles ihre Entscheidung gewesen.

»Damit hat sie Pässe und Visa gekauft«, sagte die Mutter. »Anders wäre es nicht gegangen. Der junge Mann war mittellos. Und sie sind in ihrem Auto weggefahren.«

Sollte ich ihr vorschlagen, das Hausmädchen zu frisieren? Ich hatte noch keine Erfahrung, wie man mit Kunden umgeht.

»Du hast also keinen Kontakt zu ihr?«

»Nein, ich habe nichts von ihr gehört.«

»Dann müssen wir wohl akzeptieren, dass sie keinen Kontakt zu uns will.«

»Sie hat ihren eigenen Kopf«, sagte ich vorsichtig.

»Da hast du wohl recht«, sagte sie. »Einen eigenen Kopf …«

62. Anas Wunsch

»Hast du dich nicht gefragt, warum ich gekommen bin?«

Anas Mutter zog mich auf den Sitz neben ihr und schaute mich an. So saßen wir wie zwei Kundinnen zusammen.

»Antworte mir«, sagte sie.

»Ich warte auf Kundinnen«, sagte ich ehrlich. »Ich denke, wenn jemand kommt, dann als Kundin.«

»Sind schon Kundinnen hier gewesen?«

»Nur eine Mitschülerin. Sie hat Datteln gegessen.«

Anas Mutter lachte nicht. Sie war völlig ernst.

Sie hatte ihre Tochter verloren. Ana hatte sich anscheinend auch nicht bei ihren Eltern gemeldet, kein Lebenszeichen. Wenn es stimmte, ob sie mit Farid glücklich war? Oder hatte sich Ana gemeldet, aber ihre Mutter verschwieg es vor mir?

Sowenig wie ich Ana verstanden hatte, so wenig konnte ich die Gedanken ihrer Mutter lesen.

»Bevor sie fort ist, hat Ana mich gebeten, dir zu helfen.«

Anas Mutter hätte die Fassung verlieren können, weil ihre Tochter ohne ein Wort fort war. Aber sie sprach ganz gefasst mit mir.

»Als ich gehört habe, dass du einen Schönheitssalon aufgemacht hast, habe ich nicht lange überlegt«, sagte sie.

Woher sie die Nachricht hatte, erfuhr ich nicht.

»Eigentlich müsste ich dir böse sein«, sagte Anas Mutter.

»Ana wollte sich verlieben«, sagte ich. »So fing es an.«

Was für ein Bild hatte sie von Ana? Wusste sie nicht, wie eigensinnig ihre Tochter war? Konnte sie sich nicht denken, dass Ana selbst das alles gewollt hatte?

Sie sah das afghanische Mädchen an wie eine Vertraute.

»Ja, das passt zu Ana.«

»Und als sie Farid gesehen hat, war ich dabei als ihre Freundin.«

»Du hast vermittelt«, sagte sie.

Ich war ihre Freundin. Wie hätte ich anders handeln sollen? Und wenn ich anders gehandelt hätte – was hätte es genutzt?

»Wenn ich von deiner Vermittlung im Salon in der Stadt erzählen würde – du könntest deinen Laden sofort wieder schließen. Weißt du, dass die Salons vor allem Vermittler sind? Und du hast gegen den Willen der Eltern vermittelt. Ein reiches Mädchen an einen mittellosen Mann. Was denkst du, was die Frauen in den Salons darüber denken?«

So hatte ich es nicht gesehen. Aber ich machte mir keine Sorgen, da ich keine Kosten hatte. Wenn niemand kam – Bita würde kommen und Datteln aus unserem Garten essen.

»Aber ich werde nicht darüber sprechen. Und ich werde dir helfen«, sagte Anas Mutter.

Ich konnte ihren Blick nicht lesen. Es war so vieles darin. Es waren geheime Gedanken darin. Und Gefühle, die zu stark waren, um sie zu zeigen.

Die Afghanin stand auf und gab mir eine Karte. Anas Mutter ließ mich nicht aus den Augen.

»Geh zu dieser Frau«, sagte sie. »Wenn sie kommt, werden die Kundinnen zu dir kommen.«

63. Die dunklen Wolken

Viele der Häuser in der alten Stadt trugen keine Nummern. Manche waren abgefallen, andere waren hinter Fensterläden verschwunden oder übermalt worden.

Ich fragte eine alte Frau, die auf der Straße stehen geblieben war.

»Hilf mir beim Tragen«, sagte sie.

Also nahm ich ihr zwei Tüten ab und folgte ihr. Wir gingen zu ihrem Haus. Es war hoch und dunkel.

»Ich wohne ganz oben«, sagte sie.

Ich folgte ihr durch den dunklen Hausflur und die unter unserem Gewicht stöhnenden Holzstiegen hoch.

»Komm, trink einen Tee mit mir«, sagte sie.

Von ihrem Fenster aus – es gab nur eines – sahen wir auf die Dächer der alten Stadt.

»Es ist nichts, wie es ist«, murmelte sie, während sie den Tee bereitete. »Nichts ist, wie es ist.«

»Was willst du von dieser Frau?«, fragte sie, als sie mir den Tee hinstellte.

Ich wunderte mich, denn auf der Karte hatte nur eine Adresse gestanden. Kein Name oder Hinweis, dass dort eine Frau lebte.

»Ich möchte die Frau einladen«, sagte ich, weil mir nichts anderes einfiel.

Die alte Frau wandte mir ihr faltiges Gesicht zu. »Kennst du sie?«

Ich schüttelte den Kopf und probierte den Tee. Er schmeckte bitter, ein wenig nach Zauberspruch.

»Mir fehlen Kundinnen. Ich habe einen neuen Salon eröffnet«, sagte ich, weil es die Wahrheit war.

Als sie lächelte, verschoben sich die Falten in ihrem Gesicht. Es war, als würde ich nun eine andere Frau vor mir sehen.

»Ich dachte, du bist eine Kundin von ihr«, sagte sie.

»Eine Kundin?«, fragte ich erstaunt. »Nimmt sie Kundinnen, diese Frau?«

»Ach, du weißt nicht, dass sie eine Doanevis ist?«

Ich sah sie an. Ich wusste nicht einmal, was eine Doanevis war. Meine Mutter hatte einmal über eine Tante gesprochen. Sie war bei einer Doanevis gewesen. Aber was sie dort tat – meine Mutter hatte nicht darüber sprechen wollen.

»Geh nicht zu ihr«, sagte die alte Frau. »Sie wird dir kein Glück bringen. Sie ist keine, die Glück bringt.«

»Ich habe keine einzige Kundin«, antwortete ich. »Schlimmer kann es nicht werden!«

Ob die alte Frau mich ansah, wusste ich nicht. Die schmalen Augen waren unter den buschigen Brauen verschwunden.

»Trink den Tee«, sagte sie. »Trink ihn aus, und gib mir die Tasse.«

Während ich trank, murmelte sie Worte, die ich nicht verstand.

»Was macht eine Doanevis?«, fragte ich, weil ich wirklich Kundinnen für meinen Salon brauchte.

»Weißt du, was eine Fallgir macht?«

»Ja, sie liest aus der Hand.«

»Und aus dem Rest von Tee«, sagte die Frau. Sie nahm meine Tasse, drehte sie ein wenig in der Hand und sah hinein.

»Was macht eine Doanevis?«, fragte ich.

»Sie schaut nicht in die Zukunft wie eine Leserin – sie hat Macht über die Zukunft.«

»Kann sie Glück bringen?«, fragte ich und dachte an meine Kundinnen.

»Das Glück, das sie bringt, ist Teil von einem Unglück«, murmelte die alte Frau.

»Ich brauche erst mal ein wenig Glück«, sagte ich.

»Ich sehe dunkle Wolken in deinem Leben.« Die alte Frau sah in meine Tasse.

»In meinem Leben – jetzt oder am Ende?«

»In ein paar Jahren«, sagte sie lächelnd, weil sie verstanden hatte, was mir wichtig war.

Ich nahm die Karte vom Tisch.

»Geh zum Buchhändler«, sagte sie. »Frag nach Malihe.«

Sie nahm meine Hand und drückte sie.

»Du bist ein gutes Mädchen«, sagte sie. »Die dunklen Wolken – sie sind weit weg.«

64. Der Buchhändler

Eingezwängt zwischen einen Geldwechsler und einen Gewürzhändler war der Buchladen. Eigentlich war er nur ein Gang. Im Halbdunkel auf seiner linken Seite saß ein Mann, mit dem Rücken zur Straße, über ein Buch gebeugt.

Vorsichtig trat ich ein. Die alten Holzbretter auf dem Boden stöhnten. Ich sah an den Reihen der Bücher entlang. Bis hoch hinauf gingen die Regale. Es gab neue Bücher und sehr alte Schriften, die unerreichbar für die Hände der Kunden waren.

Der Mann hatte mich in einem kleinen Spiegel betrachtet, schmal und hoch wie ein Buchrücken. Darin konnte er sehen, wer in seinen Laden kam.

»Du suchst keine Bücher«, sagte er.

Er hatte ein glattes Gesicht, einen kahlen Kopf und eine randlose Brille. Ein sehr schlanker, vornehm wirkender Mann. Sein Alter war unmöglich zu erraten. Aber er war klug. So dachte ich.

»Schade«, sagte er. »Meine erste Kundin heute – aber sie interessiert sich nicht für Bücher.«

»Eigentlich lese ich sehr gern. Aber wenn ich lesen will, frage ich meinen Vater. Er hat so viele Bücher wie Sie.«

»Siehst du, wie es um mein Geschäft steht? Weise werden die Buchhändler, aber nicht satt.«

Er sah mich zufrieden an.

Ich überlegte, ob ich bei ihm richtig war. Seine Gelassenheit passte nicht zu dem, was ich über Malihe gehört hatte. Auch seine Klugheit nicht. Würde er mich auslachen, wenn ich ihn nach einer Doanevis fragte?

»Eine alte Frau hat gesagt, ich soll hier nach Malihe fragen.«

»So, so … eine alte Frau. Warst du bei ihr?«

»Ich habe ihr geholfen, den Einkauf nach Hause zu tragen. Ihren Namen kenne ich nicht.«

»Sie liest manchmal ein wenig die Zukunft in ihren Teegläsern, ja?«

»Ja, das hat sie getan.«

»Ich war oft bei ihr, schon als Junge. Sie war immer die alte Frau in diesem Viertel. Und hat uns die Zukunft gesagt, wenn wir ihren bitteren Tee getrunken haben.« Er lächelte in Gedanken an sie und seine Jugend. »Frau Bittertee haben wir sie genannt.«

Hinter mir bemerkte ich eine Frau. Ich trat zur Seite und betrachtete sie. Erst jetzt fielen mir auch die vielen kleinen Spiegel überall im Raum auf.

Die Frau musste in einem sehr teuren Salon Kundin sein. Sie

war islamisch, aber sehr vornehm gekleidet. Sie machte die kleinen Schritte einer Frau, die im Auto gefahren wurde.

In den gepflegten Händen hielt sie ein Buch, das sie dem Buchhändler gab.

Was immer mit diesem Buch war – sie hatte es nicht gelesen. Sie las wohl eher Magazine und Zeitschriften.

Aber der Mann nahm das Buch entgegen und nickte zufrieden.

»Hat es Ihnen gefallen?«, fragte er.

»Darf ich jetzt zu ihr, bitte?«, bat die Frau. Ihre Stimme war zittrig. Eine solche Frau war das Bitten nicht gewöhnt.

Der Buchhändler drückte auf einen Knopf. Im hinteren Bereich der Buchhandlung öffnete sich eine Tür, und ein leises Klingeln war zu hören.

Die Frau sah sich kurz um, ob ihr niemand von der Straße nachsah. Auch mich schaute sie an, entschied aber ihrem Blick nach schnell, dass ich unwichtig war.

Dann verschwand sie in der Tür. Wieder ein Knopfdruck des Buchhändlers – und die Tür schloss sich hinter der Dame.

Der Buchhändler sah mich lächelnd an, weil er meine Gedanken erraten hatte.

»Von Büchern …« Er sah an den Wänden hoch. »… wer kann von Büchern allein leben?«

Ich gab ihm meine Karte.

»Ich möchte Malihe zu mir einladen«, sagte ich fest. »Ich habe einen Salon.«

Ich dachte, das Gespräch sei bereits zu Ende, aber er hob die Hand.

»Meine Schwester ist nicht gern gesehen in den meisten Salons«, sagte er. »Warum sollte dein Salon anders sein?«

»Er ist anders«, sagte ich ernst. Ein Salon ohne Kundinnen war etwas Besonderes.

»Gut«, sagte er. »Ich spreche mit Malihe.«

65. Es wird viel geredet

Schon bald war mein Salon kein besonderer Salon mehr. Etwas war geschehen. Etwas hatte sich herumgesprochen. Es kamen immer mehr Kundinnen, wenn auch viele nicht aus unserem Viertel.

Meine erste richtige Kundin war bis vor das Haus gefahren worden. Sie schickte ihr Hausmädchen zuerst hinein, um zu erkunden, ob sie den Salon tatsächlich gefunden hatte. Sie war vorher im Viertel umhergefahren. Niemand hatte ihr sagen können, wo der neue Salon in unserer Straße war. Ich ging mit dem Hausmädchen, um meine erste Kundin persönlich in Empfang zu nehmen.

Sie sah sich in meinen Räumen um und stellte natürlich fest, dass sie die einzige Kundin war.

»Unser Salon arbeitet nur auf Termin«, erklärte ich schnell.

Meine Mutter brachte Datteln und Tee. Die Kundin saß im neu gekauften Stuhl und hatte ihr Misstrauen verloren. Mit meiner Mutter fühlte sie sich wohl, denn sie war in ihrem Alter.

Ich lernte, mich klein und still zu machen, während ich arbeitete.

Mit einem Garn entfernte ich ihre Gesichtshaare. Vorsichtig zog ich ihre Augenbrauen nach. Ich ließ mir Zeit, denn sie genoss die Behandlung spürbar. Und es gab niemanden, der wartete. Eigentlich tat ich nicht viel, als ihre sehr gute Pflege nachzuarbeiten.

Sie telefonierte derweil mit einer Freundin und berichtete ihr mit einem Augenzwinkern, wie zufrieden sie mit dem Salon sei, den sie gerade entdeckt hatte. So machte sie bereits Werbung für mich. Und ich versuchte, nicht rot zu werden, denn ich fühlte mich dadurch wie eine erfolgreiche Geschäftsfrau. Auch in den Augen meiner Mutter, die mir bei meiner Arbeit zusah, lag Stolz.

Die erste Kundin redete mit der Freundin über ihren Mann, ohne dass sie sich an uns störte. Wir gehörten zum Salon. So wenig wie die Spiegel würden wir ein Geheimnis herumerzählen.

Sie redete mit der Freundin auch über deren Mann. Dort gebe es ein paar Probleme.

Sie hielt die Hand vor den Hörer und flüsterte: »Meine Freundin – sie weiß weder aus noch ein. In ihrem Leben – es hat sich so viel geändert, dass es nicht auszuhalten ist. Ihre Ehe – nein, es steht nicht zum Besten. Es geht sehr zum Schlechten hin. Ein einziges Leid für die Gute.«

Sie sprach gleichzeitig mit der Freundin und mit uns.

»Sie weiß weder vor noch zurück. Völlig verwirrt ist sie. Mit ihrer Ehe – was hat sie denn sonst? Der Mann – wie soll ich sagen? –, er sucht sie nicht mehr auf. Und es macht ihr Angst – das leere Bett. So oft bleibt es leer. Es gibt keine Erklärung.«

Und sie redeten noch eine Zeit lang, während ich die Haare ein wenig nachschnitt.

»Hach, die Gute«, seufzte meine Kundin und legte den Hörer auf die Gabel. »Sie kommt ohne Hilfe nicht aus.«

Meine Mutter sah mich verwundert an.

Ich feilte sorgfältig und ruhig die Nägel nach, als kenne ich die Probleme der Frauen. Als sei mir nichts fremd.

»Ich habe gehört«, sagte die Kundin und räusperte sich, »dass Malihe wieder tätig ist.«

»Ja«, sagte ich. »Malihe wird uns besuchen. Wir sind sehr froh darüber.«

»Sie musste eine Pause machen, habe ich gehört.«

»Es hat uns alle getroffen«, erwiderte ich. »Aber sie hat mich gebeten, nicht darüber zu sprechen.«

»Natürlich, natürlich«, sagte meine Kundin. »Es wird so viel geredet.«

»Zu viel«, ergänzte ich.

»Natürlich«, sagte meine Kundin und betrachtete ihre Nägel. »Kommt sie denn hierher?«

»Sie wird kommen«, sagte ich. »Es ist abgesprochen.«

»Unsere Malihe ist so berühmt. Es war uns unerklärlich, dass einige Salons sich von ihr abgewandt haben. Unerklärlich, denn sie ist unersetzlich.«

»Sie wird regelmäßig kommen. Es wird sich finden«, sagte ich.

»Meiner Freundin«, sagte die Kundin, »kann eigentlich nur Malihe helfen.«

»Ja«, sagte ich, »wenn ihr eine Doanevis helfen kann, dann ist es Malihe.«

»Wenn sie kommt, rufe mich an«, sagte meine Kundin und erhob sich.

»Ich werde tun, was ich kann«, sagte ich und wusste nicht einmal, ob ich Malihe erkennen würde.

Ich berechnete der ersten Kundin einen hohen Preis für meine gute Arbeit.

Sie nickte zufrieden und gab meiner Mutter ein ordentliches Trinkgeld.

66. Teufel sind sie!

»Wer ist Malihe?«, fragte meine Mutter und warf das Trinkgeld in meine Kasse.

Sie saß in meinem Frisierstuhl und verlangte, mit mir zu reden.

»Also, was ist sie für eine?«

Das Problem war, ich wusste es selbst nicht, also konnte ich nur mit den Schultern zucken.

Wer immer Malihe war – ihr Bruder, der Buchhändler, hatte einen anständigen Eindruck auf mich gemacht. Er besaß ein Geschäft, ich einen Salon. Wir brauchten beide Kunden. Seine Buchhandlung hatte sich dank Malihe zwischen einem Geldwechsler und einem Gewürzladen halten können.

Was verstand meine Mutter schon von Geschäften? Sie war eine Lehrerin.

Meine Mutter verließ den Salon, um etwas zu holen.

Als sie zurückkam, hielt sie ein Foto in der Hand.

»Deine Tante!«, rief sie anklagend. »Sie geriet in die Hände einer Doanevis. Teufel sind sie!«

»Du kennst doch Malihe nicht«, sagte ich. »Nicht einmal ich kenne sie.«

»Wie bitte?«, rief meine Mutter. »Habe ich dich nicht eben sagen gehört, dass du mit Malihe sprichst.«

»Ich habe gewissermaßen Kontakt zu ihr«, sagte ich vorsichtig. »Zu ihrem Bruder.«

»Ist er auch ein Doanevis?«

»Er ist ein Buchhändler.«

»Dann ist er auch ein Doanevis!«, behauptete meine Mutter fest. »Deine Tante – sie wurde ausgeplündert von ihnen!«

»Ach Mutter, schon einige Salons in der Stadt sind durch Malihe sehr erfolgreich geworden.«

»Erfolgreich, ja! Deine Tante wollte ihren Mann für sich gewinnen. Erst war es dies, was sie dieser Betrügerin bezahlen musste, dann das, dann jenes. Erst musste sie die Schlafsachen ihres Mann mit Magie belegen, dann die Unterlage, dann das Bett. Aber das Bett – was wäre es ohne das Schlafzimmer? Und das Schlafzimmer mit Magie nützt nichts, wenn das Haus nicht mit Magie belegt wird. Am Ende gehörte der Doanevis das Haus – und nicht mehr deiner Tante!«

»Das ist lange her«, sagte ich vorsichtig.

»Weißt du, wie alt diese schwarze Magie der Doanevis ist? – Sie ist älter als das Reich der Perser! Sie haben eine eigene Schrift. Ich weiß es von deiner Tante.«

»Das war unter dem Schah«, sagte ich und zeigte auf das Foto. Meine Tante war völlig frei gekleidet. Sie hatte sich sogar die Haare blond gefärbt. Und lachte, als sei sie sehr glücklich mit sich.

Warum sollte Malihe mir Angst machen? In meinem Salon gab es so gut wie nichts, das geplündert werden konnte.

»Unter dem Schah waren die Frauen glücklicher«, sagte meine Mutter, und jetzt war auch Traurigkeit in ihrer Stimme.

Ich sah sie fragend an. Wo führte uns das Gespräch hin? Mir konnte es recht sein, wenn sie wieder von der Schah-Zeit sprach. Dann gab es wenigstens keinen Streit um diese Malihe.

»Und weil sie glücklicher waren, sind sie zu dieser Zeit nicht zu den Doanevis gerannt. Jedenfalls nicht so viele von ihnen.«

Ich verstand. Es war wie mit den Salons. Weil es im Iran nichts gab für sie, waren die Frauen wie besessen von den Salons. Was mir nutzte, nutzte auch Malihe. Damit war es halb entschieden zwischen uns.

»Teufel sind sie!«, urteilte meine Mutter, als hätte sie es nicht schon einmal gesagt.

»Maryam, mein Kind«, sie fasste meine Hand. »Wir sind Ahwazi. Das bringt uns genug Probleme. Musst du eine berüchtigte Doanevis in unser Haus holen?«

67. Was ist der Preis?

Malihe kam wie eine Kundin. Sie sah sich um und nahm im Salon Platz. Eine andere Kundin saß dort bereits und wartete. Ich sah sie zuerst nicht richtig an, denn ich musste mich konzentrieren. Umso mehr Zeit nahm sie sich, mich zu beobachten. Es gibt Blicke, die auf der Haut zu spüren sind. Sie hatte diesen Blick.

Als ich fertig war und mich umsah, war die andere Kundin verschwunden. Malihe hatte sie weggezaubert oder ihr Angst gemacht. Weder das eine noch das andere wollte ich wissen. Sie nahm in einem meiner Behandlungsstühle Platz und sah mich im Spiegel an.

»Du weißt, wer ich bin?«, fragte sie. Es war eine auffallende Stimme. Sie war tief und rau. Die Stimme von jemandem, der wenig spricht.

Ich nickte.

Malihe war strenger gekleidet als meine Kundinnen, die sich Mühe gaben, der Grenze zwischen Freiheit und Verbot wie einem Weg zu folgen. Sie trug einen steifen roten Hidschab, der ihr Haar bedeckte, weil sie es so wollte. Und sie nahm ihn nicht ab.

Und sie war jünger, als ich gedacht hatte. Aber bei einem zweiten Blick war ich mir ihres Alters nicht mehr sicher.

»Genug geschaut?«, fragte sie.

»Ich bin Maryam.« Was sollte ich sonst sagen?

»Setze dich und schließe die Augen«, sagte Malihe.

Es war keine Kundin da, vor der ich mich lächerlich gemacht hätte – also tat ich, was sie gesagt hatte.

Ich fühlte, dass sie in meinen Händen las. Wie nachdenklich strich sie über die Linien.

»Ja«, sagte sie. »Ich habe es mir gedacht.«

Ich fragte nicht, was sie sich gedacht hatte. Malihe war keine, bei der auf eine Antwort zu hoffen war.

»Wir können zusammenarbeiten«, sagte sie. »Es ist möglich.«

Ihre Stimme war männlich. Wie die Stimme eines Rauchers.

»In deiner Hand steht geschrieben, dass du ein gläubiger Mensch bist«, sagte sie.

Ich wollte ihr nicht widersprechen. Wenn sie es so las und bei mir blieb, dann war es das, was ich wollte.

Ich wusste, dass ich nicht gläubig war. Niemand hatte mich je für gläubig gehalten. Wir waren eine liberale Familie. Und wir waren stolz auf unseren freien Geist – stolz auf die vielen Bücher, die vom Boden bis zur Decke davon zeugten.

»Bist du gläubig, Malihe?«, fragte ich.

Da sah sie mich an mit Augen, die ich vorher nicht bemerkt hatte. Schmale Augen, voll fremden Glaubens, voll Bosheit und Macht.

Ich schloss die Augen, weil ich ihren Blick nicht ertragen konnte.

»Was ist der Preis, Malihe?«, fragte ich, weil es mir plötzlich einfiel.

»Gibt es für alles einen Preis?«

»Ja«, sagte ich entschlossen. Es gab für alles einen Preis.

»Ich spreche nicht über den Preis.«

»Sprich mit mir darüber, bitte.«

»Alles gehört mir. Das ist der Preis.«

Was bedeutet das?

»Was dir gehört, gehört mir. Wenn ich es zerstören will, dann hast du nichts.«

»Warum darfst du nicht mehr in die Salons der Stadt gehen?«

»Du bist sehr gesprächig, Maryam.«

»Ich will es wissen!«

»Es gab einen Salon, der gehörte mir. Aber der Besitzer glaubte es nicht. Da habe ich seinen Salon mit einem Fluch belegt.«

Weitere Fragen hatte ich nicht. Und ich glaubte ihr jedes Wort.

»Ich bin mit dem Preis einverstanden«, sagte ich.

68. Eine erste Doa

Malihe hatte verlangt, dass ich Termine machte und diese auch einhielt.

»Ich kann nicht anders arbeiten«, sagte sie. »Ich muss wissen, wer wann hier ist. Vor allem kann ich niemanden gebrauchen, der zuschaut.«

Ob sie mich damit meinte? Ich nahm an, dass sie an andere Kundinnen dachte.

Im Büro hatte sie einige Lampen anders gerichtet, sodass alles Licht auf meinen Platz fiel, der nun auch ihrer war. Sie legte ein Kissen unter sich, um die Sitzhöhe zu prüfen. Andere Kissen verschiedener Dicke legte sie in einen Schrank.

Sie hatte einige Bücher auf eine Ablage gestellt. Gedichtbände von Hafis, den Koran, Märchenbände.

»Die Höhe zwischen mir und der Kundin ist wichtig. Ich kann nicht anders arbeiten.«

Ich musste mich als eine Kundin hinsetzen und sie ansehen. Wie sie das Licht eingestellt hatte, sah sie älter aus. Sie konnte die Form ihres Gesichtes ändern, wie sie wollte. Maskenhaft starr, dann wieder ins Weiche zerfließend.

»Wie alt bist du, Malihe?«, fragte ich.

»So alt, wie ich sein möchte«, sagte sie. »Alt, sehr alt.«

Für das Fenster verlangte sie einen festen Vorhang.

»Wirst du hier arbeiten, Malihe?«, fragte ich.

Meist gab sie mir keine Antwort, wenn ich etwas wissen wollte. Ich gewöhnte mich schnell daran.

Ich stellte für mich fest, dass ihre Arbeit und meine Arbeit sich ähnlich waren. Es kam auf jedes Detail an. Wenn sie ein Teufel war – wie meine Mutter behauptet hatte –, dann nahm sie ihre Teufelei so ernst wie ich meine Arbeit.

Als wir mit allem fertig waren – so dachte ich –, nahm sie einen winzigen Zettel, der nicht größer war als ein Viertel meiner Handfläche. Sie bat mich, eine Lampe auf die Unterlage des Tisches zu richten. Dann hatte sie einen sehr dünnen Stift in der Hand und begann, den Zettel zu beschriften. Feinste Linien untereinander gesetzt. Ich glaubte nicht an die Magie ihres Schriftzettels, aber ich bestaunte ihre Kunstfertigkeit.

»Geh aus dem Raum«, sagte sie. »Ich werde meine Doa verstecken.«

Und ich werde sie suchen, dachte ich.

»Du wirst sie nicht finden«, sagte Malihe. »Sie wird unsichtbar sein.«

Und ich wusste nicht, was Malihes Geheimnis war. War es Täuschung oder Glaube? Ich wusste es nicht.

In jedem Fall war sie sehr aufmerksam.

Ich hatte sechs Monate an Modellköpfen geübt, die auf Tischen festgeschraubt waren. Der Kontakt mit den Kundinnen war etwas anderes. Ich stellte fest, wie nah ich ihnen kam. Allein durch die körperliche Berührung, aber auch dadurch, dass sie mir im Spiegelbild nicht ausweichen konnten. Es gab während der Behandlung einen Wandel. Die Frau, die im Stuhl Platz genommen hatte, war oft nicht mehr die Frau, die sich aus ihm erhob. Es geschah etwas mit der Frau. Oft hatte sie ein Geheimnis preisgegeben. Oft hatte ich tief in ihr Herz geschaut. Meine Arbeit war anders als die von Malihe, aber ich glaubte zu verstehen, wie eine Magierin wie sie arbeitete.

Malihe benutzte ihre Hände nicht. Alles an ihr hatte ich betrachtet – ihre Hände waren mir verborgen geblieben. Sie benutzte ihre Augen – vor allem anderen diese. Ihre Magie war, dass sie sich sah, wie die Kundinnen sie sahen. Malihe sah Malihe, während sie Malihe war. Sie betrachtete sich ohne Verliebtheit, fast mit einer Gleichgültigkeit, einer Herablassung. Sie war eine, die sich wegwerfen konnte. Sie war eine, die sich töten würde, wenn sie sich dazu entschlossen hatte. Sie hatte die Macht über die Menschen, weil sie mitleidlos mit sich selbst war. Weil sie sich selbst ein Dämon war.

Ich hatte meine Hände. Wenn es bei mir auch Magie war, dann war es weiße Magie. Ich konnte anderen nur so nahe kommen, wie es meinen Händen gestattet wurde.

69. Wenn Armut so bitter schmeckt

Eine sehr gute Kundin wurde Arin. Sie war auch die erste gemeinsame Kundin von mir und Malihe. Eine von vielen, die ihr folgen würden. Zuerst einmal war sie eine Kundin, die in meinen Salon kam, ohne dass ich etwas von ihr wusste. Sie hatte für einen Termin angerufen, und ich empfing sie.

Arin war so gepflegt, wie sie es für Geld hatte kaufen können. Alles war teuer, aber es fehlte etwas, das diesen Pflegeleistungen einen Stil gab – etwas, das sie zusammenband. Ich hätte ihren Lidschatten nicht so betont. Ich hätte ihre Brauen nicht so hochgezogen. Es passte nicht zu ihren Augen, die unruhig waren. Wer immer ihr Gesicht in den Händen gehabt hatte – er hatte nicht in ihre Augen geschaut. Nicht einen Blick getan.

Arin setzte sich in dem Stuhl auf, als ich begann, sie zu berühren. Ich strich ihr über den Hals, betastete leicht ihren Rücken, als ich ihr Haar hob. Alles an ihr war perfekt – aber es fehlte trotzdem etwas. Und ich wusste, dass sie wegen Malihe gekommen war. Ich wusste es, als ich sie berührte. Ich wusste es, als ich ihre Augen im Spiegel sah, die einen Tanz aufführten, wie kleine Vögel in einem Käfig, und eine Hand, die nach ihnen greift.

Arin war dreißig Jahre alt und verheiratet. Sie hatte zwei Töchter. Während ich ihre Augen suchte, hatte sie zu sprechen begonnen. Sie erzählte von ihren beiden Töchtern, dann vertraute sie mir an, dass sie keinen Sohn bekommen konnte. Bei allem, was perfekt war, hatte das Leben sie erinnert, dass sie ein Nichts war. Aber was war an einem Sohn besser als an einer Tochter? – Ich wusste es nicht. Doch für Arin bedeutete ein Sohn alles.

Vor allem die Familie ihres Mannes wünschte sich einen Sohn von ihr. Wie konnte es sein, dass sich eine solche Natürlichkeit nicht erfüllte? An was lag es bei dieser Frau, die ihr Sohn geheiratet hatte? So mochte sich die Familie fragen. Was wurde von dieser Frau erwartet? – Nichts als ein Sohn! Niemand hatte sie deshalb unter Druck gesetzt. Es gab alle Zeit der Welt, aber der Wunsch hatte sich auch nach Jahren nicht erfüllt.

Arin führte das Leben einer Frau, der es an nichts fehlte. Aber wie konnten ihr Köchinnen, Kindermädchen und Dienstboten dort helfen, wo sie allein mit sich war?

Wenn ich sie berührte, dann kämpften ihre Hände mit sich. Wenn ich sie ansah, dann glitten ihre Augen hin und her wie Lichtflecken. Das war Arin, die sich versteckte. Das war Arin, die sich verloren hatte. Das war Arin, die nicht gekommen war, damit ich sie berührte, sondern die gekommen war, damit Malihe sie berührte. Und was es sie kosten würde, war nicht wichtig, denn Reichtum bedeutete nichts, wenn die Armut so bitter schmeckte.

Nimm, was ich habe – gib, was ich nicht habe!, das sollte wohl ihr Weg sein. – Arin war Malihe jetzt schon verfallen, weil sie Arin war. Sie war eine Verfallene – machte das Malihe zu einer Teufelin?

»Ich habe gehört, sie arbeitet wieder«, sagte Arin, als sei sie erschöpft. »Du weißt, wen ich meine?«

»Ja, sie arbeitet wieder.«

»Sie arbeitet bei dir – in deinem Salon?«

»Ja, sie ist hier.«

»Dann lass sie mich sehen, bitte.«

»Wenn ich mit meiner Arbeit fertig bin, mache ich einen Termin«, sagte ich.

Arin, wenn du Halt suchst bei einer wie Malihe, dann bist du ohne Hoffnung verloren, dachte ich.

Ich wollte mir angewöhnen, die Wahrheit wenigstens zu denken.

Ich berechnete Arin meinen Preis und sagte ihr, wann sie Malihe bei mir treffen konnte.

»Ich wünsche mir so, sie kann mir helfen«, sagte Arin.

Warum hatte die Kraft sie mit einem Mal verlassen? Hatten meine Hände sie nicht verwöhnt?

Sie ging aus meinem Salon wie eine Müde, die endlos gewandert war und keine Ruhe gefunden hatte.

Ich rief Malihe an, als hätten wir einen Vertrag für eine Lieferung.

70. Dein Sohn soll Arash heißen

Ich bereitete Arin auf den Besuch vor. Um den Frisiertisch herum lagen alle möglichen Reinigungstücher unterschiedlicher Größen. Daneben stand ein kleiner Mülleimer, den ich bereits zu einem Viertel mit Abschminktüchern gefüllt hatte.

Malihe hatte verlangt, dass sie Arin nur treffen werde, wenn sie von Make-up, Nagellack und allen Essenzen befreit war. Da Arin gerade aus einem anderen Salon kam, machte ich einiges an Arbeit und Geld zunichte. Aber es half nichts – Arin musste vor Malihe treten als eine Gereinigte.

»Hast du Malihe schon einmal getroffen?«, fragte ich, während ich damit beschäftigt war, ihr natürliches Aussehen wiederherzustellen.

»Nein, aber ich habe gehört, dass ihre Doas eine große Macht haben. Ich habe eine Freundin, der hat sie – also es ist eine lange Geschichte –, aber am Ende hat der Sohn auf den Rat seiner Mutter gehört und die richtige Wahl getroffen. Sie war sehr zufrieden mit Malihe. Und sie hat sich sofort bei mir gemeldet, als sie gehört hat, dass Malihe wieder arbeitet.«

»Hat sie damals auch in einem Salon gearbeitet?« Ich versuchte, ein wenig mehr zu erfahren.

»Ich weiß es nicht, aber sie hat eine längere Auszeit genommen. Oder sie war in einer anderen Stadt. Niemand weiß etwas.«

Was Arin erzählt hatte, musste also nicht stimmen. Malihes Lebenslauf würde ich von ihr nicht erfahren.

»Warum arbeitet sie bei dir?«, fragte Arin.

»Ich weiß nicht«, sagte ich. »Wir wissen nichts von ihr.«

Malihe saß in meinem Büro auf einem ihrer Kissen. Sie war gekommen, ohne dass ich es bemerkt hatte. Das war ihre Bedingung. »Ich komme, ohne zu fragen«, hatte sie gesagt.

Sie saß dort, das Licht lag auf ihrem Gesicht wie ein Make-up. Ein Gesicht ohne Alter. Bleich war sie heute, der Blick einer Schlaflosen.

Sie hatte zwei Stühle vor sich gestellt, die verschoben standen.

Eine Begrüßung gab es nicht. Als sich Arin vorstellen wollte, wischte Malihe ungeduldig mit der Hand über den Tisch und deutete auf die Stühle. Ich sollte hinter Arin Platz nehmen.

»Sprich«, sagte Malihe müde.

»Alle wollen, dass ich einen Sohn bekomme – aber ich kann es nicht«, sagte Arin leise und schluckte.

»Dein Mann …«

»Er liebt mich, aber ich habe Angst, dass er sich eine andere Frau nimmt, wenn ich keinen Sohn bekomme. Seine Familie hat große Macht über ihn.«

»Er kommt abends zu dir?«

»Ja, jeden Abend.«

»Er ist nicht müde, wenn er kommt? Hat gerötete Augen?«

»Nein, auf seiner Arbeit gibt es keine Probleme.«

»Er betet nicht nachts in der Moschee?«

»Nein, nie.«

»Es liegt in dir«, sagte Malihe und ließ ihren Blick an der Frau heruntergleiten.

»Ich weiß, ich bin so …«

»Dein Sohn soll Arash heißen. Wenn du einen anderen Namen wählst, wirst du sehr unglücklich werden. Er wird sterben, bevor du eine alte Frau geworden bist.«

»Ja, ich werde ihn Arash nennen.«

»Du hast Angst vor dir«, sagte Malihe.

Arin nickte.

»Ich nehme dir die Angst«, sagte Malihe.

»Nimm mir die Angst, bitte. Ich will wieder schlafen können.«

»Du trägst einen Anhänger mit einem Täschchen an deiner Kette?«

»Ja, es ist ein Koranvers darin, den mein Mann mir ausgesucht hat.«

»Gib ihn mir. Maryam wird dir eine Haarlocke abschneiden. Trage sie bei dir, auch wenn du schläfst.«

Malihe nahm den Koranvers, erhob sich und ging wie eine aus dem Raum, die sich zum Gehen zwingen musste. Ihre Müdigkeit war nicht gespielt.

»Wie soll eine Frau, die nicht schlafen kann, einen Sohn bekommen«, hörten wir sie zu sich sagen.

Ich schnitt Arin eine Locke ab.

»Mein Sohn hat einen Namen erhalten«, flüsterte sie mir zu. Die Freude darüber rötete ihr Gesicht.

Ich festigte die Locke mit ein wenig Spray und wickelte sie in das kleine Täschchen ein.

»Sie hat kein Geld genommen«, flüsterte Arin.

Sie wird Geld nehmen – wann und so viel sie will!, dachte ich.

Ich wusste nicht viel von Malihe, aber ich wusste, dass sie das Geld nicht vergessen würde.

71. Mein Täubchen

Wenn ich mich an die Zeit in meinem ersten Salon erinnere – es waren immerhin vier Jahre –, dann ist es, als wenn ich eine Pinnwand voll mit Zetteln betrachte. Ich sehe die Zettel, ich erkenne die Schrift, die Ereignisse fallen mir wieder ein, wenn ich die Namen lese – aber es will mir nicht gelingen, eine zeitliche Ordnung herzustellen.

Arin war meine und Malihes erste Kundin, aber danach kommt es mir vor, als habe Malihe die Ordnung zerfließen lassen. Vielleicht hatte es damit zu tun, dass sie nie die gleiche Person war. Manchmal wirkte sie müde, dann wieder schien ein tiefer Schmerz in ihr zu sein, dann war sie glücklich und an anderen Tagen von großer Gelassenheit. Aber an keinem Tag war sie etwas, das sie an allen Tagen war.

Vorher in meinem Leben und selbst auch später auf meiner Flucht aus dem Iran folgten die Ereignisse aufeinander und besaßen eine räumliche Ordnung. Für die Zeit in meinem ersten Salon jedoch ist die Berührung zwischen den Namen und den Erinnerungen wie magisch verschoben. Es lag an Malihe, die mich unter die Oberfläche der Dinge zog, weil sie dort ihr Leben hatte.

Auf einem Zettel an der Pinnwand meiner Erinnerung steht der Name »Kira«. Es war ihr Vater gewesen, der mich angerufen hatte. Er sagte mehrfach, dass er von meinem Salon gehört habe, dass er eine Empfehlung bekommen habe, dass ich einen Ruf habe in bestimmten Dingen. Er sei ein Mann und schicke deshalb seine Tochter zu mir, allein.

»Ich möchte meine Tochter verheiraten«, sagte er. »Mein Täubchen soll nicht allein in ihrem Leben sein.«

»Ich soll Ihre Tochter für die Hochzeit herrichten?«

»Sie ist mein Ein und Alles«, sagte er.

Er wollte etwas sagen und wusste nicht, wie er es sagen konnte. Ein erfolgreicher Mann mit einer Stimme, auf die gehört wurde, fand keine Worte, weil er seine Tochter liebte.

»Sie sind doch auch ein junges Mädchen«, begann er, immer noch zögernd.

»Ja, mein Salon ist noch kein Jahr alt«, sage ich.

»Sie werden sich mit ihr verstehen«, sagte er.

»Auf jeden Fall. Ich habe viele Mütter, die mit ihren Töchtern zu mir kommen.«

»Auch wenn sie sich verheiraten sollen?«

»Ja, natürlich. Heiratsberatung gehört zu unserem Service.«

»Auch wenn sie sich nicht verheiraten wollen?«

Eine Heirat war für ein Mädchen im Iran immer ein fremder Wille. Aber dies behielt ich für mich.

»Ich werde Ihrer Tochter wie eine Freundin sein.«

»So soll es sein«, sagte er zufrieden. »Es geht darum, dass ich meine Tochter zu nichts zwingen kann ... will.«

»Ich werde mich nach dem Willen Ihrer Tochter richten«, versicherte ich ihm. »Ich arbeite mit einer Fallgir, einer Handleserin, zusammen.« Ich war vorsichtig. Lieber sprach ich nicht von einer Doanevis, von schwarzer Magie. Bei vielen Männern hatten die Doanevis einen schlechten Ruf, da sich die Frauen von ihnen bestimmen ließen. Und nicht immer endeten diese Angelegenheiten friedlich. Es gab Doanevis, die nicht davor zurückschreckten, in das Leben der Männer einzugreifen. Und oft hatten die Frauen mehr Angst vor den Doanevis als vor ihren Männern.

»Wenn es der Sache dient«, sagte er vorsichtig.

»Wir sprechen mit Ihrer Tochter«, beruhigte ich ihn. »Wir werden ihren Willen erkunden.«

»Ich möchte, dass meine Tochter heiratet. Ich möchte, dass meine Tochter glücklich ist«, sagte der Mann.

Ich erklärte ihm die Leistungen, die ich zu erbringen hatte. »Was die Fallgir berechnet, kann ich nicht sagen.«

»Ich vertraue Ihnen«, sagte er.

So machten wir einen Termin aus.

Malihe und ich würden Kira verheiraten. Wir würden uneingeschränkt Gutes tun. Um ein Mädchen zu verheiraten, musste niemand seine Dämonen aufsuchen. Am Rande der schwarzen Magie blühten vielerlei weiße Blumen.

72. Ein weißes Kleid

Wenn ich meine Erinnerungen an Malihe hervorrufen will, dann schwimmen sie umher wie die Schatten von Fischen unter einer glatten Wasserfläche.

Und eine dieser Schatten ist Kira. Nicht weit unter der Wasseroberfläche. Klar zu sehen. Sie war ein Mädchen, das nicht freiwillig zu uns kam. Sie war gekommen, aber sie wollte nichts von sich preisgeben. Selbst den Hidschab legte sie nur langsam ab, als müsse sie überlegen, was mir zu gestatten sei. Ihr Gesicht war schön und klar. Ihr Körper war es, der sich wehrte. Die Hände hielten ihre Tasche umklammert, als berge sie einen Schatz. Ihr Körper bewegte sich von meinen Händen weg.

»Unsere Fallgir ist noch nicht da«, sagte ich. »Ich schaue ein wenig nach deinen Händen.«

Sie sagte nichts, gab mir eine Hand.

»Ich habe mit deinem Vater gesprochen«, sagte ich. »Nichts geschieht, was du nicht willst.«

Sie bewegte sich nicht. Sie war nicht weich, nicht hart in meinen Händen.

»Sollen wir warten, bis die Fallgir kommt?«

Sie nickte ein wenig mit dem Kopf. Oder ich nahm an, dass es ein Nicken war.

Also saßen wir nebeneinander und schwiegen.

»Gehst du noch zur Schule?«, fragte ich.

»Nein.«

»Lernst du etwas?«

»Nein.«

»Die Fallgir heißt Malihe«, sagte ich. »Komm, wir gehen in ihren Raum.«

»Was weiß sie über mich?«

»Sie weiß Dinge, die du nicht weißt.«

Im Nebenraum stellte ich die Lichter ein.

Als Malihe eintrat, betrachtete sie das Mädchen von hinten.

Das Mädchen war zusammengezuckt.

»Was ist in deiner Handtasche?«, fragte Malihe.

»Nichts.«

»Ich sehe dunkle Wolken«, sagte Malihe und lachte heiser.

Das Mädchen begann zu zittern.

»Ich sehe einen Regen kommen. Hagelkörner prasseln vor mir auf die Erde. Ich sehe, wie du im Regen stehst. Die Hagelkörner können dir jedoch nichts anhaben?«

»Das siehst du?« Das Mädchen umklammerte ganz fest ihre Handtasche.

»Ich sehe ein weißes Kleid. Dort, wo andere Kleider hängen. Es schwebt durch ein großes Zimmer. Ich höre Stimmen, die von draußen rufen.«

»Wer trägt das Kleid?«, fragte Kira. Sie war in den Bann geraten.

»Eine Unsichtbare trägt es. Sie kommt hervor, wenn die Stimmen rufen. Und sie geht zurück, wenn die Stimmen verstummen.«

»Wer ist die Unsichtbare?«, flüsterte Kira.

»Schließe die Augen«, sagte Malihe. »Du auch, Maryam.«

Kira schloss die Augen und lehnte sich zurück.

»Beide – seht ihr das Kleid?«

»Ja«, flüsterte Kira.

»Ja«, flüsterte ich.

»Zu wem kommt es?«, fragte Malihe.

»Zu mir«, sagte Kira. »Es schwebt.«

»Du bist die Unsichtbare, die es tragen wird«, sagte Malihe.

73. Kira

»Gib mir deine Hand«, sagte Malihe.

Auf dem Tisch lagen Kiras Hände und rührten sich nicht. Sie hatten jeden eigenen Willen verloren.

»Gib mir ihre rechte Hand, Maryam. Und nimm ihr diese Handtasche ab!«

Malihe sah Kira die ganze Zeit in die Augen. Ich war froh, dass sie nicht in meine Augen schaute.

Erst nahm sie die eine Handfläche auf, dann die andere.

»Siehst du etwas?«, fragte Kira ungeduldig.

Sanft strich sie über die Innenfläche der Hand, als streiche sie ein Papier glatt.

»Ich sehe eine Linie. Und dort ist eine andere Linie, die sie kreuzen will. Noch ist sie nicht ausgeprägt.«

Ein Schrecken hatte Kira die Augen geöffnet. Ihre Hand zuckte zurück. Sie wusste, was Malihe gesehen hatte.

»Ich bin so müde«, sagte Malihe leise. »So müde.«

Sie hielt Kira gepackt wie ein wehrloses Vögelchen und war müde.

Ich war froh, dass ich nicht in Malihe hineinschauen musste. Wenn ich sie von der Seite betrachtete, sah ich echte Müdigkeit. So schmale Augen, so belegt die Stimme.

»Ich sehe einen Mann in deinem Leben, Kira.«

»Ich weiß …«, flüsterte Kira. »Mein Vater sagt, ich habe eine Wahl.«

»Welche Wahl?«, fragte Malihe. »Von welcher Wahl spricht er?«

»Was soll ich tun?«

»Ich bin eine Fallgir. Ich lese aus deinen Händen. Wenn du willst, lese ich auch aus anderen Dingen – den Resten deines Tees, aus Blättern, die du zerkleinerst –, aber ich kann nicht in dein Leben treten wie eine Bewohnerin.«

»Mein Vater hat einen Mann für mich ausgesucht. Sage mir: Soll ich ihn heiraten?«

»Heirate ihn, wie es beschlossen ist!«

Kira entzog ihr die Hand mit einem Ruck.

Malihe lächelte wie im Schlaf.

»Gib dem Mann, was deine Liebe ist. Gib ihm, was er verlangt. Es wird nicht viel sein. Er wird schnell erschöpft sein. Dann schau in seine schläfrigen Augen. Das andere aber – dein Verlangen, das dich nicht loslässt – heilt am Ende nur eine wie ich.«

Kira griff sich ihre Handtasche von meinem Schoß. Weil es dunkel war, stieß sie sich an der Tür. Dann war sie fort.

»Du hast gesehen, dass sie eine Pillensüchtige ist?«, fragte Malihe.

Nein, das hatte ich nicht gesehen. Aber Malihe hatte recht: In der Handtasche waren ihre Pillen gewesen.

»Kannst du mir die Stirn massieren, Maryam?«

Ich trat von hinten an sie heran. Ich glaubte, ihre Müdigkeit in meinen Händen spüren zu können.

74. Sure 50, Vers 16

Als wir auf Arin warteten, unterhielt ich mich mit Mahile.

Nie zuvor hatte ich eine Frau wie sie getroffen.

Heute schien sie gelöst zu sein, wie glücklich. Als sehe sie die Dinge in hellen Farben. Als sei eine Musik in ihnen.

»Bist du verheiratet?«, fragte ich.

»Nein«, sagte sie lächelnd. »Ich bin mit keinem Mann verheiratet.«

»Du berätst Frauen wie Arin und hast doch selbst keinen Mann? Woher ist dein Wissen? Ich hätte es nicht.«

»Es ist altes Wissen«, sagte sie. »Ich bin eine alte Frau – die älteste, die du kennst.«

Was sie sagen wollte, wusste ich nicht. Ob sie etwas sagen wollte, wusste ich nicht. Vielleicht war ihr Geheimnis, dass sie einen leeren Raum erzeugen konnte.

»Maryam, deine Frage ist: Kann ich lernen, was Malihe macht?«

Ich nahm eine Hand von ihr und massierte sie. Wenn dieses alte Wissen in ihr nicht völlig unsichtbar war – dann würde ich es über die Berührung ihrer Hände spüren.

»Mein Vater war ein Doanevis, sein Vater und alle Väter in einer endlosen Reihe. Die geheime Sprache der Doa – es ist die Sprache meiner Geburt.«

»Wolltest du nie heiraten?«

»Ich bin verheiratet mit einem Geist«, sagte Malihe. »Dieser Geist hätte einen Mann, der mich liebt, aus Eifersucht getötet.«

Ich entnahm aus ihren Worten, dass ich nicht lernen konnte, was sie war. Jedenfalls nicht in sechs Monaten. Nicht an einer Berufsschule.

Arin kam ein wenig verspätet. Malihe sah sehr genau auf die Uhr, als lese sie etwas daraus.

Sie lächelte mit den Augen. So schmal diese Augen waren, so groß war der Raum, der sich hinter ihnen öffnete. Viel Macht, viel Dunkelheit, eine Zeit vor unserer Zeit.

Arin war eine andere Frau geworden. Fast herausfordernd sah sie uns an.

Malihe entzog mir langsam ihre Hand. Es war, als gleite eine Schlange über den Tisch. Es war eine sinnlose Bosheit in ihr, die aufstieg wie Knurren aus ihrer Kehle.

Arin lächelte immer noch, sie bemerkte nichts davon. War ich bereits Malihes Komplizin geworden, dass sie mich so erfasste?

»Der Koranvers, der in dem Täschchen war, hattest du ihn gelesen?«

»Nein«, sagte Arin, noch halb arglos. »Mein Mann hat mir verboten, das Täschchen zu öffnen.«

»›Wir sind ihm näher als seine Halsschlagader‹«, las Malihe und betrachtete den Zettel, den sie bei Arins erstem Termin an sich genommen hatte.

»Was bedeutet das?«, fragte Arin.

»Woher ist das?«, fragte ich.

»Sure 50, Vers 16 – um eine Schwiegertochter mit einem Fluch zu belegen.«

Arin fasste sich an den Hals, als wolle sie das schlagende Herz ihrer Schwiegermutter in sich spüren.

Malihe drehte den Zettel. »Auf die Rückseite wurde eine Doa geschrieben, ein Fluch.«

»Deshalb kann ich keinen Sohn bekommen!«, rief Arin.

Malihe nickte. »Eine Doa – was willst du einfache Frau mit all deiner Liebe dagegen ausrichten!?«

»Was können wir tun?«, flüsterte Arin.

Jede Kraft war aus ihr gewichen. Sie war wie eine Leblose geworden. Bleich, kaum konnte sie sich aufrecht halten.

»Ich muss die Doanevis aufspüren, die diesen Bann ausgesprochen hat. Nur sie kann ihn lösen.«

Arin nickte ohne Kraft.

»Dann muss ich eine Doa schreiben, um dich zu schützen.«

Arin blickte dankbar.

»Diese Doa muss Maryam in deinem Haus verstecken.«

Arin war ohne Worte einverstanden.

Malihe nannte ihren Preis.

Arin griff sich an den Hals, aber sie nickte.

75. Ein kleiner Tisch

Die erste Begegnung mit dem für Kira ausgesuchten Mann bereitete ich mithilfe meiner Mutter vor. Malihe hatte nicht einmal abgelehnt, mir zu helfen. Es war ihrer Würdigung nicht wert gewesen. Dafür erzählte mir meine Mutter mit viel Freude am Detail, wie es bei ihrer Hochzeit ausgesehen hatte. Sie äußerte vorsichtig ihr Bedauern, dass ich bisher unverheiratet geblieben sei. Geradewegs wie diese Doanevis, über die sie nicht zu sprechen wünsche.

Wir zogen die Vorhänge zu. Kein Lichtstrahl sollte den Boden berühren. Die Kasse trugen wir aus dem Raum. Alle Vitrinen, Regale und Spiegel wurden mit weißem fließendem Stoff abgehängt. Dann brachten wir die Stühle in ein anderes Zimmer und legten einen nahezu weißen Teppich aus. Meine Mutter hatte einige Bilder aus der Schule mitgebracht. Ein Bild Khomeinis, zwei Kalligrafien, eine Bild der Kaaba und ein großes Bild von Ali mit gekreuzten Schwertern. Damit schaute die gebotene Frömmigkeit und Staatstreue von der Wand herab.

Wir legten einen weiteren Teppich aus, auf dem Kira und der junge Mann sitzen würden. Darauf stellten wir einen kleinen Tisch, den ich mit einem feinen roten Seidentuch abdeckte. Auf das Tuch stellte ich eine weiße Schale mit Wasser, in dem Rosenblätter schwammen. Glänzendes Öl war auf der Oberfläche zu sehen. Betörender Blumenduft erfüllte nun den Raum. Über die Lampe unter der Decke legte meine Mutter ein Tuch. So war der Raum in ein zärtliches Licht gehüllt. Wie sollte Kira noch Nein sagen können, wenn sie erst in der rechten Stimmung war?

Auf den Platz des jungen Mannes legten wir einen Koran mit weichem Ledereinband, auf den Platz des Mädchens einen Kranz weißer Blumen mit feinen Goldfäden bestickt. Quer zum Tisch legten wir zwei weitere Teppiche. Dort würden Kiras Vater und die Mutter des jungen Mannes sitzen. Ich würde neben Kiras Vater Platz nehmen, meine Mutter würde auf der gegenüberliegenden Seite bei der Mutter Platz nehmen. Sie würde eine Sure aus dem Koran vorlesen und würde nicht daran denken, dass sie eine Lehrerin war.

»Was ist, wenn sich der Junge und das Mädchen nicht mögen?«, fragte ich.

Meine Mutter fand meine Frage eigenartig.

»Dafür, dass du Verlobungen anbietest, weißt du sehr wenig darüber.«

Ich widersprach ihr nicht. Dass »meine« Doanevis sich nur auf uraltes Wissen berief und sich ansonsten von Männern fernhielt – darüber schwieg ich ebenfalls.

»Wenn die beiden sich nicht mögen? Das passiert bei sorgfältiger Vorbereitung nicht«, sagte meine Mutter. »Warum sollten sie Nein sagen, wenn ihre Eltern sich gut verständigt haben. Es gibt so viel zu besprechen. Wenn sie sich Zeit genommen haben, ist alles geklärt.«

»Sie sehen sich zum ersten Mal – kann es nicht sein, dass sie … voneinander nicht angezogen werden?«

»Dafür ist die Verlobung doch da, Maryam – dass sie sich näherkommen.«

»Kann sich Kira denn später von dem jungen Mann … trennen? Die Verlobung auflösen?«

Meine Mutter versprühte noch etwas Rosenöl im Raum.

»Ich habe nur von einem Fall gehört – der Verlobte war bereits mit zwei anderen Frauen verheiratet. Er hatte den Mullah bestochen, um auf dem Papier vor dem Brautvater unverheiratet zu sein. Dem Salon wurde daran natürlich keine Schuld gegeben. Er hatte die Papiere geprüft.«

»Findest du nicht schrecklich, was wir hier tun?«, fragte ich meine Mutter, als wir unser Werk betrachteten.

Meine Mutter sah mich an, als verstehe sie mich nicht.

»Warum tun wir das? Gibt es einen Grund?«, hakte ich nach und sah mich in meinem Salon um.

»Doch, den Grund gibt es!«, sagte meine Mutter entschieden. »Wir leben in einer islamischen Gesellschaft. Eine Verlobung will anders bedacht werden.«

»Aber es gibt doch Liebe im Islam, zwischen jungen Menschen!«

»Nach islamischem Recht kann ein Mann vier Frauen heiraten. Da reicht es nicht, wenn er die Frau als junger Mann liebt. Sie muss abgesichert sein, weil ihr im Fall der Scheidung – die er nur auszusprechen braucht – nicht einmal die Kinder gehören. Ein Mann hat alle Rechte – die Frau hat keine. Ich finde es gut, dass sie nicht auf sich allein gestellt ist. Ihre Familie sorgt durch Absprachen dafür, dass der Mann seiner Frau mit Respekt begegnet.«

Wir öffneten ein wenig die Fenster für den Rosenduft. Meine Mutter verlor sich in eigenen Gedanken, während ich an Kiras Handtasche dachte.

76. Von allem hat Er ein Paar geschaffen

Im ersten Moment erkannte ich das Mädchen nicht wieder. Sie war in eine Art goldenes Stoffkorsett gepresst worden. Entlang den Rändern von oben bis unten waren feine Bordüren genäht. Die bemalten Hände hielt sie vorsichtig vor sich. Ihre schwarzen Haare glänzten bläulich. Da die Situation privat war, hatte sie Tschador und Hidschab abnehmen dürfen. Ein kurzer Blick galt mir, dann setzte sie sich vorsichtig auf den Teppich vor dem kleinen Tisch. Die Augen hielt sie starr auf den leeren Platz vor ihr gerichtet, den Blumenkranz auf dem Schoß, die Hände darübergelegt.

Mit dem Mädchen hatte ihr Vater Platz genommen. Als er saß, nahm ich neben ihm Platz. Er roch ein wenig nach Rauch. Meine Mutter versprühte noch weiteren Rosenduft im Raum, bevor sie zur Tür ging. Dann traten der junge Mann und seine Mutter ein. In völliger Stille nahmen sie ihre Plätze ein. Ihre Bewegungen waren wie aufeinander abgestimmt. Der junge Mann trug einen schwarzen Anzug. Eine lose Haarsträhne klebte auf seiner Stirn. So saß er, den Koran in seine Hände nehmend.

Noch hatte niemand ein Wort gesprochen. Die Verlobten hatten sich noch nicht angeblickt. Erst als meine Mutter die Hände hob, sahen sich die beiden an. Ich denke, sie sahen sich auf die

Stirn, denn ihre Blicke waren völlig ruhig, ohne ein Blinzeln. Ich beobachtete das Mädchen. Diese Bewegungslosigkeit würde sie nicht lange durchhalten können. Den Jungen kannte ich nicht. Seine Mutter war äußerlich ruhig, während der Vater des Mädchens bereits die Hände aneinanderpresste.

Der Junge reichte Kira den Koran. Alles passte perfekt. Weder er noch sie mussten sich vom Platz erheben oder abstützen. Auch ich saß gerade nah genug, dass ich das Buch von ihr annehmen konnte.

»Er ist es, der die Erde erschaffen hat,
hohe Berge und breite Ströme zu ihren Füßen.

Von allen Früchten hat Er auf ihr ein Paar geschaffen.
Er macht, dass die Nacht den Tag bedeckt.«

Mit fester Stimme – einem Wunsch der Mutter des Jungen folgend – las meine Mutter die Sure Ar-Ra'd.

Die Mutter des Jungen nickte fortwährend, als bedürfe der Koran ihrer Bestätigung.

Nachdem meine Mutter geendet hatte, sagte sie feierlich: »Sagt euch nun eure Namen.«

»Kira«, flüsterte das Mädchen.

Die Mutter nickte dem Jungen ermunternd zu.

»Arnim«, brummte er.

»Bevor ihr euch kennenlernt, wollen wir eine kleine Pause machen«, sagte meine Mutter.

Ich begleitete das Mädchen zur Toilette, um ihr ein wenig Hilfestellung mit der Kleidung zu leisten. Der Junge konnte sich nicht entscheiden, ob er austreten musste oder nicht. Seine Mutter gab ihm das Zeichen, sitzen zu bleiben.

»Wie gefällt er dir?«, fragte ich leise.

»Seine Mutter ist schrecklich«, flüsterte Kira. »Aber du wirst sehen, mein Daddy ist wunderbar.«

77. Über einen Ehevertrag

Als das Mädchen von der Toilette zurückkam, war es ruhiger. Es hatte versucht, heimlich etwas aus einem Döschen in seiner Tasche zu nehmen, aber ich hatte es gesehen.

»Stell deine Frage«, sagte die Mutter zu ihrem Sohn.

Der Vater neben mir bewegte sich unruhig auf seinem Sitz.

»Studierst du?«, fragte Arnim.

»Ja, ich studiere Ökonomie«, sagte Kira. »Und was studierst du?«

»Ich studiere Informatik.«

»Er will in die Ölindustrie!«, rief die Mutter.

Ich dachte an Bita. Bald würde sie auch eine Studentin sein.

»Wohnst du zu Hause bei deinen Eltern?«, fragte Kira.

»Ja«, sagte Arnim leise.

»Natürlich!«, sagte die Mutter nachdrücklich.

»Wenn wir heiraten – werden wir dann ein eigenes Haus haben?«, fragte Kira.

»Wir wollen euch eine Wohnung einrichten«, sagte Arnims Mutter.

»Ich möchte nach meiner Heirat in einem eigenen Haus wohnen«, sagte Kira fest.

Die Pillen hatten ihr merklich gutgetan.

»Ein Haus … darüber müssen wir nachdenken«, antwortete Arnims Mutter zögernd. »Wir haben ein großes Haus. Es wäre genug Platz da.«

»Wir sollten für den Ehevertrag festhalten, dass Kira ein eigenes Haus wünscht. Es soll auf einem eigenen Grundstück stehen. Ich habe bereits ein Objekt im Auge«, sagte der Vater.

Ich wartete so lange, bis Arnims Mutter nickte, dann machte ich mir eine Notiz.

»Bist du oft bei deiner Mutter, oder hast du viele Freunde?«, fragte Kira.

»Ja, wieso? … Ich … beides.«

»Nun stell du auch eine Frage!« Seine Mutter wurde ungeduldig mit Arnim.

»Wirst du von deinem Vater Geld bekommen, wenn wir verheiratet sind?«

Kiras Vater nickte.

»Alles, was sie braucht, um gesellschaftlich auf dem bisherigen Stand auftreten zu können – dafür werde ich sorgen.«

»Danke, Daddy«, zwitscherte Kira.

»Wie lange wird sie noch studieren?«, fragte Arnims Mutter.

»Ich werde den Unterhalt für ihr Studium bezahlen«, sagte ihr Vater. »Wir werden alles im Ehevertrag festhalten. Ich kenne einen guten Notar. Er ist sehr genau in diesen Dingen.«

»Ich habe viele Freundinnen«, sagte Kira. »Ich möchte sie jederzeit allein besuchen können. Das soll auch in dem Vertrag stehen!«

Ich machte mir Vorwürfe. Ich hätte aufpassen sollen, als Kira Pillen aus ihrem Döschen nahm.

»Ich finde, das ist eine Selbstverständlichkeit. Aber wir werden es festhalten, wenn du möchtest, mein Täubchen«, sagte der Vater.

Kira nickte mit ihrem Köpfchen.

Arnim drehte sich gedankenverloren eine Haarsträhne um den Finger. Seine Mutter schwieg. Sie wirkte bedrückt.

»Gibt es noch Dinge, die ihr von euch wissen wollt?«, fragte meine Mutter.

Arnim sagte nichts. Kira schüttelte das Taubenköpfchen.

Ich sah beide feierlich an. »Nun möchte ich euch fragen – zuerst dich, Kira, ob du einer Verlobung zustimmst?«

»Ja, ich stimme zu.« Kira nickte keck.

»Und dich, Arnim, ob du auch zustimmst.«

Arnim nickte ebenfalls.

Als ihn seine Mutter anstieß, sagte er leise: »Ja.«

»Dann verkünde ich hiermit eure Verlobung vor Ihm – dem

Allwissenden und dem Allerbarmer. Ihr dürft euch die Hand geben.« Sie gaben sich die Hand. »Von jetzt an dürft ihr euch in der Öffentlichkeit begegnen und im Privaten, wenn eine dritte Person anwesend ist.«

Als die Personen den Raum verließen, bedankten sie sich bei uns. Kira, die als Letzte hinausging, zwinkerte mir zu, als sei ich eine Verschwörerin.

78. Eine unterstützende Maßnahme

»Da läuft eine Frau vor unserem Haus auf und ab«, rief meine Mutter in meinen Salon. »Ist sie eine Kundin von dir?«

Die Frau war teuer gekleidet und hielt eine Handtasche fest an ihre Brust gepresst, als befürchte sie, bestohlen zu werden. Dabei war unsere Gegend keine Gegend, in der Passanten bestohlen wurden. Es war auch keine Gegend, in der Frauen Angst haben mussten. Und es war schon gar keine Gegend, in der eine Frau umherirren musste, die freundlich andere Frauen fragen konnte, wo ein neuer Salon aufgemacht hatte, der dabei war, sich einen Namen zu machen.

»Möchten Sie zu meinem Salon?«, fragte ich.

Die Frau presste ihre Tasche noch ein wenig fester an die Brust.

Schau mich nicht an, sagte ihr Gesicht, das von ihrem Hidschab eng umrahmt wurde. Etwas an ihr sagte mir, dass sie eine gläubige Muslima war.

»Ich möchte zu einer … Ich habe diese Adresse hier.«

Ich schaute auf den Zettel. Es war unsere Adresse ohne einen Namen. Ein loser Zettel, der zu ihrem perfekten Aussehen nicht passen wollte.

»Wo parkt Ihr Auto?«, fragte ich.

»Ich wollte nicht gesehen werden«, sagte sie leise.

Wir setzten uns in mein Büro. Sie saß dort schweigend und beobachtete mich. Auf eine Art war sie gebieterisch, auf eine andere Art unsicher.

Als Malihe kurz darauf eintraf, sah die Frau mich an. Ihr gefiel nicht, dass ich in dem Büro blieb.

»Muss dieses Mädchen dabei sein?«, fragte sie. Mit »Mädchen« war offensichtlich ich gemeint.

Malihe sah nur kurz auf. Erstaunt darüber, dass diese Frau einen Willen hatte.

»Ich möchte nicht, dass das Mädchen meinen Namen erfährt«, sagte die Frau.

»Ein Name ist nicht nötig«, sagte Malihe knapp.

»Und ich möchte sagen, dass ich normalerweise nicht zu einer Doanevis gehe. Ich habe Ihren Namen erhalten, aber ich möchte nicht, dass Sie abergläubische Dinge mit mir machen.«

»Geben Sie Maryam das Geld«, sagte Malihe.

Langsam reichte die Frau mir die Tasche.

»Ich möchte nicht, dass Sie mit dem Mädchen darüber sprechen, worum es geht«, sagte die Frau. »Ich komme im Vertrauen zu Ihnen.«

»Ist das Geld gezählt?«, fragte Malihe. »Ist die Summe notiert?«

Die Frau nickte.

»Maryam, gib ihr die Tasche zurück, wenn du das Geld herausgenommen hast.«

»Und jetzt?«, fragte die Frau. »Höre ich von Ihnen?«

»Nein«, sagte Malihe. »Es ist nicht nötig.«

Es gab anscheinend nichts mehr zu besprechen.

Als die Frau gegangen war, fragte Malihe mich: »Weißt du, wie man mit dem Bus zur Moschee kommt?«

Keine Frau, die ich kannte, fuhr dorthin mit dem eigenen Auto. Dort einen Parkplatz zu finden war sehr schwierig. Zumal für eine Frau.

»An der Haltestelle ist ein Geldwechsler.« Malihe nannte einen Namen.

»Ja, ich kenne ihn. Wir sind mit der Klasse zum Freitagsgebet dort ausgestiegen.«

»Bringe das Geld dorthin«, sagte Malihe. »Gib ihm genau diese Summe. Es ist ein Code.«

Die Summe stand auf dem kleinen Paket. Ich würde auf jeden Fall eine Tasche mitnehmen müssen, die weniger auffällig war.

»Der Koranvers ist Sure 40, Vers 16 – sag dem Mann das.«

»Ein Koranvers?«

»Es ist ein zweiter Code.«

Malihe nickte kaum merklich. »Dann gehst du zur Moschee. Dort am Schrein befestigst du dieses Band.«

Malihe beschriftete ein schmales Band mit einer Goldschrift:

Nichts bleibt vor Allah verborgen.

»Eine Frau wird kommen und dich zu einem Mann bringen, den du nicht siehst. Er wird dich nach dem Code fragen.«

»Und wozu tue ich das alles?«, fragte ich, ohne wirklich auf eine Antwort zu hoffen.

»Der Mann dieser Frau will befördert werden. Es ist eine unterstützende Maßnahme«, sagte Malihe.

79. Das System Hawala

»Geh zu Fuß und benutze dann den Bus«, hatte mir Malihe aufgetragen. »Keine Sorge, einer Frau in einem schwarzen Tschador zu folgen ist fast unmöglich. Es ist die perfekte Tarnung.« Malihe nickte mir zu.

Ich hatte mir eine Tasche geborgt, die ich um den Körper binden konnte, so trugen es viele Frauen. Im Bus zwischen den anderen Frauen fiel ich also nicht weiter auf. Und wer immer mir gefolgt war, wusste mich nun nicht mehr zu unterscheiden.

Draußen ging ich wie eine Frau, die eilig auf dem Weg zum Gebet war. Mit gebücktem Kopf, um den Blicken der Männer auszuweichen. Ich hatte das Kopftuch fest gebunden, denn auch den Blick der Sittenpolizistinnen wollte ich ausweichen.

Das Haus des Geldwechslers lag auf dem Weg, den auch eine Gruppe von Frauen nahm, denen ich mich unauffällig anschloss. Als ich das Haus erreicht hatte, bog ich scharf in den Eingang ab. Die offen stehende Haustür schloss ich hinter mir. Man hatte mich wohl erwartet. Eine Frau brachte mich in einen Waschraum. Dann klopfte sie an einem Büro und trat mit mir ein.

Der Mann hinter dem Schreibtisch hatte vier kleine Rechner vor sich stehen. Die Ausdrucke schlängelten sich bis zum Boden. Einen Computer sah ich nicht, aber zwei Geldzählmaschinen. Und auf dem Tisch standen mehrere Telefonapparate. Ich sagte ihm die Summe, die ich mitgebracht hatte. Er sah kurz auf einen Zettel. Die Frau stand hinter ihm. Ich vermutete, dass sie verheiratet waren.

»Sure 40, Vers 16«, sagte ich.

»Gut, bei dem heiligen Mann in der Moschee den Vers bitte aufsagen«, bemerkte er lächelnd. »Setz dich.«

Die Frau nahm mir die Tasche mit dem Geld ab und ließ die Stapel der Scheine zweimal durchlaufen. Dann hakte sie die Summe ab, schrieb den Code dazu und legte das Geld in einen Safe. Der Mann notierte den Code auf seinem Zettel. Damit war die Übergabe anscheinend beendet. Er sah mich an. Ich sah ihn an.

»Darf ich etwas fragen?« Vielleicht war ich zu neugierig, aber die beiden waren freundlich.

Die Frau stellte einen Tee und etwas Gebäck auf den Tisch.

»Wer bist du überhaupt?«, fragte er. Auch er war neugierig.

Ich wusste nicht, was ich ihm sagen durfte.

»Malihe hat früher eine anderes Mädchen geschickt«, sagte er.

»Ich habe einen neuen Salon. Malihe hat ein Büro bei mir und arbeitet dort.«

»Ja, Malihe – wir haben sie vermisst«, sagte er und sah seine Frau an.

»Du darfst etwas fragen«, sagte er dann.

»Wie funktioniert das?« Ich hatte mit einem zweifachen Code einen Stapel Geld eingezahlt. Aber ich wusste nicht, was damit passieren würde. Was war der Sinn?

»Das andere Mädchen hat nicht gefragt«, stellte er fest.

»Das andere Mädchen war dumm«, sagte seine Frau. »Warum soll sie nicht fragen?«

»Stell es dir wie eine Banküberweisung vor, aber ohne Bank«, erklärte der Mann.

War das der Grund, dass er keinen Computer besaß?

»Sieh mal, ich zahle in Bank A einen Betrag ein – und Bank B zahlt ihn für mich aus. Aber geht das Geld wirklich auf die Reise? Nein, es wird nur eine Botschaft übermittelt.«

»Ja, die Botschaft ist: ›Zahle für mich Betrag X aus.‹«

Er nickte. »Jetzt stell dir vor, du zahlst einen Betrag bei mir ein, und ein Freund von mir zahlt ihn aus. Irgendwo in der Welt.« Er zeigte auf seine Telefone.

»Aber wie kommt Ihr Freund an das Geld? Geht er zur Bank?«

Diese Idee wischte er schnell beiseite. »Nein, nein. Ich gleiche die Zahlungen mit meinem Freund aus. Manchmal bekommt er Geld von mir, manchmal bekomme ich Geld von ihm. Meistens gleichen sich die Zahlungen aus. Über die Zeit verschwindet jede Spur. Wir brauchen keine Bank.«

Er meinte: Wir »wollen« keine Bank.

»Aber was ist der Vorteil für mich? Ich würde lieber zu einer Bank gehen. Dort bekomme ich eine Quittung.«

»Deine Quittung ist mein Ehrenwort.«

Gut, aber trotzdem verstand ich das System nicht.

»Wofür der Code?«, fragte ich.

»Sieh mal: Du zahlst ein, aber ich sehe nur den Geldbetrag und deinen Code. Wer bist du? Für wen zahlst du ein? – Ich weiß es nicht. – Und bei meinem Freund dasselbe: Er bekommt von mir einen Code und einen Betrag. Und ein Fremder nennt ihm den Code und den Betrag. Irgendwo auf der Welt. – Wer bekommt am Ende das Geld? Wer hat es zuerst eingezahlt? Keiner von uns will es wissen.«

»Das System heißt Hawala«, sagte er, zufrieden lächelnd. »Es ist halal, verboten – und sehr vertraulich.«

80. Wer ist der Herr an diesem Tag?

Die Moschee, die mir der Geldwechsler genannt hatte, ist die prächtigste in unserer Stadt. Ein blaues Mosaik wie eine feine Haut umhüllt sie. Die zwei spitzen Türme stehen wie zwei Wächter vor ihrer Kuppel, die in der Sonne glänzt. Der Innenhof wird durch Pfeiler von einem schattigen Gang eingerahmt, in dem die Gläubigen und die Geistlichen umhergehen, wenn die Hitze unerträglich ist. Von dort gehen der zentrale Gebetsraum, der Raum für die Frauen und Räume für die Mullahs ab. Es gibt zahlreiche Nischen.

Ich war eine schwarz gekleidete Frau unter schwarz gekleideten Frauen. Jeder Mann sah anders aus, wir Frauen waren alle gleich im Aussehen. So war es uns vom Koran auferlegt. Die meisten Frauen waren zu zweit oder dritt unterwegs, manche mit Kindern. Also schloss ich mich einer Gruppe an und ließ mich langsam in Richtung des Schreins treiben. Wir Frauen waren wie dunkle Schatten auf spiegelndem Grund.

Neben dem Schrein stand eine Frau zur Aufsicht. Weil viele Menschen zum Schrein gelangen wollten, stellte ich mich vor sie und nahm mein Band heraus. Ein kurzer Blick von ihr, dann schob sie eine Familie zur Seite und noch eine, um mir Platz zu machen. Ich verneigte mich vor dem Schrein, flüsterte ein Gebet und brachte das Band an. Die Frau stand hinter mir und sagte leise:

Wahrlich, stets haben Wir Gesandte geschickt.

Sie sagte den Vers wie im Gebet zu sich. Ich drehte mich um. Gemeinsam verließen wir den Schrein. Zufällig in dieselbe Richtung treibend. Mir kam in den Sinn, wie fein alles gesponnen war. Ein Koranvers, gesprochen in einer Moschee – wer würde es wagen, eine zweite Bedeutung darin zu suchen? Frauen, die sich Zeit nahmen. Ein Band an einem Schrein, dessen Gitter behängt waren mit Bändern.

Wir setzten uns in eine Nische. Sie bewegte den Mund, als würden wir ein Gespräch führen. Ich schien ihr mit Anteilnahme zu lauschen, dabei dachte sie und dachte ich an etwas anderes.

Erst jetzt verstand ich, wie exzellent der Plan ausgedacht war: Der Ehemann bestach einen Mullah. Aber seine Frau gab einer Doanevis Geld. Was war daran ungewöhnlich? Die Geldwechsler kannten sich, aber sie kannten weder den Einzahler noch den Abholer. Auch kannten sie nicht den Zweck der Zahlung. Wer immer suchen würde, er fand nur ein Ende. Wenn er Glück hatte, fand er Bargeld. Aber er fand keinen Weg, den er hätte verfolgen können. Nichts führte zum Bestochenen.

Ich dachte: Ich weiß nicht, ob diese Mullahs gottesfürchtig sind – aber schlau sind sie!

Die Frau sah auf die Uhr, stand wieder auf und ging mit mir zu einer Nische.

»Setz dich dorthin«, sagte sie.

In der Nische waren ein kleines Podest und ein Gitterfenster zu einem Raum im Verborgenen.

»Ich habe die Frau gebracht, wie ihr befohlen habt«, sprach die Frau.

»Geh dann, lass uns allein«, sagte eine männliche Stimme auf der anderen Seite.

Ich setzte mich.

»Du bist die, auf die ich gewartet habe?«

»Ja, das bin ich, Herr«, antwortete ich.

»Dann beweise mir deine Frömmigkeit.«

»Zum Beweis will ich aus dem Koran zitieren«, sagte ich.

»So wirst du Allah dienen und reich belohnt werden für deine Gottesfurcht.«

Leise sprach ich:

An dem Tag treten die Ungläubigen vor Ihn
Und nichts bleibt vor Allah verborgen.

Wer ist der Herrscher an diesem Tage? –
Es ist niemand als Allah, der Allmächtige!

81. Einem Mann nicht gut genug

Durch Malihe hatte mein Schönheitssalon schon im ersten Jahr einen festen Stamm an Kundinnen, die meine Dienste wertschätzten. Ich frisierte, schnitt, sprayte, enthaarte, feilte und lackierte wie eine richtige Friseurin und Kosmetikerin. Aber ein Kopf oder eine Hand ist wie der oder die andere – überall auf der Welt gleich.

Malihe aber war anders. Sie war der schwarze Glaube Persiens. Ihre Kundinnen waren die Frauen des Iran – seine Geschöpfe und seine Opfer. Insofern – wenn ich berichte, dann will ich über Malihe berichten. Es ist auch so, dass meine Tätigkeit im Salon und meine Kundinnen aus meinem Gedächtnis verschwunden sind, während ich Malihe und ihre Kundinnen vor mir sehe, als wäre ich ihnen gestern begegnet.

Meine Mutter war inzwischen sogar froh, dass wir eine Doanevis im Haus hatten. Es lenkte ein wenig ab von den Problemen, die unsere Ahwazi-Familie sonst mit der Polizei hatte. Es lenkte sie selbst ab, aber auch die Polizei. Sie ließ sich auch hin und wieder im Salon sehen, wenn Malihe dort war, aber sie sprach sie nicht an. Und Malihe war gewöhnt, dass sie von studierten Leuten wie eine Unberührbare behandelt wurde, wie ein verbotenes Buch angesehen wurde.

»Am Ende der nächsten Straße steht ein Sammeltaxi«, sagte meine Mutter eines Tages zu mir. »Sie suchen euch.«

Sie sprach von »euch«, wenn sie Malihe meinte. Immerhin war es eine Art, ihre Existenz anzuerkennen.

Sie schob den Vorhang zur Seite und zeigte auf eine Gruppe von vier Frauen, die in alle Richtungen gestikulierten.

»Du musst diese Frauen begleiten«, sagte sie zu mir. »Ich will nicht, dass deine Doanevis sie allesamt verflucht. Solche Dinge traue ich ihr zu.«

Als ich auf die Frauen zuging, sahen sie mich an wie jemanden, den sie nicht bei sich haben wollten.

»Wer bist du?«, fragte eine.

»Ich bringe euch zu Malihe«, sagte ich. »Ich bin die Helferin der Doanevis.«

Aber die Frauen waren sehr unruhig. Zwei von ihnen stritten, eine dritte blieb bei dem Fahrer stehen und begann zu feilschen. Die vierte, eine stille Frau, kam an meine Seite.

»Du bist es, die für die Hilfe der Doanevis gekommen ist«, sagte ich.

Sie nickte. Was für ein Elend in ihrem Blick!

»Sie wird dir helfen – ich weiß es.«

»Ich bin meinem Mann nicht gut genug«, flüsterte sie. »Was kann ich tun?«

Ihre drei Freundinnen gaben ihrer stillen Klage ein lautes Echo.

»Sag deinen Freundinnen, das Unsichtbare verschlingt Menschen, die sich nicht vorsehen.«

Die Worte waren eine Leihgabe von Malihe, die aber ihre Wirkung zeigten.

Nun folgten mir die Frauen in einer stillen Ordnung. Wie sie hinter mir liefen in einer Reihe, erregten wir aber nur mehr Aufsehen, als wenn sie sich weiter laut gestritten hätten. Die Frauen des Viertels stellten ihre Tüten ab, um uns nachzuschauen. Die Männer vor einem Haus schauten von ihrem Spielbrett auf. Die Kinder liefen voraus, um die Nachricht von uns zu verbreiten.

Ich ließ die vier Frauen in einem kleinen Café mit Sicht auf die Straße Platz nehmen, bis sich die Anwohner wieder ihrem Alltag widmeten. Dann zeigte ich den Frauen unser Haus, nicht weit entfernt auf der anderen Straßenseite, und bat sie, dass sie es einzeln betreten sollten.

»Die Tür ist angelehnt. Geht in den Salon. Dort ist eine Tür zu ihrem Büro. Wir warten dort dann gemeinsam auf die Doanevis.«

Die stille Frau sah mich dankbar an.

»In diesem Haus sind dunkelste Geheimnisse offenbart worden. Über sie hat die Doanevis Macht. Seid still, bei allem, was ihr denkt. Redet nicht.«

82. Eine Schrift unter den Füßen

Als die Frauen in dem Büro saßen, zog ich die Vorhänge an den beiden Fenstern zu und nahm ebenfalls Platz. Stumm schauten wir auf den leeren Platz vor uns, als säße die Doanevis bereits dort.

Die Frauen spürten, dass die Unsichtbare schon anwesend war. Etwas war dort auf dem Platz, das ihnen Schweigen gebot.

Die Frau, die die Hilfe von Malihe suchte, saß nach vorn gebeugt wie bei großen Schmerzen da. Vielleicht war es auch das Mitleid mit ihr, dass wir alle schwiegen.

»Malihe, wir haben uns versammelt«, begrüßte ich sie, die geräuschlos eingetreten war und sich auf ihren Platz setzte.

In der Dunkelheit leuchteten ihre Augen. Es war das Licht der Deckenleuchte, das auf sie herabschien. Aber die Frauen sahen nur ihre Augen.

»Die Frau soll sich zeigen«, sagte Malihe. Auf dem kleinen Tisch lagen ihre Hände wie Geschöpfe eigenen Willens.

Nachdem die Frau sich mühevoll aufgerichtet hatte, senkte sie auch schon wieder den Kopf und begann, in ihren Schoß zu weinen.

»Helfen dir Tränen mehr, als ich es kann?«, fragte Malihe.

Die Frau schüttelte den Kopf.

»Mein Mann hat mich des Hauses verwiesen«, sagte sie fest.

Unterdrückte Empörung von ihren Freundinnen.

Malihe warf mir einen Blick zu. Traute ich mir zu, das Publikum ruhig zu halten?

»Er hat eine neue Frau geheiratet. Ich soll in das Haus der beiden anderen Frauen. Dabei war ich seine erste Frau. Diese anderen beiden Frauen sind arm. Ich mag sie, aber sie haben keine Familie wie ich. Es ist eine Ungerechtigkeit, die ich nicht ertragen kann. Bitte, Doanevis, hilf mir!«

»Was soll ich für dich tun?«

»Verfluche diese neue Frau!«

»Wie kann ich die Frau verfluchen, wenn ich nicht zuerst das Haus verfluche!«

Die Frau zögerte kurz, dann nickte sie heftig: »Dann verfluche dieses Haus, wenn es so sein muss!«

»Damit du in dem Haus umhergehen kannst, muss ich dich schützen.«

»Wenn es sein muss, dann schütze mich! Ich kann alles bezahlen – meine Familie ist reich!«

»Einen Schutz für dich, einen Fluch für das Haus, einen Fluch auf die neue Frau – das ist, was du willst?«

»Ich will, und ich zahle es dir, Doanevis!«

Malihe nannte ihren Preis. Drei Frauen atmeten heftig. Die vierte nickte.

Bei so einer hohen Summe schaut Malihe nicht anders als müde – wie macht sie das?, fragte ich mich.

Jetzt sah mich Malihe an, als habe sie meine Gedanken erraten. Ein Lächeln hatte ihre Augen berührt wie ein Wind, der über ein schlafendes Wasser glitt.

»Ich werde deine Fußsohlen beschriften, damit du in dem Haus umhergehen kannst.«

Die Frau strahlte vor Glück.

»Du wirst am Tag nach morgen ein Hufeisen kaufen. Ich gebe dir die Adresse des Händlers. Es ist kein gewöhnliches Hufeisen. Bring es bei deinem nächsten Besuch mit.«

Ich stand auf und nahm das Fässchen mit Tinte vom Regal und stellte es Malihe bereit. Dann schnitt ich ihr eine Feder zurecht. Die Frau zog die Socken aus und legte sich bäuchlings auf die rote Liege, die ich für Mahile angeschafft hatte.

Ich richtete das Licht. Völlig im Schweigen schrieb Malihe mit Feder und Tinte winzige Zeichen, Zeile für Zeile, auf ihre Fußsohlen. Immer wieder las sie Sätze vor, in einer Sprache, die nur sie verstand. Der Schutzzauber, der von Geburt her die Unsichtbaren umgab.

»Maryam wird dir jetzt die Socken anziehen. Entferne sie drei Tage nicht. Dann komm wieder zu mir. Wenn ich die Schrift noch lesen kann, werde ich das Hufeisen beschriften.«

83. Ein besonderes Eisen

Nach drei Tagen kam die Frau wie mit Malihe verabredet wieder in den Salon. Diesmal hatte sie ihre Freundinnen nicht dabei.

Nachdem sie am Tisch Platz genommen hatte, seufzte sie,

dann ließ sie mich einen Blick in ihre Tasche werfen. Ich sah dicke Geldbündel und ein gebogenes Eisen.

»Es sieht wie ein normales Hufeisen aus«, sagte sie, »aber der Händler hat es aus einem Tresor geholt. Es –«

Sie verstummte, weil Malihe den Raum betrat. Malihe nahm die Tasche der Frau und gab sie mir.

Ich zählte das Geld und legte es auf den kleinen Tresor, den es seit einiger Zeit gab. Dann nahm ich das Hufeisen und schaute nach dem geeigneten Gerät. Es war wie ein sehr feiner Stift, der mit einem dicken Griff an einer Steckdose angeschlossen werden musste. Auch eine kleine Schutzbrille und eine breite Lesehilfe verwendete sie. Alles legte ich wie immer bereit.

Malihe betrachtete die Fußsohlen der Frau.

»Ist es noch lesbar?«, fragte die Frau ängstlich.

»Ja, die Doa hat keinen Schaden genommen.«

»Wo muss ich das Hufeisen verstecken?«, fragte die Frau.

»Maryam versteckt es«, sagte die Doanevis und zeigte auf mich. »Laden Sie Ihre Freundinnen ein. Sie wird dann nicht auffallen, wenn sie sich im Haus aufhält.«

»Aber warum?«

»Weil sie eine Jungfrau ist. Natürlich könnte jede Frau – sogar ein Mann – meine Doa verstecken, aber wir wollen die Wirkung erhöhen. Und sie«, Malihe zeigte auf mich, »ist durch alle Prüfungen gegangen.«

Ich verneigte mich vor ihr. In Dankbarkeit, dass ich würdig gewesen war.

»Ja, die Wirksamkeit muss hoch sein! Ich werde mich genau an Ihre Anweisungen halten«, sagte die Frau eifrig. Ihre leere Tasche hielt sie an ihre Brust geklammert.

Malihe stellte der Frau viele Fragen zu ihrem Haus, zu den Gewohnheiten ihres Mannes, zum Zusammenleben. Die Frau antwortete sehr gewissenhaft – teilweise überlegte sie lange. Als Malihe sie zu der neuen Frau befragte, konnte sie nicht an sich halten.

Sie weinte Tränen des berechtigten Zorns. Die Doanevis ließ ihr Zeit. Ihr war es wichtig, alles genau zu wissen. Ihre Magie setzte genaue Kenntnisse voraus. Schließlich las sie nicht in den Handflächen, sondern war für die Frauen ein Arzt, der eine wirksame Medizin verschrieb. So wurde sie angesehen.

Nachdem die Frau gegangen war, beugte sich Malihe über den kleinen Werktisch in einer Ecke und begann, das runde Eisen zu beschriften.

»Aber im Haus – wo kann ich es verstecken, damit es niemand findet?«, fragte ich.

Die Doanevis lächelte. Das Gespräch machte ihr Spaß.

»Hast du einen Vorschlag?«

»Unter dem Dach«, schlug ich vor.

»Zu unsicher«, sagte sie.

»Im Garten?«

»Dort wirst du gesehen.«

Ich war ratlos.

»Das sicherste Versteck ist, wenn du es zum Händler zurückbringst. Dort wird niemand nach ihm suchen.«

»Und ich gehe ohne das Eisen in das Haus der Frauen?«

Sie nickte: »Wie besprochen schaust du dich allein in dem Haus um. Anschließend gehst du zu ihnen zurück und bist meine Helferin, die durch alle Prüfungen gegangen ist.«

»Dann kann ich es doch gleich wegwerfen!«, brach es aus mir heraus. »Es ist doch nur ein Hufeisen.«

Die Doanevis betrachtete den Schmutzrand auf ihren Fingern.

»Nein«, sagte sie, »dieses Eisen ist durchaus kein gewöhnliches Hufeisen. Es lässt sich sehr gut wieder beschriften und ist durch eine Magie verwandelt worden.«

84. Sie sind eine Bande von Teufeln!

»Die ganze Stadt redet von euch«, berichtete meine Mutter.

»Die ganze Stadt – oder nur die Frauen?«

Sie überging meine Frage oder nahm sie nicht wahr, denn ich massierte ihr die Stirn.

»Dabei war es nur eine Frau und ihre drei Freundinnen, die mit einem Sammeltaxi gekommen sind!«

»Malihe jedenfalls redet nicht über sich«, sagte ich.

»Diese Frau spaziert durch die Stadt, als laufe sie auf einem Teppich aus Luft. Alle tuscheln darüber, welche Macht die Doanevis dieser Frau gegeben hat.«

»Malihe hat ihr eine Doa auf die Fußsohlen geschrieben«, erklärte ich meiner Mutter.

Sie musste laut lachen. Malihe hatte sie zum Lachen gebracht.

»Stimmt es, dass du ein Doa-Eisen in ihrem Haus versteckt hast?«, fragte sie keuchend.

»Ja, ich war in ihrem Haus«, sagte ich leise.

Über den Besuch im Haus wollte ich lieber nicht sprechen. Ich war so schuldig geworden wie die Doanevis und ihr Eisenhändler.

»Weißt du, dass die Frau eine Such-das-Eisen-Party mit ihren Freundinnen gemacht hat?« Meine Finger spürten, dass meine Mutter sich sehr amüsierte.

Malihe ist also zwei Schritte klüger gewesen als ich, dachte ich.

»Sie brüstete sich vor allen Freundinnen und deren Freundinnen, dass sie von der neuen Frau ein Stück Unterkleid erbeutet hat.« Meine Mutter kicherte. »Warum wohl – warum wohl?«

Meine Mutter lehnte den Kopf zurück. Ich sollte »Massage« mit in mein Programm aufnehmen.

»Ihr habt der armen Frau also eine Dreifach-Doa verkauft?! Eine Doa für die Füße, eine Doa gegen das Haus und eine Doa gegen die neue Frau!«

»Die Frau war nicht arm. Sie hat gesagt, sie komme aus sehr reicher Familie.«

»Ja, das war ihr Fehler! Ich sage dir, diese Doanevis sind alle Teufel! Eine Bande direkt aus der Hölle, die an nichts als Geld glaubt: Geld, Geld, Geld!«

Ich hatte beobachtet, dass die Doanevis ihre Magie recht kunstfertig einsetzte. Meine Mutter behauptete, dass Malihe eine Betrügerin sei. Ich war unsicher. Es konnte so sein oder anders.

»Malihe und das Geld – ich weiß nicht, was damit ist –«, sagte ich zögernd.

»Du glaubst nicht, dass sie es auf das Geld abgesehen hat!?«, fragte meine Mutter fassungslos. »Siehst du nicht, wie es bei ihr immer endet?«

»Ich habe sie beobachtet – sie glaubt an ihre Magie.«

»Du bist es – du glaubst an ihre Magie! Sie hat dich verzaubert wie die anderen!«, rief meine Mutter. »Wach auf, Maryam, deine Malihe ist eine Betrügerin!«

Ich wollte nicht weiter mit ihr darüber sprechen. Es war ein Abgrund in Malihe, dem ich mich nicht nähern wollte. Und ich konnte mein Gefühl nicht in Worte fassen.

»Ich sage dir, dieser Mann wird die neue Frau nicht heiraten!« Meine Mutter war aufgestanden. »Sie ist verflucht vor allen Frauen in der Stadt – das weiß sie! –, und es wird keine andere Doanevis geben, die gegen deine Doanevis einen Gegenfluch ausspricht. Nein, dazu ist deine Doanevis zu gut bekannt mit Leuten, die ich gar nicht kennen will.«

Hatte meine Mutter ein größeres Wissen, oder kannte sie mehr Geschichten über die Doanevis? Ich war Malihe näher, als sie es war. Eine Weile schwieg ich in düsteren Gedanken.

»Jedenfalls hast du deinem Salon einen Namen gemacht, Maryam!«

»Ich bin nichts als eine Helferin«, sagte ich bescheiden.

»Rede nicht wie eine Unsichtbare mit mir, Kind!«, rief meine Mutter verärgert.

85. Eine Frau in Not

Eine Frau ging vor unserem Haus auf und ab. Sie bog um die Ecke der Straße und kam wieder zurück. Mal ging sie schnell, als habe sie einen Entschluss gefasst, dann wieder schlich sie langsam weiter, als sei sie unentschlossen. Sie war gekleidet wie eine arme Frau. Ihr Tschador war von billigem Stoff – nicht tief bläulich in der Sonne glänzend, wie die reichen Frauen ihren Stoff trugen.

Als ich die Straße betrat, sprach sie mich an. Ich sah, dass sie verzweifelt war. Ihr Gesicht war bleich, und es war eine große Unruhe in ihren Augen. Mit beiden Händen fasste sie meine Hand. Sie beugte ihren Kopf, als wolle sie meine Hand küssen. Sie ging in die Knie vor mir – vor einem Mädchen, das nichts war und nichts hatte.

»Was ist mit dir?«, fragte ich.

Sie nahm wieder meine Hand und hielt sie umklammert.

»Komm mit, bitte! Ich bitte dich. Ich wohne zwei Gassen weiter.«

»Ich habe keine Zeit«, sagte ich zögernd.

Die Frau sah mich an. Tränen füllten ihre Augen und liefen ihr die Wangen hinunter.

»Wie soll ich dir helfen? Ich bin ein Mädchen – nicht einmal eine Frau wie du.«

»Bitte komm mit mir«, flüsterte sie. »Ich bin eine Frau in Not. Meine Kinder sind in Not.«

»Gut«, sagte ich. »Geh voraus.«

Wir betraten einen engen Hausflur, der dunkel war. Essensgerüche, Schimpfworte, Rufe von Kindern, Lärm von einem Werkzeug, lautes Türenschlagen drangen durch den Hausflur. Sie wohnte ganz oben, in einer ärmlichen Wohnung unter dem Dach. Ein Mädchen in meinem Alter sah mich mit großer Erwartung an. Sie hatte auf zwei jüngere Brüder aufgepasst, die sich hinter ihr versteckten. Wie ähnlich das Mädchen seiner Mutter war!

»Ich will dir einen Tee machen«, sagte die Frau.

Ich erinnerte sie daran, dass ich nicht viel Zeit hatte.

Sie holte ein Glas Wasser.

So saßen wir nebeneinander vor den Kindern.

Die Frau erzählte, dass ihr Mann verhaftet worden sei.

»Ja, er ist in einer Gewerkschaft, die jetzt verboten wurde. Ich habe ihn immer angefleht, nichts Illegales zu tun. Und er hat mir versprochen, dass er wegen seiner Familie nichts tun wird. Ich weiß nicht, was er getan hat.«

»Ist er zu Hause verhaftet worden?«

»Nein. Es war vor vier Wochen auf der Straße. Sie haben ihn und drei andere Männer auf unserer Straße verhaftet. Überall standen Polizisten. Zwei Autos von ihnen haben die Zufahrt versperrt. Ihm und den anderen wurde ein schwarzer Sack über den Kopf getan. Dann wurden sie zu den Polizeiautos und fortgebracht. Ich weiß es von den Nachbarinnen, die es gesehen haben.«

Das Mädchen rieb sich mit dem Arm die Tränen aus den Augen.

»Seitdem habe ich nichts mehr von ihm gehört. Ich war bei der Polizeistation, beim Komitee, in der Moschee – sie wissen nichts oder sagen nichts. Wir haben keine Familie, die uns unterstützen kann. Die Familie meines Mannes ist in Europa, und meine Familie ist sehr arm. Wenn die Nachbarn uns nicht helfen würden – meine Kinder würden hungern!«

Ich sah in die großen Augen der Kinder.

»Meine letzte Hoffnung ist die Doanevis. Ich weiß, sie hilft nur den Frauen, die ihr viel Geld geben. Aber vielleicht kannst du mit ihr sprechen, dass sie uns hilft, weil sie ein guter Mensch ist.«

»Was willst du von ihr?«, erkundigte ich mich.

»Ich will wissen, wo er ist. Ich will ihn besuchen. Ich will den Kindern sagen können, dass er lebt.«

Sie schrieb den Namen ihres Mannes auf meine Hand.

86. Ein Versprechen

»Warum kommst du spät?«, fragte Malihe.

»Eine Frau hat mich angesprochen«, begann ich zu berichten.

»Eine Frau, die arm ist«, unterbrach sie mich.

»Eine Frau, die in Not ist!«, erklärte ich.

Ich legte meine Hand auf den Tisch, dass sie den Namen lesen musste.

Verachtung war in ihrem Blick, als hätte ich gefrevelt.

»Hol meine Kundin rein!«

Die Frau legte ihren Tschador ab. Der Stoff war aus fester Seide. Er hatte sicherlich so viel gekostet, wie ein armer Mann in einem ganzen Jahr verdiente. Alles an der Frau war teuer. Ihre Bewegungen waren die einer sehr schönen Frau. Die kleine Tasche, die sie hielt, glänzte rot. Der Lack war so makellos, als sei sie für dieses Treffen mit der Doanevis gekauft worden.

Sie war unsicher, wozu ich nütze sei. Ich war eine der vielen Bediensteten, deren Aufgabe sie nicht kannte oder vergessen hatte.

»Geben Sie mir das Stück Stoff«, verlangte die Doanevis.

Die Kundin reichte ihr die Tasche. Ärgerlich betrachtete die Doanevis die Frau. Ich wusste es, denn sie legte die Hände flach auf den Tisch. Ich trat hinzu, um die Tasche zu nehmen und sie zu öffnen.

Darin war ein Stück einer Jeans. Ich gab der Doanevis den

Stoff und nahm das Geldbündel zum Nachzählen an mich. Die Frau schien ihre Tasche bereits vergessen zu haben.

Die Doanevis forderte sie auf, von ihrem Sohn zu erzählen.

»Er geht sonst nicht auf Partys«, sagte die Frau. »Die Jungen in seiner Klasse sind ein schlechter Umgang für ihn. Sie haben ihn auf diese Party eingeladen. Er hat mir gesagt, er gehe zu einer Geburtstagsfeier. Er wusste selbst nicht, dass dort Mädchen sein würden und dass die anderen Jungen Alkohol trinken würden.«

Die Doanevis starrte ungeduldig auf den Tisch.

»Warum wurde er verhaftet?«

»Sie ist ein schlechtes Mädchen«, sagte die Frau. »Er wurde mit ihr angetroffen.«

Malihe sah auf meine Hand. War sie in Gedanken bei dem Mann der armen Frau, dessen Name auf meiner Hand stand?

»Ich möchte wissen, wo mein Sohn ist«, sagte die Frau hastig. »Und ich möchte, dass er frei kommt!«

»Ich erfülle einen Wunsch zu einer Zeit!«

»Er soll nach Hause kommen!«, rief die Frau laut aus. »Bitte!«

»Ich werde meinen Kopf zwei Tage auf diesem Stoff betten. Wenn meine Träume ihn erreichen, werden Sie ihn danach wiedersehen.« Und dann sagte Malihe ärgerlich: »Und jetzt nehmen Sie Ihre verrückte Tasche und gehen!«

Die Doanevis schloss die Augen, als könne sie den Anblick der Tasche und der Frau nicht länger ertragen.

Nachdem die Frau aus dem Haus war, sagte Malihe wütend: »Pah – das Mädchen ist ein schlechtes Mädchen! Ich weiß von der Polizei, dass sie Haschisch und Tabletten bei ihrem Sohn gefunden haben, als er aufgegriffen wurde. Und das Mädchen war eine Kundin. Aber es steht Aussage gegen Aussage. Und einem Mädchen wir ihr glaubt man nicht.«

Sie zeigte auf meine beschriebene Hand. »Was weißt du über den Mann?«

»Er ist vor vier Wochen eingesperrt worden, weil er in einer Gewerkschaft ist. Die Frau ist verzweifelt. Sie hat drei kleine Kinder. Sie sind so arm, dass die Nachbarinnen ihnen Essen bringen, damit sie nicht hungern müssen.«

»Und was habe ich damit zu schaffen?«

»Ich bin eine Ahwazi. Mein Bruder ist verhaftet worden, und wir wussten nicht, wo er ist. Seine Frau war schwanger.«

»Du siehst nicht aus wie eine Ahwazi«, sagte Malihe nachdenklich. »Eine Araberin also?«

»Malihe, wenn du zwei Tage schläfst – das ist lang! –, könnte dir nicht einfallen, wo sie diesen Mann hingebracht haben?«

»Das kostet mich Geld, wenn ich sage, dass ich darüber schlafen muss!«

Ich hob das Geldbündel der reichen Frau in die Höhe und sah sie bittend an.

87. Wer gab dir das Recht?

Wenige Tage später wartete die arme Frau auf der Straße auf mich.

»Bitte komm noch einmal mit mir, bitte!«

Sie stellte sich vor mich hin und küsste meine Hand.

Ich hatte das Gefühl, dass mich jemand beobachtete.

Damit die Leute nicht auf uns aufmerksam wurden, ließ ich mich von ihr fortziehen.

Die Frau führte mich abermals in ihre Wohnung. Die beiden kleinen Kinder standen dort. Wie ihre Mutter nahm das große Mädchen meine Hand und küsste sie. Das Mädchen hieß Tiba. Es verschwand mit der Mutter in der Küche.

Zwei Nachbarinnen waren auch da. Sie begrüßten mich. Sie luden mich ein, sich zu ihnen zu setzen. Eine von ihnen hatte ein Baby auf dem Schoß. Ich nahm den Hidschab ab, und als ich saß, kamen die Frau und ihre Tochter aus der Küche und trugen Essen auf.

»Mein Mann ist wieder da«, flüsterte die Frau. »Alle wissen, was du getan hast. Sie fragen: Hat es so etwas schon einmal gegeben – eine Doanevis der Armen?«

»Ich führe einen Schönheitssalon, nichts anderes«, sagte ich. »Wenn ihr Mann freigelassen wurde, haben wir – habe ich nichts damit zu tun.«

Aber niemand war bereit, solchen Worten Glauben zu schenken.

»Meine Mittel sind so begrenzt wie deine Mittel«, sagte ich jetzt zu ihr. »Und die Doanevis hat sich geweigert.«

Ich wollte nicht, dass andere Frauen mit ihren Wünschen kommen würden.

»Tiba, hast du für deinen Vater gebetet?«, fragte ich die Tochter.

Das Mädchen nickte. »Ja, ich habe gebetet, dass mein Vater zurückkommt.«

»Seht ihr – Tibas Gebet war es wohl«, sagte ich in die Runde der Frauen.

Tiba nickte ganz wenig. Keine der Frauen bewegte den Kopf.

»Oder er war unschuldig«, schlug ich vor. »Manchmal kommen die Männer zurück, und niemand weiß, warum.«

Die Frauen häuften mir Essen auf. Keine, die sich nicht über meine Hand beugte.

»Du weißt, dass nicht ich deinen Vater zurückgeholt habe?«, fragte ich das Mädchen.

Ich blickte auf meinen Teller und konnte nichts essen.

Als die Frau die Teller abgeräumt hatte, kam sie zu mir. Leise sagte sie in mein Ohr: »Mein Mann möchte dir danken. Du kannst zu ihm gehen. Er ist ein guter Mann.«

Ich legte den Hidschab wieder um mein Haar und ging in das Zimmer, dessen Tür offen stand. Es gab nur diese zwei Zimmer und die Küche.

Im Halbdunkel des Raums saß der Mann und sah mich mit

wie von Fieber glänzenden Augen an. Blass war sein Gesicht. Was hatten sie ihm angetan?

Ich setzte mich und blickte in den Schatten hinein, wo er saß.

»Du – was hast du getan?«, flüsterte er.

Ich konnte ihm nicht antworten. Die Frauen hatten mir nicht geglaubt. Noch weniger würde er mir glauben.

»Wer gab dir das Recht, ein Urteil zu sprechen?«, sagte er langsam.

In seinen Augen lag alles zu lesen, nur Dankbarkeit lag nicht darin.

»Ich bin ein Spitzel geworden! Wer gibt mir mein Leben zurück – du?«

88. Die Wünsche einer Frau

»Du wirst einen kleinen Behälter entgegennehmen«, hatte mir Malihe erklärt. »Stell ihn bei euch in die Kühlung. Öffne ihn unter keinen Umständen. Es ist eine Kostbarkeit darin.«

»Wenn du mir erklärst, was es ist ...«

»Eine Frau wird kommen«, fuhr Malihe fort. »Das Codewort ist: ›Und Er bringt das Lebendige aus dem Toten hervor.‹ Sie wird leise sprechen, dass es niemand hört. Gib ihr den Behälter. Sonst brauchst du nichts zu tun.«

»Wenn du mir erklärst ...«

»Ich werde dir beizeiten eine Geschichte erzählen«, hatte Malihe versprochen.

Ein Taxi mit verdunkelten Fenstern kam. Es wartete draußen. Als ich an den Wagen herantrat, wurde mir der Behälter übergeben.

Am gleichen Morgen noch kam eine Frau, die das Codewort sagte und den Behälter wie eine Kostbarkeit in eine gepolsterte Tasche tat. Sie sah mich nicht an. Den Hidschab hatte sie eng um den gesenkten Kopf gebunden. Alles tat sie, um nicht wiedererkannt zu werden. Es war Malihes merkwürdigste Kundin. Und sie verschwand mit der Tasche wie eine Diebin.

Malihe hielt ihr Versprechen. Sie war in einer dieser Stimmungen, in denen sie glücklich war.

»Wenn eine Kundin es verlangt, kann eine Doanevis das Herz eines Mannes erkalten lassen – kein Gegenmittel gibt es dagegen«, erklärte sie.

»Wäre sie nicht selbst davon betroffen?«

Sie sah mich erstaunt an. Gab es eine Grenze für die Wünsche einer Frau?

»Wenn ein Herz erkalten soll, muss die Frau dem Mann das Fleisch eines gerade verstorbenen jungen Mannes in sein Essen geben. Verspeist er es, stirbt sein Herz ab.«

»Das Fleisch eines Toten? Das ist …« Ich verschluckte das Wort »Kannibalismus«.

»Der Tod darf nicht länger als sieben Tage her sein«, fuhr sie ruhig fort, als erkläre sie mir ein Kochrezept.

Ich sah sie ungläubig an. Das Fleisch eines toten Menschen essen, ohne es zu wissen – unfassbar!

»Aber ich wollte dir eine Geschichte erzählen«, sagte Malihe ruhig.

»Damals war ich ein junges Lehrmädchen, nicht viel älter als du. Mit meiner Meisterin bin ich auf einen Friedhof gegangen. Du weißt, dass die Körper der Toten nach den Vorschriften erst vierzig Tage nach dem Ableben in der Erde bestattet werden? Bis dahin werden sie nur von ein paar Brettern abgedeckt. Sie liegen also für jeden zugänglich da. Und in tiefster Dunkelheit ging meine Meisterin dorthin, um das zu holen, was sie brauchte. Aber die Gräber werden in den ersten sieben Tagen von Verwandten bewacht. Du kannst dir also denken, warum sie aufpassen. Wir mussten warten, bis die Verwandten unaufmerksam wurden, weil sie rauchten oder eine Notdurft verrichten mussten. Als es so weit war, schob ich die Abdeckung des Grabes zur Seite und legte den Arm des Toten auf mein Knie, damit meine Doanevis schnell ein Stück herausschneiden konnte. Aber wir wurden überrascht. Ein Mann kam angerannt. Als er uns ergreifen wollte, zog meine Meisterin eine Schusswaffe hervor. ›Kein Wort‹, sagte sie ruhig. ›Kein Wort, sonst erschieße ich dich und lege dich dazu.‹ Ich hatte nicht einmal gewusst, dass sie eine Waffe mit sich führte. Der Mann zitterte am ganzen Körper. Sie reichte mir das Messer, während sie die Waffe hielt. ›Mach schon! Schneide ein kleines Stück Fleisch heraus‹, sagte sie. Ich schnitt also ein Stück aus dem Oberarm des Toten. Als ich es in ein Glas tat, war der Mann vor Entsetzen starr – über die Waffe und darüber, was wir dem beerdigten Körper angetan hatten. ›Komm!‹, sagte die Doanevis und zog mich fort. Später fragte ich sie, ob die Waffe geladen gewesen sei. ›Es ist eine spezielle Friedhofwaffe‹, sagte sie. ›Plopp‹ machte es, als eine Kugel in den Boden schlug. ›Plopp‹ – leiser als das Schließen einer Tür.«

»Das ist ein …«, sagte ich und verschluckte das Wort »Verbrechen«.

»Wirklich, Maryam, ich bin von Herzen froh, dass wir heute andere Möglichkeiten haben«, sagte Malihe.

Da erinnerte ich mich an den Behälter, den ich hatte kühl halten müssen.

»Dank guter Kontakte zu den Sicherheitsbehörden muss eine Doanevis nicht mehr auf den Friedhof gehen – was früher unvermeidbar war.«

»Es war Menschenfleisch in dem Behältnis? Fleisch von …« Ich konnte nicht weitersprechen.

»Ich nehme nur das Fleisch von jungen Männern, die nicht über das gewöhnliche Maß hinaus vorher gefoltert wurden«, sagte Malihe ganz sachlich. »Das ist meine Bedingung.«

»Sind sie hingerichtet worden?«, fragte ich leise.

»Ja, natürlich. Oder was dachtest du, woran junge Männer im

Gefängnis sterben?« Sie betrachtete mich amüsiert. »Aber dank unserer wundervollen Islamischen Republik gibt es keinen Mangel an ihnen.«

89. Ein Friedhof ohne Gräber

An diesem Abend schnitt meine Mutter Fleisch in der Küche. Seit ich einen Salon hatte, kochte sie jeden Abend ein Essen, und sie sah es gern, wenn ich ihr ein wenig half und mit ihr sprach.

»Was siehst du so auf das Fleisch?«, frage sie. »Ist etwas damit? Ich habe es heute gekauft, und es war nicht billig!«

»Nein, es ist nichts mit dem Fleisch.«

»Dann hilf mir, es in Stücke zu schneiden.«

Als wir am Küchentisch saßen und das Fleisch in zwei großen Töpfen kochte, wollte sie ein Gespräch mit mir führen.

»Was weißt du eigentlich über Malihe?«, fragte sie.

»Ich weiß nicht viel«, gab ich zu. »Ich habe das Gefühl, es ist nicht eine Malihe – es sind mehrere.«

»Diese Doanevis – sie machen ein Geheimnis aus sich. Sie sind alle gleich.«

»Ich weiß nicht einmal – glaubt sie an das, was sie tut? Oder ist sie eine sehr gute Schauspielerin?«

»Wenn es mehrere Malihes sind, dann ist sie eine Schauspielerin«, sagte meine Mutter mit der Lebenserfahrung einer Lehrerin.

Ich überlegte, was ich sie fragen konnte, um herauszufinden, ob Malihe mit ihrer Geschichte die Wahrheit gesagt hatte.

»Hast du eigentlich Menschen gekannt, die im Gefängnis hingerichtet wurden?«, fragte ich.

Meine Mutter überlegte. Sie zögerte, dann sagte sie: »Ja, ich habe jemanden gekannt.«

»Erzähle mir davon«, bat ich sie.

Meine Mutter räumte den Küchentisch zwischen uns frei. Sie räumte die Messer weg, wischte die blutigen Flecken ab und legte eine saubere Decke auf.

»Ja, ich kannte jemanden. Sie war das Kindermädchen von dir. Du kannst dich unmöglich an sie erinnern. Es ist sehr lange her. Sie stand eines Tages vor unserer Tür und bat um eine Anstellung. Da ich die Leute kannte, die sie beschäftigt hatten, nahm ich sie in den Dienst. Die Leute hatten ihr Haus verkauft und waren nach Europa gegangen. Es waren gute Leute, und das Mädchen stellte sich gut an. Mit dir war sie alle Zeit zusammen, während ich wieder in der Schule unterrichtete.«

Meine Mutter versank in Gedanken.

»Wurde sie hingerichtet?«, fragte ich.

Meine Mutter schreckte auf. Sie konnte sich in Gedanken weit entfernen.

»Nein, natürlich nicht! – Es war anders. Als sie ein halbes Jahr bei uns gewesen war, bekam sie ein Schreiben vom Gefängnis, dass sie ihren Bruder besuchen durfte. Du musst wissen, sie war eine Kurdin und hatte einen Bruder, der im Gefängnis in unserer Stadt saß. Ich habe es selbst nicht gewusst. Sie hat nicht darüber gesprochen. Ich habe sie gefahren, als sie ihn besuchen durfte. Es war schrecklich. Und später erhielt sie ein Schreiben, dass er hingerichtet worden war.«

»Nach der Hinrichtung – was ist mit ihm passiert?«, fragte ich.

»Wir waren dort, an dem Platz, wo er beerdigt wurde.«

»Wie wurde er beerdigt?«

»Was stellst du für Fragen?« Meine Mutter schüttelte den Kopf. »Es ist ein Feld. Dort liegen sie, die Hingerichteten. Niemand weiß genau, wo sie liegen.«

»Ihr habt ihn also nicht noch einmal gesehen? Nicht einmal ein Grab hatte er?«

»Natürlich haben wir ihn nicht gesehen! Aber dass er kein Grab hatte, das wusste ich nicht.«

»Und alle Menschen, die hingerichtet werden, bekommen kein Grab?«

»Niemand von ihnen! Die Mullahs wollen nicht, dass die Verwandten und Frauen einen Ort haben, um sich zu erinnern. Dieses Feld war ein schrecklicher Anblick! Die Blumen lagen überall verstreut, weil die Menschen das Grab nicht kannten! Ich habe selten einen so traurigen Ort gesehen!«

Es konnte stimmen: Hatte ich mit der Box tatsächlich das Fleisch eines jungen Mannes entgegengenommen, der hingerichtet worden war? Der Schauder, der mir über den Körper lief, wollte gar nicht mehr aufhören.

90. Hände, die Gutes tun

»Du wolltest Gutes tun«, sagte Malihe. Es war kein Spott in ihrer Stimme. Es war Ernst darin. »Eine Doanevis der Armen sein.«

»Beim letzten Mal –«

»Ach, alles hat seinen Preis«, unterbrach sie mich ungehalten. »Die Frau ist gestorben vor Angst. Die Kinder wären fast verhungert. Was will dieser Gewerkschafter? Von welcher Welt träumt er?«

»Warum soll er nicht von einer besseren Welt träumen?«, fragte ich leise.

»Es ist seine Sache, stimmt«, sagte Malihe.

Sie war eine Magierin. Oder sie war eine Schauspielerin. Eine Träumerin jedenfalls war sie nicht.

Sie schob mir das Foto eines Mannes zu.

»Dieser Mann will freigelassen werden. Er ist bereit, ins Exil zu gehen. Und er ist reich.«

Ich schwieg. Mich ekelten ihre Geschäfte an.

»Wir brauchen einen Mann, der für unseren Gefangenen die

Reststrafe absitzt. Es ist Einzelhaft, also muss er ihm ähnlich sein – mehr nicht!«

»Warum sollte das jemand tun?«, fragte ich.

»Weil er bald sterben wird. Weil seine Familie Geld dafür bekommt, dass er ins Gefängnis geht. Weil sie sonst verhungern würden.« Ihre Stimme war so sanft, als spreche sie mit einem Kind.

Ekelhaft!, dachte ich.

»Hier ist der Name, den ein Arzt mir gegeben hat.« Sie schob mir einen Zettel zu. Es war nicht ihre Schrift.

Eine Kundin, die ich nicht kenne, dachte ich. Gibt es einen anderen Salon?

»Was tue ich dort? Biete ich der Familie sofort Geld an? Was erzähle ich der Frau?«

Malihe nahm meine Hand, wie ein Vater die Hand seines Kindes nimmt. Wieder eine ihrer Schauspielereien.

»Diese Menschen wissen, dass es die Möglichkeit des Austausches gibt. Es ist ein Gewinn für sie. Es ist eine große Möglichkeit, bitterster Armut zu entkommen. Der Mann ist todkrank und hat vier Kinder – vergiss das nicht!«

Bevor sie meine Hand losließ, betrachtete Malihe sie nachdenklich. »Du hast die Hände einer Heiligen. Hände, die Gutes tun.«

Ich sah sie an, dann meine Hände. Was war an mir heilig – was an meinen Händen? Augen waren heilig – aber Hände? Aber ihr Fragen zu stellen, gab ich auf.

»Maryam, ich kann nicht selbst zu den Leuten gehen. Ich bin kein guter Mensch wie du. Was würden sie sagen, wenn der Vorschlag von einer kommt wie mir?«

»Und wenn sie mich festhalten?«

»Das wird nicht passieren, denn diese Leute wissen, dass dein Vorschlag von Stellen kommt, die kein Risiko mit Zeugen eingehen. Es ist eher zu erwarten, dass sie vor lauter Angst erstarrt sein werden und sich zu nichts entschließen können. Du musst ein wenig einfühlsam sein.«

Ich nahm das Geld in die Hand, das sie mir für die Leute gegeben hatte.

»Es ist auch für dich«, sagte sie.

»Nein, ich nehme kein Geld dafür.«

Immer wenn es um Geld ging, war hinter ihrem Lächeln eine Eisschicht. Sie muss in ihrem Leben einmal sehr arm gewesen sein. Mein Vater hätte ein Geldbündel, das nicht direkt vor ihm lag, übersehen. Meine Mutter hätte es weggelegt und vergessen. Aber Malihe hätte jeden Geldschein wiedererkannt – so kam es mir vor.

»Maryam, du gehst also zu diesen Leuten. Der Arzt hat mir versichert, dass er ein Patient ist, der mit sich reden lässt. Keiner, der die Kontrolle über sich verliert.«

»Ich will nicht wieder in Schuld verstrickt werden.«

»Er wird nicht träumen«, sagte Malihe. »Dafür hat er keine Zeit mehr.«

Wer solche Dinge sagt, ist hinter aller Schauspielerei ein böser Mensch! So dachte ich.

»Du tust Gutes, Maryam. Nach allem, was der Arzt sagt, stirbt der Mann innerhalb der nächsten Monate oder Wochen. Wenn dieser Mann nicht zustimmt, gehst du und bekommst einen anderen Namen von mir.«

Malihe gab mir noch einige Geldscheine. Jeden von ihnen betrachtete sie, als wolle sie sich an ihn erinnern.

91. Der getauschte Gefangene

Das Haus war erfüllt von Kinderstimmen. Ein Junge und ein Mädchen krabbelten übermütig auf dem Boden. Ich hatte Sorge, auf eines der Kinder zu treten. Alle Türen standen auf. Von allen Seiten dampfte es von Gekochtem.

Ich stellte mich der Familie vor. Ich sagte einen Namen, den ich mir ausgedacht hatte. Der Mann sah sehr krank aus. Seine

Gesichtshaut war gräulich, die Augen lagen in einem bläulichen Schatten. Er richtete sich langsam auf. Die Frau war noch sehr jung und sah so gesund aus, wie ihr Mann krank war. Vier Kinder bis in das Alter von etwa zehn Jahren erhoben sich und verließen den Raum, als der Mann leise etwas gesagt hatte.

Die Situation, in der ich mich befand, war schrecklich. Selbst meine Mutter hätte hier keine Worte gefunden.

»Mein Mann ist sehr krank«, sagte die Frau. »Aber setzen Sie sich doch bitte zu uns.«

Sie bot mir eine Schale mit Nüssen an. »Bitte nehmen Sie.«

Als sie ein Glas Wasser geholt hatte, sah sie mich an. Der Mann starrte vor sich hin.

»Ich bin nur«, versuchte ich zu beginnen.

Die Frau strich sich über den Bauch, als erwarte sie ein fünftes Kind. Es war schrecklich, sie neben diesem Mann zu sehen.

Ich gab mir einen Stoß: »Es gibt einen Mann, der im Gefängnis ist. Was er getan hat, weiß ich nicht. Aber er hat genug Geld, um mit wichtigen Leuten zu sprechen.«

Die Frau schaute nun sehr ernst. Ihr Mann war völlig abwesend, als ginge ihn das Gespräch nichts an.

»Von diesen Leuten komme ich. Sie bieten Ihrem Mann Geld …« – Ich nannte die Summe, die ich mitgebracht hatte. – »Damit er für diesen Mann ins Gefängnis geht.«

»Das ist viel Geld«, sagte die Frau erschrocken.

»Nicht für diese Leute«, sagte ich sehr leise.

»Aber wie kann mein Mann … Sie sehen ja, dass er sehr krank ist.«

»Darum geht es. Dieser Mann soll das Gefängnis verlassen, und ihr Mann soll an seiner Stelle dort – sterben.«

Die Frau schlug die Hände vor das Gesicht und wandte sich ab. Ich hörte ihr lautes Schluchzen. Ich war die Botin. Die Schlechtigkeit dieses Vorschlages machte auch die Überbringerin schlecht.

Der Mann fasste nach meiner Hand. Ich gab sie ihm. So kalt

und klammernd war die Hand eines Sterbenden! Als ich seinen Blick erwiderte, nickte er. Dann wartete er, dass seine Frau zu ihm schaute.

»Wir machen es«, sagte der Mann leise.

»Wie soll es gehen?«, fragte sie, als sie ihn umarmt hatte.

»Ihr Mann muss heute – das Haus verlassen. Es muss sein – anders geht es nicht!«

»Wir machen es«, sagte er.

»Er muss mit mir gehen. Ich zeige ihm eine Stelle. Dort muss er warten. Sie werden kommen und ihn abholen.«

»Dürfen wir ihn besuchen – ich und die Kinder?«, fragte die Frau leise.

»Geben Sie ihr das Geld«, sagte der Mann leise. »Ich gehe mit Ihnen.«

Die Tränen liefen von ihrem Gesicht auf das Geldbündel, welches sie in der Hand hielt.

»Kommen Sie«, sagte der Mann. »Es ist gut, wie es ist.«

Ich stützte ihn, als er aufstand.

»Die Kinder – willst du sie sehen?«, flüsterte die Frau.

»Nein, nicht die Kinder –«, antwortete er.

Dann strich er ihr vorsichtig die Tränen aus dem Gesicht und wandte sich langsam ab.

92. Ein Lächeln, das kein Lächeln ist

Es kam eine Frau in meinen Salon, die frisch frisiert war. Alles an ihr war perfekt. Sie war islamisch gekleidet. Sorgfältig war der Hidschab um ihre Haare gebunden. Dabei trug sie eine randlose Brille mit einem feinen, fast unsichtbaren Gestell. Alles an ihr war sehr teuer. Die Frau eines Mullahs, der in einem Schattenreich reich geworden war – so schätzte ich sie ein. Wenn sie ein Anliegen hatte, dann galt es sicher nicht mir, sondern Malihe.

Sie hatte gewartet, bis ich mit meiner Kundin fertig war. Einen Termin hatte sie nicht.

»Ich habe gehört, bei dir arbeitet eine Doanevis«, sagte sie.

»Dies hier ist ein Schönheitssalon«, sagte ich vorsichtig.

Sie sah mich mit einem Lächeln an, das kein Lächeln war. Etwas an ihr war anders. Nichts an ihr verriet eine Not.

»Ich würde gerne die Dienste der Doanevis in Anspruch nehmen«, sagte die Frau.

»Ich kann mich umhören«, sagte ich. »Vielleicht kann ich etwas vermitteln.« Ich traute dieser Frau nicht.

»Das klingt sehr vage.«

»Ich weiß nicht, wer Sie sind. Ich weiß nicht, was Sie wollen.«

»Ich habe gehört, du hast ein Büro, in dem die Doanevis arbeitet.«

Ich schüttelte den Kopf, weil ich jetzt wusste, dass die Frau mich an die Basidschi-Lehrerin von meiner Schule erinnerte.

»Nein, ich arbeite hier«, sagte ich. »Im Büro mache ich die Buchhaltung.«

»Und die Doanevis? Bist du sicher, dass sie nicht dort arbeitet?«

Sie wartete nicht auf meine Antwort.

Sie begann: »Es geht darum, dass mir mein Chef eine Gehaltserhöhung verweigert hat. Ich habe Angst, dass er eine andere Frau bevorzugen wird.«

Die Frau hatte eine Arbeit. Wenn es stimmte, was sie sagte.

»Sie muss mir eine Doa schreiben. Ich werde auch dafür zahlen.«

Keine der Kundinnen von Malihe, die ich kannte, hatte über das Geld gesprochen. Sie hatten gezahlt, als sei es die größte Nebensächlichkeit.

»Du wirst dich fragen, wie ich an solche Dinge glauben kann«, sagte sie.

»Ich habe wenig mit diesen Dingen zu tun.«

»Ich weiß von einer Freundin, dass die Doanevis den Frauen helfen, denen niemand hilft.«

»Ihrer Freundin – womit wurde ihr geholfen?«

»Das war eine andere Doanevis«, sagte die Frau.

»Haben Sie sich gefragt, warum Ihr Chef die andere Frau vorzieht?«

Sie schüttelte den Kopf. Darüber hatte sie sich keine Gedanken gemacht.

»Beschreiben Sie die Frau, damit ich eine Vorstellung habe.«

Zum ersten Mal wurde sie unsicher.

»Wie soll ich sie beschreiben? Eine normale Frau – nicht sehr hübsch und nicht sehr sorgfältig gekleidet.«

Es hätte eine Feindschaft zwischen ihr und der Frau sein müssen wie Funkenflug. Nichts davon war es. Malihes Kundinnen waren hilflos, manche ängstlich, aber sie waren voller Hass auf die andere Frau, wenn es eine gab.

»Geben Sie mir Ihre Nummer«, bat ich sie.

»Gib mir einen Termin. Ich komme dann.« Die Frau hatte noch nicht bemerkt, dass ich misstrauisch geworden war.

Ich nannte der Frau einen Termin in einer Woche.

»Gut«, sagte die Frau. »Ich komme ganz bestimmt. Eine Telefonnummer brauchst du nicht von mir.«

»In Ordnung«, sagte ich und begleitete sie aus der Tür.

Sie gab mir ein Lächeln, als sei sie eine Freundin geworden.

Ich wartete noch auf eine Kundin, die einen Termin hatte.

Als ich fertig war, schloss ich ab und machte mich auf den Weg in die Stadt.

93. Träume und Rauch

In dem kleinen Laden saß der Buchhändler noch, als seien keine drei Jahre dazwischen gewesen. Er begrüßte mich mit einem Nicken, als sei ich eine Kundin, die gestern nach einem Buch gefragt hatte, um es heute abzuholen.

»Ist dir jemand gefolgt?«, fragte er und blätterte dabei in einem illustrierten Band mit knisternden Schutzseiten.

»Ich habe aufgepasst.« Auch ich schaute in einem Buch nach etwas.

»Du bist eine Ahwazi?«

»Ja – ich weiß, wenn mir jemand folgt.«

Er ließ sich Zeit beim Blättern. Nach einer Zeit ging er zur Straße und sah zum Café auf die andere Seite.

»Geh nach oben«, sagte er dann zu mir, »und wundere dich nicht. Sie hat ihre Stimmungen.«

In ihrem Zimmer saß Malihe aufrecht und hoch auf einem schmalen Stuhl. Vielleicht war es auch ein breiter Pfahl. Ich wusste es nicht, denn ihr Kleid hing bis zum Boden herunter und bedeckte das, worauf sie saß. Sie war so ruhig, als schlafe sie mit offenen Augen. Meditierte sie, oder was war mit ihr? War das die Stimmung, vor der mich ihr Bruder gewarnt hatte? Der Raum war voller Rauch und fensterlos.

»Maryam – wie schön alles ist! Du hast den Rest des Tages gebracht, so unvergleichlich«, begrüßte mich Malihe.

War sie überhaupt ansprechbar für etwas Wichtiges?

»Kann ich mit dir reden, Malihe?«

»Du triffst mich an«, sagte die Schwebende.

»Heute war eine Kundin da«, begann ich. »Sie kam mir seltsam vor.«

»So seltsam wie ich, Maryam?«

»Weniger seltsam als du, Malihe.«

Schwankte sie auf ihrem Pfahl? Das Zimmer war so voller Rauch, dass es mir vorkam, als bewege sie sich.

»Meine Meisterin ist bei mir«, sagte Malihe. »Sie hat Zeit für mich gefunden.«

Was rauchten die beiden zusammen? Mir kratzte der Hals, und die Dinge begannen, vor meinen Augen zu verschwimmen. Malihe saß auf einem tanzenden Pfahl.

»Malihe, ich habe dir etwas mitzuteilen. Kannst du ein wenig zuhören? Kannst du es dir merken?«

»Sie spricht von einer Kundin – nicht wahr, Zuhal?«

Wer war Zuhal? War das ihre Meisterin?

»Die Kundin hat mich über dich ausgefragt, Malihe. Ich weiß, wenn ich ausgefragt werde!«

»Wer ich bin? – Was hast du ihr gesagt? – Wo ich bin? – Was hast du ihr gesagt?« Malihe hob die Arme, als gleite sie davon.

Hustend verließ ich ihr Zimmer. Sollte ich die Tür offen stehen lassen? In dem Raum war keine Luft mehr. Dort waren nur Träume und Rauch. Davonfliegen war möglich – atmen nicht. Aber es war Malihes Leben, also schloss ich die Tür.

»Entschuldige«, sagte der Mann, »ich hätte dich warnen sollen.«

»Sie darf nicht mehr in meinen Salon kommen«, sagte ich.

Er sah mich nachdenklich an.

»Ich bin heute von einer Frau nach Malihe ausgefragt worden. Das war keine Kundin!«

»Gibt es Schwierigkeiten für dich?«

»Nein, ich glaube nicht. Was soll ich sagen, wenn sie fragen?«

»Sag ihnen, es seien mehrere Doanevis bei dir gewesen. Was sie getan haben, davon hast du keine Ahnung.«

»Werde ich Malihe wiedersehen?«

Er nahm ein Buch in die Hand. »Von wem sprichst du? Ich kenne keine Malihe.«

94. Welche Doanevis ist es?

»Ich habe mich bei meinen Kundinnen umgehört«, sagte ich, als die Frau nach einer Woche kam.

»Aber die Doanevis ist heute nicht hier?«, fragte die Frau und sah sich um.

»Die Kundinnen sagen, es gibt mehrere Doanevis. Nach welcher Doanevis hätte ich fragen sollen?«

»Nach Malihe.«

Ich sah kopfschüttelnd auf meinen Zettel: »Nein, der Name Malihe ist nicht dabei.«

Die Frau sah mich unfreundlich an.

»Und jetzt?«, fragte sie. »Malihe oder nicht – sie muss mir helfen. Ich suche diese Doanevis!«

»Wie war sie denn?«, fragte ich, weil ich eine Hilfe sein wollte.

»Meine Freundin sagt, diese Doanevis habe Geld genommen – viel Geld! Sie sei sehr gierig gewesen!«

»Von einer Doanevis sprechen die Frauen – aber sie habe das Geld nicht einmal gezählt, so unwichtig sei es ihr gewesen.«

»Sie habe für vollkommen aussichtslose Dinge ihre Doas geschrieben!«, rief die Kundin.

»Keine der Frauen berichtete davon. Jede Doanevis wusste, was sie tat,« erwiderte ich ruhig.

»Meine Freundin berichtet, diese Doanevis sei jung gewesen – ungewöhnlich für eine von ihnen.«

»Nein, die mächtigste Doanevis war alt. Eine andere war jung, aber sie hatte keine Macht. So berichten die Frauen, die ich befragt habe.«

»Meine Freundin sagt, sie sei wie eine Süchtige aufgetreten.«

»Eine Süchtige in meinem Warteraum?«, rief ich.

»Ob sie eine Süchtige war, weiß meine Freundin nicht genau.«

»Gut«, sagte ich, sehr beruhigt.

»Meine Freundin sagt, diese Doanevis sei eine Betrügerin gewesen, die selbst nicht an sich geglaubt habe.«

»Die Doanevis, von denen die Frauen gesprochen haben – keine war eine Betrügerin – nein!«

»Und der Raum – dieses Büro. Wenn meine Freundin die Wahrheit sagt, dann war es mit aller Magie eingerichtet.«

Ich zeigte auf mein Büro. Die Frau konnte dorthin gehen, wenn sie wollte. Sie konnte die Tür öffnen und würde sehen, dass meine Buchhaltung nicht magisch ist.

»Ich werde in meinem Salon keine Doanevis dulden«, sagte ich. »Wir haben genug Probleme mit den Behörden, weil wir Ahwazi sind. Was würde meine Mutter sagen, wenn ich eine Magierin in ihr Haus eingeladen hätte?«

»Und wo finde ich diese Malihe nun?«, fragte die Frau unfreundlich.

»Vielleicht gibt es eine einfache Lösung für Ihr Problem.«

»Malihe zu finden?«

»Nein – die andere Frau, die von Ihrem Chef vorgezogen wird.«

Sie sah mich erst verständnislos an, dann erinnerte sie sich, dass sie davon gesprochen hatte.

»Muss es denn Magie sein?«, fragte ich. »Sie sind doch eine fromme und verständige Frau.«

Sie sah mich feindselig an.

»Sparen Sie sich doch das Geld«, schlug ich vor. »Sprechen Sie mit Ihrem Chef.«

Auf dem Fuß drehte sich die Frau um, stieß noch die Tür zu meinem Büro auf, warf einen Blick hinein und verließ mit langen Schritten meinen Salon.

III Eine Christin im Iran

95. Familiengründung

Noch gut zwei Jahre habe ich meinen Salon – ohne Doanevis – im Haus meiner Eltern weitergeführt, dann lernte ich über eine Freundin einen Mann kennen, in den ich mich verliebte. Und wir waren wie alle jungen Verliebten und begannen bald schon, Heiratspläne zu schmieden. Wir wünschten uns auch sehr ein Kind und wollten so gern eine Familie sein – und alles geschah wundervollerweise genau so: Wir heirateten, ich wurde schwanger und brachte schließlich einen Sohn zur Welt: Danial, ein kleines Bündel Leben.

Wenige Monate vor der Geburt hatte ich meinen Salon bereits geschlossen, um erst einmal nur für meine kleine Familie da sein zu können. Und so lebten wir drei im Haus meiner Familie mit Danials Großeltern, Onkeln, Tanten, Nichten und Neffen. Sah man mal von den Anfeindungen und Erniedrigungen, die wir als Ahwazi regelmäßig erlebten, ab, war es eine gute Zeit. Ich liebte meinen Mann und er mich, und wir vergötterten unseren kleinen Sohn, wie es Eltern wohl immer tun. Mehr möchte, kann ich von meiner kleinen Familie jedoch nicht erzählen, da mein damaliger Mann noch heute im Iran lebt und ich ihn mit nur einem falschen Wort in Todesgefahr bringen könnte. Daher werde ich im Folgenden nur das Allernötigste über ihn berichten – alles andere wäre mehr als fahrlässig.

96. Cherin

Als Danial drei Jahre alt war, eröffnete ich einen neuen Schönheitssalon nicht weit entfernt von unserem Wohnhaus. Das ist wohl für uns Frauen der größte Vorteil einer Großfamilie – die Kinderbetreuung fällt nicht allein der Mutter zu, alle sind füreinander da und helfen sich.

Auch in meinem neuen Salon arbeitete ich nur nach Termin, da es in der Gegend so gut wie keine Laufkundschaft gab. Doch der Laden lief recht bald schon so gut, dass sich der großzügige Wartebereich des Ladens bezahlt machte.

Es saßen dort immer häufiger kleine Grüppchen Freundinnen zusammen, die sich unterhielten und nacheinander in die Behandlung kamen. Manchmal kam eine Doanevis dazu und sprach mit ihnen. Wenn sie eine Kundin war, ließ ich sie gewähren. Aber mich interessierte nicht, was im Warteraum geredet wurde. Wenn er leer war, war es auch gut. Mehrere Jahre lief es so, ich verdiente inzwischen richtig gut, stellte Lehrmädchen ein und konnte auch meine Großfamilie finanziell unterstützen – so wie sie mich unterstützten und sich um Danial kümmerten, wenn ich bei der Arbeit war.

Eines Tages hatte sich eine junge Frau angekündigt. Tiba sei ihr Name, hatte sie gesagt, und ich kenne sie. Ich sei bei ihrer Familie schon mal zu Hause gewesen. Nun habe sie sich zur Friseurin ausbilden lassen und frage nach, ob ich einen Job für sie habe. In meinen Gedanken war ich bei ihr. Dunkel erinnerte ich mich an den Namen. Sie war die Tochter des Mannes, der mit meiner Hilfe aus dem Gefängnis befreit worden war. Auch wenn er mir damals Vorwürfe gemacht hatte – seine Frau war mir dankbar gewesen. Am liebsten hätte ich das alles vergessen, was im alten Salon geschehen war.

Ich lud Tiba für den nächsten Mittag zum Gespräch ein.

Den ganzen Morgen geriet ich in Gedanken immer wieder in die vergangenen Zeiten, die durch den Anruf des Mädchens wieder lebendig geworden waren. Bilder, die in die Ferne gerückt schienen, drängten sich nun in meinen Kopf. Ich sah Malihe vor mir und musste an so viele Situationen und Erlebnisse denken, auf die ich im Nachhinein lieber verzichtet hätte. Jetzt, wo ich an Malihe dachte, ärgerte ich mich. Sie hatte nie etwas von sich preisgegeben. Am Ende hatte ich nichts von ihr gewusst.

»An was denkst du?«, fragte eine Kundin, die ich erst jetzt bemerkte. Sie hatte mich von ihrem Platz aus im Spiegel beobachtet. In diesem Moment wusste ich noch nicht, dass sich durch diese Frau mein Leben grundlegend ändern würde. Doch es war etwas Vertrauenswürdiges an ihr.

»Ich hatte vor Jahren einen anderen Salon«, sagte ich. »Dort hat eine Doanevis gearbeitet. Ich habe gerade gedacht, wie wenig ich doch von ihr gewusst habe.«

»War sie ein guter Mensch?«

»Sie war eine Doanevis«, gab ich erstaunt zur Antwort.

»Es gibt Dinge in uns, die verborgen sind«, sagte die Frau. »Auch in einer Doanevis.«

»Sie hat alles von sich verborgen«, sagte ich bitter.

»Niemand ist böse«, sagte die Frau. Sie sagte es mit großem Ernst, als habe sie darüber nachgedacht.

»Ein Teil von ihr war böse, sicherlich.«

»Wir suchen das Gute, nicht das Böse«, sagte die Frau.

Ich wunderte mich über diese allgemeine Bemerkung.

»Sie hat Geld genommen – für alles! Wie kann sie gut sein?«

»Warum kann sie nicht trotzdem auch gut sein?«, fragte die Frau ganz einfach zurück.

Ja, warum eigentlich nicht? Sie hatte recht. Malihe war mehr als das Geld, das sie eingenommen hatte.

»Ich heiße Cherin«, sagte die Frau. »So kannst du mich nennen.«

Sie war eine große Frau. Ihre Haare waren braun, nicht schwarz. Und ihre Augen waren grünlich. Sie sah für mich wie eine Europäerin aus. Ein rundliches Gesicht mit viel Weichheit um den Mund.

»Maryam – ich heiße Maryam«, sagte ich.

Die Frau interessierte sich mehr für unser Gespräch als dafür, frisiert zu werden.

»Ein Name aus der Bibel der Christen«, sagte sie leise. »Die Muttergottes.«

Erschrocken sah ich mich um, ob wir allein waren. Die Erwähnung der Bibel war fast so, als läge sie in meinem Salon aus. Über die Bibel zu sprechen war unvorstellbar gefährlich.

Die Frau betrachtete mich immer noch im Spiegel.

»Bist du ein guter Mensch, Maryam?«, fragte sie, als stelle sie mir eine Frage, über die ich nachdenken müsse.

»Ich glaube«, sagte ich unsicher. Ich wusste nicht einmal, was »gut« bedeutete. Im Islam gab es »gottesfürchtig«, aber »gut«? – was sollte das Wort bedeuten?

»Ich habe deinen Namen gehört«, sagte Cherin.

»Meinen Salon?«

Sie machte eine Bewegung mit der Hand, als sei ihr der Salon unwichtig.

»Ich gehe zu Familien, um sie zu unterstützen – Frauen meistens, deren Männer keine Arbeit haben.«

Ich dachte an Tiba, die heute kommen würde. Ich hatte ihren Vater aus dem Gefängnis befreit, und es war so falsch gewesen.

»Ich habe dort deinen Namen gehört.«

Ich war inzwischen eine verheiratete Frau. Ich hatte ein Kind, aber etwas von mir war in der alten Zeit geblieben.

Cherin stand auf und ging. Ich hatte sie nicht einmal frisiert.

97. Tiba

Als ich sie sah, erinnerte ich mich an das Mädchen. Die junge Frau sah gepflegt aus. Groß und schlank war sie, aber etwas an ihr verriet, dass es nichts in ihrem Leben gab, das selbstverständlich war. Sie erinnerte mich an Malihe. Es war, als hüte sie ein Geheimnis. Gleichzeitig strahlte sie aus, dass sie ihre Arbeit sorgfältig machen würde. Sie würde den Kundinnen das Gefühl geben, gut aufgehoben zu sein. Mehr war mir nicht wichtig.

»Du hast gelernt, was ich gelernt habe«, begrüßte ich sie.

»Erinnerst du dich, Maryam? Du warst bei uns«, sagte sie schlicht. Es gab keine Förmlichkeit zwischen uns. Sie war sehr selbstsicher.

»Ja, ich erinnere mich – natürlich!«

»Es war keine schöne Zeit für meine Familie, aber du hast uns sehr geholfen. Meine Mutter hat oft von dir gesprochen.«

»Und dein Vater – wie geht es ihm?«

»Er ist niemand, der gern spricht«, gab sie zur Antwort. Mehr sagte sie nicht.

»Wolltest du immer Friseurin werden?«

»Nein.«

Wenn sie über etwas nicht reden wollte, dann tat sie es nicht. Sie sagte also nichts davon, dass ich ein Vorbild gewesen sei. Nichts von einer Umgebung, aus der sie ausbrechen wollte.

Aber ich wusste – es musste hart für sie gewesen sein. Und ich nahm an, dass sie sehr geschickt sein musste – besser als alle, die mit ihr gelernt hatten. Das hatten wir also gemeinsam.

»Ich könnte eine Geschäftspartnerin gebrauchen«, sagte ich.

»Eine Partnerin?«, fragte sie leise.

»Nicht hälftig, aber sicherlich so, dass du sehr zufrieden sein wirst.«

»Ich bin mit wenig zufrieden«, sagte sie.

»Du zeigst mir, was du kannst. Dann sprechen wir darüber.«

Tiba war sehr begabt und fleißig. Gegen Ende des Tages besprach ich mit ihr in meinem Büro, wie wir die Arbeit zwischen uns und den zwei Lehrmädchen aufteilen konnten.

Ob sie verheiratet war, fragte ich sie nicht. Ich wusste, sie war es nicht.

Ich blätterte vor ihren Augen in einer Illustrierten.

»Ist das hier deine Welt?«, fragte ich sie.

»Es ist mein Beruf«, sagte sie knapp. »Und ich werde ihn gut machen. Du wirst zufrieden sein.«

»Aber was denkst du darüber?«

»Über die Frauen, die hier Kundinnen sind?«

»Nein, über die Welt, in der sie sich bewegen.«

»Darüber, dass die Mullahs sich alles nehmen und manche Leute so arm sind, dass sie hungern müssen?«

Ich war froh, dass wir allein in meinem Büro waren. Im Salon war ich umgeben von Frauen, die gefährliche Dinge tun konnten.

Es war wohl Schweiß auf meine Stirn getreten. Sie lächelte, als sie es bemerkte.

»Wir machen nicht nur Haarpflege und diese Dinge«, erklärte ich ihr. »Manchmal kommt eine Kundin und will ihr Kind – ihren Sohn oder ihre Tochter – verheiraten. Dann fragt sie uns, ob wir etwas wissen, was sie nicht weiß.«

Tiba sah mich überrascht an. So hatte sie noch nicht gearbeitet.

»Wir hören uns vorsichtig um«, erklärte ich.

»Hier?«, fragte sie und sah mich aufmerksam an.

»Nicht nur«, sagte ich. »Auch außerhalb.«

Tiba gefiel der Gedanke – das sah ich. Wenn sie etwas war, dann war sie mutig. Dort, wo andere straucheln würden, würde sie tanzen wollen.

Warum ich ihr vertraute, weiß ich nicht. Aber es war so. Ich hatte auch Malihe vertraut. Und ich vertraute Cherin.

Was wäre mein Leben ohne dieses Vertrauen gewesen?

Es wäre weniger gefährlich gewesen – das weiß ich jetzt.

98. *Ein goldenes Kreuz, als schwebe es*

»Der Mann, der uns dieses Haus verkauft hat – er war ein Christ«, sagte meine Mutter. »Viele, viele Christen haben das Land verlassen, als Khomeini kam.«

»Woran hast du ihn erkannt?«, fragte ich.

»Natürlich hat er darüber gesprochen!« Meine Mutter war erstaunt. »Es war der Grund, warum er mit seiner Familie Persien verlassen musste.«

»Darf denn ein Christ darüber sprechen, dass er Christ ist?«

»In der heutigen Zeit?«

»Ja, heute.«

Meine Mutter überlegte, was sie mir antworten sollte.

Dann besann sie sich: »Was ist, Maryam? Warum fragst du?«

»Eine Frau – sie hat mir gesagt, dass mein Name ein Name aus der Bibel ist.«

»Und ein Name aus dem Koran!«, ermahnte mich meine Mutter.

Ich legte zwei Löffel auf den Tisch. Einander entgegengesetzt.

»Und der Name einer Freundin«, sagte meine Mutter und legte einen dritten Löffel vor sich hin. »Ich sehe sie noch heute vor mir. Sie trug ein ganz weißes Kleid. Sie hatte wunderbar schwarze Haare, ein Gesicht wie eine Heilige. – Ja, da schaust du erstaunt! – Blass war sie und hat niemanden angeschaut mit ihren schwarzen Augen. Sie war eine der schönsten Iranerinnen, die ich je gekannt habe, aber sie hatte eine Stimme, mit der sie die schönsten christlichen Lieder vor allen Leuten sang. Und es gab niemanden, der nicht berührt war von dieser Stimme. Es gab Leute, die kamen in die Kirche, nur um sie zu hören. Manche auch, nur um sie zu sehen.« Meine Mutter sah mich schelmisch an.

»In einer Kirche sang sie – und Männer und Frauen schauten ihr zu?«

»Natürlich – wusstest du nicht, dass die Christen singen und gemeinsam feiern? Die Kirche gibt es heute noch!«

»Nein!«, rief ich ungläubig. »Wie kann das sein?«

»Die Kirche ist natürlich leer«, sagte meine Mutter schnell. »Manchmal kommen Touristen in unsere Stadt. Dann werden sie dorthin geführt.«

Ich nahm mir etwas ganz fest vor. Ich wollte etwas sehen. Nicht einmal in Gedanken wagte ich, es auszusprechen. Und ich wollte mir dort vorstellen, eine Stimme hören zu können – die Stimme einer wunderschönen Christin, die dort gesungen hatte.

»Sie trug immer ein goldenes Kreuz um den Hals, an einer feinen Kette, als schwebe es auf ihrer Brust.«

»Und ich heiße Maryam, weil sie deine Freundin war.«

Meine Mutter sagte nichts. Das sagte mir, dass sie allein entschieden hatte. Und dass mein Vater nichts davon wusste.

»Es gab Zeiten, da wurden dort Gottesdienste gefeiert. An Sonntagen kamen die Familien der Christen. Sie haben die Straßen gekehrt für den Gang zu ihrem Herrn. Und sie haben die Häuser geschmückt für ihren Gesang.«

»Und diese Maryam hat den Iran verlassen?«

Meine Mutter nickte in Gedanken an diese Zeit. Immer wenn sie in diese alten Erinnerungen eintauchte, war sie für mich wie eine Fremde.

»Aber ich weiß nicht, ob diese Frau, die mich angesprochen hat, eine Christin ist.«

»Natürlich redet sie nicht darüber!«, sagte meine Mutter streng. »Sie darf nicht über ihren Glauben sprechen. Wenn sie eine Muslima anspricht, ist es ein schweres Verbrechen gegen die Islamische Republik.«

»Sie hat nur gesagt, dass mein Name aus der Bibel kommt.«

Meine Mutter sah mich mit Zweifel an.

Ich behielt für mich, dass Cherin mich eingeladen hatte.

»Kind«, sagte sie, »bitte denk daran, dass wir Ahwazi sind und genug Probleme haben. Du musst dazu nicht noch eine Christin werden.«

»Mutter«, sagte ich, »selbst als die Doanevis in unserem Salon war, ist nichts passiert.«

Ich sprach nicht darüber, wie knapp ich eine Durchsuchung hatte abwenden können.

99. Ein Gotteshaus

Dort, wo ich aus dem Bus stieg, gingen die Sträßchen des alten Viertels von der breiten Hauptstraße ab. Unvermittelt hatte ich die Hitze, den Lärm und die Abgase hinter mir gelassen und stand in einer schmalen Gasse zwischen sandfarbenen Häusern, die ich in die nächste Gasse weiterlief. Die Menschen saßen im Schatten ihrer Eingänge und schauten, wer kam und wer ging und wer schaute. Die Stimmen von Kindern und Müttern umgaben mich, das Gemurmel der Alten, die Gerüche von Gekochtem und Marktständen.

Ich ließ mich treiben. Ich hatte keine Ahnung, wie groß dieses Viertel war. Vielleicht war ich gleich an seinem Ende, vielleicht würde ich mich verirren. Ich ging neben Frauen, die ihre Tüten nach Hause trugen. Ich stand mit ihnen an den Verkaufsständen und prüfte die ausliegenden Früchte. Ich strich Kindern über die Haare. Ich schaute an Häusern hoch, wo sich Stimmen grüßten. Alles war so gegenwärtig und war doch so, als hätte es sich seit Jahrhunderten so wiederholt. Wie alt war die Islamische Republik? Würde sie so alt werden wie auch nur einer der Karren, auf denen das Obst auslag? Hier war die Zeit etwas anderes.

In der Mitte, wo sich die Gassen auf einem kleinen Platz begegneten, stand die Kirche, nicht viel höher als eines der Häuser, an die sie sich lehnte. Ich schaute mich vorsichtig um. Es war seltsam, ein Gotteshaus zu sehen, das keine Moschee war. Ich sah eine alte Frau, die die Kirche betrat. Sie war gekommen, um den Kirchenraum zu reinigen. Als gehöre ich zu ihr, trat ich ein. Sie sah mich an, und ihr Blick sagte mir, dass ich bleiben durfte, solange sie die Gänge wischte – die glänzenden Flächen von weißem Marmor zwischen den fast schwarzen Bänken.

In der Kirche war nicht ein einziger Teppich. Neben dem Eingang stand ein Becken aus Stein. Vor langer Zeit muss Wasser in ihm gewesen sein. Geweihtes Wasser. Für welchen Zweck – das wusste ich nicht. An den Seiten führten schmale Gänge in den Schatten. In der Mitte ein breiter Gang, der zum Altar führte und zu einem Bild der Maria an der Wand. Auf ihren Knien saß Jesus wie ein Kind. Einen Apfel in der Hand, in den er beißen würde. So anmutig war die Maria und so menschlich nah.

Sie neigte sich denen zu, die vor sie traten. Wenn diese Christen beteten, sahen sie eine Mutter und ihr Kind. Wie erstaunlich das war! Wie grob der Islam war – wie laut –, wenn ich die Zartheit und die Vertrautheit der Maria daneben sah. Aber die Muttergottes war mehr als nur eine Frau. Für sie hatte man dieses Haus gebaut. Und die Gassen waren vor ihrer Kirche zurückgewichen.

Wie still es war. Wie friedlich es war. Hell waren die Wände und hoch, dass jedes Herz auffliegen konnte. Und dann glaubte ich, den Gesang der Christin Maryam zu hören, die mir den Namen gegeben hatte. Hell und sanft. Eine Stimme, die keinen Atem brauchte. Ich wusste nicht, welche Lieder die Christen gesungen haben. Ich wusste nur, dass sie unvorstellbar schön waren. So schön, dass die Gläubigen von ihrer Stimme – nicht von Maryams Schönheit – berührt wurden. Eine Stimme, die Stille mit Licht füllte, ohne es zu zerbrechen.

Wie männlich, wie staubig vom Krieg ihres Propheten waren die heiseren Rufe des Islam, die ich mein Leben lang gehört hatte.

Eine Ruhe empfing mich – wie eine zweite Kirche, die sich unsichtbar in den Mauern verborgen hatte. Der würzige Geruch alter Riten. Die Stille heiliger Gesänge. Alles war gegenwärtig. Es gab keine Worte dafür.

100. Die Hauskirche

»Begleitest du mich, Maryam?« Was Cherin vorschlug, klang in ihrem Mund wie ein alltäglicher Wunsch.

Ich nickte zaghaft.

»Ich gehe zu einer Familie, die in großer Not ist«, erklärte sie.

»Was kann ich tun?«, fragte ich.

»Du kannst nichts tun. Es ist besser, du weißt nichts.«

So geheimnisvoll war es sehr verlockend.

»Ich war in der Kirche«, sagte ich.

»In der katholischen Kirche?«

Ich wusste nicht, dass es mehrere Kirchen in unserer Stadt gab.

»Maryam, diese Kirche – sie ist eine offizielle Kirche.«

»Sie ist sehr schön«, sagte ich und wollte herausfinden, ob Cherin wirklich eine Christin war.

Ich sah auf ihre Hände. Fürchtete sie sich? Vor mir?

»Cherin, ich bin einer Frau gefolgt, die dort sauber gemacht hat. Ich habe dort gesessen. Mit einem Mal glaubte ich, Gesang hören zu können.«

Ihre Hände verkrampften sich. Aber ihr Blick war offen, als ich weitersprach.

»Die Steine dort – sie können nicht vergessen. Es war alles lebendig. Ich habe die Schritte der Gläubigen auf den Steinen gehört. Dann hat sie gesungen – Maryam, eine Freundin meiner Mutter. Sie war eine Christin.«

Cherin schloss die Augen und betete stumm. Da war ich mir gewiss, dass sie eine Christin war.

»Ich habe ein Echo gehört – ich weiß«, beruhigte ich sie. »Aber ein Echo war es immerhin!«

»Ich weiß, was du meinst. Ich habe als Kind die Gottesdienste erlebt. Wie habe ich mich immer auf den Sonntag gefreut!«

»Den Sonntag?«

»Ja, für die Christen ist der Sonntag der Tag der Feier.«

»Es gibt Hauskirchen im Iran«, erklärte mir Cherin. »Dort wird richtig gebetet. Du musst nicht auf ein Echo hören, Maryam.«

»Was sind Hauskirchen?« Ich hörte zum ersten Mal davon.

»Es sind Kirchen in einem Privathaus. Dort treffen sich die Christen zum Gottesdienst.«

»Sind sie erlaubt?«

»Es wird nicht gern gesehen. Aber die örtliche Polizei – manchmal ist sie bereit, großzügig zu sein.«

Alles im Iran war käuflich – warum nicht der Gottesdienst der Christen?

»Der Pastor muss seine Predigt mit der Polizei absprechen. Wenn er es tut, darf er predigen.«

»Und wer darf kommen?«

»Die Menschen, die schon immer Christen waren, dürfen kommen.«

»Und andere?«

»Sie dürfen die Hauskirchen – besuchen.«

»Besuchen?«, fragte ich erstaunt. »Was bedeutet das?«

»Sie dürfen ›zufällig‹ kommen.«

»Zufällig? Zu einem Gottesdienst der Christen in einem Privathaus?«

»Wie Touristen eben.«

Ich verstand nichts.

»Und sie dürfen nicht am Sonntag kommen!« Eine weitere Einschränkung, die Cherin dabei einfiel.

»Aber wenn der Gottesdienst am Sonntag ist – wie können sie ihn dann besuchen?«

Cherin lächelte klug. »Deshalb ist der richtige Gottesdienst der Hauskirchen immer an einem Samstag. Manchmal auch an einem Freitag.«

»Am Samstag oder Freitag können Besucher kommen?«

»Ja, aber sie dürfen nicht am Anfang des Gottesdienstes kommen. Und sie dürfen nicht bis zum Ende bleiben.«

Warum war etwas erlaubt und gleichzeitig verboten?

»Dürfen sie beten?«, fragte ich.

Cherin überlegte. »Wenn die Christen sie nicht zum Beten auffordern, dürfen sie beten.«

»Aber wenn ich nicht als Christin geboren worden bin – wann bin ich eine Christin?«, fragte ich sie.

»Das darf nicht geschehen«, sagte Cherin sehr ernst. Sie hatte meine Hand genommen. »Du bist eine Muslima. Es wäre ein schweres Verbrechen, wenn ich – eine Christin – dich bekehren würde.«

»Wenn ich nicht darüber spreche – warum soll es nicht geschehen?«

»Sprichst du nicht darüber – auch wenn du verhört wirst?«

Cherin hatte recht. Ich wusste es nicht. Niemand konnte sagen, was er in einem Verhör sagen würde.

»Besuche mit mir die Familie«, sagte Cherin.

101. Für den Schmerz kein Herz

Ich traf mich nun öfter mit Cherin, dieses Mal in einem Café in einem anderen Stadtteil. Sie wollte mich mit zu einer Familie nehmen.

»Die Christen, die leiden – wir müssen sie unterstützen«, sagte sie. »Deshalb besuchen wir diese Familie heute.«

»Warum geht es ihnen schlecht?«

»Der Mann ist im Gefängnis, weil er ein Christ ist. Viele Menschen im Ausland setzen sich für ihn ein, aber seine Familie hat kein Geld.«

Wenn jemand Geld in den Iran schicken würde, um der Familie zu helfen, die Mullahs würden es stehlen – das stand fest!

Ich hielt mein Teeglas wärmend in der Hand.

»Maryam, ich habe meinem Mann von dir erzählt. Er hat schon von dir gehört.«

»Was hat er gehört?«, fragte ich, obwohl ich es ahnte.

»Meinem Mann ist es sehr ernst. ›Jesus ist keine Doanevis‹, hat er gesagt.«

»Hat Jesus nicht Kranke geheilt?«, fragte ich nicht ganz ernst.

Cherin blickte mich empört an. »Eigentlich wollte ich es dir nicht sagen. Aber weißt du, was mein Mann über dich gesagt hat?«

Vorsichtig trank ich an meinem Tee. Dann nickte ich.

»Er hat gesagt: ›Dieses Mädchen geht seinen eigenen Weg. Wenn ihr Weg unseren Weg kreuzt, wird es ein Unglück für uns alle geben.‹ So hat er gesagt.«

Aber Cherin berührte meine Hand.

»Ich habe ihm geantwortet, dass du ein gutes Mädchen bist. Da hat er sich beruhigt.«

Die Wirtin kam und stellte uns etwas Gebäck und Wasser auf den Tisch.

Nachdenklich knabberte Cherin an einem der süßen Stücke.

Es war so schwer vorstellbar, dass diese Menschen, nur weil sie Christen sind, ins Gefängnis kommen. Wem hatten sie Angst gemacht? Warum wurden diese Menschen eingesperrt? Es war ein Rätsel für mich.

»Wir müssen vorsichtig sein«, sagte Cherin.

Als wir das Haus, in dem die Familie wohnte, erreicht hatten, zog mich Cherin schnell in den Eingang hinein. Von Tür zu Tür ging sie mit einem kurzen Blick, eine Treppe hoch und noch eine, dann klopfte sie kurz.

Eine Frau öffnete uns. Cherin schob sie zur Seite und betrat die Wohnung. Sofort schloss die Frau leise die Türe hinter uns.

Cherin war in diesen Dingen viel geübter als ich. Wie vorsichtig sie sein musste – was wusste ich schon davon?

Die Frau schaute uns an. Aus einem Zimmer kamen zwei Kinder. Ein großer Junge schob seine Geschwister wieder zurück. Er stellte sich neben seine Mutter, als müsse er sie beschützen.

»Wir bringen Ihnen Geld«, sagte Cherin, ohne ihren Namen zu nennen. »Eine kleine Unterstützung.«

»Kommt herein!« Die Frau ging voraus in ein kleines Zimmer, das Küche und Wohnraum war.

Cherin legte das Geld auf den Tisch. Der Junge setzte sich davor, als müsse er darauf aufpassen.

Als ich mich umsah, hatte Cherin die Frau in den Arm genommen, weil sie zu weinen begonnen hatte. Der Junge suchte prüfend in meinen Augen nach Tränen.

»Es ist so schwer.« Die Frau zitterte schluchzend in Cherins Armen. »Wir haben ihn besucht … im Gefängnis. Der Junge und ich …«

»Mein Vater war auch im Gefängnis – ich weiß, wie schwer es ist«, sagte Cherin.

Die Frau blickte durch ihre Tränen auf.

»So eine schöne Tochter haben Sie!« Sie zeigte auf mich. »Und wie stark sie ist!«

Cherin nahm ihre Hände und hielt sie gedrückt. »Wir sind gekommen, um zu helfen.«

»Im Gefängnis beim Besuch habe ich ohne Pause geweint. Wie kann ich meinem Mann Mut machen, wenn ich mich so schwach zeige!«

»Das Gefängnis ist schrecklich – wer dort nicht weint, hat für den Schmerz kein Herz!«

Dann umarmten sich die beiden Frauen noch einmal zum Abschied. Und ich glaube, Cherin weinte auch.

102. »Folgt mir nach!«

»Wir müssen sehr vorsichtig sein«, hatte Cherin am Telefon gesagt. »Wir können nicht immer bei dir im Büro oder in dem Café reden. Wo wollen wir uns dieses Mal treffen?«

»Ich weiß einen ganz sicheren Ort«, sagte ich und lächelte, ohne dass sie es sehen konnte.

»Gut, schlage etwas vor.«

»Wir treffen uns in der großen Moschee am Zentralpark. Überall sitzen die Frauen dort und halten ein Schwätzchen. Es sind viele Fremde dort!«

Nach dem ersten Schrecken war Cherin dann doch einverstanden.

Ich war schon früh gekommen, weil der Bus ungünstig fuhr. So saß ich im großen Gebetsraum und war eine der gläubigen Frauen. Schwarze gebückte Gestalten unter einer von Farben schäumenden Kuppel, Fetzen von Stimmen, von leisen Gesprächen und das Murmeln inniger Gebete erfüllten den Raum.

Waren wir nicht vor jeder Religion nur Schatten – Tautropfen, die am Morgen die uralten Steine benetzten?

Wie war das Christentum eine Religion der Perser geworden?

Ich wusste so vieles nicht.

Der Islam war streng mit den Frauen – das wusste ich.

Die Maria in der Kirche war mir wie eine Freundin erschienen.

»Hier sitzt du«, unterbrach Cherin meine Erinnerung an den heimlichen Besuch der verlassenen Kirche und nahm neben mir Platz.

»Ich habe über das Christentum nachgedacht«, sagte ich.

»Hier?«, flüsterte Cherin entsetzt. »In einer Moschee?«

»War Maria eine Christin?«

»Leise, bitte leise!«, ermahnte mich Cherin.

»Mohammed spricht in Worten zu den Gläubigen.« Ich zeigte auf die goldene Schrift, die wie ein Stirnband die Kuppel umgab.

Cherin war froh, dass ich über den Islam sprach.

Dann flüsterte ich: »Aber Maria schweigt. Wie soll ich wissen, was sie denkt?«

Viele Frauen um uns herum flüsterten. Gab es überhaupt eine Frau in dieser Moschee, die glücklich war?

»Maria ist die Gnade, die aus dem Herzen kommt«, flüsterte Cherin. »Sie drückt dir die Hand. Sie streicht dir über die Haare. Sie schaut dir in die Augen. Ihre Gedanken sind bei dir.«

»Wäre sie hierher zum Gebet gekommen?«, fragte ich sehr leise.

»Wer?«

»Maria. Wäre sie gekommen?«

»Nein, Mohammed war ein Feldherr – Jesus ist die Liebe«, sagte Cherin entschieden.

Mit einem Mal verstand ich, warum die Christen eingesperrt wurden.

Vorsichtig schaute ich mich um.

Die Frauen, die hier beteten – war es ein Feldlager, das ich sah? Waren sie alle Offizierinnen des Glaubens?

»Ich habe meinen Mann gefragt, wann du eine Christin bist.«

Ein wenig schämte ich mich jetzt für diese Frage.

»Ach, vergiss die Frage«, sagte ich.

»Nein. ›Es ist eine gute Frage‹, sagt er. ›Eine sehr gute Frage.‹«

Über den Hof rief ein Muezzin die Gläubigen.

»Als Jesus seine Jünger Petrus und dessen Bruder zum ersten Mal trifft, sagt er zu ihnen: ›Folgt mir nach!‹ Und sie sind ihm gefolgt.«

»Eine Konvertierung ist nicht nötig?«

»Das ist eine gute Frage«, sagte Cherin. »Ich muss meinen Mann fragen.«

»Und sie sind diesem Jesus gefolgt – einfach so? Nur weil er ›Kommt mit!‹ sagt?«

»Jesus sagt: ›Folgt mir nach‹, Maryam.« – Der Muezzin rief in sein scharfes Echo hinein. – »Jesus muss eine Schönheit gewesen sein«, fuhr Cherin fort. »Das ist nicht anders vorstellbar. Er geht zu den Fischern und sagt: ›Kommt, folgt mir nach!‹ Und sie stehen auf und gehen mit ihm. Sie wissen nicht einmal, ob sie am Abend etwas zu essen haben. An ihre Boote, an ihre Familien denken sie nicht mehr. Sie fühlen nur, dass sie berührt worden sind – und vertrauen können.«

»Das ist ein schöner Glaube«, sagte ich. »Es geschieht und man weiß nicht, warum es geschieht.«

»Ja, das ist eine Art des Glaubens. Mohammed hat gesagt: ›Euer Glaube ist stark, weil ich stark bin!‹ Und darum folgen ihm die Gläubigen. Wie eine Armee von Wüstenkriegern. Es ist ein Glaube an den Sieg über die Feinde. Aber Jesus – es gab keinen, nicht einen einzigen Grund, ihm zu folgen. Er war nicht mächtig, nicht reich, nicht erfolgreich wie Mohammed. Nein, er ist den Menschen wie eine Gestalt aus einem Traum erschienen, nicht wie ein Feldherr!«

Unvermittelt stand Cherin auf.

»Ich rufe dich an«, flüsterte sie.

Mit sehr schnellen Schritten verließ sie die Moschee, als habe sie mit einem Mal Angst bekommen, mich für ihre Religion gewonnen zu haben.

103. Ein Traum

Ich wurde eine Christin. Es geschah durch einen Traum, in dem Jesus mich berührte. Durch einen Traum wurde ich konvertiert, nicht durch Cherin. Sie hatte sich umsonst Angst gemacht.

Heute weiß ich nicht einmal, ob es ein Traum war, so deutlich steht er vor mir. Anders als alles, was mir bis dahin passiert war. Vieles davon ist inzwischen verblasst und hat sich eine neue Ordnung gesucht. Aber dieser Traum ist immer da. Er hat seinen Platz zwischen dem Abend, an dem ich die Moschee besuchte, und dem nächsten Morgen, als ich Maryam war, eine Christin. Zwischen den Rufen des Muezzins und einem Fenster, das sich ohne ein Geräusch öffnete, steht dieser Traum.

In meinem Traum war ich allein, und es war Nacht. Ich ging durch Straßen, die mir fremd waren. Ich kam an einen Platz, den ich nicht kannte. Ich sah Menschen, die mir ins Gesicht schauten, als sei ich eine Fremde. Ich sah Häuser, deren Fensterläden sich eilig vor meinen Blicken verschlossen. Wer war ich in dieser Stadt? In meinem Traum war ich in eine Traumstadt gekommen. An eine Hauswand war mein Name geschrieben worden, als sei ich zu einem Fest gekommen. Ich musste lange gelaufen sein, denn das Gehen fiel mir schwer. In meinem Traum war ich so müde wie eine, die lange nicht mehr geschlafen hatte.

Weil ich mich nicht zurechtfand, verlief ich mich in eine Gasse, an deren Ende ein dunkles Haus stand. Etwas ließ mich weitergehen, obwohl ich sah, dass die Gasse mit diesem Haus endete. Ich war dort angelangt, wo niemand wohnte. Doch als ich zu Boden blickte, sah ich Treppenstufen aus Licht emporsteigen. In meinem Traum betrat ich sie, und noch eine und noch eine, immer weitere, die sich aneinanderreihten. Und trotzdem war ich sehr müde. Auch wenn die Stufen aus Licht waren, so musste ich doch viel Gewicht mit mir tragen.

Und als ich keine Stufe mehr vor Augen hatte, sah ich auf und bemerkte eine Tür, die sich langsam öffnete. Ich sah im Licht eine Gestalt, die dort in einem weißen Kleid stand, als habe sie gewartet.

»Was trägst du so schwer an dir, Maryam?«, fragte die Gestalt. »Wenn du mir folgen willst, dann werden deine Schritte leicht sein.«

»Was soll ich tun?«, fragte ich. »Ich will tun, was du sagst.«

»Lege ab, was dir schwer ist.«

Also legte ich ab. Es waren große Taschen, ein schwerer Krug, in dem eine Flüssigkeit war, einen Umhang legte ich ab, der so viel wog wie alles zusammen – all das legte ich ab.

Und so stand ich vor der Gestalt und hatte ein weißes Kleid an wie sie.

»Wer bist du?«, fragte ich.

»Ich bin Jesus«, sagte die Gestalt. »Folge mir nach, Maryam!«

Als ich ihm folgte, kam ich in einen Raum, der sehr hell war.

»Erkennst du nicht, wo du gewohnt hast?«, fragte mich Jesus.

Und da erkannte ich plötzlich, dass es meine Wohnung war, die ich sah – ganz neu gestrichen. Alles darin hatte sich geändert. Die Möbel waren andere. Der Boden glänzte weiß, weil die dunklen Teppiche entfernt worden waren. Die Türen waren hell. Eine Wand war in sehr hellem Grün gestrichen, eine andere in klarstem Blau.

Und Jesus fragte: »Gefällt es dir?«

»Es ist wunderschön geworden«, sagte ich.

»Dies ist mein Haus. Von nun an sollst du hier wohnen«, sagte Jesus.

Dies war mein Traum. Und er ist so wahrhaftig, dass ihm die Erinnerung nichts anhaben kann. So kommt es mir vor.

104. Wann bin ich eine Christin?

Cherins Auto war groß, neu und sicherlich teuer gewesen. Ich sah eine Schramme, dort wo ich einstieg.

Sie wollte mit mir eine christliche Familie besuchen.

»Eigentlich ist sie nicht christlich«, erklärte sie mir. »Von allen ist nur der Sohn zu uns gekommen. Seine Mutter klang am Telefon sehr aufgeregt.«

Während wir fuhren, erzählte mir Cherin von sich.

»Mein Mann und ich leiten die Gemeinde in unserer Stadt. Er leitet die Gottesdienste und begleitet die Christen auf ihrem Weg. Ich kümmere mich um die Familien, die auf ihrem Weg in Gefahr gekommen sind.«

Sie unterbrach sich, weil eine Ampel auf Rot schaltete.

Cherin sprach oft von der Gefahr. Und ich fragte mich: Wenn sie die Gefahr nicht fürchtet – eine erwachsene Frau mit eigenen Kindern –, warum sollte ich sie fürchten?

»Meine Aufgabe ist sehr wichtig für eine Gemeinde. Christsein ist nicht verboten, aber wenn Muslime zu uns kommen, um unseren Weg zu gehen, dann müssen wir uns um ihre Familien kümmern, damit es dort nicht zum Streit zwischen den Christen und den Muslimen kommt. Damit niemand geht und Dinge ausspricht, die uns in große Gefahr bringen.«

»Aber, Cherin, ich bin keine Muslima – keine richtige! Ich kenne eine richtige Muslima. Sie würde niemals eine Kirche betreten!«

»Du hast recht, zu uns kommen nur die Menschen, die einen Glauben suchen. Sind sie Muslime? Für uns nicht, aber für den Staat sind sie es!«

Hinter ihr hupte ein Auto. Mit stotterndem Motor fuhr Cherin an.

Ich dachte bei mir, dass sie keine arme Frau war, wenn sie so mit ihrem neuen Wagen umging, wie sie es tat.

»Bin ich eine Christin?«, fragte ich leise.

Cherin trat auf die Bremse und lenkte den Wagen an den Straßenrand.

»Was für eine Frage du stellst!« Sie starrte mich an, dann aus dem Fenster.

Vor uns lud ein Mann Melonen aus seinem Wagen. Eine Frucht sprang ihm von der Karre und platzte auf der Straße auf.

»Es war nur eine Frage«, sagte ich leichthin. »Ich will auch keine Antwort.«

Wir fuhren weiter, aber ich merkte, dass Cherin nachdachte.

Und ich hatte noch so viele Fragen in meinem Kopf. Ich war nicht als Christin geboren. Aber wo war dann der Anfang in meinem Leben? Ich hätte es gern gewusst.

»War dieser Petrus ein Christ?«, fragte ich, als Cherin den Wagen in einen Kreisverkehr steuerte.

»Natürlich«, sagte Cherin. »Er war der Lieblingsjünger von Jesus.«

»Aber wann – wann ist Petrus ein Christ geworden? Als Jesus

ihn berührte, ohne dass Petrus ihn richtig gekannt hat – war er da ein Christ? Oder später, als Jesus ihm alles erklärt hat.«

Vom Fahren war sie durch meine Fragen abgelenkt – von meinen Fragen war sie durch das Fahren abgelenkt.

»Als Jesus ihn angesprochen hat – da war er ein Christ«, sagte Cherin und hupte, weil ein Taxi vor ihr hielt.

»Du hast mir in der Moschee gesagt, dass Jesus ihm wie eine Gestalt aus einem Traum erschienen sein muss. Erinnerst du dich?«

»Ja, ich erinnere mich. Natürlich – ich weiß, was ich gesagt habe.«

Die Taxigäste konnten sich nicht einigen, wie sie die Fahrtkosten unter sich teilen wollten.

»Wenn Jesus im Traum zu mir spricht – bin ich dann eine Christin?«

»In einem Traum?«, fragte Cherin erstaunt.

Sie blieb auch noch stehen, als das Taxi bereits losgefahren war. Andere Fahrer hupten. Ich hörte ein knarrendes Geräusch, als sie den Gang wechselte.

»Ja, aber der Traum war sehr deutlich. Als wäre er wirklich. Und er hat seinen Namen genannt, weil er weiß, dass ich eine Iranerin bin.«

Kleine Perlen von Schweiß glitzerten auf Cherins Gesicht.

»Ich glaube, diese Frage muss ich erst meinem Mann stellen, ehe ich sie beantworten kann«, sagte sie.

Wir durchfuhren enge Straßen, die Cherins volle Konzentration forderten. Und ich hatte für heute wohl auch genug Fragen gestellt.

105. Er soll ein Christ sein – aber nicht im Iran

Die Frau empfing uns in ihrem Wohnzimmer. Statt um einen Tisch saßen wir um den Sohn herum. Auf der einen Seite waren seine Mutter und seine Schwester, die sich wie aus dem Gesicht geschnitten waren. Auf der anderen Seite saßen Cherin und ich. In der Mitte hockte der Sohn. In den Händen hielt er eine Bibel. Sein Blick richtete sich auf mich, als sei ich eine Rettung, die er nicht erwartet hatte.

»Warum haben Sie das Mädchen mitgebracht?«, fragte seine Mutter ärgerlich. »Genügt es nicht, dass Sie ihn mit dem Buch verrückt machen?«

Die Schwester sah mich neugierig an.

»Sie ist dabei, weil sie eine Freundin ist«, sagte Cherin. »Sie ist nicht einmal eine Christin.«

»Wir wollen über Puya reden«, sagte die Mutter ungeduldig, als wolle sie Cherin kein Wort glauben.

»Puya?«, fragte Cherin erstaunt. »Er hat gesagt, er heißt Johannes!«

»Sehen Sie, wie verrückt Sie ihn gemacht haben!«, rief seine Mutter empört. »Nicht einmal seinen Namen nimmt er von uns noch an!«

»Was sollen wir tun?«, fragte Cherin.

»Lassen Sie ihn in Ruhe mit Ihrem Zauber!«, verlangte seine Mutter.

»Wir haben ihn nicht verhext!«, entgegnete Cherin. »Wenn er Christ sein will – von sich aus –, vielleicht geht es wieder vorbei?«

Johannes schüttelte langsam den Kopf.

»Sehen Sie nur Maryam an«, sagte Cherin. »Sie ist eine Freundin und muss deshalb nicht Christin sein!«

Die Mutter sah Johannes an, dann mich. Lag etwa doch ein Zauber vor?

Ich glaube, die Schwester fühlte, dass ich eine Christin war.

»Gut«, sagte seine Mutter. Ihre Stimme hatte sich verändert. Sie war bittend geworden.

»Sie müssen wissen, dass er unser einziger Sohn ist.«

»Das verstehe ich«, sagte Cherin. »Aber wir dürfen denen, die kommen, nicht die Tür verschließen. So sagt unser Glaube. Jesus sagt: ›Folgt mir nach.‹ Wie könnten wir sagen: ›Kehrt um?‹ Das ist nicht möglich. Er hat sich für seinen Weg entschieden. Und wir sagen nur: Es ist auch unser Weg, Johannes!«

Ich sah seine Schwester an. Auch sie würde bald den gefährlichen Weg gehen, das spürte ich. Die Mutter schien es nicht zu bemerken.

»Dann lassen sie ihn Christ sein – aber nicht im Iran!«, rief die Mutter.

Cherin schaute sie fragend an.

»Wir haben Geld«, erklärte seine Mutter. »Der Junge ist nicht dumm. Er kann in Kanada studieren. Es ist für alles gesorgt. Und wenn er will, kann er dort Christ sein. Ich bin nicht gegen eure Religion – ich will ihn nur nicht im Gefängnis sehen, wo sie ihn töten werden. Ich bin eine Mutter, sehen Sie das nicht!?«

Sie hatte nun Tränen in den Augen. Ihre Lippen zitterten.

Cherin setzte sich neben sie und legte einen Arm um sie.

»Unsere Gemeinde hat Christen, die in Kanada sind«, erklärte sie leise. »Sie halten Kontakt zu uns. Wir machen keinen Unterschied, aus welchem Land ein Christ kommt.«

Weil ihre Mutter nicht sprechen konnte, sagte die Schwester: »Er will lieber in einem iranischen Gefängnis Christ sein, als in Kanada Informatik studieren.«

Die Mutter nickte. Nun flossen ihre Tränen ohne Unterlass.

Die Schwester würde Johannes folgen, und sie wollte gern nach Kanada. In ihrer Familie war sie die Einzige, die einen Plan hatte.

»Wir sind Christen«, sagte Cherin streng zu uns allen. »Wir

wollen keine Leben zerstören. Johannes ist bei uns willkommen, aber wir wollen nicht, dass seine Familie in Angst um ihn lebt!«

Dann standen wir auf.

»Ich habe auch Kinder«, sagte Cherin mit weicher Stimme. »Und ich habe Angst wie du. Schreckliche Angst!«

Sie nahm die Mutter des Jungen, die sich auch erhoben hatte, in den Arm. So hielten sie sich fest – zwei Mütter, die nichts trennte.

106. Ein Schutzengel für Salumeh

Es pochte laut und in schneller Folge an die Tür meines Salons. Rasch stand ich auf und öffnete leise die Tür. Eine junge Frau mit verrutschtem Hidschab schlüpfte hinein und sah sich um.

»Versteck mich!«, flehte sie.

Ich zog sie unter den kleinen Tisch. »Kriech da runter und roll dich zusammen!«

Weil sie ungeschickt war, gab ich ihr einen leichten Tritt mit dem Fuß, um sie vollständig verschwinden zu lassen. Dann strich ich die Decke über ihr glatt. Nichts war mehr zu sehen von ihr.

Ich ging zur Tür und sah hinaus. Links kam ein Polizist, der langsam den Flur entlangging.

»Haben Sie eine junge Frau gesehen, die hier entlanglief?«, fragte er.

»Ich habe etwas gehört«, sagte ich. »Vor meiner Tür.«

Der Polizist nickte. »Dann ist sie auf der anderen Seite herausgelaufen.«

Hinter ihm kam langsam ein anderer Polizist. Sich umschauend gingen sie in Richtung Ausgang. Ich blieb stehen und sah ihnen nach, als sei ich neugierig.

»Sind die Polizisten weg?«, fragte die Frau unter dem Tisch.

»Nicht ganz«, sagte ich. »Bleib unten. Die Polizisten gehen im Flur auf und ab. Wir sollten uns still verhalten.«

Ich überlegte, was ich mit dieser Frau unter meinem Tisch anfangen sollte.

Ich blätterte in einem leeren Notizbuch und wartete.

Dann zog ich das Tuch vom Tisch und ließ sie hervorkommen.

Ich hatte beschlossen, sie zu meiner Freundin zu machen.

Seit ich eine Christin geworden war, glaubte ich, dass Dinge geschahen, weil sie einem Willen folgten.

Sie sah sich bei mir um.

»Wo bin ich?«, fragte sie.

»Das hört sich an, als hätte ich dich entführt.«

»Nein, nein, das soll es nicht«, sagte sie schnell. »Ich bin dir sehr dankbar.«

»Ich bin Maryam«, sagte ich. »Setze dich auf den Stuhl.«

»Ich bin Salumeh«, sagte die junge Frau. »Und was machst du hier, Maryam?«

»Ich bin in meinem Salon und verstecke eine junge Frau, die ich nicht kenne.«

Sie lachte. Vor zwei Minuten noch von der Polizei verfolgt.

Was war sie eigentlich, wenn sie keine Diebin oder ein Straßenmädchen war? Denn das war sie alles nicht. Nichts an ihr war ärmlich oder verwahrlost.

»Du überlegst, warum mich die Polizei verfolgt hat?«

Salumeh war voller Leben und Stolz, wie sie mich ansah.

»Du hast nicht nötig, etwas zu stehlen, wenn ich dich so betrachte. Dafür habe ich einen Blick.«

»Du meinst, dass meine Eltern reich sind?«, fragte sie. »Du meinst, dass ich mir deshalb alles herausnehme?«

Hatte ich sie gekränkt?

»Nein, keine Sorge, Salumeh. Ich finde, du bist sehr mutig«, sagte ich und schaute auf die schwarzen Locken, die vorwitzig aus dem Kopftuch hervorlugten.

»Meine Eltern wissen nichts davon«, sagte sie. »Wenn sie es wüssten, würden sie sich große Sorgen machen – besonders mein Vater.«

Ja, sie war ein Vaterkind! Es gab Väter im Iran, die billigten, was mit den Frauen geschah – sie missbilligten aber entschieden, was mit der eigenen Tochter geschah. So ein Mädchen war sie. So einen Vater hatte sie.

»Ich bin ein Hidschab-Mädchen«, sagte Salumeh.

Ich wusste ehrlich nicht, was sie meinte. Jedes Mädchen im Iran hatte einen Hidschab zu tragen.

»Wir ziehen ihn in der Öffentlichkeit ab und machen Fotos von uns«, sagte sie.

Jetzt verstand ich. Die Polizisten waren von der Sittenpolizei gewesen.

»Ich gehöre zu den Mädchen, die frei sein wollen. Wir wollen den Hidschab nicht tragen. Die beiden Polizisten haben mich gejagt. Wenn du mich nicht hereingelassen hättest, wäre ich jetzt im Gefängnis.«

»Ihr seid mutig«, sagte ich.

»Die anderen sind mutiger, und sie laufen schneller!«

»Dafür hast du einen Schutzengel.«

Salumeh sah mich dankbar an.

107. Die kleine Kirche

»Deine Fragen zu unserer Kirche, zu unseren Gottesdiensten haben mir keine Ruhe gelassen«, sagte Cherin.

Sie saß schon im hinteren Teil des Cafés, das sie mir beim letzten Telefon genannt hatte. »Hier bin ich bekannt«, sagte sie. »Wir können ungestört reden.«

Auf einen Blick von Cherin brachte die Besitzerin uns Tee und einen Teller mit süßem Gebäck.

»Ich habe mit meinem Mann gesprochen. Er hat sich gefreut, von dir und deiner Freundin zu hören.«

Sie zeigte mir ein großes Haus, das hinter einem blauen Zaun schräg gegenüberliegend von dem Café stand.

»Dort«, sagte sie, »ist unsere Hauskirche.«

Es war ein normales, wenn auch großes Haus.

»Oben sind unsere Räume, im Erdgeschoss ist die Kirche«, sagte sie.

»Dort wohnt ihr – eure Familie? Und die anderen kommen als christliche Gemeinde?«

»Ja, dort feiern wir Gottesdienste und unsere Feste. Es ist ein offenes Haus. Mein Mann mag es so, dass jeder zu allen Zeiten willkommen ist.«

»Und die Nachbarn – sie wissen, dass ihr eine Hauskirche seid?«, fragte ich sehr erstaunt.

»Wir laden sie nicht zum Gottesdienst ein. Aber wir laden sie ein, wenn wir ein Fest haben. Für die Nachbarn ist es nur ein Essen. Und Ramadan feiern wir gemeinsam mit ihnen.«

»Weißt du, unsere kleine Kirche wird von der Polizei – wie soll ich es nennen? – wohlwollend übersehen.« Cherin lächelte unsicher.

»Wann können wir zu einem Gottesdienst kommen? Ich war bisher nur in einer leeren Kirche.«

»Ihr könnt nicht zum Gottesdienst kommen – darum geht es ja!«

Ich war verwirrt, aber saßen wir nicht deshalb hier in dem Café? Mit anderen Christen gemeinsam an einem Gottesdienst teilzunehmen war mein größter Wunsch.

»Ihr könnt das Haus besuchen, aber nicht den Gottesdienst – verstehst du?«

»Ah, du meinst, wenn wir kommen, findet dort ein Gottesdienst statt, aber wir besuchen das Haus.«

Cherin nickte zufrieden. »Es ist ein offenes Haus. Und der Gottesdienst hat keinen richtigen Beginn und kein richtiges Ende.

Wir fangen am Nachmittag an, wenn die ersten Besucher da sind. Jeden Samstag.«

»Dann kommen wir, auf jeden Fall!«, versprach ich. »Vielleicht bringen wir noch andere Freundinnen mit, ich –«

»Um Himmels willen, nein!«, unterbrach mich Cherin. »Wir müssen vorsichtig, sehr vorsichtig sein!«

Ich hatte ihr nur ein bisschen Angst machen wollen. Ich kannte nur Salumeh gut genug, um sie einzuladen.

»Du kannst kommen, ja!«, sagte Cherin. »Zu zweit geht auch. Aber auf keinen Fall zu dritt oder mit mehreren! Und nur einmal im Monat! Ihr seid Besucher, keine Gläubigen!«

Die Christen waren wirklich sehr vorsichtig. Ich dachte an Salumeh und ihren Schutzengel. Und ich dachte an ihre Freundinnen, die keinen Schutzengel brauchten, weil sie schneller laufen konnten als die Sittenpolizei.

»Mein Mann ist sehr glücklich über euer Interesse«, sagte sie. »Er heißt jeden Besucher willkommen.«

Ich hatte Cherin wirklich gern, aber manchmal sprach sie, als sei sie nicht die Herrin ihrer Worte.

»Diese … deine Freundin – erzähl mir etwas über sie«, bat mich Cherin.

»Salumeh heißt sie, und ich mag sie, weil sie frei ist und lebendig.«

»Sie ist aber kein … Spitzel?«, fragte Cherin leise.

Sie hatte gewartet, bis die Besitzerin sich entfernt hatte.

»Nein – das kann ich ausschließen!«

Das Gebäck, das sie gebracht hatte – so unterschiedlich die Form war –, hatte immer einen roten Punkt in der Mitte.

»Hast du vorgeschlagen, unser Haus zu besuchen, oder sie?«

»Ich habe es vorgeschlagen. Sie weiß nicht einmal, dass ich eine Christin bin.«

Cherin sah mich an, als wolle sie einen Gedanken nicht aussprechen.

»Und ihre Freundinnen – wer sind sie?«

»Ich kenne sie nicht«, sagte ich und wusste tatsächlich nichts über sie, außer dass sie frei sein wollten.

108. Der Glaube, der uns eint

»Siehst du das offene Tor?«, flüsterte ich Salumeh zu. »Dahinter ist die Hauskirche.«

So unauffällig wie möglich gingen wir die Straße entlang. Salumeh lachte über etwas, das ich nicht gesagt hatte. Ich schüttelte ernst den Kopf in einem Gespräch, das es nicht gab. Einmal blieb sie stehen, um den ordentlichen Sitz ihres Hidschabs zu prüfen.

Wir gingen durch das Tor und auf ein großes Wohnhaus zu, dessen Eingangstür weit geöffnet war, als gebe es keinen Grund, etwas zu verbergen.

»Fassen wir uns an den Händen?«, fragte Salumeh leise, nachdem wir eingetreten waren. Ich reichte ihr meine Hand.

So betraten wir den großen Empfangsraum, in dem die Christen in mehreren Stuhlreihen dem Pastor lauschten. Er stand hinter einem Pult, dem Altar, und sprach zu den Gläubigen. Über ihm an der Wand leuchtete ein silbernes Kreuz mit feiner Schmiedearbeit. Den Altar rahmten zwei große Kerzenständer, an den Wänden hingen ein Bild der Muttergottes und eine Leinwand mit Jesus, der einen Mann segnete.

Bei unserem Eintreten hatte der Pastor seine Predigt für einen Moment unterbrochen und uns zugelächelt. Jedoch keiner der etwa zwanzig Christen, die in den Stuhlreihen links vor dem Altar saßen, hatte sich nach uns umgedreht. Es war, als gäbe es uns nicht. Ich entdeckte Cherin in der ersten Reihe neben ihren Kindern. Rechts vor dem Altar waren noch alle Stuhlreihen frei. Dort nahmen Salumeh und ich Platz, und der Pastor setzte seine Rede fort:

»Weil heute Gäste unter uns sind, will ich auch zu ihnen sprechen, denn sie sind im rechten Glauben gewiss. Ich lese nun aus der Sure Ali Imran.« Und er las zu unserem Erstaunen tatsächlich aus dem Koran.

Maryam aber sagte: »Mein Herr, wie soll mir ein Sohn geboren werden, wo mich doch kein Mann je berührte?«

Er sprach: »Gott erschafft, was Er will; wenn Er beschlossen hat, spricht Er: ›Sei!‹, und es ist.«

Und Er wird deinen Sohn das Buch lehren und die Weisheit und die Thora und das Evangelium und Er wird ihn entsenden zu den Kindern Israels, dort zu sprechen: »Seht, ich bin zu euch mit einem Wunder Gottes gekommen. Seht, ich erschaffe für euch aus Ton die Gestalt eines Vogels und werde meinen Atem in sie hauchen, und sie soll aus Gottes Gnade ein Vogel werden und fortfliegen; und ich heile den Blindgeborenen und den Aussätzigen und mache die Toten aus Gottes Gnade lebendig.«

Wie gebannt lauschten Salumeh und ich jedem einzelnen Wort.

»Wer immer sagt, wir Christen stünden nicht im Glauben der Rechtgläubigen, der sieht nicht, dass die Bücher des Glaubens – die Thora und das Evangelium – untrennbar verknüpft sind mit den Lehren des Islam. Wenn wir das Evangelium lesen, dann schenken wir ihm nicht einen anderen Glauben, sondern einen untrennbaren Glauben. Wenn wir uns zu Christus bekennen – was trennt uns vom Bekenntnis der Muslime zu Jesus, der ihnen Prophet ist? Und zum Zeichen, dass der Glaube uns eint, lese ich aus dem Evangelium zu euch von der Kraft des Gebetes.«

Wenn du aber betest, so geh in ein Zimmer und bete zu deinem Vater, der im Verborgenen ist; und der Vater, der in das Verborgene sieht, wird dich erhören. Und wenn ihr betet, dann macht nicht Worte wie die Un-

gläubigen, denn sie glauben, wegen der Worte würden sie erhört. Darum macht es ihnen nicht gleich, kennt euer Vater doch euer Gebet, bevor ihr es ausgesprochen habt.

Am Ende des Gottesdienstes fassten sich alle Christen einer Sitzreihe an den Händen, so wie Salumeh und ich es schon die ganze Zeit taten. Alle im Raum senkten ihre Köpfe und schlossen die Augen. Es war völlig still. Ich sah zur Muttergottes. Salumeh schaute die Christusfigur an. Wir beteten nicht, aber die Stimmung war so voller Frieden, dass ich die Zeit und alles vergaß.

109. Eine Geschäftspartnerin

Immer mal wieder hatte ich Tiba beobachtet und festgestellt, wie beliebt sie bei den Kundinnen war. Heute hatte sie Salumeh frisiert.

Als Tiba gegangen war, saß ich allein mit Salumeh im Salon.

Eigentlich wollte ich sie nach ihren Freundinnen fragen, aber nun fragte sie mich über Tiba aus.

»Eine Geschäftspartnerin ist sie«, sagte ich. »Weil sie sehr tüchtig ist, werden wir bald alles teilen.«

»Ich kenne viele Salons und habe schon von vielen Mädchen die Haare gemacht bekommen«, sagte Salumeh, »aber Tiba ist wirklich sehr gut.«

Ich nickte zufrieden. Sie bestätigte meinen Eindruck von Tiba. Wie hätte ich mir sicher sein können, so wenig wie ich sie kannte?

»Sie ist aber auch recht verschlossen«, sagte Salumeh. »Etwas an ihr ist anders – ich kann es nicht erklären.«

»Ja, ich weiß, was du meinst, Salumeh. Sie kommt aus sehr einfachen Verhältnissen. Ihre Eltern sind sehr arm.«

»Aber woher kennst du sie?«, fragte Salumeh erstaunt.

»Ihre Mutter hatte mich vor mehreren Jahren angesprochen, weil sie in Not war.«

»Mich hat noch nie eine Frau angesprochen, weil sie in Not war«, sagte Salumeh betrübt.

Aber dann fiel ihr ein, dass ich ein Schutzengel war, und sie grinste vergnügt.

»Tibas Vater war im Gefängnis, weil er sich einer Gewerkschaft angeschlossen hatte.«

»Auch er wollte seine Freiheit«, sagte Salumeh.

»Gewissermaßen.« Etwas anderes fiel mir nicht ein. In manchen Dingen konnte ich Salumeh nicht widersprechen.

»Die Familie hat gehungert, als er im Gefängnis war.«

»Gehungert?« Salumeh sah mich entsetzt an. »Das kann nicht sein!«

Wie viele Frauen hätten mich angesprochen, wenn ich es zugelassen hätte!? Ich wollte mir die Verzweiflung dieser Familien lieber nicht vorstellen.

»Gehungert?«, fragte sie noch einmal.

»Ja – gehungert!«

»Dann versteh ich, wie sie mich anschaut«, sagte sie und prüfte, wie spitz eine Schere war.

»Du weißt so wenig, Salumeh«, sagte ich, als spreche ich zu mir. »Sie muss niemanden lieben, wenn sie die Haare schneidet.«

»Ach, ich weiß so wenig, Maryam. Und ich wüsste gern alles!«

»Warst du schon einmal in einem Gefängnis?«

»Natürlich nicht!«, rief Salumeh entsetzt. »Tiba etwa? Du etwa?«

»Tiba war dort, um ihren Vater zu besuchen. Ich habe meinen Bruder besucht.«

»Aber warum? Was hat dein Bruder getan?«

»Er ist ein Ahwazi – für eine Verhaftung reicht das«, sagte ich und gab mir Mühe, nicht bitter zu klingen.

»Du etwa auch? Bist du auch eine Ahwazi-Araberin?«

Aber dann schüttelte sie den Kopf, weil sie begriff, wie dumm ihre Frage gewesen war.

»Du schaust mich aber nicht so an wie Tiba. Sie könnte nie eine Freundin von mir werden.«

»Armut ist schrecklich«, sagte ich ihr. »Ich bin stolz, eine Ahwazi zu sein. Aber arm zu sein – worauf willst du stolz sein?«

»Ich bin stolz, eine Perserin zu sein«, sagte Salumeh unbekümmert.

»Ich weiß«, sagte ich und sah ihr in die Augen.

»Entschuldige, Maryam – so war es nicht gemeint! … Findest du mich eigentlich mutig?«, fragte sie.

Ich lächelte sie an.

»Ja, ich finde dich mutig«, sagte ich. »Dein Vater wird die Polizisten bestechen, aber dafür kannst du nichts.«

»Und findet mich Tiba mutig?«

»Warum nicht, doch, doch, bestimmt findet sie dich mutig.«

Salumeh lächelte zufrieden, weil sie so wenig von Tiba verstand.

Aber ich wusste, Tiba verachtete Salumeh. Schlimmer als das.

110. Eine konspirative Wohnung

Salumeh traf sich mit ihren Freundinnen neuerdings in einer leer stehenden Wohnung, die dem Vater gehörte. Dort sprachen die Mädchen über ihre Aktionen. Sie planten etwas oder sie redeten nur. Hin und wieder kam auch ich mit zu den Treffen. So war ich auch eine Woche zuvor dabei gewesen, als eines der Mädchen, sie heißt Hayedeh, mit blutverkrusteter Lippe und einem blau angeschwollenen Auge zu dem Treffen erschienen war. Sie hatte mit leiser Stimme erzählt, wie sie tags zuvor von Sittenpolizistinnen gefasst und ins Gefängnis gebracht worden war – weil sie ihr Haar in der Öffentlichkeit gezeigt hatte. Beim Verhör war sie heftig geschlagen worden. Die Mädchen hatten Fotos von ihren Verletzungen gemacht.

Heute saß Hayedeh wieder im Kreis, die Spuren der Misshandlung waren noch immer deutlich zu sehen.

Salumeh ergriff das Wort. »Maryam und ich möchten euch von dem Gottesdienst der Christen erzählen – wir waren dort«, begann sie.

Selbst Niku, die meist mit ihrem Handy beschäftigt war, schaute nun erstaunt auf.

»Erst mal findet er in einem gewöhnlichen Wohnhaus statt – also im unteren Teil eines Wohnhauses, der als Kirche dient. Das hättet ihr nicht gedacht, oder? Und außerdem ist alles offen: das Tor und auch der Eingang. Jeder kann eintreten. Auch wenn er nur zuschauen will.«

»War Polizei in der Gegend?«, fragte Hayedeh.

»Nein, sie wussten anscheinend nichts.«

Hayedeh grinste. »Es kostet, wenn sie nichts wissen.«

»In dieser Hauskirche sitzen die Christen links und die Gäste rechts. Also nicht Männer und Frauen getrennt, sondern nach Glauben. Die Fenster sind klein. Links und rechts geht eine Treppe zur Balustrade hoch.«

»Gibt es Kerzen, wie man erzählt?«, fragte Niku.

»Ja, sie haben sehr schöne Kerzenständer neben dem Altar. Weiße Kerzen, armdick«, antwortete ich.

»Aber es ist ein Privathaus?«

»Ja, die Familie wohnt in der oberen Etage«, sagte Salumeh.

»Okay, als ihr eingetreten seid – was wurde geredet?«, wollte nun Hayedeh wissen.

Salumeh sah mich hilfesuchend an. »Es wurde eine Sure gelesen – stimmt es, Maryam?«

Die Mädchen starrten uns ungläubig an.

»Das ist nicht euer Ernst!?«, rief Hayedeh.

»Sie müssen vorsichtig sein«, versuchte ich zu erklären.

»Außerdem haben sie christlich gebetet«, warf Salumeh ein.

»Stumm«, sagte ich.

»Habt ihr auch gebetet?«, fragte Niku.

»Nein, wir wussten nicht, wie es geht.«

»Es war aber eine sehr schöne Stimmung«, ergänzte Salumeh. »Beim Beten fassten sich alle an den Händen.«

»Ja, sie sitzen auf Stühlen und haben den Kopf gesenkt, wenn sie beten«, erklärte ich ihnen. »Es ist alles ganz anders als im islamischen Glauben. Leiser. Inniger.«

»Ich habe gelesen, dass die Christen singen«, sagte Niku.

»Ja, sie singen gemeinsam. Als wir rausgegangen sind, haben wir den Gesang gehört.«

»Aber warum lesen sie eine Sure, wenn sie Christen sind?«, fragte Hayedeh. »Das verstehe ich nicht.«

»Du hast recht. Wir brauchen jemanden, der uns das Christentum erklärt«, stellte Salumeh fest.

»Es ist gefährlich, über das Christentum zu sprechen«, sagte ich. »Aber ich kenne jemanden.«

111. Wir sind Jesus am nächsten!

Bei diesem Besuch setzten wir uns an einen Tisch, denn Cherin hatte eine Schreibmappe mitgebracht. Die Mutter und seine Schwester hatten Puya, der bei uns Johannes hieß, links und rechts eingerahmt.

»Ich habe mit meinem Mann, der unserer Gemeinde vorsteht, gesprochen. Wir haben ein Dokument, in dem wir bestätigen, dass Puya an unserem Gemeindeleben teilgenommen hat.«

»Aber das wissen wir!«, sagte seine Mutter. Ihre Tochter stieß sie an.

»Sie wissen es, aber der Sicherheitsdienst darf das Dokument nicht in die Hände bekommen. Denn es würde bedeuten, dass wir missioniert haben!«

Die Schwester beobachtete ihren Bruder. Etwas war zwischen ihnen, von dem die Mutter nichts wusste.

»Mit diesem Dokument kann er sich in Kanada oder in einem anderen Land als Christ ausweisen«, erklärte Cherin. »Dort wird er Schutz bekommen. Er kann ein ganz normales Leben führen, ohne Angst vor einem iranischen Gefängnis.«

Seine Mutter las das Dokument durch.

»Auf der Reise darf er das Dokument auf keinen Fall bei sich führen. Er muss es bekommen, wenn er dort angekommen ist.«

»Wir haben Freunde, die legal ein- und ausreisen dürfen. Sie werden es mitnehmen, wenn wir sie fragen.«

»Dann ist für alles gesorgt«, sagte Cherin zufrieden.

»Ich gehe nicht aus dem Iran weg!«, sagte Johannes bestimmt.

Seine Schwester sah zur Decke, als erhoffe sie sich von dort Beistand.

»Sehen Sie!«, rief seine Mutter. »Er weiß nicht mehr, was er redet.«

»Aber warum nicht, Johannes?«, fragte Cherin. »Ich kenne viele Menschen, die wären froh, wenn sie ein solches Schreiben in der Hand hielten.«

Seine Schwester nickte nachdrücklich.

»Würde sie aus dem Iran weggehen?«, fragte Johannes und zeigte auf mich.

»Ich habe noch nicht darüber nachgedacht«, sagte ich.

»Ich aber«, sagte er. »Im Chat haben sie gesagt, dass es einfacher ist, in einem iranischen Gefängnis Christ zu sein als in Kanada.«

Puyas Mutter zuckte bei diesen Worten zusammen.

»Wer sagt so etwas?«, fragte seine Schwester empört.

»Die Leute, die in Kanada sind!«

»Sie haben gut reden – sie sind ja nicht in einem iranischen Gefängnis!«

»Die meisten waren aber schon dort«, entgegnete Johannes.

»Was soll das überhaupt heißen?« Die Geschwister hatten Übung im Streiten.

»Es bedeutet, dass der Glaube dort stark ist – das ist es!«

»Wenn du tot bist, ist dein Glaube tot«, sagte seine Schwester.

»Nein, mein Glaube ist tot, wenn ich nicht zu ihm stehe!«

Seine Schwester nahm Cherins Dokument in die Hand, um es zu lesen. Ich konnte mir denken, was sie dachte.

»Wir haben in den Onlinegruppen sowohl Christen, die noch im Iran sind, als auch Christen, die bereits geflohen sind«, erklärte Cherin.

Die Mutter hatte wieder Tränen in den Augen.

»Ich bin Christ geworden, um Christ zu sein! Ich bin nicht Christ geworden, um in Kanada Informatik zu studieren!« Johannes warf seiner Schwester einen verachtenden Blick zu.

Dann schwiegen wir alle für einen Moment.

»Kannst du in Kanada nicht beides sein – auch wenn es schwierig ist?«, fragte Johannes' Schwester vorsichtig.

Er schüttelte heftig den Kopf.

»Wir sind die wahren Christen!«, rief er. »Wir – die Christen im Iran! Wir sind Jesus in seinem Leiden am nächsten!«

112. Judas, ein iranischer Christ

Ich war lange nicht mehr bei dem Treffen der Mädchen in der leer stehenden Wohnung gewesen, aber an diesem Tag hatte Salumeh unbedingt darauf bestanden, dass ich mitkommen sollte.

»Wir haben Unterstützung bekommen«, sagte Salumeh zu mir. »Sieh nur, der Pastor hat uns jemanden geschickt!«

Im Kreis der Mädchen auf dem Teppich saß Johannes, der früher Puya hieß, und sah mich feindselig an.

»Ich weiß, wer sie ist.« Er zeigte auf mich.

»Woher?«, riefen die Mädchen wie aus einer Stimme.

»Sie ist eine von denen, die will, dass ich den Iran verlasse.« Johannes war immer noch aufgebracht.

»Mir tat seine Mutter leid. Sie möchte, dass ihr Sohn in Sicherheit ist. Ich bin auch Mutter eines Sohnes, ich verstehe das. Welche Mutter will ihren Sohn nicht in Sicherheit wissen?«

»Aber ist das nicht, was wir alle wollen – in Sicherheit sein?«, fragte Niku.

»Und in Freiheit«, ergänzte Hayedeh.

»Aber Jesus ist uns ein Vorbild«, sagte Johannes.

Wir nickten. Natürlich, Christ oder Nichtchrist – Jesus war ein Vorbild.

»Jesus ist für uns gestorben, weil er wusste, dass wir für ihn sterben werden. Wofür verstecken wir uns hier, wofür gehen Christen ins Gefängnis, wofür werden sie getötet – wenn Jesus geflohen wäre? Wofür glauben wir an ihn, wenn er nicht selbst an sich glaubt!?«

Johannes hatte sich in Rage geredet. Die Mädchen nickten. Sie sahen mich empört an, weil mir seine Mutter leidgetan hatte. Nur Salumeh überlegte, was er gesagt hatte.

Ich wusste nicht, was ich noch sagen sollte. Ich wusste nicht einmal richtig, womit ich Johannes so verärgert hatte.

»Ah«, sagte Salumeh zögernd, »ich glaube, ich verstehe.«

Johannes nahm sich einen Stuhl, damit er von dort zu uns sprechen konnte. Er redete von Judas und dem Verrat und Jesus' Kreuzigung.

Die Mädchen lauschten nachdenklich.

»Was ich nicht verstehe«, sagte Salumeh vorsichtig. »Warum hat Jesus nicht mit Judas gesprochen?«

»Vielleicht war sich Jesus nicht sicher«, sagte Hayedeh zu ihr. »Er wollte Judas nicht vorverurteilen.«

»Die Kreuzigung war beschlossene Sache«, sagte Johannes, als sei er genervt. »Wenn nicht Judas, ein anderer hätte ihn verraten – was weiß ich.«

»Oder er hätte sich selbst verraten«, schlug Niku vor.

Johannes verdrehte die Augen. »Ich weiß auch nicht, was passiert wäre, aber es steht geschrieben, dass es Judas war, der ihn verriet. Und dass Jesus gekreuzigt wurde.«

Es war schön, Johannes zuzuhören, wenn er Geschichten aus der Bibel erzählte. Er war sehr leidenschaftlich.

»Außerdem musste Jesus gekreuzigt werden, um auferstehen zu können. Wenn er nur geflohen wäre –«

Johannes machte eine Pause, um Atem zu holen. Dann hob er den Finger, damit wir zuhörten.

»Judas ist immer noch bei uns!«

»Judas ist auch auferstanden?«, fragte Hayedeh leise.

Johannes sah sie verärgert an. »Aber nicht als derselbe Judas – ein anderer eben!«

Er nahm seine Rede wieder auf. »In der Predigt geht es darum, wie wir zu Christus stehen. Ob wir Verräter sind an unserem Glauben …« Er warf mir einen kurzen Blick zu. »Oder ob wir den Kelch Christi annehmen. Es ist unsere Geschichte, von der das Evangelium spricht – die Geschichte der Christen im Iran: Bin ich Judas oder bin ich Petrus?«

»Petrus ist sein Lieblingsjünger«, sagte ich.

»Ihr Frauen – seid ihr Maria, seid ihr Maria Magdalena oder Salome, die ihn salbte.«

»Salome – die Tänzerin?« Salumeh war aufgeschreckt.

»Eine andere – eine zweite Salome!«

Johannes hob die Hand vor uns, um uns wissen zu lassen: »Frauen waren die Ersten, die von seiner Auferstehung erfuhren. So steht es geschrieben!«

»In der Bibel«, sagte Hayedeh.

»Aber wir haben keine Bibel«, sagte Niku.

113. Die Glocken der Kirchen werden läuten

In der ganzen Zeit, in der ich mit Cherin christliche Familien besuchte, gab es viel Not und noch mehr Verzweiflung. Aber es gab auch schöne Momente. Es gab Momente, in denen der Glaube stärker war als die Selbstverständlichkeit des Terrors in unserem Land.

Manche Familie war stark geworden im Glauben. Manche Wohnung, die wir betraten, leuchtete von Hoffnung und Stolz. Dort, wo die bitterste Armut herrschte, fand die Familie Hoffnung. Und manche Frau, die mit ihrem Mann nicht den Weg Jesu gegangen war – sie war mit ihm den Weg der Liebe gegangen. Und sie hielt zu ihm, weil ihre Liebe so stark war wie sein Glaube.

Als wir uns zu der Frau setzten, stand ihr Junge auf.

»Er kennt es nicht anders«, sagte seine Mutter. »Wenn wir Besuch hatten, dann hat mein Mann immer aus der Bibel gelesen. Dann musste er aus dem Raum gehen.«

Sie drückte das Buch an ihr Herz.

»Ich habe das Gefühl, ich kann ihm nah sein, wenn ich in der Bibel lese.«

»Es ist gefährlich, eine Bibel im Haus zu haben«, sagte Cherin.

»Dieses Buch werden sie nicht finden«, sagte die Frau. »Wir schlagen es in Folie ein und verstecken es auf dem Dach. Sie haben es bisher nicht gefunden, und das wird auch so bleiben.«

»Jedes Versteck im Haus ist gefährlich.« Cherin schüttelte bedenklich den Kopf.

»Ich will den Weg gehen wie mein Mann. Ich will ihm folgen, aber mit den Kindern ist es so schwer. Ohne die Bibel habe ich nichts von ihm.«

»Es gibt Familien, die verstoßen ihre Söhne und Töchter für ihren Glauben.« Cherin hatte ihre Hand genommen.

»Mein Vater hat verlangt, dass ich mich scheiden lasse. Er war beim Komitee und hat dort gefragt, ohne dass ich es wusste. Er sagt, mein Mann sei ein Verbrecher. Sie sagten, ich müsse nur unterschreiben. Es werde von einer Muslima erwartet. Ich müsse für meine Kinder zeigen, dass ich an Allah glaube. Aber was sie wollen, kann ich nicht tun.«

»Ihr Mann ist noch nicht lange Christ. Wir sind ihm nie begegnet«, sagte Cherin. »Erzählen Sie mir von ihm.«

»Ich weiß nicht viel, aber er hat sich regelmäßig mit zwei Christen bei uns getroffen. Sie haben die Bibel gelesen und geflüstert. Ich habe gehört, wie er sie gefragt hat und wie sie geantwortet haben. Immer wieder haben sie gelesen und gebetet. Und nachdem sie gegangen sind, saß er ganz bei sich. In dieser Zeit ist er ein anderer Mensch geworden, wie ich ihn nicht kannte. Er war glücklich und ruhig. Etwas in ihm war frei geworden. Aber ich war auch in Sorge. Ich habe oft mit ihm gestritten, wenn die Kinder schliefen.

›Ihr seid so wenige – was wollt ihr ausrichten?‹, habe ich ihn gefragt. ›Wir sind viele Christen‹, sagte er dann, ›wenn der Iran eines Tages frei ist, werden sie kommen. Die Glocken der Kirchen werden läuten, und die Straßen werden voll sein mit Christen! Noch verstecken sie sich und treffen sich nur im Internet.‹ Mein Mann aber wollte Christ sein in seinem Leben – nicht im Internet!«

Ich dachte bei mir, dass der Mann gewusst haben musste, wo sein Weg enden würde. Was für Worte voller Schrecken es waren, wenn sie im Iran ausgesprochen wurden: »Ich glaube an Jesus Christus!« Was für Worte – Wunder und Todesurteil zugleich!

114. Schaut nicht zu dem Haus!

Salumeh und ich gingen die schon im Schatten liegende Straße entlang, in Vorfreude auf den Heiligabend-Gottesdienst, den wir in diesem Jahr das erste Mal miterleben wollten.

»Ob wir die Weihnachtsgeschichte hören?«, fragte Salumeh. »Die Geschichte von Jesu Geburt, von der Johannes schon mal erzählt hat?«

»Wir werden sehen«, sagte ich, als sich uns plötzlich eine Frau in den Weg stellte.

»Gut, dass ihr endlich kommt«, zischte sie und zog uns mit sich. Es war die Betreiberin des Cafés schräg gegenüber der Hauskirche. Sie zog uns in ihr Lokal hinein.

»Was ist los? Wir wollen zum –«

Die Frau unterbrach mich und nötigte uns, an einem Tisch Platz zu nehmen.

»Heute nicht und auch sonst nicht mehr«, sagte sie heiser.

Sie drückte meine Hand auf den Tisch. Schnell bediente sie einen anderen Gast. Aber sie bewegte sich hastig, als könne sie es nicht abwarten, zu uns zurückzukommen.

»Gehen wir?«, fragte Salumeh leise.

Ich schüttelte den Kopf. Etwas stimmte nicht, diese Frau bedrückte etwas Schreckliches.

»Schaut nicht zu dem Haus«, flüsterte sie uns dann zu. »Trinkt einen Tee und geht den Weg wieder zurück.«

»Zwei Tee, bitte«, sagte ich laut.

Sie brachte drei Teegläser und setzte sich zu uns, mit dem Rücken zu ihrem einzigen Gast.

»Das Haus ist gestern von Sicherheitsleuten abgeriegelt und durchsucht worden. Alle sind verhaftet worden! Die Familie, die Gäste und auch die Kinder wurden mitgenommen.«

Sie warf uns einen warnenden Blick zu.

»Sie beobachten das Haus noch immer und wollen sehen, wer heute kommt.«

»Möchtet ihr Gebäck?«, fragte sie, sodass der Gast ein paar Tische weiter sie hören konnte.

»Gern«, sagte ich mit fester Stimme.

»Alle haben sie mitgenommen«, flüsterte sie noch einmal.

»Sehr gern«, sagte Salumeh. »Haben Sie Dattelgebäck?«

Die Frau nickte. Ihre Hände zitterten.

»Alle wussten doch, dass sie Christen sind«, flüsterte sie und stand auf. »So nette Menschen!«

Salumeh und ich sahen uns an und wussten nicht, was wir denken sollten.

»Glück gehabt«, sagte Salumeh leise.

Ich dachte an Cherin und sagte nichts.

»Entschuldige«, sagte Salumeh.

Wir aßen nachdenklich das Gebäck und wechselten immer wieder einen Blick mit der Wirtin.

Salumeh saß so, dass sie zu dem Haus schauen konnte.

»Nichts, niemand da«, sagte sie. »Kein Licht, keine Bewegung.«

»Es ist passiert!« So oft hatte Cherin mich gewarnt. Und es war so fern gewesen. Wie hatte ich mich getäuscht!

»Niku und Hayedeh«, entfuhr es Salumeh auf einmal. Leiser sagte sie: »Sie wollten gestern zum Freitagsgottesdienst! Ich habe sie heute nicht erreicht. – Glaubst du …«

»Und Johannes?«

»Weiß nicht«, sagte sie. Ihre Stimme bebte vor Sorge.

Wir schwiegen und starrten auf das Gebäck.

»Wie schrecklich!« sagte Salumeh. »Gefängnis!«

Langsam, sehr langsam begriffen wir, was geschehen war. Schrecklichste Bilder standen mir vor Augen.

»Können wir etwas tun?«, fragte Salumeh.

»Je weiter wir uns entfernt halten, desto besser ist es für sie!«

»Was ich nicht verstehe«, sagte Salumeh nachdenklich, »warum kommen sie nicht heute? Heute wäre die Kirche voll gewesen!«

Die Wirtin hatte sich wieder zu uns an den Tisch gesetzt.

»Warum gestern, warum nicht heute?«, fragte Salumeh noch einmal.

Die Wirtin war völlig verstummt.

»Heute ist der Heilige Abend«, sagte ich. »Heute feiern die

Christen auf der ganzen Welt – da wollten sie wohl nicht, dass sie alle auf den Iran schauen.«

Salumeh nickte zustimmend. Die Wirtin wischte sich Tränen aus dem Auge.

Als wir sahen, dass die fremde Frau weinte, waren wir wie erschlagen von Traurigkeit.

115. Eine Zimmerdurchsuchung

Auf dem Tisch zwischen mir und meiner Mutter lag die Bibel, die ich immer nur heimlich las. Meine Mutter hatte die Zimmer anscheinend durchsucht, und ich schaute sie vorwurfsvoll an.

»Ich musste es tun«, sagte sie.

»Warum?«

»Weil wir Hausdurchsuchungen bekommen werden. Da ist es besser, ich finde etwas, bevor der Sicherheitsdienst etwas findet.«

»Hausdurchsuchungen – wegen meiner Bibel?«

»Hausdurchsuchungen wegen deiner Brüder«, sagte sie knapp. »Es passiert jetzt überall.«

Meine Bibel lag auf dem Tisch. Wie konnte ein so kleines Buch eine Gefahr für diesen Staat sein?

»Was fürchten sie von diesem Buch?«, fragte ich nachdenklich.

Meine Mutter hatte mich nicht verstanden.

»Warum fürchten sich die Mullahs vor diesem Buch? Wenn die Ahwazi ihr Land fordern – ich verstehe, dass der Iran ohne die Gasfelder der Ahwazi nicht existieren kann –, aber dieses Buch?«

»Ich weiß es nicht«, sagte meine Mutter ernst, »aber ich weiß, dass sie es nicht tolerieren.«

»In der Stadt erzählen sie überall, dass eine christliche Hauskirche geschlossen wurde.« Meine Mutter sah mich sehr ernst an.

Wie alt sie geworden war in der letzten Zeit! Seit ich einen Sohn hatte, war sie eine Großmutter geworden, und ich hatte es nicht bemerkt.

»Ich habe von einer guten Freundin gehört, dass die Frau des Pastors in deinem Salon verkehrt hat. Sie gehört zu denen, die verhaftet wurden.«

Meine Mutter kannte mich gut genug, um zu sehen, wie mich die Nachricht erschreckt hatte.

»Ich habe gehört, sie haben die Verhöre in einer Schule gemacht, die sie dafür ausgesucht haben. So viele Menschen waren es!«

»Und was ist ihnen passiert?«, fragte ich leise.

»Niemand weiß etwas. Dabei war die Kirche angemeldet. Gewissermaßen. Sie müssen Muslime konvertiert haben.« Meine Mutter warf mir einen Blick zu, der mir bis unter die Haut ging.

Als wir eine Zeit lang schwiegen, schlug sie die Bibel behutsam auf.

»Ich muss dir etwas sagen, Maryam«, begann sie vorsichtig. »Ich habe sie nicht gesucht, weil wir Hausdurchsuchungen haben, sondern – wegen deines Mannes.«

»Mein Mann? Was hat er damit zu tun!?«

»Ja, du fragst dich, was er damit zu tun hat. Kannst du es dir nicht denken?«

»Nein, das kann ich nicht!«

»Willst du es dir nicht denken, Maryam? Dein Mann arbeitet in einem Bereich, für den er eine Sicherheitsprüfung braucht.«

Ich zog ihr mit einem Ruck die Bibel aus den Händen. Meine Mutter schaute mich traurig an.

»Wenn du Christin bist – oder auch nur im Verdacht stehst, eine zu sein –, was wird er dann tun, wenn sie ihn vor die Wahl stellen: Ehe oder Beruf?«

Ich wusste nur, dass der Beruf meinem Mann sehr viel bedeutete. Er war bei denen gewesen, die für ein sehr anspruchsvolles

Studium ausgewählt worden waren. Als Ahwazi. Und er war stolz darauf – das wusste ich.

»Und wenn er sieht, dass du dich entschieden hast: für das Christentum und gegen deine Ehe. Wie wird er dann entscheiden?«

»Ich habe mich nicht entschieden!«

»Du hast dich nicht entschieden?« Meine Mutter kannte mich. Was konnte ich ihr entgegenhalten? »Was ist, wenn ich dich frage: Christin oder Ehefrau?«

Ich schwieg, nahm die Bibel und stand auf.

»Sei vorsichtig, Maryam, und denk an dein Kind. Danial braucht dich«, sagte meine Mutter leise.

116. Ein Salon, von dem die Stadt spricht

Als ich den Salon betrat, schwiegen Tiba und die Kundin mitten im Gespräch. Sie sahen sich im Spiegel an, als sei jedes feine Haar interessanter als ein Gespräch.

Ich ging in mein Büro und ließ sie allein. Ich musste allein sein und überlegen.

Eins stand fest: Wenn meine Mutter von der Hauskirche gehört hatte, dann wussten es alle Frauen in der Stadt. Meine Mutter war eine Lehrerin und interessierte sich wenig für Tratsch und Klatsch.

Ich war wütend: Was wussten diese Frauen von Cherin! Welche dieser Frauen hatte Mitleid mit ihr? Für eine ungeprüfte Neuigkeit hätten diese Frauen ein Stück ihres Herzens hergegeben!

Es fällt mir schwer, meine Gefühle zu beschreiben. Ich hatte Angst um mein Kind – schreckliche Angst. Es war, als hätte ich einen Gürtel zu eng um mein Herz gezogen. Im Iran bekam der Mann per Gesetz die Kinder im Falle einer Trennung. Die Frau bekam nichts. Wie viel weniger Rechte hatte eine Frau, die eine

Christin geworden war!? Wäre Cherins Mann nicht auch ein Christ – sie würde ihre Kinder nicht mehr wiedersehen!

Ich hatte große Angst, aber ein Teil von mir war bei Cherin. Und sie war im Gefängnis! Ich war mit mehr als einem Gedanken bei ihr.

Ich saß hier in meinem Büro, und kein Teil von mir konnte eine Entscheidung für den anderen Teil fällen. Ich war eine Mutter, und ich war eine Christin. Aber ich konnte es nicht gleichzeitig sein.

Ich räumte alle Gegenstände von meinem Tisch und betrachtete die leere Platte. Sie glänzte kalt. Kein Gedanke würde an ihr haften bleiben können. Alles, was ich tun konnte, war nachzudenken. Aber es gelang mir nicht.

Cherin konnte mir nicht mehr helfen. Als ich mich erhob, fühlte ich mich benommen und leer. In diesem Moment betrat Tiba das Büro. Sie war mit ihrer Kundin fertig geworden.

Tiba sah mich prüfend an. In dieser Zeit war sie zu einer echten Partnerin geworden, die ihr Geld mehr als verdiente. Aber wir waren keine Freundinnen. Vielleicht war es besser, das Geschäft und das Private zu trennen. Tiba war unnahbar geblieben. Ich wusste, ich konnte ihr nicht sagen, was mich bewegte. Mein Gefühl sagte mir, dass ich nicht zu weit gehen durfte. Aber ich dachte nicht über das Gefühl nach.

»Worüber habt ihr gesprochen?«, fragte ich sie.

Zuerst wollte Tiba es nicht sagen. Ich sah es in ihren Augen. Doch dann erklärte sie: »Sie hat mir erzählt, dass eine Kirche durchsucht wurde.«

Schön, dass sie mich nicht anlog. Von nichts anderem als der Hauskirche wurde geredet. Warum sollte ausgerechnet diese Kundin es nicht tun?

»Drei unserer Kundinnen – das sagt sie – sind verhaftet worden. Zwei sind wieder frei, aber die dritte Kundin ist die Frau des Kirchenmanns.«

Ich saß vor Tiba wie eine Schuldige.

»Du kennst sie«, sagte sie wie mit einem Vorwurf. »Es ist Cherin.«

Was war daran, sich schlecht zu fühlen? Aber ich fühlte mich so schlecht, als müsse ich mich übergeben.

»Du siehst sehr bleich aus, Maryam«, stellte Tiba nüchtern fest. Es war eine Härte in ihrer Stimme, die ich erwartet hatte.

»Wir verlieren Kundinnen, wenn bekannt wird, dass Christen bei uns verkehren«, sagte sie.

»Sie haben alle Angst«, sagte ich leise.

»Ich habe keine Angst«, sagte Tiba.

Als ich sah, wie sie vor mir stand, wusste ich, wie mein Mann zu mir sprechen würde, wenn die Zeit gekommen war.

117. Christen der Welt

»Schön, dass wir alle wieder zusammen sind«, sagte Salumeh.

»Alle?«, fragte ich.

Wir saßen zu dritt bei unserem Treffen. Niku und Hayedeh waren nicht gekommen. Von »allen« waren nur drei gekommen.

Johannes hielt seine Bibel in den Händen.

»Ich bin überhaupt keine Christin«, sagte Salumeh. »Ich will nur den Hidschab nicht tragen.«

»Aber du bist gekommen«, sagte Johannes sanft.

»Weil es die Wohnung von meinem Vater ist«, sagte Salumeh sanft.

»Bist du nicht neugierig?«, fragte Johannes.

Du hast gut reden, dachte ich. Salumeh will nicht, und ich habe ein Kind – nur du bist verrückt genug, weiter Christ zu sein.

»Ich weiß zufälligerweise, dass die Akte unserer Hauskirche von der Polizei an die Revolutionsgarden gegeben wurde.« Johannes zeigte nicht, dass er verstanden hatte, was das bedeutete. »Von der Polizei hatten sie eine Genehmigung – der Pastor und seine Frau Cherin.«

»Weißt du denn, was passiert ist, Johannes?«, fragte Salumeh.

Johannes sah uns an, als überlege er: Wollt ihr beiden es wirklich wissen?

»Sie haben alle Gemeindemitglieder in mehreren Bussen zu einer Schule gebracht, die sie extra für die Verhöre umgerüstet haben. Kinder waren auch bei den Gefangenen.«

»Und Niku und Hayedeh?«

Johannes nickte. »Sie waren dabei – von ihnen weiß ich es.«

»Warum sind sie nicht hier?«

»Sie mussten unterschreiben, dass sie nicht mehr mit Christen in Kontakt treten. Ihre Handys mussten sie abgeben.«

Salumeh deckte erschrocken mit der Hand ihr teures iPhone zu.

»Der Pastor und seine Frau sind verhaftet worden und im Gefängnis.«

»Und die Kinder?«, fragte ich leise.

Johannes zuckte die Achsel. Er wusste es nicht oder hatte vergessen zu fragen.

»Können wir etwas für sie tun?«, fragte Salumeh.

Johannes, sag nicht, was du sagen willst!, dachte ich.

»Wir können den Glauben in ihrem Sinne weiterleben«, sagte Johannes.

»Allein?«, fragte Salumeh.

»Wer glaubt, ist nie allein«, sagte Johannes.

Salumeh sah mich Rat suchend an.

»Ich fühle mich allein«, sagte ich deutlich. »Und ich glaube, Salumeh fühlt sich auch allein.«

Salumeh nickte nachdrücklich. Sie war nicht mutlos, aber sie fühlte sich allein. Das musste Johannes doch verstehen!

»Aber wir sind nicht allein«, sagte Johannes.

Salumeh und ich schauten uns an. Dies war der einsamste Ort

auf der ganzen Welt – und wir waren die verlassensten Christen, die es gab. Das musste sogar Johannes anerkennen.

Da sahen wir, dass auch er den Mut verloren hatte. Etwas war in seine Augen getreten – ein Glanz, der dort nicht sein sollte.

»Wir sind nicht allein«, sagte Salumeh und sah mich an.

»Nein«, sagte ich. »Nicht einmal Cherin ist allein. Kein Christ ist allein.«

Johannes nickte und konnte nicht richtig sprechen.

Wir rückten zusammen.

»Lasst uns beten und die Augen schließen«, sagte ich.

Und so saßen wir betend da. Jeder für sich und zu dritt zusammen.

»Hörst du uns, Cherin?« Meine Frage war ganz leise.

»Bete mit uns, Vater.« Johannes' noch leiser.

»Wie schön«, sagte Salumeh.

»Christen der Welt, steht uns bei.«

»Christen der Welt, schaut auf uns.«

Salumeh senkte still ihren Kopf, weil sie nichts sagen wollte.

118. Jesus ist kein Doanevis

Eine Kundin kam zu mir, dann ging sie wieder. Zweimal kam sie und ging wieder. Beim dritten Mal traf sie mich allein und blieb.

»Wer ist die andere Friseurin?«, fragte sie.

»Sie ist Tiba, meine Geschäftspartnerin.«

»Ich traue ihr nicht«, sagte die Frau. »Es ist nur ein Gefühl.«

»Ich traue ihr«, sagte ich.

»Sie ist so anders«, sagte die Frau.

»Ja, anders ist sie.«

Ich dachte: Wo sie herkommt, könnten viele Familien von dem Geld, das sie im Jahr haben, nicht deine Handtasche kaufen, die du so achtlos ablegst.

»Ich muss mit dir sprechen.«

»Gehen wir in mein Büro«, sagte ich.

Dort sah sich die Frau um. »Können wir das Licht ein wenig abdunkeln?«

»Es ist ein Büro«, sagte ich, aber ich tat ihr den Gefallen.

»Ich war bei Malihe«, sagte die Kundin.

»Das ist lange her«, sagte ich.

»Ich höre, sie arbeitet jetzt in Teheran. Aber sie ist eine Doanevis. Sie kann uns alle täuschen.«

Die Frau hatte ein ruhiges, gleichförmiges Gesicht – fast ohne ein echtes Merkmal –, aber sie hatte unruhige Augen. Eins war heller als das andere. Sie legte den Hidschab ab, als sei er ihr lästig. Ich sah, dass ihre Haare sehr gepflegt waren. Ich dachte: Diese Frau hat eine Friseurin zu Hause.

»Ich war bei anderen Doanevis«, sagte die Frau. »Später – nach Malihe.«

»Ich habe keinen Kontakt mehr zu ihr.«

»Ich weiß. – Ich komme wegen etwas anderem.«

Ich sah der Frau in ihre unruhigen Augen.

»Sie sagen – du bist eine Christin«, flüsterte sie.

Sie sah mich so fest an, wie sie konnte.

»Ich bin keine Christin.« Ich hatte das Leugnen noch nicht gelernt, und sie bemerkte es.

Die Frau hatte wunderschöne Hände, die sie langsam wie etwas Wertvolles über den Tisch schob.

»Ich brauche deine Hilfe«, sagte sie. »Die Doanevis – ich traue ihnen nicht mehr.«

»Ich bin eine Friseurin.«

»Du stehst mit Jesus in Kontakt. Ich zahle dir, was du möchtest!«

Sie legte die schönen Hände auf die Handtasche.

Ich sagte nichts. Nur ein einziges Wort hätte mich verraten vor dieser Frau.

»Mein Sohn ist nach Europa geflohen«, erzählte die Frau. »Und er hat sich nicht mehr gemeldet. Und ich weiß, dass diese Reise gefährlich für ihn ist. Er ist so jung!«

Wenn sie redete, musste ich nicht reden. Also wartete ich.

»Ich war bei einer Doanevis. Sie hatte ein Tablett, und darin hat sie gesehen, dass mein Sohn in Budapest ist. Ich war bei einer anderen Doanevis. Sie hat sich ein Stück von der Jeans meines Sohnes genommen und mir am nächsten Tag gesagt, dass er in Schweden ist. Aber was soll ich glauben? Diese Doanevis sind alle nicht, wie Malihe war. Ich glaube ihnen nichts mehr!«

Für diese Frau war Jesus eine Doanevis, und ich war seine Gehilfin!

»Du musst mir helfen. Jesus muss mir helfen. Ich gebe dir Geld!«

»Jesus kann dir nicht helfen, deinen Sohn zu suchen«, sagte ich ihr.

»Die Mullahs können mir in allem helfen, aber ich kann sie nicht fragen, weil mein Sohn aus dem Iran geflohen ist!«

Ein Mullah von Jesus war ich. Woher sollte die Frau wissen, dass Jesus anders war?

»Jesus ist nicht so, wie du denkst.«

»Aber ich habe Geld – sag mir, was ich tun soll.«

»Er kommt nicht für Geld«, sagte ich leise, weil ich ihn ein wenig kannte.

»Dann kannst auch du mir nicht helfen?«

»Nein, ich bin nicht das, was du denkst.«

»Alle wollen mir helfen – du willst mir nicht helfen?«, fragte die Frau und wusste nicht, ob sie wütend oder traurig sein sollte.

»Jesus ist kein Doanevis. Ich bin nicht einmal seine Helferin.«

Jetzt hatte sich die Frau entschieden, wütend zu sein.

»Bin ich eine Christin, weil ich mich mit euch treffe?«, fragte Salumeh.

»Bin ich ein Christ, weil ich eine Bibel in den Händen halte?«, fragte Johannes.

Sie sahen mich an. Auch ich sollte etwas sagen.

»Bin ich eine Christin, weil eine Kundin denkt, ich sei eine Christin?«

Johannes atmete hörbar ein. Ein Teil seines Glaubens wurde sicherlich von seinem Atmen bestimmt.

»Ich weiß es nicht«, sagte ich.

»Ich auch nicht.« Salumeh betrachtete den Schlüssel in ihrer Hand. Was verband sie mit uns außer diesem Schlüssel, der ihrem Vater gehörte?

»Ich weiß, wo ich heute anfange«, sagte Johannes.

Seine Bibelstunde begann immer, wenn er eine Idee hatte.

»Wir sind nicht das, was sie ›Christen‹ nennen, nein!«

Wir sahen ihn ohne Verständnis an.

»Niemand ist so Christ, wie er Mensch ist. Jeder ist Christ, weil er ein Leben hat. Ohne Leben ist niemand Christ.«

»Soll ich Tee machen?«, fragte Salumeh. »Das Wasser braucht immer etwas, bis es kocht.«

»Ich komme mit«, sagte ich.

»Wartet!«, rief Johannes. »Das Beste kommt jetzt.«

Also warteten wir und dachten an die Küche, wo wir sehr schön aus dem Fenster schauen konnten, weil die Wohnung hoch über der Stadt lag.

»Wenn Jesus an der Tür klopfen würde – würden wir ihn hereinlassen?«

»Wo? An welcher Tür?«

»Hier – an der Wohnungstür. Er klopft, wie ich geklopft habe.«

Für einen Augenblick vergaßen wir die Küche und die kleinen Vögel, die so hochgeflogen waren, um auf der kleinen Veranda Brotreste zu picken.

»Würdest du ihm öffnen, Salumeh?«, fragte Johannes.

»Wenn er keinen Schlüssel hat – ich würde ihm öffnen«, sagte Salumeh.

»Jeder von uns dreien würde ihm öffnen«, sagte Johannes.

In meinem Traum hatte Jesus mir geöffnet. Diesmal würde es umgekehrt sein – warum nicht? Es war ein schöner Gedanke.

»Wenn sie wüssten, dass es Jesus ist – würden Hayedeh und Niku ihm öffnen?«, fragte Johannes.

»Natürlich nicht. Sie haben unterschrieben, keinen Christen mehr zu treffen«, sagte Salumeh. »Schon gar nicht Jesus persönlich!«

»Der Nachbar – würde er ihn hereinlassen?«

»Nein«, sagte Salumeh. »Ich kenne ihn. Er ist Muslim. Und seiner Frau erlaubt er nichts. Vielleicht würden die Kinder aufmachen, weil sie jedem die Tür aufmachen.«

Johannes sah zur Tür, als erwarte er ein Klopfen.

»Herr, tritt ein in diese Wohnung! Herr, tritt ein in unser Leben!«, sagte er und sah uns dabei an.

»Ich würde ihn etwas fragen wollen«, sagte Salumeh.

Johannes nickte und gab ihr die Bibel.

»Ich würde ihn fragen, ob er den Iran kennt«, sagte sie.

Salumeh hatte recht. Jesus durfte sich frei bewegen, hatte sogar Jünger und ging zu den Menschen. Aber wir – wir waren im Iran! Machte das nicht einen Unterschied?

»Ich würde ihn fragen, ob er bleiben will. Ob er etwas ändern kann.«

Johannes gab mir die Bibel.

»Ich würde ihn fragen, ob er weiß, was für eine Angst wir haben.«

Johannes wollte die Bibel an Salumeh weitergeben.

»Muss es denn Christen im Iran geben? Ausgerechnet hier!?« Diese Frage meinte ich ernst. Und Johannes sah es.

»In diesem schrecklichen Land gibt es nicht einmal wahre Muslime. Niemand wagt es, an einen Gott zu glauben.«

Salumeh nickte wie zur Bestätigung meiner Worte.

»Es gibt nur Scheinheilige und Mutlose – nur Korruption und Angst!«

Auch Johannes sah, dass ich es ernst meinte.

120. Eine Frau – so voller Sünde

»Ich habe eine Freundin«, sagte Tiba. »Eigentlich ist sie keine Freundin.«

Wir saßen im Büro und machten die Abrechnung für die Woche. Tiba war kein armes Mädchen mehr. Weder sie noch ihre Familie war noch arm. Aber sie hatte sich ihr Geld verdient und zeigte, dass sie es verdient hatte.

»Kommst du mit mir?«, fragte Tiba. »Du musst mit ihr sprechen.«

»Jetzt?«

»Wenn wir fertig sind. Sie wartet bei meiner Mutter.«

Als wir im Bus saßen, fragte mich Tiba nach meinem Mann und meinem Kind.

»Ich weiß nicht, wie es ist, ein Kind zu haben«, sagte sie.

»Willst du nicht auch einmal heiraten?«, fragte ich sie.

»Ich arbeite so viel, damit mich niemand zwingen kann«, sagte sie knapp.

Wie Tiba manche Dinge sagte – was aus ihren Augen dabei schaute –, das machte mir immer Angst.

»Niemand wagt es, mich zu verheiraten«, sagte sie entschlossen. »Wenn ich gehe, sind sie wieder arm. Und ich würde gehen!«

»Ich glaube es dir.«

»Das Geld macht mein Leben gerecht!« sagte sie. »Ich kaufe mir Gerechtigkeit für mich!«

Jede andere junge Frau, die ich kannte, hätte gesagt: »Das Geld – es macht mein Leben schön.« Aber Tiba war eben anders als alle anderen jungen Frauen.

»Träumst du nicht manchmal ein wenig?«

»Ja, ich träume«, sagte sie, »aber du willst nicht wissen, wovon!«

Ich dachte mir: Tiba träumt von Geld. Wenn es Träume von Geld gab – dann kamen sie zu Tiba.

»Ich weiß, wovon du träumst. Aber das sind keine Träume«, entfuhr es mir.

»Dann will ich eben keine Träume!« Sie meinte, was sie sagte.

Tiba wohnte nicht mehr dort, wo sie einst gewohnt hatte. Ihre Wohnung hatte mehrere Zimmer, und das Haus roch nicht nach gekochtem Essen.

Ihre Mutter empfing mich sehr freundlich. Sie war dankbar für das, was ich getan hatte. Ich glaube, sie wusste nicht, wie tüchtig ihre Tochter war. Vermutlich wusste sie viele Dinge über ihre Tochter nicht.

Eine junge Frau saß auf dem Bett, als meditiere sie. Tiba stellte mir einen Stuhl so hin, dass ich direkt vor ihr saß. Dann verließ sie leise den Raum.

Ich dachte nicht lange über die merkwürdige Situation nach, in der ich mich befand.

»Allah ist grausam mit mir«, sagte die junge Frau.

»Ich bin Maryam«, sagte ich, »und ich weiß nicht, warum ich hier bin.«

»Du sollst mir Antworten geben«, erklärte sie, die ohne Namen vor mir saß.

»Ich habe mir solche Mühe gegeben, ihm zu gefallen.« Ihre

Lippe zitterte. Etwas an dieser Lippe war künstlich. Eine Proportion war nicht richtig.

»Was bin ich vor Allah – als eine Frau! Ich bin ihm nichts wert!«

Sie trug keinen Hidschab vor mir, aber sie hatte das Haar streng und glatt nach hinten gebunden.

»Er nimmt die Dienste des Mannes an, und meine Dienste nimmt Er, wenn ich dem Mann darin diene.«

Ihre Stimme war so sanft, als spreche eine Frau, die ich nicht vor mir sah.

»Ich fühle mich so schmutzig vor Ihm. Als Frau – so voller Sünde! Sprich zu mir«, sagte sie. »Bitte, hilf mir.«

Wir schwiegen und sahen uns an. Ich nahm ihre Hand, die so rissig wund wie ihre Seele war.

»Gott ist die Liebe«, sagte ich leise.

»Wie kann Allah die Liebe sein – er ist der Allwissende und Allgerechte und –« Sie unterbrach sich, um zu flüstern. »Und er ist der Allgrausame.«

»Gott ist in dir«, sagte ich und streichelte ihre Hand. »Du suchst ihn dort, wo er nicht ist. Dort ist nur die Leere und die ewige Kälte.«

»Du redest nicht über Allah«, sagte sie leise. »Deiner ist ein anderer Gott.«

Die Antwort lag in unserem Schweigen.

»Ist die Liebe immer da?« Ihre Lippen zitterten.

»Überall ist seine Liebe – es gibt keinen anderen Ort.«

121. Eine Kirche im Internet

»Jesus hat uns das Internet geschenkt«, rief Johannes, als er uns sah.

Wir waren sprachlos. Wo war seine Bibel? Er hatte sie nicht mitgenommen. Er brauchte sie nicht mehr – so schien es.

»Alles auf dem Handy«, sagte er, als er unseren Blick auf seine Hände sah. »Eine Bibel-App – ist viel praktischer, und ich kann sie überallhin mitnehmen. Und sogar im Bus lesen!«

Wir mussten sie herunterladen, bevor er ein weiteres christliches Wort mit uns sprechen wollte.

»Kopfhörer braucht ihr – dann seid ihr voll ausgerüstet!«

»Wofür ausgerüstet?«, fragte Salumeh.

»Jesus! Er ist im Internet – Gottesdienste, Predigten, Lieder, Beichten, Bibliotheken, Chats, die Bibel – alles! Ich schick euch die Links.«

»Und alles komplett sicher! Ihr surft ja unter einem falschen Namen. Mit dem Alias ist es egal, ob ihr mit einem Spitzel redet. Er hat auch nur einen Alias.«

»Okay«, sagte Salumeh langsam und sah traurig auf ihren Schlüssel, »dann treffen wir uns nicht mehr hier, sondern im Internet.«

Johannes stockte. »Natürlich können wir uns auch hier treffen«, sagte er. »Wenn es sicher ist – warum nicht?«

Wir sahen uns zweifelnd an. Was war schon sicher im Iran? Jeder Blick eines Nachbarn konnte gefährlich – sehr gefährlich – sein. Das wusste auch Johannes.

»Für den Sicherheitsdienst wird es fast unmöglich, Christen aufzuspüren, wenn sie über einen Proxy-Server gehen. Seht ihr nicht die Vorteile!?«

»Was ist ein Proxy-Server?«, fragte Salumeh.

»Er macht dich unsichtbar, gewissermaßen. Ich gebe dir einen Link.«

»Aber warum sollen wir uns nicht hier treffen?«, fragte Salumeh. »Ich meine …« Aber ihr fiel kein richtiger Grund ein.

Wir hatten Platz genommen. Johannes stand vor uns oder lief auf und ab.

»Weil im Internet jeder Christ sein kann, der es will. Es sind Zehntausende, Hunderttausende Iraner, die sich dort als Christen ausgeben. Und wenn du die Sender über Satellit dazurechnest, sind es Millionen!«

»Und wir sind nur drei«, sagte Salumeh traurig. »Nicht einmal Kopfhörer haben wir.«

»Wofür sind die Christen in ihrer Hauskirche verhaftet worden«, fragte ich, »wenn es das Internet gibt?«

»Genau!«, rief Salumeh. »Sie hätten Niku und Hayedeh einen Link auf die Hauskirche geben können – dann wären sie nicht verhaftet worden.«

»Ja, das weiß ich auch nicht«, sagte Johannes ärgerlich. »Ich vermute …« Aber ihm fiel nichts ein.

»Es war dort schön.« Salumeh klang traurig. »Die Hauskirche war wie ein Sonnenfleck in meinem Leben.«

»Cherin hat mir nie gesagt, dass sie eine Christin ist. Ich wusste es einfach.« Dieses Internet machte mich traurig. Außerdem saß sie in einem wirklichen Gefängnis.

Salumeh sah zur Tür.

»Was hätte denn Jesus gesagt?«, fragte sie.

»Meinst du, er findet es gut, dass die Christen im Gefängnis sind?«

Salumeh lächelte, und ich ahnte, was sie sagen wollte.

»Was hätte er gesagt, wenn er Internet gehabt hätte?«

Johannes lief eine Runde durch das Zimmer, ehe er sich beruhigte.

»Wenn er bei der letzten Bibelstunde an unserer Tür anklopfen konnte, dann kann er jetzt Internet haben!« Salumeh ließ Johannes nicht so leicht entkommen.

»Dann geht er über einen Proxy-Server, weil es sonst zu gefährlich ist.« Salumeh kannte sich jetzt aus.

»Wie wissen wir, ob er Jesus ist, wenn er ein Alias benutzt?«, war meine Frage.

»Genau, und jeden Tag den Namen wechselt, weil es sicherer ist?«, ergänzte Salumeh sie.

»Und die Jünger brauchen ihm nicht zu folgen. Er gibt ihnen einfach einen Link, wo sie sich abends treffen«, schlug ich vor. »Dann können sie tagsüber Fischer sein.«

»Und die Kreuzigung?«, fragte Salumeh. »Was ist damit?«

»Viel zu unsicher«, sagte ich.

Wir waren dabei, Johannes kräftig zu verstimmen.

»Das Schlimmste, was passieren kann – dass er sein Datenvolumen aufgebraucht hat.« Salumeh nahm vor Schreck die Hand vor den Mund.

»Da wäre es natürlich praktisch, wenn die Jünger bei ihm wären. Dann könnte er sich ein Handy von Petrus leihen.«

»Ihr seid ja albern«, sagte Johannes bitter.

»Wir könnten uns mit den Handys hier treffen zum Gottesdienst«, schlug Salumeh ernsthaft vor.

»Und mit den Kopfhörern üben«, sagte ich.

»Okay, wir probieren es aus!«, rief Johannes.

»Jesus hätte es sicherlich auch ausprobiert«, sagte Salumeh.

122. Eine neue Festnahme

Meine Familie saß um den Tisch versammelt. Nur mein jüngerer Brüder Tiam fehlte. Er war verhaftet worden. Die Polizisten hatten das Haus gerade verlassen, als ich kam. Ich stand auf der Straße und sah das Auto mit ihm davonfahren.

Mein älterer Bruder Achmed begleitete ihn. Immerhin waren sie zu zweit, und wir würden also wissen, wohin er gebracht worden war.

Wir waren sehr still. Kiana – Tiams Frau – saß mit ihren beiden Töchtern eng beieinander und versuchte, nicht zu weinen. Es war schrecklich, sie so sehen zu müssen. Mein Vater, meine Mutter, die Frau meines älteren Bruders und ihre Kinder saßen bei ihnen. Mein Mann und mein Sohn waren nicht im Haus gewesen.

Nur meine Mutter beobachtete mich, wie ich mich zu ihnen setzte. Sie wusste, was niemand wusste. Ich gehörte auf eine Weise nicht dazu. Ich hatte mein eigenes Risiko erhöht.

Als alle lange genug geschwiegen hatten, sagte Faezeh, die Tochter meines älteren Bruders: »Ich bin heute in der Universität vernommen worden.«

Kann sich ein Haus wie ein Herz zusammenziehen? Jeder hatte seine schrecklichen Gedanken, wenn es die Kinder betraf.

»Sie haben meinen Namen ausgerufen, während wir Vorlesung hatten. Es war das Basidschi-Büro. Sie wussten genau, was sie taten. Sogar meine Freundinnen waren voller Angst.«

»Sie verhören jetzt sogar die Kinder«, flüsterte ihre Mutter.

»Was haben sie gewollt?«, fragte ich. Faezeh war oft mit mir im Salon gewesen. Es hätte auch wegen einer Sache sein können, die ich allein zu verantworten hatte.

»Sie haben mich gefragt, ob ich mich politisch betätige«, sagte sie. »Alle möglichen Sachen – nach Gruppen, nach Aktivitäten, nach Plänen. Aber ich habe nur studiert. Das wissen sie, weil sie uns immer überwachen. Das wissen sie sehr gut!«

»Sie wollen dir Angst machen«, sagte ich.

»Uns wollen sie Angst machen«, sagte Kiana. »So wie wir jetzt zusammensitzen und Angst haben – so wollen sie es!«

»Sie haben mich nach meinen Geschwistern gefragt – nach meinem Bruder!«

Mein Neffe Nermin war dreizehn Jahre alt und im Stimmbruch. Als er sagte: »Was wollen sie? Ich habe keine Angst vor ihnen!« – und als er mit seiner tiefen Stimme sprach, mussten wir ein wenig lachen.

»Wir können so mutig sein, wie wir wollen«, sagte Kiana. »Bei den Kindern können wir nicht mutig sein.«

Mein Neffe blickte auf. Er hatte doch gerade gesagt, dass er keine Angst hatte. Das musste seine Tante nicht gehört haben.

Alle Kinder hatten schon viel erlebt in diesem Haus. Bei allen Durchsuchungen waren sie dabei gewesen. Teilweise hatten sie schreckliche Dinge gesehen. Sie waren anders als andere Kinder – vorsichtiger und mutiger. Aber gerade eine solche Mischung war gefährlich.

»Sie haben gesagt, ein Studium der Informatik sei keine Selbstverständlichkeit. Es sei etwas, das ich mir verdienen müsse.«

»Du hattest die besten Noten in deiner Klassenstufe, Faezeh!«, sagte meine Mutter.

»Das habe ich ihnen gesagt – aber sie haben nur gelacht.«

»Ja, dein Vater hat nicht studieren dürfen. Dein Onkel hatte Glück – es war eine andere Zeit.«

»Wir warten auf deinen Vater, Faezeh«, sagte ich. »Wenn er kommt, weiß er vielleicht etwas Neues.«

Kiana hatte einen Blick mit meiner Mutter gewechselt. Die Frau meines älteren Bruders sah vor sich hin. Auch sie wusste Bescheid. Und Faezeh hatte darauf gewartet, dass die Frauen Blicke tauschten.

»Sag es ihnen, Maryam«, forderte meine Mutter mich auf.

Also sagte ich ihnen, dass ich eine Christin geworden war.

Sie schwiegen alle. Niemand von ihnen sah mich vorwurfsvoll an.

Es war wie eine weitere Hausdurchsuchung, gegen die man nichts tun konnte.

123. Eine Trennung wird beschlossen

Wir saßen still in dem großen Raum. Niemand fragte etwas zu meinem neuen Glauben. Es war kein Platz in ihrer Angst für noch mehr Angst.

»Es ist ein schöner Glaube«, sagte Faezeh irgendwann leise.

»Wenn Maryam nicht als Ahwazi eingesperrt wird, dann wird sie als Christin eingesperrt«, sagte meine Mutter.

»Ist doch egal für was, wenn sie sowieso eingesperrt wird«, brummte Nermin.

»Sie ist eine Mutter«, sagte Kiana. »Es ist vieles möglich.«

»Ich bin nicht verhaftet worden.«

Kiana sah mich erschrocken an. »Warst du dabei? Bei der Aktion gegen die Hauskirche? Jeder hat davon gehört.«

»Nein, ich war nicht dort.«

»Sie hatte ein Riesenglück«, sagte meine Mutter. »Sonst wäre sie jetzt im Gefängnis!«

»Alle sagen, wie schön dieser Glaube ist«, sagte Faezeh.

»Die Hauskirche – und sie war dabei!«, flüsterte Kiana.

»Als hätten wir nicht genug Probleme«, regte sich meine Mutter auf, »muss sie auch noch konvertieren.«

»Wie wird man denn Christ?«, brummte mein Neffe.

»Keiner wird hier Christ!«, sagte meine Mutter scharf. »Außer Maryam, weil es jetzt zu spät ist.«

Wir warteten immer noch auf Achmed. Wir wussten, dass es lange dauern konnte. Diesmal dauert es fünf Stunden.

Es war schon dunkel, als er kam. Die Kinder von Kiana schliefen neben ihrer Mutter. Sie hatten sich geweigert, in ihre Zimmer zu gehen. Sie hatten gehofft, dass auch ihr Vater zurückkam.

Doch mein älterer Bruder kam allein. Er war bleich und erschöpft. Erst nach einer Weile konnte er reden.

»Ich weiß, wo er ist. Aber sie werden ihn nicht freilassen. Sie sagen nicht, was der Grund ist. Er wird vor einen Richter kommen. Dann werden wir es erfahren.«

Wir berichteten ihm, dass Faezeh verhört und zu ihrem Bruder befragt worden war.

»Es geht ihnen jetzt um Kiana und ihre Kinder«, sagte er. »Ich habe nachgedacht, als ich im Auto gesessen habe.«

Kiana sah auf. Alle sahen auf, außer den Kindern, denn sie schliefen.

»Sie müssen in Sicherheit gebracht werden«, sagte er.

Niemand zeigte mehr als einen stillen Schrecken.

Was hatten sie mit uns gemacht, dass wir nicht einmal mehr ein Gefühl zeigten?

Was war der Iran für ein Land – so blutleer und so blutig?

»Sie können nicht bleiben«, sagte er. »Der Druck auf ihn ist zu groß. Er muss wissen, dass seine Familie in Sicherheit ist.«

Und so war mit allen eine Trennung beschlossen.

124. Eine Wohnkirche

»Dürfen Muslime und Christen heiraten?«, fragte Salumeh.

Wir hielten unsere Handys in den Händen und warteten darauf, dass der Gottesdienst aus Kanada online ging.

»Selbstverständlich«, sagte Johannes. »Alles ist erlaubt.«

»Aber du bist nicht verheiratet, oder?«, fragte Salumeh.

Johannes errötete.

»Aber du hast jemanden?«, fragte sie vorsichtig.

Johannes neigte das Licht seines Displays, das ihm ins Gesicht geleuchtet hatte.

»Maryam ist mit einem Muslim verheiratet«, sagte Salumeh.

»Er weiß nicht, dass ich eine Christin bin«, sagte ich schnell.

»Das könnte ich nicht!« Johannes schaute wieder auf sein Display.

»Nein – ich auch nicht, Johannes«, sagte Salumeh.

»Als wir geheiratet haben, waren wir Muslime«, erklärte ich den beiden.

»Was würde dein Mann denn sagen, wenn er es wüsste?« Salumeh stieß Johannes an, damit er zuhörte.

»Er würde sagen, dass es zu gefährlich ist. Er würde nicht verstehen, warum ich das Risiko eingehe.«

Johannes sah mich an. »Ihm ist es egal, was du glaubst. Richtig?«

»Er hat einen technischen Beruf. Er ist sehr stolz auf seinen Beruf.«

»Ihn interessiert also nicht, dass du eine Christin bist? Nur weil es ein Risiko ist, interessiert es ihn?« Salumeh fragte sehr behutsam.

»Aber wie lernen sich Christen kennen, wenn sie im Internet sind?«, fragte Salumeh.

Johannes sah sie an. Er schien die Frage nicht verstanden zu haben.

»Ich meine, wie lernen sie sich richtig kennen? Als Menschen?«

»Das ist sehr gefährlich«, sagte Johannes.

»Du denkst wie Maryams Mann«, sagte Salumeh. »Wie ein Techniker, nicht wie ein Christ.«

Sie nahm ihm das Handy ab. Das war sehr frech. Aber es war ihre Wohnung. Eigentlich die Wohnung ihres Vaters.

»Ich weiß doch nicht, wer mein Gegenüber ist im Internet. Ich weiß nichts!« Johannes verstand nicht, dass sie das Risiko nicht sehen wollte.

»Du meinst, du möchtest dich mit mir treffen – und auf einmal bin ich ein Mann!?« Salumehs Augen beleuchteten sein Gesicht wie das Display eines Handys.

Johannes nickte. Er war ein sehr schüchterner Christ.

»Aber wir drei kennen uns doch«, sagte Salumeh leise. »Warum sollen wir uns im Internet voreinander verstecken?«

»Du hast recht – wir sind richtige Christen!« Johannes war ein Christ, der vergessen konnte, dass ein sehr hübsches Mädchen sein Handy in der Hand hielt. »Eine Hauskirche haben wir – nein, eine Wohnkirche!«

Wir sahen uns an. Drei Iraner in einem dunklen Raum, der nur von den Displays ihrer Handys beleuchtet wurde. Vielleicht war es nicht so traurig, wie wir dachten.

»Und Johannes ist unser Pater«, schlug Salumeh vor.

»Ich weiß auch nicht alles«, sagte Johannes, aber seine Augen leuchteten glücklich.

»Darauf kommt es nicht an«, sagte Salumeh.

»Wollen wir wirklich den Gottesdienst aus Kanada ansehen?«, fragte ich.

»Eigentlich ...« Johannes brachte den Satz nicht zu Ende.

»Eigentlich«, Salumeh setzte seinen Satz fort, »sollten nicht wir den Gottesdienst der Kanadier schauen, sondern die Kanadier sollten unsere Wohnkirche sehen. Dann wissen sie, was ein Gottesdienst ist.«

»Ja, wir sind die wahren Christen!« Johannes hob die Hände wie ein Pastor. »Auf uns schaut die christliche Welt!«

»Wenn Jesus anklopft, dann klopft er an, wo wir sind – in einer Wohnung im Iran, die einem Muslim gehört, der eine Tochter hat, die Christin wird.«

»Wir wollen beten«, sagte Johannes. »Für die Christen aller Länder, dass sie den Glauben erfahren wie wir.«

Also fassten wir uns an den Händen und beteten.

Und die christliche Welt sollte uns dabei zusehen.

125. Ein Kreis in einem Kreis

An einem Morgen waren Kiana und ihre beiden Kinder fort. Auch Achmed, mein älterer Bruder, war nicht da. Die Runde der Familie war ein Kreis in einem Kreis geworden.

»Wo sitze ich?«, fragte meine Neffe Nermin.

»Neben mir«, sagte seine Mutter.

Als wir alle zum Frühstück zusammensaßen, fragte Faezeh, was ihre Geschwister fragen wollten. »Wo sind Kiana und die Kinder?«

»Sie sind fort«, sagte meine Mutter.

»Und wann kommen sie wieder?«, wollte Nermin wissen.

Faezeh sah vor sich hin.

»Sie kommen nicht mehr zurück«, sagte meine Mutter.

»Wie?«, fragte er.

»Nie mehr«, sagte Faezeh.

»Ich habe das Auto gehört«, sagte mein Neffe.

Jetzt verstanden die Kinder, was wir ihnen mitteilen wollten.

»So wie die Familie von Urbain?« Er war der beste Freund meines Neffen gewesen. Oft hatte er bei uns geschlafen. Und auch Urbain war von einem Tag auf den anderen verschwunden.

Über eine solche Reise zu sprechen – vor den eigenen Kindern – war viel zu gefährlich. Deshalb wurden sie irgendwann in der Nacht geweckt und zum Auto gebracht. Und halb schlafend verließen sie alles, was sie gekannt hatten.

»Und Tiam – was sagt er dazu?«, fragte Faezeh.

»Er ist froh, dass sie in Sicherheit sind«, sagte meine Mutter.

»Aber er ist allein, wenn er aus dem Gefängnis kommt«, sagte Nermin. »Er kommt doch bald aus dem Gefängnis, oder?«

»Wir hoffen es.«

»Und dann – wenn er ohne Familie ist?«

Wieder schwiegen wir. Wieder konnte er sich denken, was geschehen würde. Schon das Denken daran war gefährlich. Wenn ein Bürger des Iran verschwand – das passierte nicht selten. Aber Tiam war ein Gefangener des Iran, selbst wenn er auf Bewährung frei war. Ein falsches Wort der Kinder hätte ihn wieder hinter Gitter gebracht.

Alles war gefährlich, was wir mit den Kindern besprachen. Aber es war genauso gefährlich, ihre Fragen unbeantwortet zu lassen.

Wir Erwachsenen hofften, dass sie wussten, dass Fragen nicht ungefährlicher als Antworten waren. Sie waren erzogen worden, den hohen Wert eines unbeschriebenen weißen Blattes zu kennen.

»Dann ist das Haus halb leer«, sagte Faezeh.

Mein Bruder Achmed hatte uns gesagt, was passieren würde.

»Wenn Tiam freikommt, dann wird die Hälfte des Hauses als Sicherheit hinterlegt werden«, erklärte ihm meine Mutter.

»Als Sicherheit für was?«

»Wenn Tiam flieht, wird die Sicherheit an das Gericht fallen.«

Wir alle wussten, wie sich Tiam entscheiden würde. Auch die Kinder wussten es.

»Wir können nicht in einem halben Haus wohnen«, sagte Nermin.

Niemand sagte etwas. Mein Bruder musste bei seiner Familie sein – das war notwendig. In einem großen Haus zu wohnen – das war nicht notwendig.

»Wo werden sie wohnen?«

»Ist der Weg gefährlich?«

»Wisst ihr, wo sie jetzt sind?«

»Was sagen wir den Leuten, wenn sie fragen?«

»Weiß Tiam, dass sie geflohen sind?«

»Werden wir sie wiedersehen?«

Die Mauern unseres Hauses sahen uns an wie Fremde.

126. Meine schrecklichen Träume

Tiba stand noch in der Tür, obwohl sie hatte früher Feierabend machen wollen.

Eine Kundin hatte ich noch – eine sehr junge Frau.

Tiba winkte mich in das Büro und zeigte auf meinen Kopfhörer, den ich gestern vergessen hatte. Er steckte immer noch in meinem PC und hatte sich hinter dem Monitor verborgen.

Ich hatte gestern sehr lange gechattet und war müde gewesen. Aber es war keine Entschuldigung dafür, unvorsichtig zu sein.

»Wofür ist das?«, fragte Tiba und hielt ihn in die Höhe.

»Das ist privat« sagte ich, weil mir nichts einfiel.

»Aber es ist ein Kopfhörer«, sagte sie.

»Ich gehe damit ins Internet. Zu Hause ist der Anschluss nicht gut.«

Dabei war es so, dass der Anschluss sehr gut war. Ich hatte aber Angst, dort abgehört zu werden. Oft waren wir durchsucht worden. So oft waren Polizisten auch allein in den Räumen gewesen.

»Darf ich auch einen Kopfhörer mitbringen?«, fragte Tiba.

»Natürlich darfst du.« Ich war erleichtert, dass sie keinen Verdacht geschöpft hatte.

»Morgen«, sagte Tiba. »Bis morgen.«

»Ich bin Gini«, sagte sie. »Du kennst meine Mutter.« Sie nannte mir einen Namen. Es war eine Kundin von Tiba.

»Ich bin Maryam«, antwortete ich. »Willst du nicht zu Tiba? Deine Mutter ist Kundin bei ihr.«

»Nein, bei dir bin ich richtig. Bitte entferne die Haare in meinem Gesicht und massiere mir ein bisschen die Stirn.«

Ich machte mich an die Arbeit.

»Die Stirn?«, fragte ich. »Warum die Stirn?«

Ich spürte, wie sie mich beobachtete.

»Sie sprechen von dir«, begann sie.

Dass Frauen über ihren Salon sprachen, war eigentlich völlig normal.

»Sie sagen, du bist eine Christin – heimlich natürlich.«

»Das bin ich nicht – du musst dich verhört haben, oder sie irren sich, diese Frauen.«

»Natürlich – ich verstehe –, du würdest es niemals zugeben. Das war dumm von mir.«

Ich beendete meine Arbeit.

»Wenn du mir die Stirn massierst – darf ich dir Fragen stellen?«

»Ich hatte eine Freundin – sie war eine Christin«, sagte sie.

Weil sie mir nicht glaubte, hörte ich zu.

»Ich erkenne eine Christin«, sagte sie. »Es ist etwas Ruhendes in ihnen.«

Ich kannte kaum Christinnen. Wie hätte ich mir ein Urteil bilden können?

»Ich habe schreckliche Träume«, sagte das Mädchen.

Sie hatte eine so glatte Stirn. Sie war wie eine feine Form in meinen Händen.

»Ich dürfte diese Träume nicht haben. Ich werde heiraten. Ich liebe ihn, und er liebt mich. Meine Eltern sind so glücklich. Und seine Eltern sind wunderbar.«

»Gib nichts auf Träume«, sagte ich und strich ihr über die Schläfen, die so weich waren. So zart die Haut darauf, so dünn. Wie eine Schicht, die keinen Schutz bieten konnte.

»Ich habe Angst, dass die Träume mein Glück zerstören werden.«

»Warum sollten sie diese Kraft haben?«

»Weil sie wahr sind! Weil die Träume mein Glück zerstören wollen.«

Ich strich ihr die Bilder von den Augen.

»Ich bin keine Traumdeuterin. Was soll ich für dich tun?«

»Meine Freundin hat gesagt, dass die Christen alles in ihre Gebete einschließen können.«

Ich war und blieb eine Christin für sie.

»Bete für mich«, sagte sie leise. »Bete zu deinem Jesus, dass er mich nicht allein lässt mit meinen schrecklichen Träumen.«

Ich neigte meine Stimme zu ihrem Ohr und flüsterte: »Wenn du ihn ansprichst, wird er dir antworten. Du, bete du zu ihm, dann wird er bei dir sein.«

127. Eine Kaution auf ein Haus

Mein Bruder Tiam stand an der Schwelle des Hauses und wollte es nicht betreten. Er stand davor und rührte sich nicht. Dabei sah er es an wie erstarrt.

Wir bemerkten, wie abgemagert er war. Er war schon immer dünn gewesen. Aber nun: Sein Körper war nur noch das, was sie ihm zum Leben in einer Zelle gelassen hatten.

Er freute sich nicht, wie er so vor uns stand. Wenig hatte er an. Das Bündel über seiner Schulter war so schmal, als sei nur etwas hineingetan worden, damit es ein Bündel war.

»Komm, Tiam«, sagte mein Bruder Achmed. Er hatte ihn mit dem Auto abgeholt. Sie waren den ganzen Tag gefahren.

»Ich bin zu müde, um mich zu freuen«, sagte Tiam. »Zu müde.«

Im Haus setzten wir uns in den Kreis, den seine Frau und seine beiden Kinder verlassen hatten.

Wir stellten ihm Essen hin, das er nicht aß. Wir boten ihm Getränke an, die er nicht trank. Nur ein Glas Wasser führte er immer wieder zum Mund.

Auch wir aßen nichts, weil er nicht aß. Nur Nermin, mein Neffe, nahm etwas vom Teller. Aber er tat so, als esse er, ohne dass es ihm schmeckte.

»Wisst ihr, dass mein Bruder eine Kaution auf das Haus gegeben hat?«, fragte er uns und sah von einem zum anderen.

Er sah in unseren Augen – wir wussten, er würde fliehen. Und wir würden ausziehen müssen. Aber das war nicht wichtig. Auch das sah er.

»Ihr seid hier geboren worden«, sagte er mit schwacher Stimme.

Niemand von uns dachte an diese Dinge. Es war schrecklich, was sie ihm angetan hatten. Und er hatte Glück, dass er jetzt frei war. Er hatte Glück – und wir mit ihm.

»Den Dattelbaum haben wir gepflanzt«, sagte er.

»Nein, der Dattelbaum stand schon dort, als wir das Haus gekauft haben«, sagte meine Mutter.

»Aber er war kleiner, nicht größer als ein Mensch.« Er sagte es, als könne er sich erinnern.

Wir ließen ihn sprechen. Er sollte in seiner Ruhe zu sich selbst finden.

»Nun sitzen wir in seinem Schatten – eine ganze große Familie«, sagte er.

»Die Welt ist voller Dattelbäume«, sagte Faezeh.

»In den Niederlanden stehen keine Dattelbäume.« Seine Stimme war voller Trauer. »Keine wie dieser. Überhaupt keine.«

»Dafür sind dort – keine Ahnung, was dort ist«, sagte Nermin und bot seinem Onkel etwas von einem Teller an.

»Wir haben mit Kiana und den Kindern gesprochen«, sagte meine Mutter. »Es geht ihnen gut in den Niederlanden. Sie sprechen schon ein wenig die Sprache. Sie haben nach dir gefragt, aber wir konnten ihnen nichts sagen.«

»Willst du mit ihnen sprechen?«, fragte ich. Ein Handy lag neben mir.

»Nein«, sagte er schnell, »nicht während ich hier bin. Später – nicht jetzt!«

Wir wussten, er hatte Angst, dass sie in Tränen gefährliche Dinge sagen würden.

»Wo werdet ihr hinziehen?«, fragte er leise.

»Ein kleineres Haus«, sagte meine Mutter. »Es ist uns zu groß geworden.«

»Wir brauchen keine zwei Garagen«, sagte Faezeh.

»Ein kleineres Haus mit einem großen Dattelbaum«, sagte Achmed.

»Das Leben geht weiter«, sagte mein Neffe mit seiner tiefen Stimme.

Und wieder mussten wir lachen, als er so zu uns sprach.

128. Ein schönes neues Haus

An einem Morgen war mein Bruder Tiam verschwunden. Er wurde von seinem Bruder über die Grenze nach Istanbul gefahren. Da seine Papiere im Gefängnis verblieben waren, würde Tiam sich mit den Papieren seines Bruders ausweisen müssen. Er würde sich an die UN-Vertretung der Niederlande wenden, um ein Einreisevisum zu bekommen. Dafür war gesorgt. Er war in Sicherheit. Mein älterer Bruder würde zurückkommen. Sie würden ihm Fragen stellen. Aber er war es gewohnt, keine Antworten zu geben. Bald würde Tiam mit seiner Familie zusammen sein. Wir würden mit ihnen Nachrichten schreiben.

Ich konnte mir nicht vorstellen, wie die Menschen früher auseinandergegangen waren, als es noch keine Messenger-Dienste gab. Telefone konnten überwacht werden. Es war nicht möglich, mit der Familie zu telefonieren, wenn sie in einem fremden Land war. Es gab nichts. Kein Lebenszeichen mehr – ein Abschied für immer. Brüder, Nichten und Neffen, Schwägerinnen – eine Erinnerung an sie wie an Tote.

Wir saßen in unserem Haus und wussten nicht, wie wir uns in ihm fühlen sollten. Es war ein fremdes Haus geworden.

»Wir haben ein neues schönes Haus gefunden«, sagte meine Mutter. »Wir werden heute den Mietvertrag unterschreiben.«

»Sollen wir schon packen?«, fragte Faezeh.

»Wir warten den heutigen Tag ab. In der Nacht werden sie die Grenze passieren. Morgen packen wir.«

Heute würden wir nur in Gedanken packen.

»Es ist nicht ungewöhnlich, dass Menschen den Iran für immer verlassen«, sagte meine Mutter. – Ja, es war nicht ungewöhnlich, dass Christen eingesperrt wurden. Es war nicht ungewöhnlich, dass Minderheiten verfolgt wurden. Was war schon ungewöhnlich in diesem Staat des grausamen Gottes?

»Es ist nicht ungewöhnlich, dass die Iraner einen Neuanfang suchen«, sagte meine Mutter.

Ja, sie packen ein Bündel und nehmen nichts mit – außer ihrem Aussehen, das den anderen immer fremd sein wird. Außer einer Muttersprache, die eine Fremdsprache ist. Außer einer Traurigkeit, die sie nie verlassen wird. Es war alles so einfach.

»Es gibt große Communities von Iranern«, sagte meine Mutter.

Ja, wer unter dem Einsamen lebt, ist nicht einsam. Wer unter den Vertriebenen lebt, hat eine Heimat gefunden.

»Viele von ihnen sind sehr erfolgreich geworden«, sagte meine Mutter.

Ja, und es gab keine Nacht, die ihnen nicht Angst machte. Und keinen Erfolg, der zu ihnen kam wie ein Morgen im Iran. Sanft wie ein Kuss. Warm wie ein Ofenbrot.

»Und sie sind auch glücklich geworden«, sagte meine Mutter.

Ja, oder unglücklich in der Fremde, die ihr neues Leben war.

»Ich habe immer davon geträumt, den Iran verlassen zu können«, sagte meine Mutter.

Ja, es gab zwei iranische Träume. Es gab einen am Tag, und es gab einen in der Nacht.

»Und was wird aus uns?«, fragte mein Neffe.

»Wir ziehen in ein schönes neues Haus«, sagte meine Mutter.

Aber wir wussten, dass er nicht das neue Haus gemeint hatte.

»Wenn Tiam verschwunden ist – werden sie uns nicht fragen, was wir damit zu tun haben?«, fragte Faezeh.

»Nein, das glaube ich nicht«, sagte meine Mutter. »Aber wir müssen uns etwas überlegen.«

»Und was sage ich, wenn sie fragen?«

»Wir sind Frauen«, sagte sie. »Wir sagen, dass wir nichts wissen.«

»Aber ich bin keine Frau«, sagte mein Neffe. »Ich sage, dass es sie nichts angeht.«

Er war noch nicht verhört worden. Das war ein großes Glück.

»Und wie geht das weiter?«, fragte er.

Es war eine gute Frage, auf die wir keine Antwort wussten.

»Wir werden bald von ihnen hören«, sagte Faezeh.

»Wir werden zusammensitzen und uns wieder wie eine große Familie fühlen«, munterte meine Mutter uns auf. »Ja, so wird es sein!«

129. Gesegnetes Wasser

Ich bereitete mit Tiba alles für eine Verlobungsfeier in unserem Salon vor. Die beiden jungen Menschen und ihre Eltern waren noch nicht eingetroffen. Tiba würde bei der Zeremonie nicht anwesend sein, es mangelte ihr an Gefühl für diese Art Glück. Für sie war es ein äußerer Vorgang. Dabei ging es um viel mehr, um etwas, das in uns Menschen stattfand. Solche Empfindungen lehnte Tiba ab oder fand sie nicht in ihrem Inneren.

»Kennst du die beiden?«, fragte sie. »Mir war so, als hätten sie dich so angeschaut, als sie zum Vorgespräch kamen.«

»Ich hatte mit ihnen schon telefoniert«, antwortete ich.

»Ah so.« Es war Tibas Art, mir mitzuteilen, dass sie nicht bereit war, mir zu glauben.

Ich zog eine rote Decke über den kleinen Tisch und stellte eine flache Schale darauf. Die Form war alt und aus rohem Stein gefertigt. Nur Wasser sollte darin sein. Gesegnet sollte es sein.

»Das Mädchen kenne ich aus unserem Salon«, sagte sie mehr zu sich als zu mir. »Ich habe sie schon ein paarmal frisiert.«

»Hilf mir mit den Vorhängen«, sagte ich. »Lass ein wenig Licht von deiner Seite herein.«

»Das Mädchen macht sich nicht wirklich zurecht«, sagte sie. »Sie hat auch bei der Behandlung einige Dinge abgelehnt.«

»Das Internet ist es«, sagte ich. »Die Mädchen wollen nicht mehr so aussehen, wie die alten Frauen es ihnen vorschreiben.«

»Sie kommen«, sagte Tiba mit Blick aus dem Fenster. »Ich lasse das Paar und die Eltern herein, dann gehe ich.«

Der Vater von Salumeh sah mir in die Augen, und ich erkannte an seinem Blick, dass er kein gläubiger Muslim war. Diese Männer wichen den Blicken der Frauen aus – er sah mich an, nicht anders als einen Mann. Dann betrachtete er in den drei Spiegeln – einem nach dem anderen –, wie schön seine Tochter war. Voller Stolz und voller Freude für sie. Und Salumeh sah aus, wie ich sie kannte. Aber um einiges schöner, um einiges glücklicher. Und sie trug das Haar fast offen. Eine durchsichtige Andeutung von Hidschab, ein weißes Licht, das in ihrem schwarzen Haar spielen durfte.

Die Mutter von Puya – für uns Johannes – ging hinter ihrem Sohn. Ein kurzer Blick auf den Brautvater, dann sah sie mich an. Es war offensichtlich, dass sie den Mann zum ersten Mal sah. Sie hatte die Verlobung nicht arrangiert. Sie ging hinter ihrem Sohn her, als gehöre alles, was geschah, in seine Verantwortung. Es war nicht Unterwürfigkeit, sondern Ängstlichkeit in ihrem Auftreten. Puya aber sah Salumeh so voller Zuneigung an, und sie blickte so zurück, dass es ungehörig war. Dann gab er dem Vater die Hand, und ich wusste, dass sie sich kannten.

Ich zeigte ihnen, wo sie zu sitzen hatten. An ihren Platz hatte ich je einen Koran gelegt. Die Mutter und der Vater saßen nebeneinander, dass sie sich nicht ansehen mussten.

»Wir haben ein ungewöhnliches Gefäß gefunden.« Ich zeigte auf die Schale. »Sie ist so alt – wer weiß wie alt. Und sie hat eine ungewöhnliche Form.«

»Sie ist schön«, sagte Salumeh.

»Wir müssen nicht wissen, was ihr Zweck einmal war«, sagte Puya.

Salumehs Vater nickte. Ihm gefiel, was ungewöhnlich war.

»Ich frage euch, welche Fragen ihr aneinander habt.«

»Keine Fragen«, flüsterte Salumeh.

Puya sah sie an und vergaß, mir zu antworten.

»Materiell ist alles geklärt zwischen euch?«, fragte ich.

Sie sahen sich an. Wozu hätten sie sich darüber Gedanken machen sollen?

Ich benetzte zwei Finger einer Hand im Wasser des Beckens. Damit berührte ich die Stirn des Mädchens und dann die Stirn des Jungen.

»Um eure Verlobung vor dem Staat zu bezeugen, bitte ich euch: Berührt den Koran, der vor euch liegt.«

Langsam streckte der Junge seine Hand aus und legte sie über das Buch, bis nur ein Spalt dazwischen war.

Auch das Mädchen streckte ihre Hand aus, und der Junge sah sehr genau hin, dass sie das Buch nicht berührte.

IV Gefängnis, Folter, Flucht

130. Sieben Prinzessinnen schlafen unter sieben Kuppeln

Wir wohnten noch nicht lange in dem neuen Haus – zwei Kisten voll mit Büchern standen noch in der Ecke –, da saß ich am Bett meines Sohnes, um ihm aus dem ersten Buch, das er hervorgeholt hatte, eine Gute-Nacht-Geschichte vorzulesen. Es ist ein persisches Märchen, das von einem König handelt, dem sieben Prinzessinnen an sieben Nächten in der Woche eine Geschichte erzählen. Und jede von ihnen kommt aus einem anderen Land, und jede von ihnen wohnt unter einer Kuppel, die von einer anderen Farbe ist.

»Sieben Prinzessinnen, die dem König jede Nacht eine andere Geschichte erzählen. Stell dir vor, du seist der König, welche Prinzessin würdest du wählen: die unter der blauen, der grünen, der roten, der braunen, der gelben, der weißen oder der schwarzen Kuppel?«

»Die Prinzessin unter der blauen Kuppel soll erzählen«, sagte mein Kind schon halb schlafend.

Also begann ich die Geschichte: »Er ist ein König – und diese Geschichte hat ihm die Prinzessin, die unter der blauen Kuppel wohnt, erzählt –«

In diesem Augenblick brach die Tür mit einem Krachen splitternd auf, und mehrere Polizisten standen im Kinderzimmer.

»Alles durchsuchen«, sagte der Vorgesetzte. »Auch die Kisten!«

Schnell schlug ich die Decke über das Gesicht meines Kindes.

»Maryam?«, fragte der Polizist.

Er hielt mir Handschellen hin und schloss sie um meine Handgelenke.

Ich hörte, wie mein Kind unter der Decke weinte.

»Du hast andere Problem als deinen Balg«, sagte der Mann, der ein Riese war. Er zerrte mich hoch und schob mich in eine Ecke.

Dann riss er meinem Kind die Decke vom Körper und warf sie in den Raum.

»Du bist eine Verbrecherin! An dein Kind hättest du früher denken sollen!«

Ein Beamter schüttete die Bücher aus der Kiste in die Mitte des Raumes. Mit den Stiefeln traten sie den Haufen auseinander und sahen nach den Titeln.

Die ganze Zeit sah mein Junge mich an. Als er zu weinen begann, zog mich der Polizist aus dem Raum.

Ich hörte, dass seine Untergebenen gegen die Möbel traten. Dann folgten sie uns mit dem Lärm ihrer Stiefel.

Unten standen meine Mutter und mein älterer Bruder mit seiner Frau und seinen Kindern. Sie wussten, dass es sinnlos war, etwas zu sagen oder sich in den Weg zu stellen, wenn die Polizisten im Haus waren.

Der Vorgesetzte zeigte auf die Bücherwand. Ein Polizist fegte die Bücher herunter, und die Kollegen stöberten nach verbotenen Titeln.

»Nichts«, sagte einer.

Sein Vorgesetzter zog mich nach vorn und stellte mich mit gefesselten Händen vor meine Familie – herausgerissen aus ihrer Mitte.

»Eine Familie von Verbrechern seid ihr!« Dann lachte er böse und zog mich hinter sich her.

Draußen standen die Polizeiwagen. Vorn ein weißer Peugeot, dessen Tür geöffnet war. Dahinter drei weitere.

Ich sah Gesichter in den Fenstern der Häuser. Aber die Straße war leer. Im Haus gegenüber waren alle Lichter erloschen.

Ich schaute zurück. Oben im Fenster sah ich mein Kind, das ansehen musste, wie seine Mutter in den Wagen gestoßen wurde.

Auf der anderen Seite des Wagens hörte ich, dass mein Bruder mit dem Fahrer sprach.

»Ich will nur wissen, wo meine Schwester hingebracht wird«, sagte er.

»Steig halt ein«, sagte der Fahrer.

Eine kurze Berührung mit der Schulter, dann saß mein Bruder neben mir.

Im Rückspiegel tauschte er einen Blick mit dem Fahrer.

Dann fuhr die Kolonne in hohem Tempo in eine schwarze Nacht hinein.

131. Das Büro des Sicherheitsdienstes

»Polizisten?«, fragte ich meinen Bruder leise.

»Sicherheitsdienst«, sagte er.

»Keine Gespräche!«, rief der Fahrer nach hinten.

Wir fuhren durch die nächtliche Stadt. Ladenzeilen waren erleuchtet, Häuser und kleine Parks.

Ich war eine Gefangene. Draußen glitt die Freiheit vorbei und verschwand hinter mir.

Sie hatten mich von meinem Sohn getrennt, aber er war in guten Händen.

Ich flüsterte seinen Namen. Mein Bruder nickte und berührte meine Hand.

Was mir bevorstand, wusste ich nicht, aber ich hatte nur wirklich Angst davor, dass Danial etwas passierte. Er war noch ein Kind, erst zehn Jahre alt.

Mein Bruder sah mich von der Seite an, ob ich Tränen auf dem Gesicht hatte.

Aber ich dachte an Cherin, ich hatte sie nie wiedergesehen,

ich wusste nicht, was mit ihr passiert war. Auch sie war durch die Nacht gefahren und stark gewesen. Ich stellte mir vor, dass sie mich zu ihr bringen würden.

Wie verstummt glitt die Stadt an uns vorbei.

Wir fuhren eine Zeit lang, doch ab jetzt glitt die Zeit ohne Dauer an mir vorüber.

Wir fuhren zu einem Polizeigebäude, das eine Reihe von schwach erleuchteten Wohnhäusern zur Seite gestoßen hatte.

Auf seiner Rückseite parkten wir unter kleinen vergitterten Fenstern.

»Jetzt weißt du ja, wo deine Schwester ist«, sagte der Fahrer zu meinem Bruder. »Fahr heim.«

»Kann ich mit hochkommen?«, bat er. »Ich möchte wissen, ob ich eine Kaution stellen kann.«

Wieder ein Achselzucken, aber der Fahrer ließ es geschehen.

Eine Polizistin trat aus der Tür und nahm die Papiere entgegen.

Der Fahrer wandte sich ab. Als er seine Zigaretten hervorholte, sah er uns gleichgültig, aber nicht unfreundlich nach.

Es war ein Blick, wie ich ihn oft gesehen hatte. Für ihn gehörte ich zu den Gefangenen, die er nicht verachtete. Und für Hass hatte er in seinem Herzen keinen Platz.

Die Polizistin führte uns aus dem Trakt der Polizei in ein Nebengebäude, wo der Sicherheitsdienst untergebracht war.

Dort mussten wir warten. Ein andere Polizistin, die eine andere Gefangene führte, wie ich an den Händen gefesselt.

Die Frau war jung wie ich, aber sie kam von der Straße, nicht wie ich aus einem Kinderzimmer. Etwas an ihr war so gleichgültig, als warte sie auf eine Hotelzimmerreservierung.

Die beiden Polizistinnen redeten miteinander. Wann sie Feierabend hatten. Was sie einkaufen mussten. Was sie im Haus noch tun mussten.

Belanglose Dinge geschahen in den Fluren der staatlichen Sicherheit. Putzfrauen kamen. Boten und Fahrer riefen in die Zimmer hinein.

Ich sah meinen Bruder von der Seite an. Er war diese Dinge gewöhnt, aber ich spürte doch eine Anspannung. Wir wussten beide nicht, was mir vorgeworfen wurde. Als ich ihn ansah, wusste ich, dass meine Mutter über meinen Glauben mit ihm gesprochen hatte. Er hatte nicht mit mir darüber gesprochen, aber ich hatte ein weiteres Problem auf die Familie geladen. Wie ich ihn kannte, hielt er dieses Problem für unnötig. Für ihn gab es wichtigere Dinge als das, was seine Schwester glaubte.

Der Beamte, der uns empfing, war ein schwergewichtiger Mann. Und der Schreibtisch war sehr breit, aber nicht sehr hoch. So sahen wir seinen mächtigen Bauch und Schweißspuren auf seinem gespannten Hemd. Er nahm Papiere von der Polizistin entgegen.

»Welche Kaution müssen wir stellen?«, fragte mein Bruder. »Vielleicht kann ich meine Schwester gleich wieder mitnehmen.«

»Ich weiß nicht, für welches Verbrechen sie angeklagt wird«, sagte der Mann.

»Steht es nicht in den Papieren?«

»Nein, das Vergehen muss der Richter festsetzen.« Er schüttelte so heftig den Kopf, dass sein Unterkinn heftig wackelte. »Sie erhalten Nachricht, wenn es zur Verhandlung kommt.«

Er winkte meinen Bruder kraftlos aus dem Raum.

»Sie geht in die Zelle.« Er sah auf eine Liste und nannte eine Nummer.

132. Herr, dies ist dein Weg

Ich hörte ein schmatzendes Geräusch hinter mir, als ich von der Polizistin durch die Tür geschoben wurde.

Draußen wartete eine Wärterin. Nachdem die Handschellen entfernt worden waren, wurde ich ihr übergeben.

Ich sah ihr an, wie müde sie war. Ihr Gesicht war bleich, ihre Augen waren gerötet.

»Zum ersten Mal?«, fragte sie.

»Ja, zum ersten Mal«, sagte ich.

»Die Zelle ist dunkel. Betten gibt es nicht. Ihr schlaft auf dem Teppich.«

Ich dachte an meinen Bruder. Sie hatten ihn nicht brechen können.

»Aber wenigstens kannst du schlafen«, sagte die Wärterin. »Ich habe noch zwei Stunden bis Schichtende.«

Sie versuchte ein Lächeln.

Der Raum war groß und dunkel. Nur oben war ein offenes Fenster, das einen Lichtschatten vom Gitter auf die Wand warf.

Ich suchte mir einen Platz und streckte mich aus.

Der Boden war bedeckt mit den Körpern von Frauen und ihrem Atem im Schlaf.

Eine Frau hatte die Augen geöffnet und sah im Lichtschein zu mir herüber.

Wir hörten die Schreie von irgendwoher. Schreie – wie von zehn Stimmen.

Wie die Frau mich ansah – war ich ein Traumbild für sie?

Eine andere Frau schlief sehr unruhig. Sie bewegte ihren Mund. Ihre Augen zuckten, als sehe sie Schreckliches.

Wieder eine andere stöhnte, als habe sie Schmerzen.

Eine kratzte sich panisch den Arm. Kratzen – Pause – Kratzen.

Die Frau neben mir war wach und weinte jetzt leise vor sich hin.

Mit meinen Gedanken verließ ich diesen Ort.

Ich sah Cherin, wie sie vor mir stand. Hier sah ich sie wieder. Hier begegnete ich ihr.

Sie sah mich in meiner Vorstellung an und sagte: »Maryam, was immer geschieht, sage ihnen nicht, dass du eine Christin bist. Du musst dich schützen, aber auch uns.«

Ich sagte zu ihr: »Cherin, ich werde so stark sein wie du.«

Ich sah ein Lichtkreuz auf ihrer Stirn – so schön, so seltsam.

Und auf dem Rücken liegend faltete ich die Hände zum Gebet. Niemand würde wissen, was ich tat – nicht die Frau, deren Traumbild ich war, nicht die Frau, die sich gerade aufgerichtet hatte und in die Dunkelheit hineinstarrte.

Als ich spürte, dass Jesus an meiner Seite stand, da sprach ich ihn an:

Herr, dies ist Dein Weg, ich will ihn gehen.
Beschütze mein Kind und meine Familie
Sei bei ihnen, wie Du bei mir bist.

Herr, Dir will ich dienen, wo immer es ist.
Beschütze alle gefangenen Christen
Sei bei ihnen, wenn sie Dich anrufen.

Und Jesus war bei mir, bis der Schlaf kam.

Er hatte sie nicht vergessen – eine Christin, in Haft genommen von den Knechten des Islam.

133. Ein Salon der Elenden

In der Verhörzelle trugen die Frauen Hauskleidung. Wir saßen im Wartebereich beieinander und redeten. Es war nichts anderes als ein Salon der elenden Art. Jede Frau hatte ihre große Sorgen und ihre kleine Neugier. Jede Frau war froh, dass sie nicht allein mit sich war. Auch wenn wir auf dem Boden sitzen mussten, waren wir eine Gemeinschaft. Wir wurden nacheinander verhört, und jede von uns fühlte mit der anderen. Da wir unsere Alltagskleidung trugen, sahen wir, dass die eine Frau arm war, die andere nicht. Aber zerknittert, wie die Kleider waren, machte es wenig Unterschied.

Eine Frau war nach mir gekommen. Aber sie hielt sich abseits und sah zu dem kleinen Fenster hoch. Sie war vor Schreck eine andere geworden und fand nicht zu sich zurück. Schon als sie gestern mitten in der Nacht im Raum gestanden und vor sich hin gestarrt hatte, war sie mir unheimlich. Ich hatte mir schnell einen Platz gesucht, weil die schlafenden Frauen wie ein Schutz vor der Angst waren. Was sie taten, machte ich ihnen nach. Aber diese Frau hatte die ganze Nacht dagestanden, als sei sie ein Gegenstand, der in den Raum geschoben worden war.

Ein Mädchen war sehr neugierig, warum ich bei ihnen war. Sie war gut gelaunt, als könne ihr die Umgebung nichts anhaben. Als sei alles ein großes Abenteuer für sie. Für sie war es das vielleicht auch, denn ich konnte erkennen, dass sie für die Kosmetik zu einem Schönheitssalon ging. Ich sah es ihr an – sie hatte einen Vater, der sie bald mit einem Bündel Geld auslösen würde. Sie war beschützt, aber ich wollte nicht über sie urteilen. Ich hatte Jesus, dieses Mädchen hatte ihren Vater – was war der Unterschied?

»Bist du verheiratet? Hast du Kinder?«, fragte sie mich.

»Ja, ich bin verheiratet und habe einen Sohn.«

»Erzähl, was dir passiert ist.«

»Sie sind gestern in unser Haus gekommen und haben mich verhaftet. Ich habe gerade meinen Sohn ins Bett gebracht, als sie kamen.«

»Wie viele waren es?«

»Acht oder neun Sicherheitsbeamte – ich habe nicht gezählt. Drei Wagen waren in unserer Straße.«

Die Frauen sahen mich alle an. Jetzt fiel mir ein, dass ich etwas von mir verraten hatte. Keine dieser Frauen war mit solch großem Aufwand verhaftet worden.

»Aber warum sind sie zu dir gekommen?«, fragte eine der Frauen. »Bist du eine Terroristin?«

»Nein, natürlich nicht! – Mir wurde gesagt, dass der Richter es mir sagen wird. Es steht nicht in meinen Papieren.«

»Aber du musst doch etwas wissen. Das glaube ich nicht.«

Schnell ließ ich mir etwas einfallen. »Es ging um mein Geschäft. Ich habe mich mit meiner Teilhaberin gestritten. Sie hat mir gedroht. Aber ganz ehrlich, ich weiß es nicht.«

»Wenn das stimmt, muss deine Teilhaberin sehr gute Beziehungen zum Sicherheitsdienst haben.«

Die Frauen glaubten mir meine Geschichte nicht. Ich sah ihnen an, dass sie überlegten. Vielleicht dachte sich die eine oder andere, dass ich eine Christin war. Nur das blieb, wenn ich keine politische Gefangene war. Denn acht Polizisten kamen nicht für einen Ladendiebstahl.

»Ich habe meinen Hidschab nicht getragen«, sagte das Mädchen, um die Frauen von mir abzulenken.

»Ich mache, was die Mullahs vorschreiben«, sagte eine ältere Frau. »Es gibt Schlimmeres.«

»Da hast du recht«, sagte das Mädchen. »Aber ich finde, es ist ein Zeichen von Unterdrückung. Wir Frauen müssen uns nicht alles gefallen lassen!«

»Du bist auch morgen wieder draußen«, sagte eine Frau um die vierzig, es war die, die sich unentwegt am Arm kratzte. »Du musst dir nichts gefallen lassen.«

»Aber ich mache weiter«, sagte das Mädchen stolz. »Ich werde meinen Freundinnen erzählen, was mir passiert ist.«

»Erzählst du ihnen von uns?«, fragte ich.

Das Mädchen nickte. »Meine Freundinnen kämpfen für die Rechte der Frauen im Iran. Reich oder arm – egal!«

Die Blicke waren wissend. Das Mädchen war sympathisch, aber was wusste sie?

Reich oder arm – es war das Wichtigste im Leben dieser Frauen.

Keine der Frauen schien es zu stören. Es erreichte nicht ihre Aufmerksamkeit. Ich versuchte, nicht auf diesen blutig gekratzten Arm zu schauen.

134. Geschichten aus einer Verhörzelle

»Ich brauche etwas«, sagte die Frau, die sich unentwegt kratzte. »Bei Allah, ich brauche etwas. Ich halte es nicht aus!«

»Chrystal«, sagte eine Frau leise und zeigte auf ihren Arm.

»Ich wollte meinen Mann erstechen«, sagte sie dann. Ganz einfach so sagte sie es – als sei es nichts, den eigenen Mann mit dem Messer zu töten.

»Er hat mir kein Geld für den Haushalt gegeben, und wir haben gestritten. Als er mich in den Bauch getreten hat, habe ich ein Messer genommen. So war es. Und ich bereue es nicht. – Nichts!«

»Warum hat er dir kein Geld gegeben?«, fragte das Mädchen.

»Er hat Spielschulden«, sagte die Frau. »Immer und immer Spielschulden.«

»Du hast dich wehren müssen. Ich finde es richtig, was du getan hast! Ich hoffe, du findest einen gerechten Richter.« Das Mädchen war voller Eifer.

Die Frau lachte kurz. »Sag deinen Freundinnen: Diesen Richter gibt es im ganzen Iran nicht!«

Ich dachte an die sieben Prinzessinnen, die unter sieben Kuppeln wohnten. Jede Kuppel in einer anderen Farbe, weil jede von ihnen aus einem anderen Land kam.

»Sie haben mich bei meinem Nachbarn angetroffen. Und mein

Mann hat mich angezeigt«, sagte nun eine andere Frau verächtlich. »Dabei geht er zu Huren – dieser Drecksack!«

»Warst du nicht vorsichtig?«

»Die Nachbarin hat mich gesehen. Eine Religiöse, die überall ihre Augen hat. Ich wollte ihr Geld geben, aber es war ihr nicht genug, da haben wir Streit bekommen.«

»Haben sie deinen – Geliebten auch verhaftet?«, fragte das Mädchen.

Einige Frauen lachten laut auf.

»Männer dürfen untreu sein, sie tun, was sie wollen! Wir Frauen kommen ins Gefängnis! Wusstest du das nicht?«

»Das ist ungerecht«, sagte das Mädchen leise.

»Ungerecht, aber ich bin eine Frau! Der Richter wird mich ins Gefängnis schicken. Und mein Mann erklärt die Scheidung und wird mein Brautgeld verprassen.«

Die Frauen schwiegen alle. Sie hatten Angst vor dem Gefängnis, aber auch vor der Zeit danach. Glücklich war die Frau, die eine Familie hatte, zu der sie gehen konnte.

»Ich war mit meinem Freund in der Stadt«, sagte eine junge Frau mit leiser Stimme. »Die Sittenpolizei hat uns kontrolliert. Und sie haben mich mitgenommen.«

»Deinen Freund nicht?«

»Nein, natürlich nicht. Aber er hat mit den Polizistinnen sehr gestritten. Und wird zum Gerichtstermin kommen, um mir beizustehen. Seine Familie auch.«

»Da hast du Glück«, sagte die Frau, die wegen Untreue inhaftiert worden war, »wenn er dich liebt.«

»Ich liebe ihn auch«, sagte die junge Frau und wurde rot.

»Ihr seid ganz anders als ich«, sagte das Mädchen, das für die Frauenrechte kämpfen wollte.

»Was denkst du, weswegen ich hier bin?« Eine Frau hatte sich ihr zugewandt. Sie war kräftig. Sicherlich hätte sie es mit einem Mann in einem Kampf aufnehmen können.

»Ich kann mir nichts denken«, sagte das Mädchen. Ein wenig sahen wir die Angst in ihren Augen vor dieser Frau.

Die Frau stellte sich in die Mitte des Raumes.

»Schaut ihr alle?«, fragte sie. »Alle!?«

Wir schauten auf sie – alle.

Sie drehte sich langsam im Kreis und zog sich ein Kleidungsstück nach dem anderen aus. Am Ende stand sie nur noch in Söckchen vor uns. Vollständig nackt in der Mitte des Raumes.

Sie war über und über tätowiert. Der ganze Körper war voller Schlangen, wilder Tiere, Raubvögel, Schädel von Toten und Waffen – Messer, Säbel und sogar eine Pistole.

Dann bückte sie sich und zog die Söckchen aus und trug dort links und rechts zwei giftige Spinnen auf der Haut.

»Wow!«, sagte das Mädchen. »Tattoos – da könnte mir nicht einmal mein Vater helfen!«

Mit ehrlicher Bewunderung sah sie die Tattoos an. Sie sog jedes der Bilder mit den Augen auf.

Ich konnte mir denken, an was das Mädchen dachte.

135. Abfall vom Islam

Nach vier Tagen fand die Anhörung vor Gericht statt. An den Händen gefesselt wurde ich in das Auto gebracht.

So traurig der Anlass war – ich sah während der Fahrt aus dem Fenster in das Licht. Ich schloss die Augen und fühlte, wie die Sonne warm über meine Haut glitt.

Als wir hinter dem Gericht parkten, entdeckte ich das Auto meines Bruders.

Es war nicht möglich, die Sonnenstrahlen in dieses Gebäude mitzunehmen.

Die Haut fühlte sich dort kalt an. Meine Sinne wurden wieder schläfrig.

In einem Spiegel im Inneren des Gebäudes erblickte ich mich. Bleich, aber mutig. Zerknittert waren die Kleider, aber ich war gespannt, was sie mir vorwerfen würden.

An den Händen gefesselt sah ich meinen Bruder, der die Hand zum Gruß hob.

Geht es dir gut?, fragte er mit Blicken voller Sorge.

Mit meinem Kind – alles in Ordnung?

Es ist für alles gesorgt, sagten seine Augen.

Der Richter trug eine randlose Brille und blätterte in den Akten. An der Hand sah ich einen in Gold gefassten Brillantring. Er hatte nicht aufgeschaut, als ich hereingeführt worden war. Als sei es ihm möglich, meinen Fall beurteilen zu können, ohne dass er mich ansah. Er las, und wir schauten ihm zu. Die Polizistin neben mir geriet in eine Art Starre. Sie war dieses Lesen gewöhnt. Beim Blättern glitzerte sein Ring auf.

Kopfschüttelnd klappte er die Akte zu. Er ordnete die Papiere, als mache er sich daran, nach Hause zu gehen. Aber dann begann er, mit großer Sorgfalt seine Brille zu putzen.

Mein Bruder sah mich. Es war alles ein Theater, um mich nervös zu machen. Ja, das war es!

»Weißt du, warum du hier bist?«, fragte der Richter schließlich.

»Nein, das weiß ich nicht«, sagte ich.

»Warum lügst du mich an?«

»Ich lüge Sie nicht an.«

»Doch, du hast die Frechheit, mich, einen Richter, hier vor Gericht anzulügen! Was wagst du!?«

Ich betrachtete ihn und sagte nichts.

»Warum hast du nicht den Mut und sprichst es aus!«

»Es gibt nichts, was ich aussprechen kann.«

»Wir haben Zeugen. Wir haben Beweise. Wir haben Protokolle. Wir haben Listen, auf denen dein Name steht. Leugnen ist völlig zwecklos! Deine Uneinsichtigkeit hilft dir nicht – im Gegenteil.«

Nur der Richter sprach. Wir waren seine Zuhörer.

»Dir wird vorgeworfen, dass du eine Christin bist«, sagte er. Nur kurz streifte mich sein Blick. Offenbar konnte dieser Muslim den Anblick einer Christin nicht ertragen.

In diesem Staat war es ein Kapitalverbrechen, zum Christentum konvertiert zu sein.

»Der Pater der Hauskirche und seine Frau haben im Verhör bestätigt, dass du eine Christin geworden bist.«

Ich schüttelte den Kopf. »Nein, ich bin keine Christin geworden.«

»Leugnest du auch, dass du in dieser Hauskirche warst?«

»Nein, ich war dort als Gast. Aus Interesse.«

»Interesse an was?«

»Cherin – die Frau des Paters – ist eine Kundin und Freundin. Ich wollte schauen, wie sie feiern.«

»Wir haben die Aussage deiner Geschäftspartnerin, dass du eine Christin bist.«

Ich ließ mir meine Überraschung nicht anmerken.

»Woher will Tiba wissen, was ich glaube«, sagte ich. »Sie weiß nichts von mir. Außerdem hat sie ein Interesse, mich anzuzeigen.«

»Worin sollte ihr Interesse bestehen?«

»Sie bekommt mein Geschäft, wenn ich verurteilt werde.« So einfach war es. Tief in meinem Herzen hatte sich der Verdacht gegen Tiba verborgen gehalten. Sie wollte nicht die Hälfte, sondern das Ganze!

»Du warst abends in deinem Büro und hast im Internet christliche Seiten besucht. Erfindet sie das?«

»Nein, ich war auf diesen Seiten, weil ich Cherin treffen wollte. Sie war eine gute Freundin.«

»In deinem Salon verkehren Menschen, die auch Christen geworden sind. Mit einem Mädchen hast du die Hauskirche besucht.«

»Ja, sie ist aber so wenig Christin wie ich! Sie ist auch eine Freundin.«

»Bei diesem Mädchen sind wir uns nicht sicher, denn ihr Vater hat einen sehr guten Ruf.«

So geht es also, dachte ich und sah auf den Brillantring.

Ärgerlich war er meinem Blick gefolgt.

Er setzte sich aufrecht hin.

»Gegen dich wird ein Gerichtsverfahren wegen ›Abfall vom Islam‹ eingeleitet. Ich entscheide hiermit, dass du bis dahin in ein Gefängnis verbracht wirst. Einer Entlassung gegen Kaution stimme ich nicht zu.«

Er öffnet eine Akte und notierte etwas.

Ohne dass ich meinem Bruder einen Blick zuwerfen konnte, zog mich die Polizistin aus dem Saal.

136. Eine lange Reise

In einem großen weißen Van wurde ich in das Gefängnis gefahren. Neben mir saß eine Polizistin, die mit einer Kollegin am Handy sprach.

Ich schaute aus dem vergitterten Fenster auf die Straße. Es war viel Verkehr. Wir fuhren langsam. Jedes Bild nahm ich in mich auf. Im Gefängnis würde ich davon leben müssen. Wie lang ich dort sein würde, war nicht zu sagen. Ich musste mich auf eine lange Zeit einstellen. Ich musste Gelassenheit finden.

Draußen folgten die Menschen dem, was ihnen ihr Leben war. Nichts riss sie heraus. Der Abend würde kommen, der Morgen würde kommen.

Autos, ein Karren mit Wasser. Cafés und kleine Auslagen bedeckten den Gehsteig mit ihrem Schatten.

Eine Mutter schaute zu dem Van. Dann sah sie mein Fenster. Sie gab ihrem Kind zu verstehen, dass ich sie ansah. Es war ein stämmiger Junge mit lockigen Haaren, die ihm in die Augen fielen. Er suchte mit seinem Blick die Fenster ab.

Er winkte, als er mich sah. Ich winkte zurück. Schnell zog seine Mutter ihn weiter und sprach eindringlich mit ihm. Ein Blick zurück durch ein Bündel Locken, dann war er fort.

In einem Café sah ich eine frühere Mitschülerin. Sie saß dort mit einer Freundin. Sie tranken ihren Tee und redeten. Als sie den Transporter des Sicherheitsdienstes sahen, wandten sie sich ab. Wenn sie nur ein wenig länger geschaut hätten – in einem der Fenster hätten sie mein Gesicht gesehen. Aber sie wollten sich den schönen Tag nicht verderben lassen.

Am Ende waren wir etwa eine Stunde lang gefahren. Weit vor der Stadt, in der Nähe des Flusses befand sich das Gefängnis. Jeder wusste, wo es war. Selbst die kleinen Kinder haben die Erwachsenen davon reden gehört. Es liegt wie eine Drohung über der Stadt. Ich sollte das Gebäude wiedererkennen ... Wie viele Jahre war es her, dass ich mit meiner Mutter meinen Bruder Tiam dort besucht hatte? Ich wusste es nicht, musste nur daran denken, dass ich nun selbst eingesperrt sein würde. Ich war aus meinem Leben herausgerissen worden. Ich war keine Mutter mehr, keine Ehefrau. Ich war eine Gefangene. Eine, die nicht dazugehörte.

Ich betrachtete meine Handschellen, die im Licht glänzten wie silberne Ringe. Ich betrachtete die schweren Schuhe der Polizistin. Ihre Hände, breit und kräftig. Die kurzen bäuerlichen Finger. Ich hörte den Motor, wie er in das Innere des Wagens hustete. Ich wusste, dass ich Jesus auf seinem Weg folgte. Nicht anders als Petrus und sein Bruder, die ihm gefolgt waren, ohne einen Zweifel.

Als ich aus dem Gitterfenster auf den Fluss sah, wusste ich, dass dies der erste Tag einer langen Reise war. Und dass ich einen Weg ging, der mich nicht zurückführen würde.

137. »Beschwerden?« – »Keine.«

Als die Polizistin ihr Handy weglegte, war es das Zeichen, dass wir angekommen waren. Sie öffnete meine Handschellen, nahm meine Papiere unter den Arm, und wir schauten aus dem Fenster.

Ein sehr großes Tor öffnete sich langsam ohne ein Geräusch. Dort wurde ich mit meinen Papieren von einer Wärterin in Empfang genommen. Der Van setzte zurück, und das Tor schloss sich wieder.

Der Nachmittag war weit fortgeschritten. Der Innenhof lag zur Hälfte im Schatten.

Wir gingen in das Gebäude, in den Trakt für inhaftierte Frauen. In einem Empfangszimmer wurden meine Papiere abgegeben. Dort bekam ich meine Gefängniskleidung. In einer halb offenen Kabine musste ich mich unter den Augen der Wärterin umziehen. Alle Sachen, die ich auszog, gab ich der Wärterin. Ich musste einen grauen Kittel, einen grauen Hidschab und ein paar dunkelblaue Schlappen anziehen. Über den Arm gelegt bekam ich einen schwarzen Tschador – einen Umhang, der vom Haar bis zu den Füßen alles bedeckt. Nun war ich gekleidet wie eine Gefangene. Sie nahm mir meine Ohrringe ab und die Ringe, die ich trug. Auch die feine Halskette gab ich ihr vorsichtig. Eine Uhr trug ich nicht.

Sie fühlte in meinen Haaren nach einer Klammer. Dann musste ich den Hidschab aufsetzen. Sie besah sich meine Fingernägel.

»Die Nägel werde ich kürzen«, sagte sie. »Komm!«

Über einem kleinen Becken, in dem ein ganzes Häufchen geschnittener Nägel lag, kürzte sie meine Nägel und bearbeitete sie mit einer groben Feile nach.

»Ich bin Kosmetikerin«, sagte ich und betrachtete ihre Arbeit.

»Ich bin keine Kosmetikerin«, sagte sie mit einem tiefen Lachen.

Dann befühlte sie meine Fußnägel und fand, dass sie kurz genug waren.

Danach wurde ich zum medizinischen Dienst gebracht.

Ein Arzt bekam meine Akten und las kurz darin.

»Irgendwelche Medikamente, die du nehmen musst?«

»Nein«, sagte ich.

»Beschwerden?«

»Keine.«

»Selbstverletzung?«

»Auch nicht.«

»Drogen?«

»Keine Drogen.«

»Geschlechtskrankheiten?«

»Nein, keine.«

Er gab die Akte zurück und rief die nächste Gefangene.

»Jetzt identifizieren wir dich«, sagte die Wärterin.

Vor uns waren drei Frauen mit ihren Wärterinnen. Wir setzten uns auf eine Bank. Die Wärterinnen begannen sofort, miteinander zu reden. Wir waren still und hörten ihnen zu, wie sie über ihre Kolleginnen schwatzten.

Als ich an der Reihe war, brachte mich die Wärterin, der ich zugeteilt war, in ein Büro.

Hier fotografierte man mich für einen Ausweis. Der Ausweis wurde in die Akte gesteckt und die Nummer auf meinem Kittel mit der Nummer in meiner Akte verglichen.

Dann musste ich die Finger der Reihe nach auf ein Stempelkissen legen.

Zum Schluss auch alle zehn Zehen.

»Willst du beten?«, fragte die Wärterin.

»Nein, jetzt nicht«, sagte ich.

»Dann bringe ich dich in deine Zelle.«

»Ja, das ist mir recht.«

Sie fand lustig, wie ich mit ihr sprach.

»Warum bist du hier?«

»Streit mit meiner Teilhaberin«, sagte ich.

»Hast du sie verletzt?«

»Nein, es war nur ein Streit. Sie hat mich angezeigt, weil sie das Geschäft für sich haben will.«

»Ich kenne solche«, sagte die Wärterin. »Sie kennen nur den eigenen Vorteil.«

»Und sie denken nur an Geld.«

Sie nickte. »Nur an Geld – so ist es! Allah wird sie strafen.«

Wir gingen die Treppen hoch, durch Gänge, wieder Treppen herunter, durch neue Gänge.

Vor einem Gang verglich sie die Zahlen mit meiner Akte.

Sie bog mit mir in einen kurzen Gang ab. Rechts und links waren hinter Gitterstäben die Zellen.

»Diese hier«, sagte sie.

Sie schloss auf, schob mich herein und schloss wieder ab.

138. Das Gebet in der Moschee

Am Morgen um sechs Uhr wurden wir zum Gebet geweckt.

Eine Gefangene trat an mein Bett.

»Wir müssen beten«, sagte sie. »Kommst du mit oder bist du eine Christin?«

Nein, nein, selbst halb im Schlaf wusste ich, dass ich eine Christin nur in meinem Herzen sein durfte.

Acht Frauen waren wir, die sich langsam und in eigene Gedanken versunken ankleideten.

Am Ende warfen wir den Tschador über, weil der Anblick einer Frau die religiösen Gefühle eines Mannes verletzte. So war es im Islam. Und auch in seinen Frauengefängnissen gab es Männer.

Vollständig schwarz bedeckt leerte sich Zelle nach Zelle auf dem Gang zur Moschee.

Vereinzelt sah ich in den Zellen Frauen, die nicht zum Gebet gingen.

Wir sammelten uns in einem großen Raum. Er war niedrig, grau gestrichen und so breit wie tief. Vorn hingen die Lautsprecher für die Rede des Imam, der die Frauen in seiner Andacht nicht sehen durfte. Wir standen auf einem graugrünen Teppich, sehr dicht nebeneinander.

»Aufrücken«, sagte eine Wärterin immer wieder. »Jetzt rückt auf!«

Die Andacht wurde von einem Band gespielt, das eine Wärterin startete.

Und so standen wir, knieten wir und wiederholten wir die Worte, die wir gelernt hatten.

Ich ließ meinen Blick durch die Reihen schweifen. Da standen sie – diese Frauen, die aufgereiht waren, diese Frauen, die sich unter einem schwarzen Umhang verbergen mussten, weil die Stimme eines Mannes zu ihnen sprach.

Gab es nur eine Frau, die sich in ein Gebet zu Allah versenkte?

Viele hatten Verbrechen begangen, die nur vor islamischen Richtern Verbrechen waren!

Viele hatten Verbrechen begangen, weil dieser arabische Gott die Männer über die Frauen stellte.

Zu welchem Gott hätten diese Frauen beten sollen?

Und selbst wenn sie einen Diebstahl begangen hatten oder Drogen nahmen – dieser Gott war kein Gott, von dem Frauen Vergebung erwarten durften.

Die strengen Gesichter der Wärterinnen, die elenden Blicke der Frauen, die Stimme des Mannes vom Band – wo war der Gott, der diese Frauen angenommen hätte?

So langsam, wie wir gekommen waren, löste sich die Versammlung wieder auf.

Schwerfällig schoben sich die Gefangenen die Treppen hoch und durch die Gänge.

Ich sah in Gesichter, die leer waren. Manche waren nach dem Wecken halb schlafend in die Moschee gegangen.

Die Gefangene, die mich wach gemacht hatte, ging neben mir. Jetzt sagte sie leise: »Sie passen auf, wer wie oft betet. Wenn du Vergünstigungen willst, zeige dich oft in der Moschee.«

»Vergünstigungen?«

»Kleine Jobs, Besuchstermine, Gnadengesuch. Es steht in deinen Akten, dass du eine Religiöse bist.«

»Wie oft betet ihr hier?«

»Dreimal, aber manche Frauen gehen auch zum Nachtgebet.«

Ich betrachtete sie von der Seite. Sie war schon älter. Eine hagere Frau. Ein scharfes Gesicht. Sicherlich hatte sie Kinder.

»Wie lange bist du schon hier?«, fragte ich.

»Zwei Jahre«, sagte sie. »Diebstahl, Milch, ein paar Datteln ...«

»Dafür bist du im Gefängnis?«

»Ja. Bald ist die Zeit um. – Und du?«

»Ich warte hier auf meinen Prozess. Es ist mein erster Tag.«

Und so waren wir zwei Frauen in einem Strom von Frauen – unter einem schwarzen Umhang alle verborgen –, und doch hatte jede ein eigenes Schicksal, mit dem sie allein ging.

139. Eine Doanevis und eine Christin

In der Zelle waren acht Frauen untergebracht. Vier Bettgestelle – ein Bett oben, ein Bett unten. Wir hängten unseren Tschador auf und warteten nun auf das Frühstück.

Drei Frauen setzten sich zu mir an das Bett. Sie waren neugierig. Zwei Frauen schliefen wieder. Zwei andere Frauen unterhielten sich leise wie Freundinnen.

»Warum bist du hier?«, fragte eine Frau.

»Sie werfen mir vor, dass ich vom Islam abgefallen bin. Aber ich bin es nicht.«

Die Frauen sahen mich prüfend an. Keine von ihnen sagte ein Wort.

»Ihr habt gesehen, dass ich beten gehe.«

Aber die Frauen wollten sich nicht für dumm verkaufen lassen.

»Ich sage euch, wie es war. Ich habe einen Salon. Und ich hatte eine Kundin, die eine gute Freundin wurde.« Ich überlegte kurz, dann sprach ich weiter. »Und diese Kundin … war eine Christin, ohne dass ich es wusste.«

Bei dem Wort »Christin« unterbrachen die beiden Freundinnen ihr Gespräch.

»Das reicht aber nicht für eine Anklage«, sagte eine der Frauen.

»Ich habe mit ihr Familien besucht, die in Not geraten waren.«

Die Frauen schüttelten den Kopf wie eine Bank von Richterinnen.

»Ich habe eine Hauskirche besucht.«

Ja, sie nickten. Die Wahrheit – sie war in Sichtweite.

»Aber ich habe dort nicht gebetet. Ich war Gast mit einer Freundin. Wir waren neugierig.«

»Hmm …« Diese Richterinnen vor mir hatten schon viele Geschichten gehört. Die wenigsten hatten sich als wahr erwiesen.

»Wir waren vielleicht zweimal im Monat dort.«

»Das ist wenig – findet ihr nicht?«, sagte eine der Frauen.

Die drei anderen Frauen stimmten zu. Ja, das war wenig, aber jede von ihnen war für wenig verurteilt worden.

»Erzähle uns, was für Menschen die Christen sind«, schlug eine der Frauen vor. »Wir wissen nichts von ihnen.«

»Es war ein Haus, in dem sie gefeiert haben. Sie nennen es eine Hauskirche. Oben hat die Familie des Pastors – so nennen sie ihren Imam – gewohnt. Unten hatten sie Bänke, auf denen sie zum Gottesdienst gesessen haben.«

»Gesessen?«

»Männer und Frauen zusammen.«

Die Frauen sahen mich ungläubig an. Sie hatten noch nie einen Mann beim Gebet gesehen.

»Und der Imam schaut sie an? – Auch die Frauen?«

Ich nickte. So war es. Ich hatte es mit eigenen Augen gesehen.

»Wir sind vielleicht länger geblieben als normale Gäste – weil es so interessant war.«

Ja, das konnten sie verstehen. Vieles war anders bei den Christen.

»Und die Frauen singen, wenn sie beten«, erklärte ich.

Es ist für eine Muslima unvorstellbar, eine andere als die heisere Männerstimme des Imam aus Lautsprechern zu hören.

»Und sie beten zu Maria, dass sie ihnen in der Not beistehe.«

Ich wusste nicht, was die Frauen dachten. Mir war Maria erschienen als Trösterin, aber wie hätte ich darüber sprechen können?

»Es ist schön dort. Es ist so friedlich, dass man die Zeit vergisst.« Mehr konnte ich nicht sagen. Und vielleicht war auch das zu viel.

»Wir haben eine Doanevis in der Nachbarzelle«, sagte eine der Frauen stolz. »Eine echte!«

Vermutlich sprachen die Frauen der Nachbarzelle in ähnlicher Weise von mir.

»Sie tut Dinge, wenn eine Gefangene sie bittet.«

»Sie schreibt keine Doas, weil sie nichts hat, um sie zu schreiben. Aber sie liest in den Händen.«

»Und in Teeblättern!«

»Oder sie nimmt ein Stück Stoff, um darauf zu schlafen. Das hilft gegen Krankheiten von Kindern.«

»Eine Christin – kann sie nicht auch diese Dinge tun?«

»Nein«, sagte ich. »Magie ist ihnen nicht erlaubt.«

»Aber sie beten zu Maria und bitten sie um Dinge?«

»Das ist etwas anderes, als auf Stoff zu schlafen!«, sagte ich streng.

Sie hatten verstanden. Die Christen waren keine Doanevis. Sie sprachen mit Jesus, aber sie schrieben keine Doas.

»Dürfen wir dich um etwas bitten?«, sagte eine der Frauen.

»Bete für uns«, sagte eine andere.

»Auch wenn du keine Christin bist«, sagte die dritte. »Bete für uns.«

Ich hatte zu viel von den Christen erzählt. Und es war den Frauen Ernst mit ihrer Bitte.

»Für den Imam sind wir Ausgestoßene. Niemand betet für uns.«

»Scheiha heiße ich«, wandte sich die Erste an mich. Die anderen Frauen ließen sie, weil ihre Sorgen am größten waren.

»Schau mich an«, sagte sie. »Ich bin drogensüchtig.«

Ich sah sie an. Ihr Blick war fiebrig. Sie war jung, aber ihr Gesicht war bereits ausgezehrt von der Sucht. Es war aus dem Gleichgewicht geraten.

»Bete, dass ich von den Drogen loskomme!«

Ich nickte. Ich würde für sie beten.

»Glaubst du an dich?«, fragte ich. »Eine Bitte wird nur denen erfüllt, die sie annehmen.«

»Es ist so schwer«, flüsterte sie. »Weiß diese Frau, zu der du betest, wie groß diese Sucht ist?«

»Maria – sie kennt alle Leiden und alle Not.«

»In meinem Kopf ist nur diese Sucht – nichts hat Platz neben ihr!«

»Ich werde beten, dass du das Beten lernst«, sagte ich.

»Streiche über meinen Arm«, sagte sie.

Ich berührte diesen Arm, der kindsdünn war.

»Sie wird kommen … in deinem Traum … und dich berühren«, sagte ich zu ihr.

»Ich bin es nicht wert«, flüsterte sie.

»Vor Maria – da ist jede Frau etwas wert!«

»Rudab heiße ich. Sprich zu dieser Frau für meinen Sohn.«

»Ich werde für dich beten«, versicherte ich ihr.

»Sie haben mir meinen Sohn genommen«, sagte sie, und ihre Augen füllten sich unter dem Schmerz mit Tränen.

Was sie sagte, gab mir einen tiefen Stich ins Herz. Mein Bruder hatte mir versichert, dass es meinem Kind gut ging. Was wusste ich, wie es wirklich war.

»Meine Schwiegermutter hat ihn genommen – für immer genommen!«

Meine Gedanken gerieten durcheinander. Viele Dinge würden geschehen, wenn mein Mann erfuhr, dass seine Ehefrau eine Christin geworden war. Vieles war möglich. Er würde sich scheiden lassen, wenn sie es von ihm verlangen würden. Ja, das würde er, ohne zu zögern, weil ihm der Beruf so viel bedeutete. Aber würde er mir das Kind wegnehmen, obwohl er das Recht dazu hatte? Ich musste meinem Bruder glauben, sonst war die Zeit im Gefängnis nicht zu ertragen.

»Weißt du, wie schwer es für eine Mutter ist, wenn ihr Kind sie vergisst?«

Ich sah die Frau an und versuchte, die Tränen in mir zurückzuhalten.

»Wenn ich aus dem Gefängnis komme, bin ich eine Frau ohne Kind, keine Mutter mehr. Wenn ich ihm begegne, darf ich es nicht kennen, mein Kind. Wenn ich es höre, darf ich es nicht rufen!«

»Maria wird dir im Traum erscheinen mit deinem Kind«, sagte ich. »Niemand wird euch trennen.«

Aber die Frau hielt die Hände vor das Gesicht und weinte. Ich wusste nicht, ob sie meine Worte gehört hatte.

»Ich habe Schulden gemacht«, sagte die dritte Frau. »Wie kann ich meinen Eltern je wieder in die Augen sehen?«

»Es gibt nichts, das nicht vergeben wird«, sagte ich und hoffte, dass ich die Wahrheit sagte.

»Sie werden ihr Haus verkaufen, um meine Schulden zu bezahlen.«

»Sei dankbar für ihre Liebe.«

»Aber wo sollen sie leben?«

Ich wusste es nicht.

»Das Glück hat mein Leben für immer verlassen!«

Sie blickte hoch zu dem kleinen vergitterten Fenster.

»Soll ich für dich beten?«

»Ach, nein«, sagte sie, »ich will es erst bei der richtigen Doanevis versuchen.«

141. Die Gewalt in deinen Augen

Ich saß auf meinem Bett und versuchte zu beten. Aber ich sah nur die Bilder der Fahrt vor mir: die Frauen, die Kinder, die Geschäfte, das Sonnenlicht auf den Markisen der Cafés, das Fließen der Zeit in den Tag hinein, die Anmut des Alltags. Und alles war so fern von uns. Und ich durfte den Frauen nichts davon erzählen.

Eine Frau von uns hatte geschwiegen, aber nun schauten wir auf sie. Wir saßen um sie herum.

»Dalgah, nun sollst du erzählen«, sagte eine der Frauen.

Es gibt Frauen, die sind schön ohne Salon. Und in jedem Kleid, das sie tragen, immer ziehen sie die Blicke auf sich.

Dalgah begann, stockend zu erzählen. Sie erzählte von ihrer Kindheit. Wie alles bestimmt war. Wie sie sehen musste, dass ihre älteren Schwestern verheiratet wurden. Wie das Glück in den Augen der Schwestern verschwand. Und sie war die Kleinste und die Schönste von ihnen. Von früh an wussten alle, dass das Glück in ihren Augen nicht erlischen würde, weil es ihr geschenkt war. So war ihre Kindheit.

Und die Frauen nickten, weil Dalgah recht hatte: Die Schönheit – wer sie so besaß, dem war sie wie eine Bestimmung. Es gab keine Freiheit. Nicht in der Welt, in der diese Frauen lebten. Und in keiner anderen, von der sie wussten.

Und welcher Mann diese Schönheit jeden Tag sah, der glaubte, sie gehöre ihm wie das Licht. Und wenn er arm war und nichts geben konnte, dann musste er sich mit Gewalt nehmen, was ihm gehörte.

Ein Nachbarsjunge hatte ihr nachgestellt.

Und Dalgah erzählte, wie sie ihm gesagt hatte: »Tu mir keine Gewalt an. Auch deine Augen tun mir Gewalt an! Lass ab von mir!«

Und dass er sagte: »Was willst du tun, wenn ich dich anschaue!«

Und sie sagte: »Bald trage ich ein Messer gegen dich!«

Und er lachte nur, als er sagte: »Und was willst du tun – mich erstechen, weil meine Augen dir Gewalt antun?«

»Lass ab von mir – ja, ich ersteche dich!«

»Wenn du mich tötest, so wirst du vor dem Richter stehen und gehängt werden und deine Schönheit mit dir. Hochziehen werden sie dich an deinem Hals, dem schönen!«

So hatte er gesprochen – so widerlich, wie er war.

Und Dalgah entgegnete ihm: »Und wenn ich vor dem Richter stehe, wird er mein Recht sehen!«

Der Junge lachte wieder nur. »Niemals wird es so sein! In diesem Land wird das Recht der Männer gesprochen!«

»Es ist bestimmt, dass mir Recht geschieht!«, hatte sie gesagt. »Bei dem Himmel, der uns zusieht!«

»Ein Himmel, der dir zusieht? Einer Frau, nur weil sie schön ist? Wie lang ist sie schön? Und ewig ist der Himmel, du Törichte!« Und er lachte und lachte und lachte.

»Morgen hole ich dich«, sagte er an einem anderen Tag. »Morgen, wenn du schläfst. Morgen, wenn der Himmel nicht zusieht. Wie die Nacht gekleidet hole ich dich!«

Als er kam, erstach sie ihn.

»Maryam, fertig machen zum Verhör!«

Ich legte mein Buch zur Seite und verließ mein Hochbett über die schmale Leiter. Goli, die unter mir lag und nie etwas las, erhob sich mit mir. Sie hatte einen Ladendiebstahl begangen – sie hatte etwas gestohlen, das ihr gefallen hatte. Sie sagte nicht, was es war. Aber es war nicht das erste Mal. Deshalb hatte sie eine Gefängnisstrafe erhalten.

Sie stellte sich an die Gittertür, durch die unser Raum von dem Korridor und den anderen Räumen getrennt war. Sie hatte sich angewöhnt, dort zu stehen, als sei es angeordnet worden.

»Dein erstes Verhör?«, fragte sie, während sie mir zusah, wie ich mich fertig anzog.

»Ich wurde bei der Polizei verhört, aber hier noch nicht.«

Ich wartete mit ihr an der Tür auf meine Abholung. Viele Tage war ich schon hier.

»Zähl sie nicht«, rieten die Frauen mir. »Gib der Zeit nichts, woran sie sich festhalten kann.«

Die Wärterin kam und schlug mit dem Schlüssel gegen das Gitter. »Zurücktreten! Nur Maryam kommt mit!«

Goli trat zurück.

Ich folgte der Wärterin durch den Flur, eine Treppe hinunter und zwei weitere Flure, bis wir zu einem großen Vorraum kamen.

»Setzen!«, befahl sie und deutete auf eine Bank, auf der bereits zwei Frauen saßen. »Keine Gespräche!«

Während die Frauen noch warten mussten, wurde ich kurze Zeit später bereits hereingerufen.

In dem Raum, den ich betrat, stand nur ein großer Schreibtisch. Eine Polizistin saß dort, hinter ihr eine Wärterin. Die Wände waren grün und glänzend gestrichen.

Ich setzte mich auf den Schemel.

Die Polizistin sah mich lange an. Sie betrachtete die Akten, die vor ihr lagen, als könne sie sich kein Bild von mir machen

»Das haben wir nicht oft«, sagte sie, fast freundlich interessiert. »Eine Christin, die nicht zugibt, dass sie eine Christin ist.«

Wie die Wärterin schaute ich vor mich hin.

»Du behauptest also, keine Christin zu sein.«

Sie hob eine Akte hoch und ließ sie auf den Schreibtisch fallen.

»Die Christen der Hauskirche sagen, dass du dazugehört hast. Dein Name steht auf einer Liste, die wir nicht finden sollten. Wir haben Zeugen, dass du dort gebetet hast.«

»Das ist doch alles lange her«, sagte ich.

»Du bist seit Langem eine Christin – willst du das sagen?«

»Nein, sie haben mir damals nichts nachweisen können – das will ich sagen!«

»Und nun haben wir neue Zeugenaussagen.«

»Meine Geschäftspartnerin – ja.«

»Die Beweise sind erdrückend und sehr detailliert. Ein Richter wird es nicht gern sehen, wenn du leugnest, was offensichtlich ist. Für einen Richter bist du uneinsichtig.«

Die Polizistin sah nachdenklich auf die Papiere, die vor ihr lagen.

»Siehst du, die meisten Christen verlassen das Land, wenn sie uns ein wenig entgegengekommen sind.« Lächelnd drehte sie den Stift um hundertachtzig Grad auf der Schreibtischplatte. »Warum gehst du nicht den Weg, den sie alle gehen? Das verstehe ich nicht.«

Ich traute Cherin, niemandem von den Diensten.

»Ihr hört hier wenig Nachrichten«, sagte die Polizistin leise. »Warte draußen«, zischte sie der Wärterin hinter sich zu.

Als diese die Tür hinter sich geschlossen hatte, beugte sich die Polizistin ein wenig über den Tisch.

»Im Vertrauen – es verlassen viele Menschen den Iran. Sehr viele afghanische Flüchtlinge – sollen sie gehen, niemand hat sie gerufen! –, aber auch viele Christen.«

Diese Neuigkeiten hörte ich zuerst aus dem Mund einer Polizistin und glaubte sie nicht.

»Es ist leicht, nach Europa zu kommen«, sagte sie und sah mir ernst in die Augen. »Es ist leicht, und das heißt auch, dass es billig ist.«

Mit zwei Fingern lief sie über den Tisch, als müsse sie mir zeigen, wie leicht es geworden war.

»Aber natürlich – wenn du den Richter ärgerlich machst, wird er dich bis zum Prozessbeginn in Haft halten. Überleg dir also gut, was du tust.«

Sie packte die Akten zusammen, weil sie für heute die Hoffnung aufgegeben hatte, dass ich zur Vernunft kommen würde.

143. Zwei Gläser mit Tee

Die Wärterin sagte mir, dass Gebetszeit sei. Sie ging davon aus, dass ich nicht zum Gebet gehen wollte.

Ich sagte nichts, weil ich sie nicht verärgern wollte.

»Die meisten Frauen besuchen die Moschee zum Gebet«, sagte sie. »Es ist ein wenig Abwechslung. Wir Wärterinnen haben einen eigenen Raum.«

Sie gab mir ein Zeichen, ihr zu folgen, und ging dann voraus in einen Aufenthaltsraum.

»Eigentlich darfst du hier nicht rein. Aber sie sind alle beim Gebet. Ich hol uns einen Tee. Wir reden ein bisschen.«

Sie hantierte in der Küche. Ich besah mir den Raum. Er unterschied sich nicht sehr von unserer Zelle. Ein Fenster ließ von oben Tageslicht herein. Eine Wärterin zu sein war sicherlich nicht schön.

»Ich heiße Roya. Nenn mich aber nicht so, wenn andere dabei sind, okay?«

Ich nickte.

Wir saßen nebeneinander und tranken den Tee.

»Du bist nicht sehr gesprächig«, sagte Roya.

Nein, denn ich dachte, dass sie mich aushorchen wollte.

»Ist schon gut«, sagte sie, »ich bin gesprächig für uns beide. – Die Gefangenen werden dir natürlich erzählen, dass die Wärterinnen dich aushorchen wollen.«

Sie reichte mir den Zucker. Der Tee hatte lange gestanden und war bitter geworden.

»Es ist auch meine Aufgabe, dich auszuhorchen. Ich gebe es zu. Aber ich bin nicht gut darin. Ich hatte mal eine, die hat geredet und geredet. Und als sie mich oben gefragt haben, was sie gesagt hatte, wusste ich es nicht mehr. Ich habe wirklich versucht, mir die Sätze zu merken, aber am Ende hatte ich die ersten Sätze vergessen und vor lauter Schreck auch die letzten Sätze. Ich weiß auch nicht, warum sie wollen, dass ich dich aushorche. Verrate aber nicht, dass ich mich verraten habe, ja?«

Der Zucker löste sich langsam auf. Die feinen Schlieren bewegten sich vorsichtig umeinander.

»Sie sagen, du seist etwas Besonderes. Sie reden über dich. Die Wärterinnen reden über dich, aber auch die Gefangenen. Na ja, sie reden immer viel. Gibt nicht viel zu tun hier als reden. Aber bei dir ist das Gerede etwas mehr als sonst. Es ist seltsam – sagen sie –, dass du eine Christin bist und auch keine Christin. Da glaub ich nicht viel davon. Wie soll das gehen? Entweder bin ich Wärterin, oder ich bin Gefangene. Beides kann ich nicht zur gleichen Zeit sein! Aber bitte, ich habe nichts gehört, und sie reden viel, und Gedanken mache ich mir auch keine.«

Wie sie eine Wärterin hätte sein können, hätte sie auch eine Gefangene sein können. Etwas an ihr war unentschlossen, vollständig eine Wärterin zu sein.

»Siehst du«, sagte sie. »Ich habe immer Pech mit dem Aushorchen. Die eine Gefangene spricht zu viel, die andere Gefangene spricht zu wenig. Ich bin die falsche Wärterin für diese Dinge.«

Das Licht des Fensters war wie ein feuchtes Tuch, das ich mir auf das Gesicht legen konnte. Es war kühl und tat mir gut.

»An was denkst du?« Roya betrachtete mich von der Seite.

»Das Licht im Fenster – schau es an«, sagte ich.

Roya blickte verblüfft hoch.

»Es liegt auf meinem Gesicht wie ein feines Tuch.«

Sie lächelte unsicher.

»Wenn die anderen Wärterinnen mich sehen, werde ich entlassen«, sagte sie.

Der Tee war kalt geworden, aber er hatte eine schöne Farbe im Licht.

»Warst du einmal in einer Kirche, Roya?«, fragte ich.

»Nein – was denkst du von mir!?« Sie sah sofort ängstlich zur Tür.

»Dort ist es still und so voller Licht.«

144. Eine, die keine Doanevis ist

Der Besuchsraum war eigentlich ein langer Gang, getrennt durch eine Reihe nummerierter Kabinen. Auf der einen Seite warteten die Besucher, auf unserer Seite wurden nach und nach die Gefangenen zu ihrer Nummer gerufen. Getrennt durch eine Scheibe mit einer Auslassung konnte man sprechen. Natürlich wurde das Gespräch durch ein Mikrofon überwacht – das war im Frauentrakt wie im Männertrakt gleich. Roya hatte mir gesagt, in der Regel höre niemand die Gespräche ab, ganz anders sei es bei den politischen Gefangenen und den Christen. Dort sei es sehr viel strenger. Manche Gespräche würden sogar dokumentiert, was sehr viel Arbeit sei.

Ich stand abseits von den anderen Gefangenen und wartete. Es war eine sehr gedrückte Stimmung. Manche der Frauen weinten leise. Andere waren so bleich, als habe sich ihr Vorrat an Tränen erschöpft. Unter den schwarzen Umhängen, die wir alle trugen, waren die Hände zu sehen, die eine innere Unruhe nicht verbergen konnten. Keine Gefangene, die nicht an die Ihren dachte, an deren Sorgen, an die eigene Schuld. Die kleinste Hoffnung wurde aufbewahrt für diesen Besuch. Und was eine Lüge war – hier drängte es sich vor die Wahrheit.

Eine Frau stand wie ich von den anderen getrennt, sie lehnte an einer Wand. Sie war älter als ich – vielleicht vierzig Jahre alt. Sie hatte kalte, abschätzende Augen.

Ich stand mit dem Gesicht zu ihr, weil mir der Anblick der anderen das Herz schrecklich schwer machte. Das war der Grund, warum ich sie ansah.

»Du beobachtest mich«, sagte sie, ohne sich umzudrehen.

»Ich kann die anderen Frauen nicht ansehen, ohne mich selbst elend zu fühlen. Deshalb beobachte ich dich.«

So viel Ruhe ging von dieser Frau aus, als könne sie jederzeit das Gefängnis verlassen. Als sei es ein Ort, den sie gewählt hatte, um dort zu sein.

»Für die Frauen ist es schwer«, sagte ich.

»Für dich nicht?«

»Doch, ich habe auch ein Kind.«

»Komm, wir setzen uns«, sagte sie. »Dort sind zwei Plätze.«

Es war besser, mich abzulenken, als die Frauen zu sehen, die von ihrem Besuch zurückkamen. Wenn die Besuchszeit vorbei war, fing das Warten wieder an. Das Warten auf das Warten.

Ich betrachtete die Hände der Frau. Es hätten die Hände einer jungen Frau sein können. Wenn Hände schön sein können, dann waren diese Hände schön.

»Du bist die Christin, nicht wahr?«

»Ich bin keine Christin«, sagte ich leise.

Aber die Frau hörte nicht, was ich gesagt hatte.

»Ich bin in der Nachbarzelle«, sagte sie.

»Dann habe ich von dir gehört.«

»Ja, ich bin keine Doanevis«, sagte sie und lächelte mich an.

»Ich bin keine Christin, und du bist keine Doanevis.«

»So ist es wohl«, sagte sie.

»Kommen die Frauen zu dir, um dich um Hilfe zu bitten?«, fragte ich.

»Sie kommen, aber sie können mich nicht bezahlen.«

»Hilfst du ihnen trotzdem?«, fragte ich.

»Ja, aber es ist nicht dasselbe.«

»Du hast schöne Hände.«

Ihre Augen konnten sprechen. Sie konnten Träume schicken.

»Eine wie sie muss schöne Hände haben. Sie braucht ihre Augen und ihre Hände.«

Ich dachte an Malihe. An ihre Augen, die voll dunklem Zauber waren. An ihre Hände konnte ich mich nicht mehr erinnern.

»Ich kannte eine … sie hieß Malihe.«

»Ich kannte sie auch, deine Malihe.«

»Mit einem Mal war sie verschwunden. Es gibt viele Geschichten, was aus ihr geworden ist.«

»Deine Malihe hatte Probleme mit der Polizei. Wenn sie einmal denken, dass du eine Doanevis bist, dann wird es schwer.«

»Für dich auch?«

»Es ist wie bei den Christen. Es wird schwer für dich, wenn etwas in den Akten steht.«

Sie nickte. »Malihe arbeitet mal hier, mal dort. Das werde ich auch tun müssen.«

»Ich bekomme heute Besuch von meiner Mutter«, sagte ich. »Sie wird mir erzählen, wie es meinem Kind geht.«

»Deinem Kind geht es gut«, sagte sie. Ihre Augen sprachen wahr.

»Ich habe ihm eine Geschichte vorgelesen, als sie mich abholten.«

Als ich das sagte, hörte ich, wie mein Name aufgerufen wurde.

145. Schleier von Tränen

Meine Mutter saß mir gegenüber, als sei *sie* die elende Gefangene, nicht ich.

»Kind, was ist mit dir geschehen?«

Sie sah mich aus Augen an, die eine Nacht lang geweint hatten. Und davor eine Nacht. Und davor eine.

»Ich bin kein Kind mehr«, sagte ich leise.

Sie weinte um mich, ihr Kind. Wie konnte ich sie da nach meinem Kind fragen?

Warum weinte sie um mich? Ich fühlte mich nicht, als sei ich zu beweinen. Zu beweinen war nur die Unwissenheit.

Wenn meine Mutter nicht aufhören würde zu weinen, dann wäre die Doanevis die Einzige, die ich nach meinem Kind gefragt hatte.

»Mutter, hör auf zu weinen«, sagte ich durch die Scheibe, die im Schleier meiner eigenen Tränen ganz trüb aussah.

»Ich höre auf. Ich höre auf. Wenn es dich traurig macht.«

Ein kleines Taschentuch fiel neben mir zu Boden.

Ich nahm das Taschentuch auf, um es der Frau neben mir zu reichen. Sie bemerkte mich nicht. Es war getränkt von Tränen.

Ich legte das Tuch auf meinen Tisch. Die Tränen dieser Frau sollten nicht mit dem Abfall weggeräumt werden.

»Und jetzt …?«, fragte meine Mutter.

Endlich konnte ich sie nach meinem Kind fragen.

»Es geht ihm gut. Er ist bei uns.«

»Wirklich – er ist bei euch?«

»Natürlich – bei mir ist er. Wo soll er sonst sein?«

Ich wollte nicht vor ihr und den Mikrofonen über meinen Mann sprechen.

»Dein Mann hat –«

»Nicht hier!«, unterbrach ich sie.

»Aber dein Sohn ist bei mir«, sagte sie.

»Fragt er nach mir?«

Nun begann sie noch stärker zu weinen.

»Sag ihm, es geht mir gut. Schau mir in die Augen, Mutter. Mir geht es gut! Sag es ihm. Ich liebe ihn. Ich bin in Gedanken bei ihm.«

Aber meine Mutter sah mich nicht an. In beiden Händen hielt sie jetzt ein Tuch.

»Du gehst deinen Weg?« Eine Frage, die keine Frage war.

Ich schaute in ihre Augen. Eine Antwort brauchte sie nicht.

»Bist du denn glücklich so?«, fragte sie. »Sag es, dass ich wieder schlafen kann.«

»Wofür bin ich hier? Bin ich eine Verbrecherin? Erkläre es ihm, mit Kinderworten.«

»Weißt du, was er sagt?« Meine Mutter lächelte durch ihre Tränen. »Meine Mutter ist wie eine Prinzessin. die unter einer Kuppel wohnt. Ja, das sagt er!«

»Sag ihm, dass er mit seinen Worten das Gefängnis weggezaubert hat. Küsse ihn von mir, umarme ihn.«

Ich konnte nicht ihre Hand nehmen. Diese trübe Scheibe konnte ich nicht wegzaubern.

»Und was wird aus dir?«, fragte meine Mutter. »Ich weiß nicht, worüber dein Bruder mit deinem Vater spricht. Sie reden über viele Dinge …«

Es war ein Ring von Sprachlosigkeit um dieses Gefängnis. Das Neue mussten wir in den Augen lesen.

»Wir haben noch die andere Hälfte des Hauses«, sagte meine Mutter schließlich.

»Dann habt ihr nichts mehr – das darf nicht sein!«

Forderten sie tatsächlich dieselbe Kaution für mich wie für meinen Bruder? Für eine Frau, weil sie Christin war.

»Mir geht es gut, Mutter!«

Sie schaute mich an, konnte den Anblick ihrer Tochter in diesem Gefängnis aber kaum ertragen.

Die Wärterin tippte mir auf die Schulter.

»Mutter«, sagte ich, »sie wollen, dass ich gehe. Vergiss nicht, ihm aus den Märchen vorzulesen.«

»Deine Märchen sind seltsame Märchen.« Meine Mutter lächelte schief.

»Eine Prinzessin war die Schönste!«, rief ich durch die Scheibe. »Eine Prinzessin war die Klügste. Und eine Prinzessin war die Tapferste!«

Die Wärterin tippte mir auf die andere Schulter.

146. Ein Vertrauensverhältnis

Wir Gefangenen durften mit keinem Gegenstand arbeiten, der auch als Waffe hätte benutzt werden können. Nicht einmal Näharbeiten waren uns gestattet. Einige Frauen arbeiteten in der Wäscherei. Keine durfte in der Küche arbeiten. Eine Schere oder gar ein Messer in die Hand zu nehmen war uns verboten. Da ich aber die Haarentfernung mit dem Garn gelernt hatte, kamen viele Frauen zu mir, um sich behandeln zu lassen. Damit erhellte ich mir diese dunkelsten Tage meines Lebens ein wenig, ich hatte etwas zu tun.

An diesem Morgen kam Roya in unsere Zelle, gerade als ein junges Mädchen aus unserer Zelle sich für eine Behandlung hingelegt hatte. Weil Roya eine Wärterin war, zuckten die Frauen zusammen, obwohl Roya stets freundlich zu ihnen war.

»Maryam, komm mit zum Verhör«, sagte sie heute sehr streng.

Die Frauen nickten stumm.

Ich machte mich unter ihren Augen fertig. Sie half mir mit dem Tschador. Dem jungen Mädchen versprach ich die Behandlung für den nächsten Morgen.

Als mich Roya kurz darauf durch den Zellentrakt führte, standen die Gefangenen in den Zellentüren und schauten uns nach. Sehr behutsam schloss Roya die Tür des Trakts hinter uns.

»Gibt es irgendwelche Probleme?«, fragte sie, als wir im nächsten Gang waren.

»Ja, da ist etwas«, antwortete ich.

»Sprich, ich kläre das für dich!« Sie hielt mir eine große Faust vor die Nase.

»Es gibt eine Gefangene in meiner Zelle, die hingerichtet werden soll.«

»Ja und?«

»Können wir etwas für sie tun?«

Roya stoppte mitten im Schritt und drehte mich zu sich.

Sie fasste sich an die Stirn. Dann lächelte sie. »Ich vergaß einen Augenblick lang, wie verrückt du bist.«

Dann gingen wir weiter, Roya kopfschüttelnd.

»Wir gehen nicht zum Verhör«, sagte sie. »Sie haben gesagt, ich soll an unserem Verhältnis bauen.«

Eine Gefangene, die vor uns den Flur wischte, sah uns mit großen Augen nach.

Wir standen vor dem Aufenthaltsraum der Wärterinnen.

»Komm«, sagte Roya schelmisch und legte einen Finger auf ihren Mund, »wir überraschen sie. Komm, komm.«

Sie zog mich in den Teeraum. Dieses Mal waren dort andere Wärterinnen, die zusammensaßen und aufschauten.

»Das ist Maryam«, sagte Roya. »Sie ist meine Lieblingsgefangene.«

»Ach, diese Maryam ist das …«, sagte eine Wärterin. Neugierig sah sie mich an.

Roya stellte einen Tee auf meinen Platz.

»Du gehörst doch zu denen, die in der Kirche verhaftet wurden?«

Ich schüttelte matt den Kopf.

»Stand in der Zeitung. Große Sache!«

»Und was macht sie hier bei uns?«, fragte eine Wärterin aufgebracht, die noch ein wenig breiter in den Schultern war als Roya.

»Sie baut mit mir ein Vertrauensverhältnis auf«, sagte Roya stolz. »Es ist ein Auftrag, und deshalb trinken wir hier einen Tee zusammen!«

»Wie kannst du einer Christin vertrauen?«, fragte eine Wärterin.

»Sie soll mir vertrauen«, entgegnete Roya. »Und es ist ein Auftrag.«

»Ich bin keine Christin«, sagte ich.

»Eine Wärterin, die vom Islam abfällt – gab es das schon einmal?«, sagte eine von ihnen kopfschüttelnd.

Roya warf ihr einen bösen Blick zu.

Die Wärterinnen redeten wieder miteinander.

Wir setzten uns an einen kleinen Tisch mit dem Rücken zu ihnen.

»Von der Hinrichtung, die du nicht willst, erzähl ich denen lieber nichts«, sagte Roya leise zu mir. »Manche von denen verstehen nur die einfachsten Sachen.«

147. Kein schöneres Land

»Ich wohne direkt am Gefängnis.« Roya zeigte mir die Richtung. »Wir wohnen dort, weil wir manchmal sehr schnell gerufen werden. Es ist kein schönes Viertel, aber es ist praktisch. Und die Nachbarinnen sind nett, obwohl sie wissen, dass ich eine Wärterin bin. Das ist nicht bei jeder Frau gut angesehen, sage ich dir. Es ist eine große Verwandtschaft bei vielen – und wer ist da nicht jemand, der schon einmal in einem Gefängnis gewesen ist.«

»Hast du Kinder?«, fragte ich.

Royas Wangen wurden rot.

»Ja, ich habe einen kleinen Sohn und zwei Töchter«, sagte sie. »Du bist die Erste, die mich danach fragt.«

»Nicht einmal die Wärterinnen?«

»Hier ist keine die Freundin einer anderen. Niemand fragt solche Sachen.«

Wenn Roya an ihre Kinder dachte, dann bekam sie ein anderes Gesicht. Ich konnte sie mir gut vorstellen in einer Küche oder beim Tratsch mit den Nachbarinnen. Sie war die Frau, die in ein ganz normales Leben hineingepasst hätte.

»Wie finden es deine Kinder, dass ihre Mutter eine Wärterin ist?«

Roya zeigte mir ein Bild von ihrer Tochter. Ein Mädchen, das ernst schaute.

»Das ist meine Tochter Tarane – sie ist jetzt zehn Jahre alt und sehr verständig. Wenn sie etwas sagt, dann hat sie sich Gedanken gemacht. Sie hat gesagt: ›Mutter, du bringst die Geister aus deinem Gefängnis mit. Sie sind bei uns. Ich sehe sie im Schlaf. Ich sehe, wie sie auf den Betten der Kleinen sitzen und sich die Träume zuwerfen.‹

Und ich habe ihr von dir erzählt, dass du eine Christin bist und einer Mörderin helfen willst. Sie hat gesagt: ›Diese ist ein guter Geist, aber ein Geist ist sie auch. Bitte, Mutter, bringe keine Geister mit nach Hause. Niemand kann wissen, wann es einem guten Geist einfällt, böse zu werden. Wir sind Kinder – wie sollen wir mit den Geistern umgehen?‹ So spricht sie.«

Royas Kinder hatten Angst, weil ihre Mutter eine Wärterin war. Wie musste sich mein Sohn ängstigen, da seine Mutter eine Gefangene war!

»Was arbeitet dein Mann?«, fragte ich.

»Früher war er Taxifahrer, aber sein Chef ist nach Kanada gegangen und hat seine Autos verkauft. Deshalb mache ich jetzt viele Schichten. Wie habe ich diesen Mann gehasst, als er fortging, als seien seine Fahrer nichts anderes als Dinge ohne Wert!«

Ich kannte keinen Taxifahrer. Ein Mann durfte einen Schönheitssalon nicht betreten, daher hatten die Fahrer immer draußen auf die Kundinnen gewartet.

»Weißt du, wir haben immer davon geträumt, ein kleines Café zu eröffnen. Ein paar Tische drinnen, ein paar Tische draußen, dort, wo es schön ist.«

Ich konnte mir Roya gut in ihrem eigenen Café vorstellen. Und das sagte ich ihr.

»Vielleicht bekommt er etwas Neues.« Sehr leise sprach sie darüber. Sie zog mich zu sich. »Weißt du, er kennt einen Mann, der Fahrten zur Grenze macht«, sagte sie und legte den Finger auf die Lippen.

Ich sah sie fragend an.

»Viele Menschen verlassen den Iran«, flüsterte sie.

Und wieder hörte ich, was die Polizistin mir gesagt hatte.

War es das, worüber meine Mutter nicht hatte sprechen dürfen? War es das, was mein Vater und mein Bruder besprachen?

»Die Menschen, die den Iran verlassen – könntest du das?«, fragte sie. »Ich werde das Gefängnis verlassen, sobald wir das Geld für ein Café haben – aber den Iran verlassen? Nein, für mich gibt es kein schöneres Land!«

148. Eine schöne Stimme spricht Lügen

Als ich die Gefängnisbibliothek besuchte, sah ich die Doanevis wieder. Sie saß dort und registrierte die verliehenen Bücher. Es war eine schöne Arbeit, die sie bekommen hatte.

Wir waren allein. Keine der Gefangenen hatte das Bedürfnis, sich ein Buch auszuleihen.

»Hast du von Nizami das Märchen der sieben Prinzessinnen, die unter sieben Kuppeln wohnen und sieben Geschichten erzählen?«

»Du könntest auch sagen, sie werden dort gefangen gehalten«, sagte sie lächelnd. »Siehst du, ich kenne das Buch.«

»Sieben Prinzessinnen leben in sieben Zellen, die alle in einer anderen Farbe gestrichen werden? Meinst du das?«

»Er hat sie aus fernen Ländern geholt und sie gehalten wie seine Gefangenen … Ja, das meine ich.«

»Jedenfalls habe ich meinem Sohn zur Nachtzeit das erste Märchen vorlesen wollen, als die Polizei bei uns einbrach.«

»Die Männer kamen gerade rechtzeitig.« Die Doanevis lachte sehr laut. »Dieses Märchen, das die Prinzessin aus der schwarzen Zelle erzählt, ist höchst unanständig!«

Ich war fassungslos. Es hatte bei den Märchenbüchern in unserem Schrank gestanden. Wie war es dort hingeraten?

Sie stellte mir einen Stuhl hin.

»Diese Bücher alle …« Sie machte eine abfällige Handbewegung. »Sie sind alle erbaulich. Lass uns lieber reden. – Erzähl mir, wie du verraten worden bist?«

Ich erzählte ihr von Tiba, die meine Geschäftspartnerin gewesen war. Dass ich geteilt hatte mit einem Mädchen, das nichts hatte als zwei geschickte Hände.

»Ist das alles?«, fragte die Doanevis. »Selten geht es um Geld allein. Du kennst dieses Mädchen. Woher kennst du sie?«

Ich hatte Tiba immer als Geschäftspartnerin gesehen. An die alte Tiba hatte ich lange nicht mehr gedacht.

»Ich habe Malihe einst gebeten, den Vater dieses Mädchens aus dem Gefängnis zu befreien. Er war wegen einer Gewerkschaftssache dort. Ja – ohne Geld zu nehmen, weil ihre Mutter sich an mich gewandt hat.«

»Mit Mitleid fängt auch das erste Märchen an – Malihe also?«

»Ja, sie hat dafür gesorgt, dass er freikam.«

Die Doanevis sah mich kopfschüttelnd an.

»Malihe hat gute Kontakte zum Sicherheitsdienst. Wenn sie kein Geld nahm, dann –« Sie unterbrach sich und las in meinen Augen, dass ich wusste, was geschehen war.

»Du hast recht. Der Mann musste ihnen Informationen geben!«

»Du hast nicht nur ihn, sondern auch das Mädchen zu einem Spitzel gemacht.«

»Aber warum – was hat sie damit zu tun?«

»Nichts, aber die Dienste haben sie mit ihrem Vater erpresst. Sie sind ganz bestimmt zu ihr gekommen: ›Sag uns dies und das. Sei uns nützlich wie dein Vater. Willst du, dass er von seinen eigenen Leuten getötet wird?‹«

Sie beobachtete mich, wie ich langsam zu verstehen begann.

»Alle Doanevis sind in Kontakt mit Stellen, um Dinge vorhersagen zu können.«

Was war besonderes an dieser Frau? Nichts als ein paar Augen, in deren Schwärze es keinen Halt gab.

»Warum bist du dann hier, wenn ihr so gute Kontakte habt?«, fragte ich jetzt. Ich wollte ihr nicht glauben. »Und warum durfte Malihe nicht mehr bei mir arbeiten?«

»Weil es – nennen wir es so – ›private‹ Kontakte sind. Und wenn ich plaudere, dann bin ich tot – und der Kontakt ist auch tot! Wem wäre damit gedient?«

Eine Frau kam, die lange suchte. Immer wieder schaute sie in einem Buch. Dann schlug sie es zu und nahm ein anderes Buch. Ich glaube, sie konnte nicht richtig lesen und suchte ein Buch mit einer großen Schrift. Ich fragte sie, welches Buch sie lesen wollte, aber sie konnte es nicht sagen. Wie gealtert manche von diesen Frauen waren. Wenn die Armut etwas raubte – dachte ich –, dann war es zuerst die Jugend, nicht den Stolz oder den Mut.

149. Nichts als eine dritte Frau

Als die Gefangene ging, ohne einen Blick mit uns getauscht oder ein Buch genommen zu haben, räumte die Doanevis alle Bücher ein, bis der Platz auf dem Tisch leer.

»Lass mich erzählen, wie es bei mir war«, unterbrach die Doanevis meine Gedanken. »Was bleibt uns, unsere Zeit zu verbringen? Also, welche Farbe wähle ich für meine Geschichte? – Ich wähle die Goldfarbe, weil sie die Farbe der Doanevis ist. Aber es ist keine Geschichte. Wir sind gefangen wie die Prinzessinnen, aber wir erzählen keine Märchen wie sie.«

Wie die Augen der Doanevis mich ansahen, wusste ich, dass ich in ihnen einen Schmerz finden würde.

»Die Rolle deiner Geschäftspartnerin übernahm bei mir eine Kundin. Sie war jung und besaß eine Stimme, mit der sie eine Doanevis hätte werden können. Warm und voller Farbe. Eine Stimme, die den Takt deines Herzens ändern kann. Was trieb mich, nicht misstrauisch zu werden? Ich weiß es nicht mehr. Ich liebte sie wohl für ihre Stimme. Jedenfalls schrieb ich eine Doa für sie, weil sie Angst vor einer Krankheit hatte. Eine andere Doa, weil sie von einer Krankheit befallen war. Und eine dritte Doa schrieb ich, dass sie gesund blieb. Sie zahlte, als mache es ihr nichts aus. Wie oft saßen wir zusammen, und ich lauschte ihrer Stimme, als spreche ein Engel zu mir! So sanft diese Stimme – so falsch war diese Stimme. – Schöne Stimmen erzählen Lügen, wusstest du das? – Keine Stimme war schöner als ihre, glaube mir!«

»War sie nicht auch sonst schön?«, fragte ich.

»Du denkst, dass eine solche Stimme nur in einem schönen Körper wohnen kann? O nein, sie sucht sich einen Körper, der für die Augen nichts ist. Und kommt wie aus diesem Nichts, um dich zu überwältigen. Ich habe sie zuerst nicht bemerkt. Wer war sie denn – nichts als eine Frau, die anderen Frauen die Schönheit neidete? So saß sie und schwieg und wartete wie eine Doanevis, ohne jemals von diesem Wissen berührt worden zu sein. Sie war wie eine Wesensgleiche. Nicht, als sie vor mir saß. Nicht, als ich noch redete. Nicht, als ich hören wollte, was sie von mir wollte. Aber als sie sprach, da muss ich sie angestarrt haben. Bewegungslos. Mit ihrer Stimme hatte sie sich einer Doanevis bemächtigt, als sei es ein Nichts, sich einer ganzen Ahnenreihe von ihnen zu bemächtigen. Es war wie ein Brand in mir, den ich mit Schrecken ansah und nicht wusste, wie ich ihn löschen sollte.«

»Um Geld geht es nicht allein, hast du gesagt.« Wenn sie die Geschichte von Tiba wissen durfte, dann wollte auch ich die ganze Wahrheit erfahren.

»Du hast recht«, sagte die Doanevis. »Ohne sie zu kennen, hatte ich dem Mann, den sie heiraten sollte, ein gutes Zeugnis vor ihrem Vater ausgestellt.«

»Und – war er ein guter Mann?«

»Ich wusste nichts von ihm, aber er hatte mir genug Geld gegeben. Wenn ich gewusst hätte, was sie war, dann wäre ich nicht hier.«

»Dann bist du durch deine eigene Schuld im Gefängnis – nicht anders als ich.«

Aber die Doanevis antwortete nicht. Sie hatte die Augen geschlossen und lauschte der Stimme, die so schön und so falsch gesprochen hatte. Schmerzvoll zuckten die Augen unter ihren Lidern.

»Jetzt in diesem Augenblick«, sagte sie leise, »wenn ich die Augen schließe, höre ich sie zu den Polizisten sprechen: ›Ergreift diese, denn sie ist eine Doanevis!‹ Ihre Stimme wie ein letzter Kuss.«

150. Ein Rechtsanwalt

Roya hatte mich in einen kleinen Raum gebracht.

»Wir haben hier selten Rechtsanwälte«, sagte sie. »Die meisten Frauen sind arm.«

Unser Raum hatte sogar ein Fenster.

»Setz dich«, sagte Roya. »Ich hole den Anwalt.«

Aber ich hatte mich auf den Stuhl gestellt, um aus dem Fenster zu schauen.

Ein Mann lud Gasflaschen ohne Mühe auf seinen Pickup. Dabei sang er, als verleihe das Lied ihm die Kraft, diese Gewichte zu heben. Ein Junge schaute zu und ging gerade rechtzeitig aus dem Weg, wenn der Mann eine Flasche brachte. Der Sohn schaut dem Vater bei der Arbeit zu, dachte ich und wurde traurig.

Ich war nicht nur eine Gefangene. Selbst wenn ich frei war, hatte ich mich von diesem alltäglichen Leben zu weit entfernt. Die Doanevis und ich hatten wenig gemein, aber uns verband, dass wir nicht mehr zurückfanden. Wir setzten unser Leben zusammen wie aus Scherben, weil es zerbrochen war. Oder nie heil gewesen war.

»Störe ich?«, sagte eine Stimme hinter mir.

Ich stieg von meinem Stuhl und setzte mich.

Mein Rechtsanwalt war klein und sah aus, als sei er schon in der Schule der Junge gewesen, der die Bücher las, die nicht einmal sein Lehrer gelesen hatte.

»Sind Sie mein Anwalt?«, fragte ich.

»Du also bist Maryam«, stellte er fest und legte seine Akten auf den Tisch.

»Die Akten wiegen bald mehr als ich«, sagte ich.

Er kratzte sich auf seinem Kopf. Dort, wo er sich kratzte, waren bereits keine Haare mehr zu sehen.

»Ich habe eben aus dem Fenster geschaut.«

»Ich kann dir die Freiheit verschaffen. Wir müssen darüber reden.«

»Ich habe einen Jungen gesehen. Er sah seinem Vater zu. So wie sein Vater will er werden.«

»Wenn du in Freiheit bist, kannst du das alles haben. Du bist depressiv wie alle Gefangenen – kein Wunder!«

Er kratzte sich an der Stelle, die ohne Haare war.

»Wenn du willst, ist vieles möglich. Ein neues Leben. Es tun sich erstaunliche Dinge. Du bist jung!«

Ja, ich war eine junge Frau, die ein zerbrochenes Leben hatte.

»Höre, sie haben nichts gegen dich. Ich weiß es aus den Akten. Sie haben damals eine Liste von allen Christen in der Hauskirche gefunden, aber dein Name stand nicht darauf.«

Ich hatte nicht zu ihnen gehört. Auf dieser geheimen Liste hatte ich nicht gestanden. Es versetzte mir einen Stich.

»Was sie wissen, wissen sie von deiner Geschäftspartnerin. Mehr haben sie nicht. Und ein Geständnis von dir haben sie nicht bekommen – das ist gut!«

»Wann werde ich meinen Sohn wiedersehen können?«

»Du hast einen Sohn? – Ach ja, hier steht es!« Er nickte zufrieden. Meine Aussage war durch die Akten bestätigt worden.

»Normalerweise werden Christen nach sechs Monaten gegen Kaution freigelassen, um dann vor das Gericht für das Urteil geladen zu werden.«

Er schaute zur Decke hinauf und fügte hinzu: »… wenn sie auffindbar sind.«

Dann packte er seine Akten in seine breite Ledertasche, in der ich ein eigenes Fach hatte.

»Es ist gut, dass dein Bruder mich engagiert hat«, sagte er. »Es wird einiges erleichtern.«

151. Fahrten an die Grenze

Roya strahlte. Sie sah aus, als hätte sie zehn Kilo abgenommen. Sie stand vor meiner Zelle wie eine Wärterin. Am liebsten wäre sie hereingekommen wie eine Gefangene. So aber wartete sie, als sei ihr Auftrag das Warten. Ich brachte meine Arbeit am Gesicht einer Gefangenen zu Ende. Es war unmöglich, sie gehen zu lassen, ohne meine Arbeit auf der anderen Hälfte des Gesichtes beendet zu haben.

»Nicht schlimm«, sagte Roya. Eigentlich habe sie Zeit.

»Komm«, sagte sie, als ich kam, und zog mich auf leichten Füßen durch die Gänge zu dem Aufenthaltsraum.

In dem kleinen Raum saß nur eine Wärterin, die hinausging,

als wir kamen. Sie warf Roya einen feindseligen Blick zu, wenn ich es recht sah.

»Ich habe dem Himmel gedankt«, erzählte Roya gleich los, »als mein Mann endlich wieder gefahren ist. Das erste Mal auf diese langen Touren. Als er ging, haben die Kinder und ich ihm aus dem Fenster hinterhergesehen. Weißt du, ein so stolzer Mann sollte nie ohne Arbeit sein. Wie habe ich den Taxibesitzer verflucht, der nach Kanada ging und seine Autos einfach so verkauft hat! Sogar eine Woche Lohn ist er den Fahrern schuldig geblieben. Was für eine Schande! Wenn ich könnte, würde ich diesen Leuten in Kanada schreiben, was für ein Iraner er ist – ein schlechter, ein unehrlicher!«

Wenn Roya die Hände zu Fäusten ballte, dann sollte jeder Mann Angst haben.

»Und jetzt fährt mein Mann immer zur Grenze. Und das Geld, das er bekommt, ist gutes Geld, denn er fährt nachts, und es ist nicht ohne Gefahr. Jeden Tag eine neue Strecke. Manchmal ändern sie den Weg auf der Fahrt. Sie sind immer in Verbindung. Er bekommt die Anweisungen für die Fahrt nicht von den Gästen. Mein Mann sagt, ich solle mir keine Sorge machen. Nie würde er etwas Ungesetzliches tun, nie!«

Ich kannte diese Fahrten über die Grenze. Aber ich war eine Ahwazi, aus einer politischen Familie. Und jetzt sprach Roya davon. Und ihr Mann – ein Taxifahrer – fuhr Flüchtlinge über die Grenze. Wie viele Menschen mochten es wohl sein, die aus dem Iran flohen?

»Ich kann die Fahrten so mit meinen Schichten abstimmen, dass immer einer von uns für die Kinder da ist. Und wenn er den ganzen Sommer fährt, dann werden wir Geld gespart haben für ein kleines Café. Ganz nah am Gefängnis – gerade so, dass ich nicht immer darauf schauen muss.«

Roya zwinkerte mir zu, aber ich dachte über die anderen Dinge nach, die sie gesagt hatte.

»Wie du schaust, Maryam! Hast du nicht davon gehört, was in Europa passiert? Sie haben die Grenze für Flüchtlinge geöffnet.

Viele afghanische Flüchtlinge fliehen aus den Flüchtlingslagern im Nordiran über die Grenze. Und Geld haben die Afghanen, sagt mein Mann. Jedenfalls die, die mit ihm fahren. Keiner bleibe es ihm schuldig. Er sagt, es seien so viele Menschen – sie könnten Busse einsetzen, wenn es nicht zu auffällig wäre. So fahren die Wagen in Kolonne und verteilen sich irgendwann. Mein Mann hat uns gestern die Deutsche Welle per Satellit eingestellt. Sie berichten oft darüber, wie die Menschen über das Meer in diesen aufgeblasenen Booten fahren. Die Bilder müsstest du sehen, Maryam! Ich habe nicht die Worte dafür.«

Ich versuchte, mich an die Rede des Anwalts zu erinnern. Ein neues Leben, hatte er gesagt. Von erstaunlichen Ereignissen hatte er gesprochen. Aber ich hatte nicht zugehört, weil er Advokat war.

»Ich werde kündigen, Maryam«, sagte sie. »Für dich wird es sein, als sei ich nicht hier gewesen. Niemand wird von mir sprechen. Eine Wärterin, die Freundin war mit einer Gefangenen – so etwas gab es hier nicht!«

Einen Augenblick fühlte ich Angst in mir aufsteigen. Aber dann wurde ich traurig.

Bevor ich in meine Zelle zurückging, berührte ich den Tisch, auf dem ihre großen Hände lagen.

152. Grenzen, Grenzen, Grenzen

Und wie Roya gesagt hatte: Als sie nicht mehr kam, wusste ich nicht – war sie nicht mehr da oder war sie bloß woanders eingeteilt worden?

Auch die Gefangenen wechselten in unserer Zelle. Wir erfuhren nicht, was mit denen, die fortblieben, passiert war. Waren sie in einer anderen Zelle, in einem anderen Gefängnis – waren sie entlassen oder zum Henker geführt worden? Es blieb vor uns geheim.

Eine Wärterin stieß eines Morgens eine Frau in den Raum, ohne ein weiteres Wort zu sagen.

Wir zeigten ihr, wo sie ihre wenigen Sachen verstauen konnte und wo sie schlafen würde.

»Sie ist eine Afghanin«, sagte eine Gefangene.

»Bist du eine Afghanin?« Scheiha breitete ihre kindsdünnen Arme fragend in die Luft aus. Sie war neben Dalgah – die ihren Nachbarn in Notwehr erstochen hatte – eine der wenigen Frauen, mit denen ich vom ersten Tag meiner Gefangenschaft an die Zelle teilte. Scheiha litt unter schlimmen Entzugserscheinungen, doch an diesem Morgen war sie seit Langem das erste Mal fieberfrei erwacht.

Die neue Frau nickte zuerst zögerlich, dann voller Stolz.

Sie hatte schmale Augen, ganz anders als eine Iranerin. Sie war auf eine fremde Weise schön. Ihr Alter hätte ich nicht sagen können. Ich hätte auch nicht sagen können, in welcher Stimmung sie war.

Wir ließen sie in Ruhe ihre Sachen ordnen und redeten untereinander, wie wir es immer taten.

Ich fragte Scheiha, wie sie geschlafen hatte.

»Deine Maria sagt mir, ich muss von der Droge wegkommen«, erklärte sie mir.

»Ist sie dir im Schlaf erschienen?«

Sie nickte. »Sie hielt meine Droge in ihrer Hand, und als ich danach greifen wollte, hat sie die Droge weggeworfen und meine Hand genommen. Und es war so schön wie –«

»Wie ein Rausch. Sag es ruhig. Warum soll sie dich nicht so hoch tragen können wie deine Droge?«

»Sie sah aus wie meine Betreuerin. Weißt du, sie hat mich immer von der Droge wegziehen wollen, aber die Droge war stärker gewesen.«

»Stärker als die Maria, glaubst du?«

»Stärker als meine Betreuerin, aber nicht stärker als deine Göttin.«

Die afghanische Frau setzte sich auf und schaute sich um.

»Weswegen bist du hier?«, fragte Rudab.

»Ich bin auf der Flucht aufgegriffen worden«, sagte die Frau.

»Vor wem, vor was?«

»Wir wollten mit der ganzen Familie aus dem Iran fliehen. Aber die Grenzpolizisten haben uns gestoppt – also mich, meine Mutter und meinen Vater. Meine Brüder, mein Mann und meine beiden Söhne sind weiter.«

»Du bist zurückgeblieben, und deine Familie wurde von dir getrennt? Das ist entsetzlich!«

»Nein, es ist gut, dass sie entkommen sind. Sie werden mich holen!«

»Wie denn?«

»Unsere Familie ist stark. Ich warte, und sie werden mich holen.«

Wir sahen sie schweigend an.

»Das könnt ihr nicht verstehen, wenn ihr nicht in einem Flüchtlingslager geboren seid. Um das Lager war eine Grenze, um die Stadt war eine Grenze, um die Provinz war eine Grenze – Grenzen, Grenzen, Grenzen.«

Und jetzt war sie im Gefängnis. Wieder eine Grenze.

»Sie haben es geschafft! Meine Familie hat es geschafft!«, sagte sie stolz und ballte die Faust.

»Wie ist es denn passiert?«

»Wir hatten kein Geld für uns alle. Da haben wir es allein versucht. Wir sind allein in die Berge gegangen. Und da haben die Grenzpolizisten uns gesehen. Als sie auf uns geschossen haben, sind wir zurückgeblieben, und die anderen von uns sind weiter in die Nacht. Wir waren so glücklich, als sie uns verhaftet haben.«

Sie war so voller Glauben an ihre Zukunft. Ihre Familie war zerrissen, und doch war es ein Sieg!

»Mein Mann hat gesagt: ›Wenn wir erst mal in der Türkei sind, ist es einfach, nach Europa zu kommen.‹ Und jetzt sind sie in der Türkei, vielleicht schon in Griechenland.«

»Vermisst du nicht den Iran?«, fragte ich, weil ich an meine bevorstehende Flucht denken musste.

»Ich bin ein Flüchtling – ich vermisse nur meine Familie!«

153. Der Gott der Gnade

»Dalgah soll in ein anderes Gefängnis gebracht werden! Schnell, sie warten unten auf den Wagen. Sie ist bereits in der Station!«

Scheiha war völlig außer Atem. Ich war die Letzte gewesen, die am Morgen noch vor dem verschmutzten Spiegel stand. In einem leeren Raum, der sich nun schnell mit Gefangenen füllte.

»Komm, komm!«, riefen Stimmen. »Sie wird nicht mehr lange hier sein! Sie bringen sie fort! Niemand kehrt von dort zurück, niemand! Es ist ein Gefängnis – nur für Hinrichtungen!«

Zwei große Treppen führten zur Polizeistation im Erdgeschoss zu. Dort unten saß Dalgah auf einer Bank – links und rechts eine Polizistin. Die anderen Frauen blieben auf der Treppe zurück.

»Was willst du?«, fuhr mich eine Polizistin an. »Geh weiter!«

»Ich möchte mit ihr sprechen.« Ich zeigte auf Dalgah, die mit geschlossenen Augen dort saß, die Hände aneinandergefesselt. Wie eine Getötete so bleich. »Sie ist meine Freundin. Ich muss mich von ihr verabschieden!«

»Es ist ihr untersagt, während der Überstellung zu sprechen.«

»Ich spreche – die Gefangene spricht nicht.«

Die eine Polizistin sah gleichgültig von mir weg.

Ihr Kollegin fragte: »Wer bist du überhaupt?«

»Fragen Sie die Beamten!« Ich deutete auf die Tür der Polizeistation.

Sie sahen sich unsicher an. Dann stand eine der beiden auf und klopfte an der Tür.

Die andere Wärterin sah mich böse an. »Beweg dich nicht weg – wir werden melden, was du hier aufführst!«

Als die Verhörpolizistin in der Tür stand, schien sie nicht überrascht, mich zu sehen.

»Darf ich sie ein letztes Mal umarmen?« Ich zeigte auf Dalgah.

Ein Achselzucken. »Sie bleibt gefesselt.«

Ein Achselzucken der beiden Wärterinnen.

Über uns die Treppen gefüllt mit atemlosem Schweigen.

Dalgah schaute auf. Sie war schweißüberströmt.

Sie nahm meine Hand in ihre gefesselten Hände.

»Glaubst du an den Gott der Gnade?«, fragte ich sehr leise.

Flüstern, Flüstern, Flüstern.

Dalgah senkte den Kopf.

So standen wir und niemand wagte, sich zu bewegen. Es war völlige Stille.

Über uns kratzte langsam wie eine beginnende Musik ein Ventilator.

»Glaubst du an den Gott der Gnade?«

Flüstern, hundertfaches Echo.

Dalgah schaute auf.

Ich faltete ihre gefesselten Hände.

»Was soll das!?«, fragte eine der Polizistinnen unwirsch.

»Glaubst du?«, hauchte ich Dalgah erneut ins Ohr.

Flüstern wie Schritte auf tausend Wolken.

Dalgah nickte langsam.

Flüstern, ein Chor von Himmelsstimmen.

154. Schwere Schuhe mit harten Sohlen

Es war schrecklich, einen Menschen in den Tod gehen zu sehen. Der Himmel war ein Leichentuch. Wer sprach solches Recht? Im Namen welchen barbarischen Gottes? Welches schwarze Nichts erhob sich über das Leben und führte die Hand des Henkers?

Bedrückt gingen wir in die Zellen zurück. Zu mir hielten die

Frauen Abstand, als hätte auch ich einen Strick um den Hals. Als stehe der Henker hinter mir und prüfe die Schlaufe. Als verbinde er mir die Augen. Als schauten die bärtigen Richter auf mich – auf das ihrem Gott dargebrachte Opfer.

Dieser Tag war der Tag des Unglücks und hatte gerade erst begonnen. Zurück in unserer Zelle sprachen wir nicht und schauten uns nicht an. Jede von uns war in Gedanken. Die einen setzten sich dahin, die andere dorthin. Die Gemeinschaft war gestorben. Leise tropfte der Wasserhahn im Zimmer. Eine Frau begann, das Becken zu reinigen. Eine andere Frau zog das Tuch ihres Bettes gerade. Welche war es, die leise schluchzte? Welche war es, die traurig sang?

Später kamen Wärterinnen, um mich zum Verhör abzuholen. Ich kannte sie nicht, und sie schauten mich nicht an. Aber eine der Mitgefangenen blickte mich mit Erschrecken an. Sie wusste, warum zwei Wärterinnen kamen. Die anderen ertrugen teilnahmslos diesen Tag. Eine der Wärterinnen prüfte den festen Sitz meines Hidschabs. Dann gab sie mir den Tschador. Ich wurde also von einem Mann verhört. Bevor wir gingen, leuchtete sie mir in die Pupillen. Dann nahm sie meinen Arm und fühlte den Puls.

Ohne etwas zu sagen, schoben sie mich aus der Zelle. Wir gingen nicht die Treppen hoch, sondern in den Keller hinunter. Dort war eine Gittertür, die vor uns in der Wand verschwand und hinter uns wieder schloss. Weich und leise, als sei sie trainiert, keinen Laut zu machen.

Wir kamen in einen schmalen Gang. Dort hielten sie mich an, um mir eine Augenbinde anzulegen. Langsam gehend schoben sie mich weiter, bis ich stehen musste. Eine Tür wurde geöffnet, ich wurde in den Raum geschoben und auf einen Stuhl gesetzt.

Sie nahmen meine Hände nach hinten und fesselten sie.

»Was immer ist – dreh dich nicht um!«, befahl eine. »Niemals!«

Dann nahm sie mir die Augenbinde ab, und ich sah, dass ich auf die Wand schaute.

Hinter mir hörte ich, wie sie leise mit einem Mann redeten. Akten wurden geöffnet. Ich hörte Blättern durch Papier und sah auf die narbige Wand.

Dann hörte ich, wie der Mann aufstand. Er trug schwere Schuhe mit harten Sohlen. So wie er ging, war er durchtrainiert.

»Warum gibst du nicht zu, dass du eine Christin bist?«, flüsterte er in mein Ohr.

Ich schüttelte den Kopf. »Ich bin keine Christin.«

»Eine Christin, eine Christin, eine Christin!«, brüllte er in mein Ohr.

»Beweg dich nicht!«, sagte eine der Wärterinnen scharf.

»Du bist eine Hure!«, brüllte der Mann. »Eine Christin, eine Hure! Jeder Mann kann dich haben! Gib es zu, dass du Sex machst mit jedem – gib es zu! Gib es zu, dass es dir Spaß macht, Sex zu haben, du Schlampe, mit jedem!«

Er schlug mit der flachen Hand gegen meinen Kopf.

»Dein Sohn hat eine Hure zur Mutter.« Er grunzte, als sei er ein Schwein. »Welcher der Männer ist sein Vater? Weiß er das? Weißt du es? Was sagst du deinem Mann? Sagst du ihm, dass du eine Schlampe bist, oder lügst du ihn an, wie du mich anlügst?«

Wieder schlug er mit der Hand gegen meinen Kopf.

Ein Telefon klingelte so laut, als sei es in meinem Kopf. Das Klingeln dröhnte über die Flure.

»Pause«, sagte er. »Und überleg dir, was du sagst. Ich werde dich töten, wenn du mich weiter anlügst!«

155. Schreie, Schreie, Schreie

»Er meint, was er sagt.« Die Stimme der Wärterin war mitfühlend. »Er hat schon getötet. Ich war dabei.«

Dann zogen sie meine Augenbinde fest, und es passierte nichts.

Als wir seine Schritte im Gang hörten, sagte eine Wärterin: »Sitz gerade!«

Er trat nun nah an meinen Stuhl heran.

»Du hast doch keine Ahnung, was ein Gott ist!«, brüllte er. »Was betest du denn an!?«

Er drückte mir die Kehle zu.

»Dein Jesus, den du anbetest – der Sohn einer Hure wie dein Sohn! Göttlicher Samen soll das sein? Das erzählt sie, weil ihr Mann ein impotenter Idiot ist! So viele geile Männer – und sie weiß nicht, wer der Vater ist. Was für eine Lästerung, Gott zu bezichtigen – für diesen Fick, von dem sie schwanger wird. Diese Maria lügt alle an, und du trägst ihren Namen, weil du eine Lügnerin bist. Huren, Huren, Huren! Was ist das für Glaube? Ein verfickter Hurenglaube!«

Ich spürte, wie er die Rückseite eines Messer über meine Kehle zog.

»Du weißt doch nicht, was ein richtiger Gott ist. Du bist eine Atheistin, die ich als gläubiger Muslim töten muss. Dein Blut ist nichts als Schweineblut! Deine Leiche werden wir deinem Sohn vor die Tür legen! Und dein Mann wird zu ihm sagen: ›Schau sie nicht an. Sie war eine Ungläubige, eine Hure – nicht wert, deine Mutter genannt zu werden.‹«

Ich spürte, dass er die scharfe Seite des Messers an meinen Hals legte.

Auf einmal waren da Schreie eines Kindes von einem Band.

»Da – erkennst du ihn, deinen Sohn. Wir haben ihn verhört, und er hat gestanden, dass seine Mutter eine Christenhure ist.«

Es waren die entsetzlichen Schreie meines Kindes. Schreie, Schreie, Schreie. Es war mein Sohn, der da schrie. Danial.

»Willst du mehr hören?«

Ich schüttelte heftig den Kopf.

Er stellte das Band so laut, dass mir vor Entsetzen fast der Kopf platzen wollte.

»Mehr hören, mehr hören, mehr hören?«, brüllte er in die Schreie meines Kindes hinein.

Dann stoppte er das Band.

»Und denk nicht, dass du uns entkommst wie dein Bruder. Selbst wenn du frei bist, werden wir dich zum Verhör holen. Wie willst du uns entkommen, wenn wir deinen Sohn haben?«

Dann brüllte er wieder: »Gib zu, dass du eine Christin bist! Gib es zu!«

Ich schüttelte den Kopf.

»Wir töten dich. Wir töten deinen Sohn!«

Ich hörte, wie die Wärterinnen mit etwas beschäftigt waren.

»Ach, nein, eine Christin bist du nicht? Dann zeig mir, wie eine Muslima sich vor dem Gebet wäscht. Zeig mir die Wudhu!«

Die Wärterinnen zerrten mich hoch und stellten ein Becken mit Wasser vor mich hin.

Dort musste ich die rituelle Gebetswaschung zeigen.

Danach zogen sie mich wieder zum Stuhl zurück.

Eine Wärterin hielt den Koran vor mich hin.

»Schwöre bei Allah, dass du keine Christin bist!«, brüllte der Mann.

Leise sprach ich den Schwur.

»Schwöre bei Ali, dass du keine Christin bist!«

Leise sprach ich auch diesen Schwur.

»Schwöre bei den zwölf Imamen, dass du keine Christin bist!«

Die Namen und für jeden Imam einen Schwur.

»Schwöre bei deinem Leben!«

»Schwöre bei dem Leben deines Sohnes!«

»Schwöre bei dem Leben deiner Mutter!«

Dann waren da wieder die Schreie meines Sohnes.

»Wir wissen, dass du eine Christin bist! Warum lügst du uns an!?«

Schreie, Schreie.

»Zum letzten Mal – du wirst sterben! Bist du eine Christin?«

Kopfschütteln.

Schreie.

Ich hörte, wie er zwei Schritte zurückging. Dann trat er mit voller Wucht gegen meine Schulter. Der Tritt war so stark, dass ich mit dem Stuhl vornüber gegen die Wand stürzte.

»Nicht schauen!«, fauchte die Wärterin.

Als er auf meine Finger trat, wurde es mir schwarz vor Augen.

Wie durch Nebel hörte ich die Stimme einer Wärterin, die sich über mich beugte.

156. Eine Unversehrtheit

»Wie siehst denn du aus?«, fragte mich der Anwalt.

Ich wusste nicht, wo ich anfangen sollte.

»Die gute Nachricht ist, dass wir eine Anklage bekommen«, sagte der Anwalt.

Er kratze sich an der Stelle, die ohne Haare war.

Auf der Akte, die er gezogen hatte, stand nicht mein Name, sondern die Uhrzeit und das Datum. Außerdem zwei Ausrufezeichen.

»Dieser Zustand in der Schwebe ist für einen Anwalt kaum erträglich. Es soll Zeugen unter den Christen, es wird Beweise geben – aber du behauptest weiterhin, keine Christin zu sein. So kommen wir nicht voran. Nur weil ich mich eingesetzt habe, bist du nun eine offizielle christliche Gefangene. So kann ich deinen Fall ordentlich abrechnen.«

Die Frage nach meinem Zustand hatte der Anwalt offenbar vergessen.

»Ich gestehe, ich nehme nur Mandanten, die zumindest über ein anteiliges Haus verfügen, das mir und den Behörden als Sicherheit dafür dient, wenn sie verschwinden. Unter uns gesagt:

Bei Armen weißt du nie, wie weit sie kommen. Ich hatte mal eine Mandantin – ach, lange her –, die hat es bis zur nächsten Stadt geschafft. Und wo ist sie aufgetaucht? Du kannst es dir denken: in der nächsten christlichen Gemeinde! Sie besaß wirklich nichts außer einem Gespür dafür, wo die nächsten Probleme auf sie warteten. Und wie stand ich da als junger Anwalt vor den Sicherheitsdiensten? Nicht gut, kann ich dir sagen!«

Er sprach, ohne zu erwarten, dass ich etwas zu sagen hätte.

»Wie lange bist du hier? – Fünf Monate plus? – Normalerweise müsstest du nach fünf bis sechs Monaten gegen Kaution entlassen werden. Dann dauert es ein paar Monate, bis der Prozess angekündigt wird. Aber da hast du den Iran bereits verlassen.«

Es war, als weise er seine Sekretärin an, auf welche Ablage meine Akte gehörte.

»Die Polizei wird von dir eine zweiwöchentliche Meldung verlangen. Das ist die Vorschrift, aber die Sicherheitsbehörden werden dir raten, das Land zu verlassen. Falls du keinen Wert darauf legst, eine Gefängnisstrafe zwischen sechs und zehn Jahren zu verbüßen. In deinem Fall – als christliche Ersttäterin – eher am unteren als am oberen Ende. Sieben Jahre nach meiner Schätzung. Aber wie gesagt, du wirst fliehen.«

Meine Schulter schmerzte entsetzlich.

»Im Augenblick sind die Verhältnisse besondere. Du wirst es nicht wissen, aber die Flucht nach Europa ist deutlich im Preis gesunken. So gesunken, dass unsere afghanischen Flüchtlinge in großer Zahl das Land verlassen.« Er nannte eine Summe von umgerechnet zweitausend Euro pro Person. »Der teure Teil der Reise ist die Überfahrt auf eine der griechischen Inseln. Von dort geht es weiter mit der Fähre nach Athen, dann mit Zügen und Bussen. Alles gut organisiert und im Rahmen der vor Orte üblichen Preise!«

Er kratzte sich wieder am Kopf und sah mich nachdenklich an.

»Haben sie dich im Keller verhört?«, fragte er.

Ich nickte. Ich deutete auf meine Schulter und zeigte meine linke Hand, die bandagiert war.

»Du wirst bei der Entlassung ein Papier unterschreiben, dass du unversehrt die Haft verlassen hast.«

»Unversehrt?«

»Ja, das wirst du«, sagte er streng. »Du unterschreibst deine Unversehrtheit.«

Ich sah ihn wohl trotzig an.

Er winkte mich näher zu sich. Ich beugte mich über den Tisch. Mein Ohr lag fast an seinem Mund.

»Sie haben einen Brandanschlag auf das Haus deines Bruders verübt«, sagte er fast nicht hörbar.

»Auf unser Haus?«

Er schüttelte den Kopf. »Nein, auf das Haus deines Bruders in Den Haag. Sie haben einen Brandsatz durch ein Fenster geworfen, meine Liebe.«

Er lehnte sich zurück und beobachtete mein Entsetzen.

Dann sagte er: »Wie durch ein Wunder hat es keine Toten gegeben.«

»Meine Liebe, so etwas trauen sie sich in Den Haag. Was denkst du, was sie sich erst in einem Gefängnis in Ahwaz trauen – was denkst du!?«

Er klopfte mit dem Finger auf den Tisch.

»Und deshalb wirst du so vernünftig sein, anlässlich deiner Entlassung dieses lächerliche Stück Papier zu unterschreiben«, sagte er.

157. Eine junge Ärztin

An meinem letzten Tag im Gefängnis wurde ich zur Ärztin gebracht.

»Setz dich auf die Bank. Sie werden dich hereinrufen. Später hole ich dich ab«, wies die Wärterin mich an.

Seit Roya fort war, wusste ich, was ein Gefängnis war. Für die Wärterinnen waren die Gefangenen keine Menschen, mit denen sie umgingen, für sie gab es nur die Aufgaben, die sie zu erledigen hatten. Wenn sie nicht diesen Beruf gelernt hätten, hätten sie auch in einer Küche stehen und in einem großen Topf rühren können. Ich war eine Zwiebel, die geschält werden musste. Ich war ein Topf Reis, der vom Herd genommen werden musste.

»Gesprochen wird nicht«, sagte sie grob zu den anderen Frauen, die dort saßen.

»Wirst du entlassen?«, fragte meine Nachbarin leise.

»Sie haben gesagt, morgen.«

»Du bist eine Glückliche«, sagte sie.

»Wie lange musst du noch hier sein?«

»Ich spreche nicht darüber«, sagte sie. »Niemand von euch weiß es, nur ich.«

Jede hat etwas nur für sich, dachte ich. Wie traurig, wenn es so wenig ist.

»Ich sage dir aber, dass ich drei Kinder habe. Sagst du der Ärztin, dass ich meine Kinder sehen will?«

Ich drückte ihre Hand, die so kalt und so glatt wie die Klinke einer Tür war.

»Wie heißt du?«

»Delaram hieß ich – aber das ist lange her. Ich glaube, die Ärztin wird sich nicht erinnern können.«

Dann schwiegen wir, bis ich zur Ärztin gerufen wurde.

»Willst du mir etwas sagen, Maryam?«, fragte die Ärztin. Sie war so jung, dass sie noch eine Studentin hätte sein können.

»Delaram möchte ihre Kinder sehen.«

»Hmm, das ist interessant«, sagte sie aufmunternd. »Rede ruhig, was dir durch den Kopf geht.«

»Sie sitzt vor der Tür. Es gibt sie wirklich. Sie hat mit mir gesprochen.«

Die Ärztin sah in ihre Liste.

»Eine Delerina habe ich hier ... Ja, ich kenne sie. Sie denkt sich ihre Kinder aus. Manchmal sind es zwei, dann wieder drei. – Aber nun zu dir, Maryam.«

»Zu mir gibt es nichts zu sagen.«

Die Medizinstudentin lachte und schob meine Akte auf den Tisch.

»Ich habe ein wenig gelesen – sehr interessant.«

Sie hatte zwei Brillen vor sich liegen. Eine war fein und silbrig, die andere war ein schweres Modell, das schwarz glänzte.

»Du hast für eine Mitgefangene um Gnade gebeten.«

»Ja, sie hat einen Mann getötet, der ihr Gewalt antun wollte.«

Für einen kurzen Moment sah ich feine Risse in ihrer Fassade. An dieser Stelle verbarg sich die Angst, mit der sie kämpfte.

Zwei Brillen. Die schwarze Brille verbarg ihre Angst.

»Ist es eine psychische Krankheit, vom Islam abzufallen? Die Ärzte sind sich uneins.« Sie war nachdenklich geworden.

»Dann wäre ich psychisch erkrankt?«

»Nicht im ernsten Sinne – also eigentlich doch –, aber nicht lebensbedrohlich.«

»Ich war im Gefängniskeller. Wissen Sie, was in Ihrem Keller passiert?«

Sie nahm bloß meine Akte auf, und ich gab selbst die Antwort.

»Eine Christin kann dort getötet werden, nur weil sie eine Christin ist. Doch – eine Christin zu sein ist lebensbedrohlich!«

»Du weißt, dass ich es nicht so gemeint habe«, sagte die junge Ärztin leichthin.

Die Ahnungslose zu spielen war der Schutz dieser jungen Frau. Alles, was an ihr haftete, würde sie am Abend entfernen wie einen Nagellack.

»Unterschreib hier, dass dir kein Schaden zugefügt wurde.« Sie legte mir ein Papier hin. »Sie brauchen es für die Entlassung auf Bewährung.«

Sie bekam meine Unterschrift.

»Was wirst du tun?«, fragte sie geschäftsmäßig.

»Mein Anwalt sagt, die Behörden werden sagen, dass ich den Iran verlassen soll.«

Und wieder ein Riss in ihrer Fassade. Auch diese Ärztin – sie sah, dass ich es sah – wollte den Iran verlassen.

Hatte sie für die Flucht gespart? Würde sie als Aktivistin mit Visum ausreisen können?

Ich fragte mich: Wie würde diese Iranerin reden, wenn sie im Ausland ist?

Würde sie meinen Glauben annehmen wie einen Reisehinweis. Meinen Glauben, für den ich so hart gekämpft hatte?

Würde sie wohl dafür einstehen, dass sie eine Ärztin in einem Foltergefängnis gewesen ist? Oder würde sie sagen, dass sie eine Ärztin der Armen gewesen ist?

Was wäre ihre Lüge?

»Dort, wo ich hingehe, werde ich sagen, dass ich eine Christin gewesen bin«, sagte ich lächelnd.

Sie nickte halb interessiert.

»Und was werden Sie dort sagen?«, fragte ich und legte meine Hand auf meine Akte. »Welche Lüge werden Sie den Menschen dort erzählen?«

Ihre Augen weiteten sich. In jeder Hand hielt sie eine ihrer Brillen und wusste nicht, welche sie aufsetzen sollte.

158. Eine Freilassung auf Kaution

Am nächsten Morgen sollte ich von meinem Anwalt abgeholt werden. Die Wachen hatten mich vorbereitet wie eine Warenladung, die abgeliefert werden musste. Sorgfältig aufgelistet und mit Häkchen versehen.

So saß ich in einem leeren Büro und sah auf einen leeren Innenhof. Da ich nun durch die Endkontrolle gelaufen war, beachtete mich niemand mehr. Ich befand mich auf einer Zwischenstufe. Abholfertig, aber noch nicht abgeholt.

Es tat sich nichts. Die Sonne brannte Löcher in die Stille, und das Büro schwieg mich an. Ich würde endlich Danial, meinen kleinen Engel, wiedersehen, aber ich hatte Angst, wie er mich ansehen würde.

Der Anwalt kam allein, als habe er einen Zweitschlüssel für das Gefängnistor. Er blinzelte in den dämmrigen Büroraum, nahm grußlos die Papiere, las darin, tippte einen Eintrag in den Computer auf dem Schreibtisch, blickte sich um und nickte, als er mich nun ansah.

Nachdem er die Papiere unterschrieben und wieder hingelegt hatte, winkte er mir, ihm zu folgen.

»Ich vergesse immer deinen Namen«, sagte er.

»Maryam«, sagte ich. »Es ist ein christlicher Name.«

»Ah, jetzt erinnere ich mich an dich.« Er teilte sein Lächeln nur mit sich selbst.

Das Tor öffnete sich, ohne dass sich eine Wache gezeigt hatte.

Dort stand ein Wagen bereit. Ein normales Taxi mit einem Fahrer, der ungeduldig auf die Uhr schaute.

Der Anwalt nannte den Namen einer Polizeistation. Er lehnte sich zurück und hielt seinen Kopf in den Schlitz der Klimaanlage.

»Sie schauen immer aus dem Fenster«, sagte der Fahrer.

»Wer schaut wohin?«, fragte der Anwalt.

»Die Gefangenen, sie schauen aus dem Fenster – wenn ich sie fahre.«

Der Anwalt beendete das Gespräch, indem er die Augen schloss.

Der Fahrer schenkte mir einen Blick voller Mitleid.

Er fuhr uns in den Innenhof der Polizeistation.

»Es muss nicht jeder sehen, wer hier aussteigt«, sagte er zu mir.

Ein Polizist öffnete dem Anwalt die Tür. Auf meiner Seite öffnete niemand die Tür.

Im Büro wartete bereits mein Bruder Achmed auf mich. Als ich ihm in die Augen blickte, sah ich darin das ganze Leid meiner Familie.

»Wie erklären Sie sich das?«, fragte er und reichte dem Anwalt ein Papier. »Die Kaution hat sich noch einmal erhöht!«

Der Anwalt nahm das Papier und schaute darauf. Dann sah er den Polizisten an.

»Ich habe das Dokument gestern bekommen«, sagte der Mann.

»Eine Sicherheit ist eine Sicherheit«, beruhigte der Anwalt meinen Bruder. »Sie bekommen sie zurück. Es ist nur ein Papier.«

Mein Bruder sah ihn verächtlich an. Dann ließ er sich einen Stift geben.

»Warten Sie einen Moment«, unterbrach ihn der Anwalt. »Ich muss kurz erklären, was Sie unterschreiben. Sie verbürgen für die genannte Kaution mit der Urkunde auf ihr Haus. Falls die genannte Person zu Prozessbeginn nicht auffindbar sein sollte, verfällt diese Kaution. Wenn Sie einverstanden sind, unterschreiben Sie bitte.«

Mein Bruder murmelte etwas Unverständliches und gab seine Unterschrift ab.

»Es gibt noch etwas zu verlesen«, sagte der Anwalt. »In der Anordnung steht: Maryam darf sich nicht in der Nähe einer Hauskirche aufhalten, sie darf nicht mit Christen in Kontakt treten – als Person oder im Wege der Datenübertragung. Sie muss sich vierzehntägig bei dieser Polizeistation melden. Sie bekommt Nachricht, an welchem Tag sie sich zum Gerichtsprozess einfinden muss.«

»Die wenigsten sehe ich wieder«, sagte der Polizist. Er betrachtete mich, als müsse er eine Wette platzieren.

Der Anwalt versuchte ein Lachen. Aber er hatte wenig Übung darin. Und so klang es für uns wie ein Räuspern.

159. Freiheit und Flucht

Ich war endlich wieder bei meiner Familie – aber ich wusste, ich durfte mich in diesem Haus nicht mehr mit meinem Herzen einrichten. Während ich im Gefängnis saß, hatte mein Bruder Achmed mit unseren Eltern alles besprochen. Sie hatten zusammengesessen und entschieden, dass die ganze Familie auf die Flucht gehen müsse. Nicht nur ich und mein Sohn Danial. Niemand durfte zurückbleiben. Die Flucht der ganzen Familie war eine Folge davon, dass ich eine Christin geworden war. Mein Bruder Achmed hatte Angst, dass sie seinen Kindern etwas antun würden. Meine Nichte Faezeh war zwanzig, also volljährig, meine Nichte Diba und mein Neffe Nermin würden es auch bald sein. Damit wurde der Iran gefährlich für sie.

Faezeh war in ihrem Zimmer und las in ihren Büchern. Sie wusste nichts von unseren Plänen. Ihr Vater Achmed war bereit, es ihr zu sagen.

Er hatte in seinem Sessel gesessen und die arabischen Nachrichten der Deutschen Welle gehört. Er hatte mich zu sich gerufen, um mit mir zu Faezeh zu gehen.

Als wir in der Tür vor ihrem Zimmer standen, fragte sie: »Was ist mit euch? Warum kommt ihr nicht herein?«

Wir setzten uns zu ihr.

»Faezeh, ich muss dir etwas sagen«, sagte er.

»Ist es etwas Schlimmes?«

»Ja, wir haben beschlossen, den Iran zu verlassen.«

»Was?« Sie sah uns entsetzt an. »Wann?«

»In dieser Woche werden wir abreisen«, sagte ihr Vater.

»Aber wie soll ich allein im Iran bleiben!«

»Du wirst mitgehen!«, sagte er leise.

»Aber mein Studium! Ich habe Prüfungen!«

Sie war im zweiten Informatiksemester. Wir waren sehr stolz gewesen, dass sie es als ein Mädchen und eine Ahwazi auf die Universität geschafft hatte.

Faezeh wusste nicht, ob sie wütend oder traurig sein sollte.

»Mein Studium – was ist damit?«

»Du studierst in Holland weiter. Dort, wo dein Onkel ist.«

Faezeh sah ihn wütend an. »Ich hatte nie Probleme mit der Regierung. Ich interessiere mich überhaupt nicht für deine Politik. Warum nimmst du mich heraus aus meinem Leben? Warum?«

»Sie sehen dich als einen Teil unserer Familie und werden dich so behandeln. Sie haben dich an der Universität verhört, sie haben Nermin und Diba an der Schule zu den Basidschi geholt.«

»Sie wissen, dass ich keine politischen Sachen mache«, sagte Faezeh trotzig. »Sie stellen Fragen, und ich gebe Antworten.«

»Unsere Familie ist erpressbar, wenn du als Einzige hier bleibst.«

»Was ist mit Maryams Mann? Wenn er hierbleiben kann – warum ich nicht?«

»Er gehört nicht zur Familie.« Ich sah, dass Achmed dieses Gespräch erschütterte. Wie fleißig hatte Faezeh sein müssen, um dorthin zu gelangen, wo sie war! Und nun war alles nichts wert. Nicht einmal die Prüfungen waren wichtiger als eine übereilte Flucht.

»Sie haben Maryam gefoltert. Sie wird immer Schmerzen in ihrer Schulter haben. Sie hätten ihr fast die Finger zertrümmert!«, sagte er.

Faezeh sah auf ihre Hände, auf die langen, mit Goldpuder bemalten Fingernägel.

»Sie haben Maryam gedroht, dass sie Danial töten werden. Sie sind gefährlich, weil sie keine Grenze kennen! Wir haben keine Wahl: Wir müssen fliehen! Jetzt, weil es günstig ist.«

Ich hätte Faezeh gern umarmt, aber ich kannte sie, wenn sie wütend war.

»Er hat recht«, sagte ich. »Du musst es einsehen.«

»Ja, weil du eine Christin geworden bist!«, fauchte sie. »Aber ich bin bloß eine Informatikerin!«

»Du hast keine Wahl«, sagte ihr Vater sanft.

160. Siehe, eine Jungfrau wird schwanger sein

Von außen hätte niemand dem Haus angesehen, dass seine Bewohner es ausgeräumt hatten und dort lebten wie Gäste.

Wir gingen einkaufen, die Kinder gingen zur Schule oder zur Universität, meine Eltern korrigierten Arbeiten ihrer Schüler, mein Bruder ging zur Arbeit, meine Mutter kaufte ein und unterhielt sich mit den Nachbarinnen über dies und das.

Nach zwei Tagen Warten brachen wir auf.

Achmed hatte gesagt: »Der Mann hat angerufen. Am Abend brechen wir nach Teheran auf. Es ist so weit!«

Mit zwei Wagen sind wir zur Busstation gefahren. Es war bereits Abend.

»Was passiert mit den Wagen?«, fragte ich Achmed.

»Ein Freund wird sie abholen und für uns verkaufen.«

Um als Gruppe von zehn Personen nicht aufzufallen, kauften wir die Tickets getrennt. Ich stellte mich mit Faezeh am Schalter an.

Während wir warteten, schwiegen wir, weil es gefährlich war, über diese Dinge in der Öffentlichkeit zu sprechen.

Manche Menschen, die nie wiederkommen würden, sprachen laut über Verwandte in Teheran, die sie so lange nicht gesehen hatten. Aber es war so viel künstliche Freude in ihrem überlauten Gerede, dass sie sich dadurch erst recht verdächtig machten.

Wir nahmen unsere Tickets entgegen und gingen mit einer Wortlosigkeit, die in der Dunkelheit wie Müdigkeit erschien.

Jeder von uns trug einen Rucksack. Darin waren bei uns Frauen drei dünne Pullover, eine Jacke, eine Jeans, zwei Nachthemden. Dazu technisches Gerät: ein USB-Stick, ein Ladekabel und ein externer Akku. Ein bisschen Schokolade, Snacks und Datteln. Auch mein kleiner Danial hatte einen Rucksack, den er mit großem Ernst trug. Würde er sich jemals an den Iran erinnern können? Das Kind würde seine Heimat vergessen können – wir würden den Iran mitnehmen in die Fremdheit.

Faezeh sollte es nicht wissen, aber ich war voller Vorfreude für mich und mein Kind. Die Busstation war wie eine Tür zu einem freien Leben. Wenn der Iran Christen verfolgte – was brauchte ich den Iran? Wenn die Frauen in schwarzen Kutten herumlaufen mussten, dann war es nicht mein Land, solange der arabische Gott dort herrschte. Ein neues Leben wartete auf mich, ein freies Leben, eines in Sicherheit – warum sollte ich mich nicht freuen? Das Busticket in der Hand war wie ein Versprechen. Noch war ich eine auf Kaution Freigelassene, in der Türkei würde ich noch eine illegale Geflüchtete sein, aber bald würde ich ohne Angst für mich und mein Kind leben können.

Es war ein großer Bus, in dem wir unsere Reise aufnahmen. Da wir unterschiedliche Tickets hatten, saßen wir nicht beieinander. Danial schlief bereits auf der Lehne zwischen uns. Wir fuhren in die Nacht hinein. Nachdem ich im Gefängnis gewesen war, konnte ich von den Bildern der Stadt nicht genug sehen. Wie schön leuchteten die Lichter im Halbdunkel! Wie sie neben uns an den Häusern entlangglitten! Lichter, die alle Farben des Tages in sich aufgesogen hatten.

Ich holte mein Handy hervor, vergewisserte mich, dass niemand von hinten auf das Display sehen konnte, und öffnete die Bibel-App. Ich begann, das Matthäusevangelium zu lesen. Wenn es heute der Beginn einer langen Flucht war, dann wollte ich heute die ersten Seiten des Evangeliums lesen.

161. Ein Mann mit einem Tattoo

Vor Beginn der Reise hatten wir neue SIM-Karten von Achmed bekommen. Die alten Karten mussten wir vernichten. Das Bild von dem Mann, den wir in Teheran treffen sollten, hatte mir Achmed auf mein Handy geschickt. So schauten wir beide, als wir in Teheran am Morgen ankamen. Aber der Mann erkannte uns, ehe wir ihn gesehen hatten.

»Kommt mit!«, sagte er, als er neben uns lief.

Er hatte einen Van, den er etwas abseits geparkt hatte. Einen Van mit dunklen Scheiben.

»Beeilt euch«, sagte er und schob uns in den Wagen.

Als er im Wagen saß, sprach er mit niemandem. Auch wir sagten kein Wort untereinander.

Er brachte uns in ein Appartement in einem Hochhaus.

»Ihr wartet hier«, sagte er und schloss uns ein.

Wir saßen einen ganzen Tag dort. Wir schliefen, wir aßen, und Faezeh schrieb an ihre WhatsApp-Gruppe an der Universität.

»Du schreibst ihnen ja nicht, wo wir sind«, sagte Achmed.

»Nein«, sagte Faezeh. »Sie wissen nichts.«

»Wenn wir in Istanbul sind, kannst du ihnen schreiben.«

»Um mich zu verabschieden.« Faezeh drehte ihr Gesicht zur Wand, um ihren Vater nicht ansehen zu müssen.

Dann ging sie zur Toilette, um dort lange zu weinen.

Es war dunkel draußen, als der Mann das Appartement wieder öffnete. Es dauerte wenige Minuten, bis wir wieder reisefertig waren.

»Geht pinkeln«, sagte er. »Nachher werden wir nicht halten!«

Diesmal brachte er uns zu einem anderen Auto. Wir saßen beengt hinter den verdunkelten Scheiben.

Teheran floss an unseren übermüdeten Augen vorbei wie ein spät gesendeter Film.

»Keine Handys«, sagte der Mann, als er Faezeh auf das Display tippen sah.

»Ausmachen!«, rief er scharf, als sie noch etwas tippte.

Nur dieser Mann sprach in sein Handy.

Mal sagte er etwas auf Türkisch in das Mobiltelefon, dann auf Persisch. Es war gewiss kein ehemaliger Taxifahrer – dafür war er zu einsilbig. Eher ein Lkw-Fahrer, der seine Nachttouren jetzt mit schweigsamen Flüchtlingen machte statt mit Melonen.

Er hatte ein Tattoo am Arm, das unter dem T-Shirt hervorlugte, wenn er das Steuer bewegte. Tattoos sind im Iran von den Mullahs verboten worden, weil der Prophet keine Tattoos getragen hat. Dieser Mann wird wohl nicht zu den Unterstützern des Regimes gehört haben, wenn er sich traute, ein Tattoo zu zeigen. Vielleicht war er auch kein Lkw-Fahrer, sondern ein Krimineller, der sonst Drogen schmuggelte.

Der Fahrer war unentwegt mit seinem Handy beschäftigt und sprach mit seinen Kontaktleuten in kurzen Sätzen, als habe er einmal zum Militär gehört. Er hätte irgendetwas zu uns sagen können, aber er sagte nichts. Zumindest die Frauen und die Kinder – wenn sie nicht schliefen – sahen ihm mit ängstlichen Blicken beim Fahren zu.

Auf dem ganzen Weg machte er zwei Stopps, ohne dass wir den Wagen verlassen durften. Er stand draußen und telefonierte leise. Immer wieder sah er zum Himmel hoch.

162. Das Paket ist angekommen

Er verließ die Autobahn und fuhr auf eine kleine Straße. Er fuhr langsamer, weil andere Autos uns entgegenkamen. Immer wieder blinkte ein Auto uns mit dem Scheinwerfer an. Es schienen Signale zwischen den Fahrern zu sein, denn auch unser Fahrer gab mit seinen Scheinwerfern Zeichen. Dann fuhren wir von der Straße ab auf einen schmalen Weg, der unbefestigt war. Dort stellte er die Scheinwerfer aus. Nach einer kurzen Strecke bemerkten wir rechts von uns zwei unbeleuchtete Gebäude – vielleicht Scheunen oder verlassene Häuser.

»Aussteigen!«, befahl er.

Als wir draußen standen, sah er kurz in den Wagen, ob wir etwas vergessen hatten.

Er stellte sich vor uns und zeigte auf einen kleinen Pfad zwischen den Gebäuden.

»Folgt diesem Weg. Am Ende steht jemand und wartet auf euch. Lasst die Handys aus, und macht auch sonst kein Licht!«

Über uns war ein klarer Himmel. Ein voller Mond beleuchtete den Weg.

Dann ist er ohne Gruß und ohne Licht losgefahren.

»Kanntest du den Fahrer?«, fragte ich Achmed.

»Ich wusste nur, dass wir ihn treffen würden. Nicht einmal einen Rufnamen hatte ich.«

»Er hatte ein Tattoo.«

»Ja, er hatte ein Tattoo.«

Schweigend gingen wir den Weg.

»Sie haben auf das richtige Wetter gewartet«, sagte Achmed zu mir. »Dann haben sie uns angerufen, dass wir losfahren sollen.«

Neben mir schwankte Danial beim Gehen vor Müdigkeit. Meine Mutter ging mit kurzen Schritten voraus wie eine Lehrerin, die ihre Klasse in einen Ausflug führte.

Am Ende des Pfades sahen wir eine Gruppe, sieben oder acht Menschen. Und einen Mann, der hervortrat, als er uns sah. Nachdem er uns gezählt hatte, sagte er: »Stellt euch zu den anderen und wartet.«

Es kamen noch zwei Gruppen mit jeweils acht oder neun Personen. Offenbar füllten sie ihre Vans bis zum letzten Platz, ob die Leute sich kannten oder nicht.

Viele der Leute waren afghanische Männer. Wenige Frauen waren darunter. Kaum Kinder. Ein Baby, das von seinem Vater getragen wurde.

Es stimmte also, dass viele Flüchtlinge den Iran verließen. Sie hatten in den Lagern gelebt, die Jüngeren von ihnen waren dort geboren worden.

Der Führer sagte zu uns: »Wir gehen jetzt los. Seid ganz still, wenn wir gehen. Macht kein Licht an. Handys bleiben aus!«

Wir folgten ihm. Vor uns war eine Gruppe. Hinter uns war eine Gruppe. Wir haben nicht viel von dem Weg gesehen. Über uns ein Himmel, gerade hell genug, um nicht über die großen Steine zu stolpern.

Einmal war das Baby laut. Da hat er sich ärgerlich umgesehen. Aber die Mutter hat es schnell beruhigt.

Wir liefen drei oder vier Stunden in einer Reihe, achtsam und schweigend.

Als der Führer uns anhalten ließ, war es fünf oder sechs Uhr. Schon wurde es hell an den Rändern der Felder. Die Uhrzeit konnten wir nicht wissen, weil die Handys ausgeschaltet waren.

Wo wir standen, führte eine Autobahn vorbei. Auf der anderen Seite, auf dem Standstreifen, standen sieben oder acht große Vans. Alle hatten dunkle Scheiben. Niemand stand davor, nur die Wagen standen dort.

»Nacheinander geht jede Gruppe zu einem Wagen und steigt ein. Handys sind erst erlaubt, wenn ihr ankommt. Ich sage, wann es losgeht.«

Gruppe nach Gruppe überquerte die Autobahn. Wagen für Wagen fuhr los, ohne auf die anderen Vans zu warten.

Unser Fahrer fuhr uns vor einen Basar in der nächsten größeren Stadt. Dort war ein großer Platz.

Bevor er uns aussteigen ließ, hat er jemanden angerufen und gesagt: »Das Paket ist angekommen.«

163. Ein Christuskreuz

Als der türkische Freund meines Bruders uns sah, winkte er uns aus dem Auto zu.

Alle kannten ihn, denn er hatte einige Wochen bei uns in Ahwaz gewohnt. Nur ich kannte ihn nicht, denn ich war zu dieser Zeit im Gefängnis gewesen.

»Dann bist du Maryam?«, fragte er mich. »Deinen Sohn kenne ich bereits, nur seine Mutter noch nicht.«

Er schüttelte mir die Hand. Achmed und Faezeh sahen verwundert zu. Ein muslimischer Mann würde keiner Frau die Hand schütteln. Was war er?

»Ich habe etwas für dich, Maryam«, sagte er und gab mir ein kleines rotes Kästchen. »Pack es im Auto aus. Es ist ein Geschenk unserer Gemeinde in Istanbul.«

Ehe ich etwas sagen konnte, hatte er sich an die anderen gewandt: »Ein großes Paket seid ihr, aber ich werde euch unterbringen.«

Sein Auto war nicht klein, aber es war auch nicht groß.

Erst stieg mein Bruder Achmed vorn ein, dann stieg ich vorn ein.

»Bist du Christ?«, fragte ich ihn.

»Öffne, was ich dir gegeben habe, dann weißt du es«, sagte er und startete das Auto für unsere Reise nach Istanbul.

Das kleine Kästchen sprang auf, als ich es berührte. Und darin auf weißem Samttuch lag ein sehr feines goldenes Kettchen und daran ein ebenso feines goldenes Christuskreuz.

Ich konnte kaum atmen, so sehr freute ich mich.

Da – als ich das Kreuz sah –, da erst verstand ich, dass ich den Iran verlassen hatte. Da erst verstand ich, dass ich das Gefängnis verlassen hatte. Da erst verstand ich, dass ich ein neues Leben in den Händen hielt.

Ich hielt das Kreuz in den Händen und sah es nicht vor Tränen und konnte es nicht berühren.

Es dauerte sicherlich eine Viertelstunde, bis ich mich gefasst hatte.

»Als ich nach Ahwaz kam«, sagte er, »da habe ich von dir gehört. Und als ich zurückkam, habe ich in der Gemeinde von dir erzählt. Und sie haben gesammelt. Einer der Christen ist ein Goldschmied, und er hat dieses Kreuz für dich gefertigt. Ganz allein für dich!«

Und ich dachte bei mir: Diesen Mann hat Jesus allein geschickt. Es ist sein Kreuz und sein Geschenk. Aber dem Freund sagte ich nicht, auch den anderen sagte ich nicht, was ich dachte.

Vor lauter Ergriffenheit spürte ich nur noch den Schmerz in meinem Hals.

Ich versuchte, dem Freund mit Worten zu danken.

»Wenn es dich freut, dann freut es uns auch«, sagte er.

»Meine Mutter war im Gefängnis«, erklärte Danial jetzt stolz. »Ein ganzes halbes Jahr war sie dort!«

»Ich habe von ihr gehört«, sagte der Freund lachend. »Viele haben von ihr gehört.«

»Ist sie berühmt?«, fragte Danial.

»Sie ist eine berühmte Christin, ja«, sagte der Freund. »In Istanbul ist sie berühmt.«

»Weil sie im Gefängnis war?«

»Deshalb und weil deine Mutter eine Christin ist.«

»Später gehe ich auch ins Gefängnis, damit ich berühmt werde«, sagte Danial.

Wir mussten sehr lachen über ihn.

Es war eine Autofahrt in vielen, vielen Kilometern, aber ich weiß nicht mehr, wie lang sie war. Eine Ewigkeit, einen Moment – es war gleichgültig.

Ich bin einen langen Weg gegangen. Der, für den ich ihn gegangen bin – er hatte mich in der Freiheit empfangen und hatte mich beschenkt.

164. Vier Frauen, ein halber Mann und ein Kind

Das Appartment unseres Freundes war so groß, dass zusätzlich zehn Personen in ihm schlafen konnten. Eine Hantelbank, die er besaß, musste dafür auseinandergebaut werden.

Als wir dort waren, schaute er, wie wir uns eingerichtet hatten. Er half mit diesem und jenem und tauschte einen Teppich mit seinem Nachbarn, der mit großen Augen zusah, wie wir in dem Appartment verschwanden.

»Zehn!«, flüsterte er. »Junge!«

Dann fuhren mein Bruder Achmed und sein Freund in die Stadt, um Dinge zu organisieren, wie sie sagten.

Wir saßen auf dem großen Teppich und aßen und tranken. Für alles war gesorgt, nur der Platz war begrenzt.

Ich beobachtete Faezeh, die immer noch sehr traurig war. War es nur das Studium, das sie zurücklassen musste, oder war es etwas anderes?

Sie hatte auf der ganzen Fahrt nicht gesprochen.

Wenn sie etwas zurücklassen musste, das schwerer wog als ein Studium, dann konnte ihr niemand helfen.

Für alle anderen war es leicht. Meine Nichte und mein Neffe würden eine Schule in den Niederlanden besuchen.

Ich aber hatte meinen Mann zurückgelassen, er hatte sich von mir abgewandt, als ich verhaftet wurde. Ich hatte ihn nicht mehr gesehen.

Meine Eltern dagegen ließen niemanden zurück. Ihre Familie würde in den Niederlanden wieder zusammen sein. So war es für sie.

Am Abend kamen Achmed und sein Freund wieder zurück. Sie wirkten ernst, sehr ernst.

Achmed sagte zu uns Frauen: »Wir müssen etwas miteinander besprechen!«

»Ich komme mit!«, rief Danial.

»Natürlich, mein Engel. Ich hatte dich vergessen.«

Als wir zusammensaßen – Danial zwischen meinen Knien –, sagte Achmed: »Ich habe euch etwas mitzuteilen.«

Unser Freund stand auf und machte sich an der Anrichte zu schaffen. Der einzige Ort, an dem noch Platz war.

»Wir werden uns vorläufig trennen«, sagte er. »Maryam, Faezeh und die großen Kinder fahren nach Europa. Die anderen bleiben erst einmal in Istanbul.«

»Bin ich groß?« flüsterte Danial.

»Natürlich, sehr groß«, flüsterte ich zurück und streichelte ihm das Haar.

»Ihr bleibt hier?«, fragte Faezeh fassungslos. »Wir fahren allein? – Allein!?«

Ihr Vater nickte.

»Aber warum?«, fragte sie. »Was ist los?«

»Mit deiner kleinen Schwester können wir nicht über das Meer fahren. Viele Kinder sind dort bereits ertrunken.«

»Ich kann auch nicht schwimmen«, antwortete Faezeh.

»Du kannst nicht schwimmen, aber ihr bekommt Schwimmwesten. Dafür ist gesorgt. Aber ein kleines Kind wird in einer Schwimmweste ertrinken!«

»Dann bleiben wir alle hier!«, rief Faezeh.

»Nein«, sagte Achmed. »Ihr geht, und wir kommen nach, wenn das Wetter ruhiger ist.«

»Und Mutter – bleibt sie hier?«

»Ja, wir bleiben mit deinen Großeltern und deiner kleinen Schwester hier. Wir werden uns um ein Visum bemühen. Dein Onkel wird uns dabei helfen.«

»Dann ist kein Mann dabei?«, fragte Faezeh. »Wir sind nur Frauen und Kinder!«

»Nermin ist dabei.«

»Er ist dreizehn Jahre alt!«

»Aber er ist groß, sehr groß!«

Mein Bruder hatte recht. Mein Neffe war sehr groß für sein Alter, aber wie sollte er anderen Männern Respekt einflößen? Diese Männer hatten wir gesehen, als wir mit ihnen über die Grenze gegangen sind.

»Dann sind wir drei Frauen, ein Kind und Nermin als Mann?«, fragte Faezeh, als könne sie nicht glauben, was sie gehört hatte.

Achmed nickte ernst.

»Ich gehe mit«, sagte meine Mutter plötzlich. »Ich passe auf die Kinder auf!«

Achmed wollte etwas sagen, aber sein Vater sah ihn an.

»Ich gehe mit«, sagte meine Mutter noch einmal, sehr deutlich und sehr langsam.

Die beiden Männer wussten, dass sie durch nichts von ihrem Entschluss abzubringen war.

165. Ein Ghachaghbar

Beim Frühstück fragte ich unseren Freund nach dem Weg.

»Ihr werdet von der türkischen Küste mit einem Boot auf eine der griechischen Inseln vor der türkischen Küste fahren. Von dort geht es mit einer Fähre auf das griechische Festland. Das ist der schwierige Teil. Die Fahrt durch Mazedonien, Serbien, Kroatien, Slowenien, Österreich und Deutschland ist gut organisiert. Da fahrt ihr mit dem Bus oder mit dem Zug und könnt die meiste Zeit schlafen.«

Ich sah mir auf meinem Handy den Weg an.

»Gleich gehe ich zu jemandem, der euch über das Meer bringen wird«, sagte er.

»Ich gehe mit«, sagte ich.

»Ich gehe auch mit!«, rief Faezeh.

»Sonst fahren wir nicht!«

»Wir müssen sehen, ob der Weg sicher ist!«

»Okay«, sagte er schließlich. »Zuerst gehe ich allein und spreche mit ihm über den Preis. Wenn er einverstanden ist, machen wir ein zweites Treffen heute Abend. Dann könnt ihr Fragen stellen.«

Wir waren einverstanden.

»Gut, wenn ihr euch einigt, dann kann es morgen losgehen.«

»Was – morgen schon!?«, rief Faezeh für uns.

»Ja, er bringt jede Nacht Leute auf die Insel. Ihr müsst schnell entscheiden. Es ist September. Das Wetter wird mit jeder Woche schlechter.«

Als unser Freund von dem Treffen zurückkam, sagte er: »Es ist alles geklärt. Er hat euren Preis akzeptiert. Er wollte mehr Geld, aber er ist zufrieden. Wir werden ihn heute Abend sehen.«

»Ghachaghbar« nennen wir im Iran Leute wie ihn, die Menschen illegal über die Grenze bringen. Jeder weiß, dass sie Kriminelle sind. Nicht anders als die Ghachaghbar von Drogen.

Es war zehn Uhr in der Nacht, als wir den Mann treffen sollten. Bei einer kleine Anlage direkt am Wasser.

»Können wir ihm trauen?«, fragte ich.

»Er hat schon mehrere dieser Fahrten für mich gemacht. Dieser Mann hat die Leute immer sicher ans Ziel gebracht. Ich hatte früher einen anderen Ghachaghbar, da ist zweimal etwas passiert.«

Wir würden also jemanden treffen, der verbotene Sachen mit Menschen machte. Schon als Kind hatte ich davon gehört.

Aber als er sich zu uns setzte, war er ein ganz normaler Mann.

Er antwortete geduldig auf unsere Fragen.

»Das Boot wird neun Meter lang sein. Es wird am Strand aufgeblasen. Auch der Motor ist am Strand versteckt. Etwa dreißig Leute werdet ihr sein, nicht mehr. Jeder von euch bekommt eine Rettungsweste. Ungefähr vierzig Minuten wird die Reise dauern.«

»Wann fahren wir?«, fragte ich.

»Morgen in der Nacht.«

»In der Nacht fahre ich auf keinen Fall!«, sagte Faezeh.

»Nein, wir fahren in der Nacht mit dem Bus. Früh am Morgen seid ihr am Strand und steigt in das Boot.«

»Was ist, wenn die Polizei uns anhält?«

»Die Polizei weiß Bescheid. Sie werden euch nicht anhalten.«

»Bekommen wir unser Geld zurück, wenn es nicht klappt?«, fragte Faezeh.

»Nein«, sagte der Mann. »Es gibt drei Versuche. Erst wenn es beim dritten Mal nicht geklappt hat, bekommt ihr euer Geld zurück. So ist es mit dem Geldwechsler ausgemacht.«

»Dem Geldwechsler?«

166. Der erste Versuch

Als unser Freund am nächsten Tag von dem Geldwechsler zurückkam, gab er mir einen vierstelligen Code auf einem Zettel. Ich musste ihn zusammenfalten und bei mir tragen.

»Der Ghachaghbar kennt die Zahl nicht. Wenn du auf der griechischen Insel bist, rufst du den Geldwechsler an und gibst den Code durch. Erst dann bekommt der Ghachaghbar sein Geld. Nach drei Tagen – wenn du nicht angerufen hast – bekommt der Ghachaghbar auch sein Geld.«

»Also wenn wir ertrunken sind«, sagte ich leise.

Unser Freund ging zur Anrichte, um einen Tee zuzubereiten.

»Ich habe Angst vor dem Wasser«, sagte Nermin.

»Wenn du Angst hast, dann fahren wir nicht«, sagte Faezeh.

»Aber wir können hier nicht bleiben. Es ist viel zu eng.«

»Dann müssen wir auf das Boot«, sagte sie.

»Ja«, sagte Nermin, »wir müssen auf das Wasser.«

Schweigend sah er auf den Fernseher, der stumm in einer Ecke des Wohnraums lief und Bilder zeigte, auf denen Flüchtlinge in den Wellen standen und durchnässt in die Boote kletterten. Nie zuvor hatten wir das TV-Programm der Deutschen Welle gesehen, das unser türkischer Freund empfangen konnte.

Am Nachmittag kam die Nachricht, dass wir um sieben Uhr in einen Park kommen sollten.

Unser Ghachaghbar stand bereits an der Straße und gab Anweisungen: »Geht weiter zum Park! Hier soll niemand rumstehen!«

Mehr als dreihundert Leute waren in dem Park. Wir saßen mit den anderen unter Bäumen und warteten. Es war eine große Ansammlung, aber es gab keine Polizei. »Ihr werdet keine Polizei sehen!«, hatte der Ghachaghbar gesagt. Ein ganzer Park voller Flüchtlinge, die alle illegal in der Türkei waren, und es gab keine Polizei. Viele Männer schauten auf uns. Aber als sie den strengen

Blick meiner Mutter sahen, schauten sie weg. Sie war die älteste Frau in dem Park. Sonst war dort niemand wie sie. Eine alte Frau, die vor nichts Angst hatte.

Als es dunkel war, kamen die Busse.

»Die Leute von diesem Mann sollen einsteigen!«, wurde gerufen.

Dann die Leute von diesem Mann und diesem, bis die Busse voll waren und abgefahren sind.

Der letzte Bus war für uns.

Der Ghachaghbar stand dort und sagte zu uns: »Ihr seid Frauen. Setzt euch neben den Busfahrer. Wir wollen keine Probleme.«

In dem Bus war die Luft stickig. Männer, die keinen Sitzplatz gefunden hatten, standen in dem Gang. Einige rauchten.

Wir konnten die Afghanen verstehen, weil die afghanische Sprache der persischen sehr ähnlich ist.

Sie unterhielten sich über den Preis der Überfahrt. Viele von ihnen wollten am Strand bezahlen. Sie hatten keine Ghachaghbar gefunden, weil sie zu wenig Geld hatten.

Es waren junge Männer darunter. Sie sprachen darüber, dass sie die Papiere weggeworfen hatten. Sie sprachen über das Alter, das sie angeben würden, und lachten. Sie sprachen darüber, welche Teile von Afghanistan für das Verfahren in Deutschland gut waren und welche schlecht waren. Sie sprachen darüber, in welche Stadt in Deutschland sie ziehen wollten.

Es gab einen Streit mit einem Syrer, der sagte, dass die Deutschen nur die Syrer aufnehmen wollen. Es gab einen Streit, weil ein Iraker sagte, dass der Syrer, der das gesagt hatte, kein Syrer sei. Er spreche wie ein Iraker.

Unsere Papiere hatten wir in eine Folie gesteckt und wasserdicht verklebt. Meine Mutter trug sie um den Körper gebunden. Im ganzen Bus war kein einziger Iraner.

Um Mitternacht begann der Busfahrer, mit einem Mann über ein Mikrofon zu sprechen. Sie redeten türkisch, aber wir hörten immer wieder das Wort »Polis«.

Dann hielt der Bus auf einem Parkplatz an. Dort standen bereits drei andere Busse und warteten.

Wir haben im Bus gesessen und konnten vor Aufregung nicht schlafen.

Um vier Uhr sind wir zurückgefahren.

Am Park hat unser Freund uns mit einem Taxi abgeholt.

167. Ein Schlechtwettergebiet

Am nächsten Morgen hatte Faezeh einen Streit mit unserem Freund.

Mein Bruder konnte seine Tochter nicht beruhigen, weil er in der Stadt war, um eine Bleibe zu suchen.

»Ich will nicht weitermachen«, sagte sie zu ihm. »Was soll in der zweiten Nacht passieren, wenn schon in der ersten Nacht alles schiefgeht!?«

»Bist du sicher, dass du nicht mitwillst?«, hatte unser Freund gefragt.

»Ja, ich bin sicher. Ich habe Angst vor dem Boot und vor der Polizei.«

Ich verstand sie gut. Wir hatten im Iran sehr viel mit der Polizei zu tun gehabt.

Unser Freund rief den Geldwechsler an und stellte das Gespräch laut.

Wir hörten, wie er sagte: »Ihr könnt das Geld nicht zurückbekommen. Es war so nicht vereinbart.«

»Dann rufen sie den Ghachaghbar an. Es war auch nicht vereinbart, dass die Polizei uns anhält.«

»Okay, ich werde versuchen, ihn zu erreichen. Ich spreche mit ihm.«

»Ich warte!«, sagte Faezeh laut.

»Was willst du machen, wenn sie nicht anrufen?«, fragte ich sie leise.

»Wir haben diesen Code bekommen. Ich bin sicher, der Geldwechsler will nicht, dass sich ein Staatsanwalt diesen Zettel anschaut.«

»Mit diesen Männern ist nicht zu spaßen.«

»Mit mir auch nicht!« Sie musste selbst über ihren unvernünftigen Mut lachen.

Der Ghachaghbar rief uns nach zwei Stunden an.

»Sie haben uns gesagt, dass keine Polizei kommen wird. Und schon in der ersten Nacht wird unser Bus angehalten«, beschwerte sich Faezeh.

»Ja, du hast recht«, sagte er. »Weil das Wetter nicht okay war, hat die Polizei die Busse angehalten. Die Küstenwache hat gemeldet, dass die Wellen zu hoch für eine Überfahrt sind.«

»Die Küstenwache? Sie sind dort?«

»Ja, sie messen die Wellenhöhe. Gestern war das Wetter zu schlecht. Es ist zu deiner Sicherheit, dass ihr nicht gefahren seid.«

»Sie wollen sagen, dass die Polizei die Busse gestoppt hat, weil das Wetter zu schlecht ist? Nicht, weil wir illegale Flüchtlinge sind?«

»So ist es«, sagte der Mann. »Die Polizei will nicht, dass euch etwas passiert. Wenn sie die Flüchtlinge ertrinken lassen, dann wird das Ansehen der Türkei in der Welt sinken. Deshalb wird in der Nacht von der Küstenwache die Wellenhöhe auf dem Meer gemessen.«

Faezeh war sprachlos.

»Wisst ihr nicht, was an den Stränden dort drüben los ist!? Die gesamte Weltpresse ist dort. Da wollen wir keine Bilder von Leichen haben. Besonders nicht, wenn es tote Kinder sind.«

Wir sahen zum TV und wussten, dass er uns die Wahrheit sagte.

»Ihr habt doch ein Kind dabei?«

»Ja, ein Kind. Zehn Jahre alt.«

»Seht ihr«, sagte er. »Es war richtig, dass ihr umgekehrt seid. Der Bus ist in ein Schlechtwettergebiet gefahren.«

»In Istanbul war das Wetter aber schön!«

»Ihr habt doch vorn gesessen. Da müsst ihr gesehen haben, dass sich das Wetter verändert hat.«

Der Mann hatte recht. Die Wolken hatten sich verfärbt. Wir hatten Tropfen auf der Scheibe gesehen.

»Es hat etwas geregnet, ja.«

»Siehst du? Es war besser, dass wir in dieser Nacht nicht gefahren sind. Ich habe heute telefoniert. Das Wetter wird gut in der nächsten Nacht sein. Diesmal verspreche ich es.«

»Okay«, sagte Faezeh ihm. »Ihr Versprechen. Falls wir heute Nacht nicht fahren können, bekommen wir das Geld zurück.«

»Ist gut«, sagte der Mann und fügte hinzu. »Ehrlich, Mädchen, selbst für eine Iranerin bist du ganz schön schwierig.«

»Heute Nacht! Letzte Chance für Sie!«, sagte Faezeh.

168. Ein fünfzehnjähriger Bootsführer

Am nächsten Abend war alles wie zuvor, nur waren diesmal im Park sehr viel mehr Leute. Wir sahen einige Flüchtlinge, die wir am Abend zuvor gesehen hatten. Viele neue Leute waren hinzugekommen. Wir saßen nun so eng, dass zwischen uns und den anderen kein Abstand war. Sie redeten von überfüllten Booten. Und immer wieder fiel das Wort »Ägäis«. Ohne dass ich das Meer gesehen hatte, war es zum Albtraum geworden.

Wieder stiegen wir in die Busse ein, aber es waren sehr viel mehr, und die Abfahrt dauerte sehr viel länger. Dieser Park war wie ein Busbahnhof, und kein Polizist zeigte sich. Als Faezeh einstieg, machte der Ghachaghbar ein Zeichen, als danke er dem Himmel, dass er sie nun nicht mehr sehen musste. Er war ein Krimineller, aber er hatte Humor. Und Faezeh stieg in den Bus wie eine Rachegöttin. Es gab diese Momente, in denen alles ein Spaß war, obwohl es um Leben und Tod ging.

Ich hielt mein kleines Kästchen mit dem Kreuz in Händen und bat stumm die Lippen bewegend um Beistand. Neben mir saß Faezeh und lächelte darüber. Aber sie sagte nichts. Wir hatten nie über meinen Glauben gesprochen, aber es gibt keine Iranerin, die nicht einen Glauben hat, und sei es ein Aberglaube. Faezeh war nicht abergläubisch, und sie war keine Muslima. Wenn ein Glaube zu ihr kam – welcher würde es sein?

Diesmal gab es keinen Aufenthalt mit dem Bus. Der Himmel war mit Sternen überzogen und hell von einem halben Mond. So schön und so gleichgültig begleitete er uns, bis wir um vier Uhr am Strand ankamen. Wir stiegen aus und wurden einen Weg hinuntergeführt. Am Ende des Pfades waren Leute, die uns sagten, wo wir warten sollten. Und von dort konnten wir den Strand sehen. Um sechs Uhr wurden einzelne Gruppen von Flüchtlingen zum Strand gerufen. Sie mussten die Boote und die Motoren ausgraben.

Jedes Mal, wenn ein Boot fertig war, wurde eine weitere Gruppe geholt. Weil es sehr lange dauerte, waren wir erst um zwölf Uhr an der Reihe. Als wir aufgerufen wurden, habe ich dreiundsechzig Flüchtlinge gezählt, die mit uns zum Boot gingen. Aber wir wurden einfach weitergeschoben, ohne protestieren zu können. Wir waren froh, dass wir als Frauen nebeneinandersitzen konnten und nicht stehen mussten. Unser Bootsführer war ein sehr junger Afghane. Ich wunderte mich, dass er so jung war.

Er rief, dass sich die Leute vorn ducken sollten. Er könne sonst nicht sehen, wo er hinsteuern würde. Dann haben andere Afghanen unser Boot ins Meer geschoben und den Motor angeworfen. Die Männer haben Plastikflaschen zerschnitten, um sie als Schöpfkellen für das eindringende Wasser zu benutzen. Weil wir ganz vorn saßen, wurden wir nass von der Gischt. Alles an uns war nass. Ich habe auf die Uhr geschaut. Die Fahrt hat eine Stunde und zwanzig Minuten gedauert.

Am anderen Ufer mussten einige Männer über Bord springen und unser Boot an den Strand ziehen. Den Männern befahl der Bootsführer, der fast noch ein Kind war, das Boot zu zerschneiden und die Motoren zu den anderen Motoren zu bringen. Ein ganzer Haufen Motoren lag dort bereits. Als ich zurückschaute, erinnerte ich mich, dass ich diesen Strand in einem TV-Bericht der Deutschen Welle gesehen hatte. Wir waren jetzt die nassen Flüchtlinge von den Fernsehbildern.

»Fährst du nicht zurück?«, fragte Faezeh den Jungen, der das Boot gesteuert hatte.

»Nein«, sagte er, »ich bin ein Flüchtling wie du. Ich gehe mit euch. Was denkst du?«

»Warum fährst du das Boot, wenn du ein Flüchtling bist?«

»Ich habe kein Geld, da haben sie gefragt, ob ich das Boot steuern kann. Da habe ich gesagt, dass ich schon oft Boote gesteuert habe, und so brauchte ich nichts zu bezahlen.«

»Und wie alt bist du?«

»Fünfzehn Jahre alt – aber wirklich fünfzehn!«

Dann hat er den Männern, die das Boot zerschnitten haben, weitere Kommandos gegeben.

169. So many Refugees

Wir kamen in Mytilini auf der Insel Lesbos an. Ich hatte diesen Namen schon im Fernsehen gehört, als wir in Istanbul waren.

Am Strand waren sehr schöne Restaurants. Die Leute saßen an den Tischen. Einige von ihnen haben uns freundlich gefragt, wo wir herkommen.

»Syria?«, fragten sie.

»Iran«, antworteten wir.

»Ah, Iran«, sagten sie.

Ich erinnere mich an eine blonde Frau, die ein Kreuz trug, wie ich es geschenkt bekommen hatte. Ich wollte sie ansprechen, aber Faezeh zog mich weiter.

Hinter einem Restaurant lagerten Wasserflaschen, von denen wir uns nehmen durften. Ein Mann stand dort und zeigte den Flüchtlingen den Weg.

»This way up!«, rief er immer wieder und zeigte auf einen Weg, der zu einem Berg führte. »Two or three hour! Bus there!«

Faezeh sprach ihn an.

»We are refugees from Iran«, sagte sie.

»So many refugees«, sagte er. »No end of refugees. Week and week and week.«

»Thank you«, sagte sie. »You are a good man.«

»Thank you, pretty girl from Iran!«, rief er und lachte.

Für die schwangeren Frauen und die Mütter mit Kleinkindern hatten die Dorfbewohner eine Hin- und Herfahrt organisiert.

Der Anstieg war sehr lang und sehr anstrengend. Wir waren so müde und so schmutzig!

Wenn wir hielten, konnten wir die Boote sehen, die von der türkischen Küste losfuhren. Zwei Boote auf dem Wasser im Abstand und ein Boot, das am Strand ins Wasser geschoben wurde.

Als wir endlich oben ankamen, waren die Busse für den Tag schon fortgefahren. Es war eine große Enttäuschung. Sollten wir schlafen wie die anderen Flüchtlinge? Es gab nur eine Straße und einen schmalen Gehweg, auf dem sie lagen. Den Kopf auf ihrem Rucksack und mit den Kleidern auf dem Gehweg. Es gab dort oben Helfer, die Auskunft gaben. Morgen würden die Busse kommen. Dann würden wir zu den Lagern gebracht. Es gebe große Lager auf Lesbos für die Flüchtlinge.

Ja, und am Abend kam das Rote Kreuz dazu. Es war das erste Mal, dass ich das rote Kreuz sah. Ich stieß Faezeh an, als ich es sah. Aber sie blickte mich nur streng an. Auf dem Plateau waren Hunderte Flüchtlinge, die in einer lange Reihe nebeneinanderlagen. Es war kein Ende zu sehen. Nur die Busse waren verschwunden. Weiter weg standen Männer um Jeeps herum, sie bauten ihre Kameras ab. Mit den Flüchtlingen würden sie am Morgen die Augen öffnen. In einer langen Reihe bis nach Schweden würden andere Kameraleute mit anderen Flüchtlingen einen neuen Tag beginnen.

Die ganze Welt schaute zu, wie wir unser Leben bei der Überfahrt riskierten, wie wir bis zur Erschöpfung liefen. Mit ein bisschen Glück hätten mein Bruder Achmed und sein türkischer Freund in ihrem TV sehen können, wie seine halbe iranische Familie über das Meer fuhr und auf den Berg stieg. Die Flucht war real, aber die ganze Welt sah zu, als seien wir Schauspieler von etwas. Dieses Gefühl hat mich auf der ganzen Flucht nicht verlassen. Nicht nur Jesus wachte über uns, auch die Deutsche Welle, CNN, Al Jazeera – die ganze Welt schaute auf uns.

Mir war furchtbar elend, als ich den Kindern die Stelle zeigen musste, an der wir schlafen würden. Aber es gab nur diese Stelle, wo ein Platz zwischen den Flüchtlingen für uns war: ein Stück Gehweg – keine Dusche, keine Toilette, nicht einmal eine Unterlage für den Körper – nur den Rucksack für den Kopf zum Schlafen. Ich habe auf die Stelle gezeigt und mich geschämt.

Mit Faezeh teilte ich mir die Nacht ein, dass immer eine von uns wach war.

170. Wenigstens fallen keine Bomben

Als ich am nächsten Morgen aufwachte, rief ich als Erstes den Geldwechsler an und gab ihm den Code durch, damit er unser Geld freigeben konnte. Wie unwichtig war dieser Code geworden!? Ich hatte die Überfahrt und den Schlepper schnell vergessen. Von unserem Platz aus sah ich die Sonne aufgehen – die griechische Sonne, die so müde war wie ich. Ich fühlte mich schmutzig, aber neugeboren. Und dachte nur daran, dass wir auf dem Weg waren. Die griechische Sonne, die berühmte, ließ sich Zeit.

Faezeh saß neben mir, die anderen schliefen noch. Nermin würde erst aufwachen, wenn er Hunger hatte.

»Warum hast du mich nicht geweckt, Faezeh?«, fragte ich. »Wir wollten uns doch abwechseln.«

Sie sah mich nicht an, sondern starrte auf das Meer.

»Ich konnte nicht schlafen. Warum sollen wir beide wach sein?«

Sie gab mir mein Handy, auf das sie aufgepasst hatte.

»Dir macht das alles wohl überhaupt nichts aus.« Ein Zorn hatte sich in ihr aufgestaut. »Du berührst dein Kästchen, und alles ist gut – ist es so?«

»Warum soll ich mir Sorgen machen?«

Meine Mutter hielt die Augen geschlossen, aber sie schlief nicht mehr.

»Fragst du das wirklich!?«, fuhr Faezeh mich an.

Ich machte mir keine Sorgen. Sie hatte recht. Schon während der Überfahrt war ich ganz ruhig gewesen.

»Wenn du ertrinken würdest, dann würdest du dein Kästchen suchen, nicht einen Rettungsring!«

»Faezeh, wir sind nicht ertrunken«, sagte ich sanft. »Alles ist gut.«

Die griechische Sonne warf in einem flachen Bogen ihr rotes Licht über das dunkle Meer.

»Komm herunter, Maryam. Das ist die Wirklichkeit! Wir sind allein. Wir haben nichts!«

Ich breitete meine Hände aus wie die schmutzigste aller Sonnenanbeterinnen.

»Ich habe Angst vor allem«, flüsterte Faezeh. »Du hast den

Schlepper angerufen. Jetzt haben wir niemanden mehr, der uns hilft – außer deinem …«

»Es wird weitergehen. Es geht immer weiter.«

»Was ist, wenn wir nicht von dieser Insel runterkommen? Was ist, wenn die Grenzen schließen? Wenn uns das Geld ausgeht? Wenn wir uns verirren? Wenn wir krank werden?«

Ich legte meinen Arm um ihre Schulter, und sie weinte bittere Tränen. Sie schluchzte so hemmungslos, dass andere noch schlafende Flüchtlinge nun die Augen öffneten.

»Das ist alles ein verfluchter schlechter Traum«, sagte sie schließlich und wischte sich die Tränen ab.

»Ein schöner Traum«, verbesserte ich sie leise.

»Du bist verrückt.« Halb verfluchte sie mich, halb lachte sie über sich.

Ein Frau setzte sich neben Faezeh auf.

»Ich lebe in dieser Situation schon so lange. In Syrien war es immer so. Dort haben wir auch im Freien geschlafen. Mal gab es hier einen Platz für uns, mal dort. Mal ging es weiter, mal nicht. Und ohne Mann ist es schwer. Hier fallen wenigstens keine Bomben. Da können wir es aushalten. Es geht immer irgendwie weiter.« Sie hatte vier Töchter und doch Mitleid mit Faezeh.

Die Männer, die neben uns auf der Straße lagen, kümmerte die Ungewissheit nicht. Sie hatten keine Familie dabei. Sie lagen auf ihren Rucksäcken und tippten unbeteiligt in ihre Smartphones. Ich glaube, manche von ihnen waren Soldaten gewesen. Sie waren das Warten gewöhnt. Es war normal für sie. Es half ihnen nicht weiter, wenn sie sich Sorgen machten. Also hatten sie sich angewöhnt, sich keine Sorgen zu machen. Es war ihr Training gewesen.

Aber ich verstand Faezeh auch. Wir kamen nicht aus diesem Krieg. Wir hatten Probleme mit der Regierung. Wir waren bedroht. Ein kalter Krieg war es für uns gewesen, kein heißer Krieg wie in Syrien oder im Irak. Wir konnten eingesperrt werden, wir mussten mit ständiger Bedrohung leben – aber wir hatten im Iran ein Dach über dem Kopf gehabt. Wir hatten in einem eigenen Bett geschlafen, hatten eine Dusche, eine Toilette gehabt. Wir waren es nicht gewöhnt, nachts frieren zu müssen, schmutzig zu sein und auch hungrig. Wir waren nicht wie die anderen Flüchtlinge.

171. Eine syrische Familie

Als eine Gruppe von Frauen und Kindern waren wir froh, dass wir auf dem Platz Anschluss an eine Familie bekamen. Eine große, verzweigte Familie – zwanzig Personen – aus Aleppo. Sie schliefen auf der anderen Seite neben uns. Die Frau hatte wegen uns mit ihrem Mann gesprochen.

Er zeigte auf Nermin: »Ihr habt einen Mann, der euch beschützen kann!«

»Er ist dreizehn Jahre alt und kein richtiger Mann«, sagte ich.

Der Mann sagte: »Okay, ihr sprecht arabisch. Folgt uns einfach. Gleich werden die Gruppen getrennt. Es gibt drei Lager, eins für Syrer, eins für Iraker und eins für Afghanen. Ob wir nun zwanzig Personen sind oder ein paar mehr, spielt keine Rolle.« Dieser syrische Familienvater half uns, ließ uns aber sonst in Ruhe. Für die anderen arabischen Männer gehörten wir nun zu dieser Familie. Dies war wichtig, denn als allein reisende Frauen hätten wir in Schwierigkeiten mit den arabischen Männern kommen können.

Bevor der erste Bus eintraf, waren schon die Übersetzer aus den Lagern mit ihren gelben Westen bei uns eingetroffen. Wie der Syrer es vorhergesagt hatte, ordneten sie die Flüchtlinge nach Sprachen. Jeder musste etwas sagen. Auch ich musste für uns sprechen. Auch Faezeh musste sprechen. Sie waren misstrauisch, weil unser Arabisch im Iran ein irakischer Dialekt ist. Aber der Syrer sagte den Leuten vom Lager, dass wir aus ihrem Dorf seien. Wir kämen aus der Gegend von Aleppo. Und sie haben ihm geglaubt.

Es waren große und strahlend saubere Busse. Wir waren noch lange nicht an der Reihe und sahen zu, wie die ersten Gruppen in die Busse stiegen. Niemand durfte darin stehen. Obwohl sie so groß waren, bekamen nur fünfzig Flüchtlinge einen Platz. Immer wieder kamen leere Busse angefahren. Vorbei an den Kameraleuten, die den Berg hinunter die lange Reihe der aufwärtskletternden Flüchtlinge filmten.

Wir bekamen ein Frühstück gebracht und ein kleines Mittagessen, ehe wir um zwölf endlich in einen Bus steigen durften. Ich glaube, es waren Busse der Hotels. Innen hatten sie Fernsehen, und es war angenehm kühl. Wir hielten unseren Rucksack in den Händen und waren ganz still. Der syrische Mann zwinkerte mir zu. Es war ein schönes Gefühl, eine Syrerin zu sein. Im Stillen versuchte ich, mir ihren Dialekt abzuhören.

Ich fragte mich, warum sich die Familie meines Bruders getrennt hatte. Wenn ich an die Überfahrt dachte und an die Nacht auf dem Plateau, in der die kleinen Kinder wegen der Kälte vor Schmerzen geschrien hatten, dann wusste ich, warum sie zurückgeblieben waren. Wenn ich an den warmen Morgen dachte, wenn ich an das Frühstück dachte, an den Saft und an das frische Brot, wenn ich an die Kinder der syrischen Familie dachte, die kaum mehr als zwei Jahre alt waren – wenn ich daran dachte, dann wusste ich nicht, warum sich unsere Familie getrennt hatte.

Leise fuhr unser Bus an. Wir bemerkten kaum, dass er sich in Bewegung gesetzt hatte. Ich tippte Nermin an die Schulter, aber er wollte Fernsehen schauen. Diba schlief bereits. Meine Mutter hielt Danial in den Armen. Wir schauten, wie wir die Insel Kreis um Kreis hinabfuhren. Es war eine schmale Straße, aber sie gehörte nur uns – fünfzig Flüchtlingen und einem Fahrer.

Ich nahm Faezehs Hand und legte sie auf mein Kästchen.

172. Marhaba

Die Busse fuhren getrennte Lager an. Unser Lager – das Lager der Syrer – bestand aus einer unglaublichen Menge einfacher Zelte, die sich nach allen Seiten ausbreiteten. Ich konnte mir nicht vorstellen, dass es Unterschiede zwischen den Lagern gab. Wie sollte das Lager der Afghanen schrecklicher sein als unseres? Das war nicht vorstellbar.

So sauber die Busse auf Lesbos waren, so schmutzig war das Lager, schmutziger noch als der nackte Stein auf dem Plateau, wo es nur Staub und Straßendreck gegeben hatte. Überall lag Müll und Dreck – niemand hatte die Überreste beseitigt, die von so vielen Menschen in jeder Nacht zurückgelassen wurden! Es war, als seien die Zelte auf einer dicken Schicht von stinkendem Müll aufgebaut worden. Es war schmutzig, schmutzig, schmutzig! Vor uns Flüchtlinge und Schmutz, hinter uns Flüchtlinge und Schmutz!

Zuerst standen wir vor dem einzigen hoch gebauten Zelt am Eingang des Lagers. Dort wurden die Dokumente ausgegeben, mit denen wir Tickets für die Fähren im Hafen kaufen konnten. »Go to Athens with this document!«, riefen die Helfer. »Sign your name! Go to harbour and buy tickets tomorrow!«

Wir Syrer erhielten alle ein Ticket. Es gab keinen Grund zu drängeln. Wir sahen eine junge Syrerin, die fassungslos vor Glück ihr Ticket betrachtete. Ihre zwei Kinder spielten Fangen in der Reihe der Wartenden.

»Marhaba«, sagte der Helfer zu uns und reichte uns sechs Tickets für die Fähre.

Er hatte so blonde Haare und so blaue Augen, wie wir sie noch nie gesehen hatten.

In der Nähe der syrischen Familie suchten wir uns ein kleines Zelt, das im steinigen Boden verankert war. Überall lagen Stapel von neuen Kartons, die als Unterlage gedacht waren. Damit konnten wir den Boden im Zelt auslegen. Der Gestank im überhitzten Zelt war jedoch nicht auszuhalten. Wir gingen sofort wieder auf den freien Platz. Das Zelt würden wir erst wieder am Abend betreten.

Während der ganzen Reise gab es den Schmutz, als wären wir daraus gemacht. Als wolle jemand uns daran erinnern, dass wir Flüchtlinge waren – vor uns Flüchtlinge, nach uns Flüchtlinge, ein Strom von Müll, der sich seinen Weg durch Europa suchte. Aber es gab auch Dinge – kleine Dinge wie unsere Tickets –, die uns daran erinnerten, dass wir Menschen waren. Faezeh telefonierte mit ihrem Vater. Sie weinte hemmungslos, bis meine Mutter ihr das Handy abnahm und mit ihrem Sohn sprach.

Es kamen Leute, die große Wassertanks brachten. Überall lagen die abgeschnittenen Wasserflaschen, die wir neu befüllen konnten. Damit gingen Nermin und Diba zu den Duschen. Sie kamen aber nach kurzer Zeit zurück, ungeduscht. Diba, ohne ein Wort zu sagen. Nermin, der so gern duscht, war bleich und antwortete auf meine Frage, was denn mit den Duschen sei: »Geh doch selbst, wenn es dich interessiert!«

»Überall haben sie hingekackt!« Diba hatte ihre Sprache für einen Augenblick wiedergefunden.

Immerhin ließ sich das Wasser nutzen, um die Kleider zu waschen. Nicht weit von uns lagen Bretter auf dem Boden, die von den Frauen für die Wäsche benutzt wurden. Wasser gab es dort nicht, jede Frau hatte ihre Flaschen, Seife und ihre Wäschestücke mitzubringen. Auf dem Holz wurden die Kleider eingeseift, und wenn die Frauen kräftig genug pressten, dann gelang es ihnen, das Gröbste von Schmutz und Salz herauszuspülen.

Ich war mehr als froh, dass wir ein eigenes Zelt, für niemanden als für uns, hatten – auch wenn es stank und der Schmutz fest daran haftete. Draußen hingen wir die Kleider zum Lüften auf und hofften, dass sie nicht gestohlen wurden. Drinnen verstellten wir die beiden Zugänge mit unseren Rucksäcken und legten uns so, dass die Handys in der Mitte zwischen uns lagen. Jeder von uns konnte sich umdrehen, wenn der andere sich nicht zur gleichen Zeit bewegte.

Faezeh sah mich wieder einmal vorwurfsvoll an. Unter ihrem Blick öffnete ich das Kästchen. Vorsichtig entnahm ich das Kreuz und ließ mir von ihr die feine Kette um den Hals legen. Dann warf ich das Kästchen aus dem Zelt. Weit, weit fort. Ich brauchte das Kästchen nicht mehr.

173. Eine Arche aus Licht

Am Abend standen wir mit Hunderten von Syrern an der Kaimauer des Hafens.

»Niemals werden wir alle mitgenommen«, flüsterte Faezeh. »Was für ein Schiff soll das sein!?«

Jeder von uns hatte ein Ticket. Aber was nützte ein Ticket, wenn wir zu viele Menschen waren? Und wo sollten die Menschen schlafen, die keinen Platz bekommen hatten? Wir standen auf einem riesigen Betonplatz.

Es war bereits dunkel. In einem großen Bogen um uns herum saßen die Touristen in den Restaurants und in den Cafés. Sie winkten und machten Fotos von uns.

Als die Kameraleute mit den Jeeps ankamen, wussten wir, dass die Fähre auch bald einlaufen würde.

Die Menschen drängten von hinten. Es war ein Wunder, dass niemand über die Kaimauer stürzte.

»Facebook sagt, dass das Schiff groß ist«, hörte ich einen Syrer sagen.

Und endlich hörten wir in der schwarzen Nacht ein gewaltiges, dunkles Tuten und die Freudenschreie der Araber. Und schließlich sahen wir das Schiff. Es war eine gewaltige zweistöckige Fähre, eine schwimmende Stadt, ein Schiff, groß wie ein zusammengerolltes Lager. Salzige Luft vom Meer schickte das Schiff voraus wie eine gewaltige Bugwelle. Wie viele Stimmen hörte ich, die Allah für dieses Schiff aus dem Land der Christen dankten! Wussten sie nicht, dass ihr arabischer Gott hier ein Gast war, nichts als ein Zuschauer?

»Allah hat uns dieses Schiff nicht geschickt«, flüsterte ich Faezeh ins Ohr.

Ich legte eine Hand auf meine Brust, um das Christuskreuz zu fühlen.

Sie hielt ihr Handy hoch und machte ein Video von der Fähre. Der Wind befeuchtete unsere in den Lichtern des Schiffes glänzenden Gesichter.

Die Gangway wurde nicht bei uns heruntergelassen, sondern dort, wo die Touristen sich gesammelt hatten. Ein schmaler Gang, den sie mit ihren Rucksäcken und wenigen Koffern betraten. Wir sahen ihnen zu mit Augen voller Hoffnung und Flehen, beleuchtet von den Scheinwerfern der Kameras. Ein Reporter stand in unserer Nähe und redete aufgeregt in sein Mikrofon. Er tat, als wäre er atemlos vor Aufregung, dabei hatte er kurz zuvor noch im Restaurant gesessen und gegähnt.

»Deutsch spricht er, glaube ich«, sagte Faezeh. »Oder holländisch.«

Ich hörte zu, ob ich etwas verstand. Aber auch Faezeh schüttelte den Kopf. Kein einziges Wort konnten wir verstehen. Wir wussten nicht einmal, in welcher Sprache er redete.

Dann wurde die Gangway eingezogen, und wir hörten, wie die Araber ihren Gott um seinen Beistand anflehten.

Eine Zeit lang tat sich nichts. Dann wehte erneut ein Tuten über den Platz, so als wolle das große Schiff ohne die Flüchtlinge ablegen.

Aber der Kamerawagen fuhr von der Seite an das Schiff heran. Der Reporter rannte dem Wagen hinterher und stellte sich an die Kaimauer, als sich über ihm eine ganze Wand des Schiffes öffnete. Erst ein riesiger Querstreifen Licht, der immer größer wurde, wie ein riesiger Bauch aus Licht, der sich vor unseren Augen öffnete, um uns zu verschlucken. Eine Arche, die uns der Gott der Christen geschickt hatte. Eine Arche aus Licht.

Der Reporter musste zur Seite laufen, sonst wäre er von der Rampe zerdrückt worden.

Faezeh filmte und sprach aufgeregt mit ihrem Vater in Istanbul. Vielleicht weinte sie jetzt doch vor Freude. Ich wusste es nicht.

Unter unserem gemischt muslimischen und christlichen Jubel verließen ein paar Autos den Schiffsbau, darunter wie selbstverständlich Kameraleute mit ihren Jeeps, die langsam mit ihren Kameras und Scheinwerfern zwischen uns hindurchfuhren und filmten.

174. Eine sonderbare Reise

Und eigentlich will es mir jetzt scheinen, als hätte uns das Schiff bis nach Deutschland gefahren. Aber so war es natürlich nicht. Wir haben nur auf dem Deck gelegen, auf dem Holzboden, wenige in den Liegestühlen. Und dabei haben wir im Traum gesprochen oder auf das Meer hinaus gesehen. Ein Schiff war gekommen und hatte die Menschen vor dem Verderben gerettet. In einem Traum war es herangefahren an die Küsten Syriens, an die Berge Kurdistans, hatte die Wüsten Afghanistans durchkreuzt und war den Fluss Karun nach Ahwaz hinaufgefahren, dort, wo ein Gefängnis über einer Stadt wachte.

Und ehe wir in Passau von Bord gingen, passierten wir die Grenzen Mazedoniens, die Grenzen Serbiens, die Grenzen Bosniens, die Grenzen Kroatiens, Sloweniens, die Grenzen Österreichs.

Und weil dieses Schiff ein Traum war, gab es diese Grenzen nicht. Der christliche Gott hat dieses Schiff geschickt.

Ein Traum, vielleicht ein Traum. Wenn wir in Mazedonien gewesen wären, hätten wir auf einem Feld schlafen müssen. Wenn wir in Serbien gewesen wären, hätten wir ein Lager an den Gleisen gehabt, in Kroatien hätten wir in einer Friedhofskapelle schlafen müssen. Aber nein – ein Traum brachte uns in unsere neue Heimat. Ein Schiff, groß wie eine zerstörte Stadt, groß wie ein iranisches Gefängnis, groß wie ein libanesisches Flüchtlingslager. Der Gott der Gnade hatte die Grenzen geöffnet. Die Arche aus Licht – niemand hatte sich ihr in den Weg gestellt. In diesem Sommer nicht.

Und weil es eine sonderbare Reise war, geschah es, dass Faezeh eine Bibel-App auf ihr Handy lud und zu lesen begann.

Und weil es eine sonderbare Reise war, kam die älteste Teilnehmerin der Reise – meine Mutter – ohne Blasen an den Füßen ans Ziel. Trippelnd auf weißen Schuhen, gemustert mit roten und blauen Perlen, gefertigt von einem verspielten Orthopädietechniker aus Ahwaz.

Und weil es eine besondere Reise war, verging uns die Zeit wie eine Nacht. Auf einem Schiffsdeck liegend, beschienen vom Mondlicht, schlafend wie tausendfach Tote.

Mag sein, dass ich mir alles nur einbilde oder zu lange in meiner Bibel-App gelesen habe. Aber was macht es aus? Der Interviewer fragte nur nach den Namen der Länder, durch die wir gekommen sind. Niemand hat gefragt, wie das Schiff ausgesehen hat, wie die Feldwege in Slowenien gerochen haben, in welchem Hof die Hunde gebellt haben, in welchem Blau die Berge in Mazedonien geleuchtet haben, in welchem Zahngelb die serbischen Züge gestrichen waren, in welchem für uns unsichtbaren Dorf die Glocke der Kirche geläutet hat.

175. Religion – christian!

Wir sitzen wieder in unserer Wohnung. Zweimal in der Woche für zwei Stunden haben wir uns über fast drei Monate getroffen. Ich habe erzählt, Faezeh hat übersetzt, und Herr Martin hat Fragen gestellt. Endlos viele Frage, weil er endlos viele Dinge nicht wusste und nicht verstand. Und immer hat er seine Recorder-App gestoppt, wenn Faezeh und ich uns auf Persisch gestritten haben.

»Es ist nicht mehr viel zu schreiben«, sagt Herr Martin an diesem Tag. »Ihr seid durch Europa gefahren, habt in Passau Fingerabdrücke hinterlassen, seid über Frankfurt und Köln nach Gronau gefahren. Aber es ist kein Reisebuch, das wir schreiben.«

Faezeh bringt Tee und persische Süßigkeiten. Und ich bin glücklich, dass ich meine Geschichte zu Ende erzählt habe.

»Jesus hatte schon recht, dass er mich dazugeholt hat«, sagt Herr Martin.

Faezeh ordnet die Dinge auf dem weißen Tischtuch: unsere Handys, Gebäck, Tee und eine Tissuebox.

»Was ich nicht verstehe«, sagt er. »Ihr wolltet von Passau nach Den Haag fahren. Aber ihr seid nur bis Gronau gekommen. Warum seid ihr nicht weitergefahren?«

»Weil wir müde waren – deshalb«, antwortet Faezeh.

»Danial hat einen Tag und eine Nacht durchgeschlafen. Ich habe ihm Brote ans Bett gebracht«, sage ich.

»Und als wir aufgewacht sind, da waren die Busse nach Holland schon fort.«

»Das wird der Leser nicht verstehen«, sagt Herr Martin. »Zwei Kilometer sind es bis zur Grenze.«

»Doch«, sagt Faezeh, »der Leser wird verstehen, dass wir müde waren.«

Herr Martin gab auf. Faezeh war eine Iranerin. Was hätte er als deutscher Mann gegen sie ausrichten können!?

»Und außerdem gibt es eine sehr schöne Kirche in Gronau«,

sage ich. »Erinnerst du dich, Faezeh? Es war die erste Kirche, die wir in Europa gesehen haben.«

»Es muss doch Kirchen auf eurem Weg gegeben haben?«, fragt er. »Orthodoxe Kirchen in den Dörfern und Städten.«

»Wir sind immer auf Feldwegen über die Grenze gelaufen«, erklärt ihm Faezeh. »Und meist war es dunkel.«

»Weißt du noch, Faezeh? Wir sind in die Kirche in Gronau gegangen, und eine Musik hat gespielt, als hätte sie auf uns gewartet. Aber es war niemand da.«

»Oben bei der Orgel sitzt einer«, sagt Herr Martin.

»Nein«, sagt Faezeh. »Wir waren oben. Dort saß niemand.«

»Das wird der Leser nicht verstehen«, sagt er.

Und wir müssen über uns lachen.

»Ach«, sagt er. »Fast hätte ich es vergessen: Haben sie dich nach deiner Religion gefragt?«

»Ja, wir mussten unsere Papiere zeigen. Ich stand mit Faezeh in einer Reihe mit vielen Männern. ›Religion – muslim?‹, hat der Mann am Tisch gefragt. ›Religion – christian!‹, habe ich laut gesagt. Hinter mir begannen die Männer zu reden. ›Konfession – what?‹, fragte der Mann freundlich. ›No Konfession in Iran‹, hat Faezeh erklärt. ›No Konfession not possible in Germany. Sorry.‹ Aber dann ist er aufgestanden und zu seinem Chef gegangen. Hinter uns machten die arabischen Männer böse Bemerkungen. Als er wiederkam, hat er gesagt: ›No Konfession okay. Later you make Konfession.‹«

Er rief die Security, weil er gehört hatte, dass die Araber uns Schimpfworte gaben.

Zwei Männer von der Security kamen und gingen auf einen Araber zu, der streiten wollte.

»Schnauze, Spacko. You in Germany!«, sagten sie zu ihm.

Die Leute in Gronau waren sehr nett zu uns. Wir hatten viel Glück. Vier Wochen waren wird dort, bis wir nach Duisburg in diese Wohnung kamen.

176. Folge mir nach

»Eigentlich bin ich fertig mit dem Schreiben«, sagt Herr Martin. »Fehlt noch etwas?«

»Mein Vater, meine Mutter, meine kleine Schwester – wann werden sie kommen?«, fragt Faezeh.

»Du musst warten«, sagt er. »Sie werden kommen.«

Herr Martin schiebt die Tissuebox zu ihr.

»Die Lesung in der Kirche – das fehlt noch!«, sage ich.

»Stimmt, das ist wichtig! Die Bibel wurde gelesen, die ganze Bibel, von der ersten bis zur letzten Seite, Tag und Nacht, in der größten Kirche von Duisburg. Und wir waren dort – Faezeh, du und ich.«

»Wir haben uns genau den Tag des Matthäusevangeliums ausgesucht. Ein Mann hat vorn vorgelesen, als wir kamen. Du hast etwas abseits gesessen. Faezeh und ich haben zusammengesessen. Wir hatten eine persische Bibel mitgebracht.«

»Ihr seid mit den Fingern dem Text gefolgt. Und ich habe euch beobachtet, weil ich euch verstehen wollte.«

»Und, Herr Martin, hast du uns verstanden?«

»Ja«, sagt er. »An diesem Tag habe ich verstanden, was wir aufschreiben. ›Verdammt‹, habe ich gedacht, ›sie wissen gar nicht, was in der Bibel steht! Nicht mal die Bibel auf Persisch kennen sie. Maryam ist überhaupt keine richtige Christin – in unserem Sinn. Und Faezeh liest alles zum ersten Mal!‹ Da habe ich verstanden, dass ihr ganz andere Christen seid als wir. Nur der Name ist gleich.«

»Und du hast uns gesagt, dass wir wie die ersten Jünger sind – Petrus und sein Bruder.«

»Ja, als Jesus zu ihnen kam, wussten sie nichts. Es gab keine Bibel – worin hätten sie lesen sollen? Und im Iran war die Bibel verboten. Ihr wisst so wenig wie Petrus über das Christentum.«

Faezeh hat viele Tissues vor sich liegen. Wenn sie so vor uns weint, wie wird sie erst um ihre halbe Familie weinen, wenn sie allein ist, dachte ich.

»Ich sage ehrlich, dass ich dich, Maryam, am Anfang für … etwas verrückt gehalten habe.«

Er lächelt aufrichtig und deutsch.

Faezeh blickt mit einem Lächeln aus ihren Tränen auf.

Auch sie hält mich für etwas verrückt.

»Aber bei dieser Lesung habe ich den Schlüssel zu dem Buch gefunden: Maryam, du bist nicht verrückt! – Nein, du bist wie diese ersten Christen. Wie Petrus, wie Maria Magdalena. Du kommst zu uns aus einer anderen Zeit. Du lebst mit Jesus. Du bist ihm gefolgt, weil er wirklich ist. Wie ein Mensch hat er dich berührt.«

Herr Martin schiebt die Tissuebox zu mir herüber.

Er rückt die Brille gerade und betrachtet mich.

»Fehlt noch etwas in diesem Buch?«, fragt er nach einer Zeit.

»Ja«, sage ich in Tränen. »Etwas fehlt noch.«

177. »Ich taufe dich, Maryam«

Auf dem Taufbecken die farbigen Sprengsel der leuchtenden Fenster. Tränen und Wasser vermischen sich. Tränen und das Wasser der Taufe. Die Klänge der Orgel, die Blicke so vieler Menschen, die hölzernen Sitzreihen wie Stufen einer Treppe, das Kreuz an ihrem Ende. Der Geistliche, der seine Hand hebt.

»Eine lange Reise geht hier zu Ende. Sie führte Maryam aus dem Iran, quer durch die Türkei, über das Mittelmeer, durch die Länder des Balkans bis zu uns, in unsere Gemeinde. Gläubige – so lasst euch sagen: Seid Flüchtlinge mit denen, die geflohen sind. Seid heimatlos mit denen, die ohne Heimat sind. Glaubt, wo sie glauben! Habt Mut, wo sie Mut haben! Seht diese Frau als den Beweis eures Glaubens. Seht – Maryam hat den Herrn angerufen, und Er hat sie zu sich genommen in Seine Kirche.«

Sie lehnt es ab, das Trockentuch aufzunehmen. Die Tropfen laufen ihr die nassen Wangen hinunter, nässen die Haare, bleiben als Flecken sichtbar auf ihrer blauen Bluse, trüben ihr die Augen, die in die schwimmenden Gesichter der Menschen schauen. Sie fühlt ein Glück, gebettet in unendliche Müdigkeit. Der Glaube, der heimgekehrt ist.

Und der Geistliche spricht weiter: »Ich taufe dich, Maryam …«

178. Mein Leben in Deutschland

Jeden Tag gehe ich zu einer Sprachschule. Danach hole ich Danial von der Schule ab. In der Nähe gibt es einen Park, in dem ich oft sitze und auf ihn warte. Dann halte ich das Gesicht in die kühle deutsche Sonne und versuche, ruhig zu sein. Wenn die Bilder von früher hochkommen, dann wechsle ich die Bank, als suche ich anderswo den Schatten.

Und immer gibt es diese Tage, die vieles mit sich bringen. Diese Tage, die schwer sind mit allem. Wo die Dinge, die geschehen sind, hochkommen. Heute stand ich vor dem Spiegel und wusste, dass ich mit diesem Tag kämpfen musste. Ich sah in mein bleiches Gesicht, in die Stirn fallende Haare, die Augen, müde von den Träumen einer halb wachen Nacht. Ich bin in Deutschland in der Nacht, ich bin in Deutschland am Tag – es ist nicht dasselbe. Das eine ist schwerer als das andere.

Mein Tag in Deutschland beginnt, wenn ich die Morgentoilette beendet habe und mir die feine Kette mit dem goldenen Kreuz um den Hals lege. Manchmal glaube ich dabei eine Stimme zu hören: Maryam, wie schön du bist! Und wenn ich dann in den Spiegel blicke, kommt es mir vor, als müsse ich jemanden sehen, der hinter mir steht. Und wenn ich die anderen Stimmen, die Stimmen vor der Tür höre – von Danial, von Faezeh, von meiner Mutter, die einen kleinen Streit schlichtet, dann glaube ich einen Moment lang, in Ahwaz zu sein. Draußen ist unser großes Haus. Draußen ist die große Hitze. Draußen ist die Gefahr. Draußen glühen die Augen des arabischen Gottes, der das Leben versengt.

Aber dann ruft Faezeh, dass ich mich beeilen soll. Wir sind drei Frauen in dieser Wohnung. Nur Danial ist schnell mit seiner Morgenwäsche fertig. Er packt noch einmal seine Sachen aus, um zu kontrollieren, ob etwas fehlt. Er schaut in sein kleines Heft, ob er alle Hausaufgaben gemacht hat. Dann packt er Buch für Buch, Heft für Heft wieder ein und setzt sich an den Frühstückstisch.

»Danial, kämm dich«, sage ich.

Er geht zur Tür der Toilette, klopft sehr leise und bekommt wie jeden Morgen einen Kamm von Faezeh gereicht.

Ich weiß, um wie viel wichtiger es ist, dass er ein guter Schüler ist. Dass er ein Gymnasium besucht, in unserer Nähe, dass er in eine deutsche Klasse mit deutschen Kindern geht. Und dass er versetzt wurde, mit Noten, die ihm nicht geschenkt wurden, weil er ein Flüchtling ist. Das ist wichtig! Ich kann stolz sein und habe doch Angst um ihn. Ich weiß – diese Angst wird mich so wenig verlassen, wie die Erinnerung an das Gefängnis mich verlassen wird.

Dann beginnen wir das Frühstück mit einem Gebet.

Wenn Danial auf die Uhr schaut, müssen wir zur Bahn gehen. Er lässt mir immer ein wenig Zeit, weil er weiß, dass ich noch mit Faezeh reden muss, mich von meiner Mutter verabschieden muss, in den Spiegel schauen und meine Hefte für die Sprachschule suchen muss. Und eine andere Jacke anziehen muss.

Dann gehen wir.

An der Bahnhaltestelle grüßt Danial seine Klassenkameraden. Aber er bleibt bei mir, als habe er Angst um mich.

»Ich sehe, dass du traurig bist«, sagt er leise.

»Ich bin nicht traurig«, sage ich.

»Und du brauchst keine Angst um mich zu haben«, sagt er. »Ich komme schon klar.«

Ja, er hat wohl recht. Ich brauche keine Angst um ihn zu haben. Meine Angst ist wie der Schmerz in meiner Schulter, den ich spüre, der Tritt, der mich dort getroffen hat – es ist etwas, das zu mir gehört. Die Ursache davon ist, dass ich nicht vergessen kann.

In der Bahn sitzen wir uns gegenüber. Danial will, dass wir in der Bahn nur deutsch sprechen, denn die anderen Leute können uns hören. Deshalb schweige ich meistens. Dann erzählt er mir, welche Fächer er an dem Tag hat. Ich sehe, dass die Leute sich nach ihm umschauen, weil er ein Flüchtling ist und ihre Sprache spricht wie sie.

»Holst du mich heute ab?«, fragt er, dabei weiß er, dass ich ihn jeden Tag abhole. »Ich habe heute in der sechsten Stunde katholische Religion. Ich erzähle dir, wie es war.«

Dann geht er mit seinen Klassenkameraden fort, dort, wo wir uns immer trennen.

In der Sprachenschule kann ich nicht lernen an diesen Tagen, die über mich kommen. Ich weiche den Blicken der Mitschüler aus. Die Frauen, die Hidschab tragen und Angst haben, mit mir zu sprechen. Die Männer, die mich hassen, weil ich den Glauben gewechselt habe.

Dabei lassen sie es sich gut gehen, denke ich. Sie müssen nicht arbeiten in diesem Land. Wenn sie nur ein wenig dankbar wären, dann würden sie mich nicht so anschauen, weil ich eine Christin bin.

Ich sitze neben einer Frau aus Ghana, die alle verachten. Dabei ist sie auch eine Christin, aber das wiegt nicht schwer bei ihr. Weil sie schwarz ist, würde sie verachtet werden, als Christin oder als Muslima, so oder so.

Nach der fünften Stunde gebe ich einen Zettel bei der Lehrerin ab.

Ich will nicht, dass die Schüler hören, wie ich sage, dass es mir schlecht geht. Die arabischen Männer sollen nicht sehen, dass die Christin sich elend fühlt.

Mir ist nicht gut. So habe ich eine Notiz an die Lehrerin geschrieben.

Ich gehe in den Park, um auf Danial zu warten. Sollen die Leute doch nach der Frau schauen, die dort allein sitzt – es ist mir egal! Mein christlicher Gott ist kein Gott, der eine Gewissheit ist. Er lässt mich allein mit meiner Angst, in meiner Einsamkeit, wenn ich ihn rufe. Er lässt mich allein, weil wir sind, wie er uns geschaffen hat. Das ist der Glaube, den ich auf mich genommen habe. Gott, mein Vater, wo bist du? – so ruft mein Heiland.

Aber dann weiß ich, dass Danial gleich kommen wird. Die Leute sollen denken, dass ich Freude an meinem Leben habe. Es ist nicht richtig, dass ich mich beklage. Manche Dinge, die ich verloren habe, waren schön. Die Abende mit der Familie in den Bergen, der Fluss Karun, auf dem die Lichter der Stadt wie ein Floß schwimmen, der Morgen, der mit Werkzeugklang erwacht, das Gedränge der Stimmen in meiner Sprache, die Gebäude, die ich kenne – all das bleibt bei mir. Meine von den Mullahs zerstörte Heimat – die verpestete Luft, die vertrockneten Flussläufe, die in der Hitze stinkenden Gefängnisse – musste ich zurücklassen. Damit kann ich leben.

Ich sehe Danial mit seinen Klassenkameraden durch den Park laufen. Seine dunkle Haut, seine schwarzen Haare zwischen all den hellen Köpfen der Kinder versetzen mir einen Stich. Aber er ist glücklich, weil Kinder schnell vergessen können.

»Bis morgen!«, ruft er ihnen zu. »Ich muss zu meiner Mutter.«

Ohne sich umzublicken, läuft er in meine Richtung. Er wirft den Tornister auf die Bank und umarmt mich.

»Du musst nicht traurig sein«, flüstert er in mein Ohr. »Ich sehe doch, dass du traurig bist.«

»Danial, wenn ich dich habe – wie kann ich da traurig sein?«, flüstere ich zurück.

»Wir haben heute in der Religionsstunde über dich gesprochen!«, ruft er plötzlich und lacht hell auf.

»Über mich?«, frage ich erstaunt.

Er nickt heftig. »Der Pfarrer weiß, dass du eine Christin bist.«

Es stand in den Papieren der Schule, dort hatte er es gelesen.

»Er hat gefragt, ob du im Gefängnis warst. Und ich habe gesagt, dass du im Iran richtig berühmt bist.«

»Das stimmt doch nicht, Danial.« Ich drohe ihm mit dem Finger.

»Er will, dass du darüber erzählst – der Pfarrer! Du musst zu uns in die Stunde kommen, hat er gesagt!«

»Aber Danial, wie kann ich davon erzählen, wenn ich nicht einmal das B1-Zertifikat habe. Wir haben heute eine Bildbeschreibung gemacht: ›Ein Mann und eine Frau kochen, sie kochen Reis.‹«

»›Der Mann ist groß, die Frau ist klein!‹«, ruft Danial und lacht.

Ich nicke. Ja, so ist es. Das sind die Worte, die ich sprechen kann.

»Abgemacht«, nickt Danial, »ich informiere ihn, dass du kommst. Und dass ich für dich übersetze!«

Dann sage ich langsam auf Deutsch: »Danial, ich bin glücklich so.«

ENDE

Nachwort

Einige Figuren in diesem Buch musste ich erfinden, um die Persönlichkeitsrechte der wahren Personen nicht zu verletzen oder um sie und ihre Familien und Freunde vor Verfolgung und Gewalt zu schützen. So gab es in meinem ersten Schönheitssalon im Haus meiner Eltern tatsächlich eine Doanevis, eine Magierin, aber sie hieß nicht Malihe und in ihre Gestalt habe ich die Erlebnisse mit anderen Doanevis einfließen lassen. Gleiches gilt für Cherin, die in meinem Buch die Frau eines Pastors einer kleinen Hauskirche im Iran ist. Vorbild für sie sind verschiedene Christinnen, die ich im Iran kennengelernt habe. Cherin ist ausdrücklich nicht Shahnaz Jayzan – die Frau von Pastor Farhad Sabokrouh –, dessen Hauskirche in Ahwaz am 23. Dezember 2011 durchsucht wurde. Wahr ist jedoch, dass bei dieser Hausdurchsuchung alle anwesenden Besucher der Hauskirche gefangen genommen wurden, so wie ich es auch erzähle. Im Internet konnte man in Berichten von christlichen Medien über die tatsächlichen Ereignisse nachlesen. So erfuhr ich erst später, dass die Hauptbeschuldigten, darunter der Pastor Farhad Sabokrouh und seine Frau, in einem offiziellen Prozess im Oktober 2012 verurteilt worden waren, weil sie »Muslime zur Bekehrung aufgefordert haben und durch christliche Aktivitäten gegen die Staatssicherheit vorgegangen sind«.

Der Wahrheit entspricht auch, dass meine Schwägerin durch den Tritt einer Polizistin bei einer Hausdurchsuchung ihr ungeborenes Kind verlor. Über sie darf ich schreiben, da sie jetzt in Den Haag in den Niederlanden lebt.

Dass meine Geschäftspartnerin mich verraten hat, um mein Geschäft allein weiterführen zu können, hat sich ebenfalls so zugetragen. Aber ansonsten ist die Tiba in meinem Buch reine Fiktion, denn ich weiß Dinge über die wirkliche »Tiba«, die ich nicht schreiben darf, weil ich ihr damit ein Todesurteil ausstellen würde.

Ich habe in meinem Buch über die Menschen im Iran geschrieben, über ein Land, das einmal Persien hieß. Es tat weh, so über meine Heimat schreiben zu müssen. Aber es wird eine Zeit kommen, in der wir wieder in Freiheit leben werden. Die Islamische Republik Iran besteht nicht für ewig. Wir werden unsere Freiheit erhalten. Dafür bete ich jeden Tag.

»Ich habe überlebt, um zu zeigen, dass ich stärker bin als sie.«

Farida Khalaf
DAS MÄDCHEN, DAS DEN IS BESIEGTE
Meine Geschichte
256 Seiten
ISBN 978-3-404-60941-3

Kocho, ein beschauliches Dorf im irakischen Sindschar-Gebirge: Farida hat gerade die vorletzte Klasse der Oberschule beendet und freut sich auf die Sommerferien. Doch dieses Jahr ist alles anders: Im August 2014 überfallen IS-Kämpfer den kleinen Ort. Die Anhänger des Terrorstaats treiben alle Dorfbewohner zusammen, töten die Männer und verschleppen die Frauen. Monatelang wird Farida als Sklavin gehalten – und erlebt dabei Unvorstellbares. Aber eines Tages wagt sie die Flucht, zusammen mit fünf anderen Mädchen, die sie anführt.

Eine ergreifende Geschichte, die beweist: Freundschaft, Liebe und der Wille zum Leben sind mächtiger als jede Barbarei.

Bastei Lübbe